# 失われた宗教を生きる人々

## 中東の秘教を求めて

Heirs to Forgotten Kingdoms: Journeys into the Disappearing Religions of the Middle East

Gerard Russell

ジェラード・ラッセル

臼井美子＝訳

亜紀書房

# 失われた宗教を生きる人々——中東の秘教を求めて

両親に。

リンダ・ノルグローヴとヴァディム・ナザロフに。

そして、もうこの世になく本書を読むことのできない、私と同じ旅をした人々に。

# 目次

トルクメニスタン
カスピ海
ゼンダーネ・ソレイマーン
コム
イラン
エスファハーン
ヤズド
スーク・アッシュユーフ
ペルセポリス
ペルシャ湾
ゾロアスター教のフラワフル
コプト教の十字架
ヤズィード教のクジャク
マンダ教のダルフェッシュ
ドゥルーズ派の五芒星
サマリア人の山
カラーシャ族
明朝体 ＝ 古代の都市
ゴシック体 ＝ 現代の都市
0 150マイル
0 150キロメートル

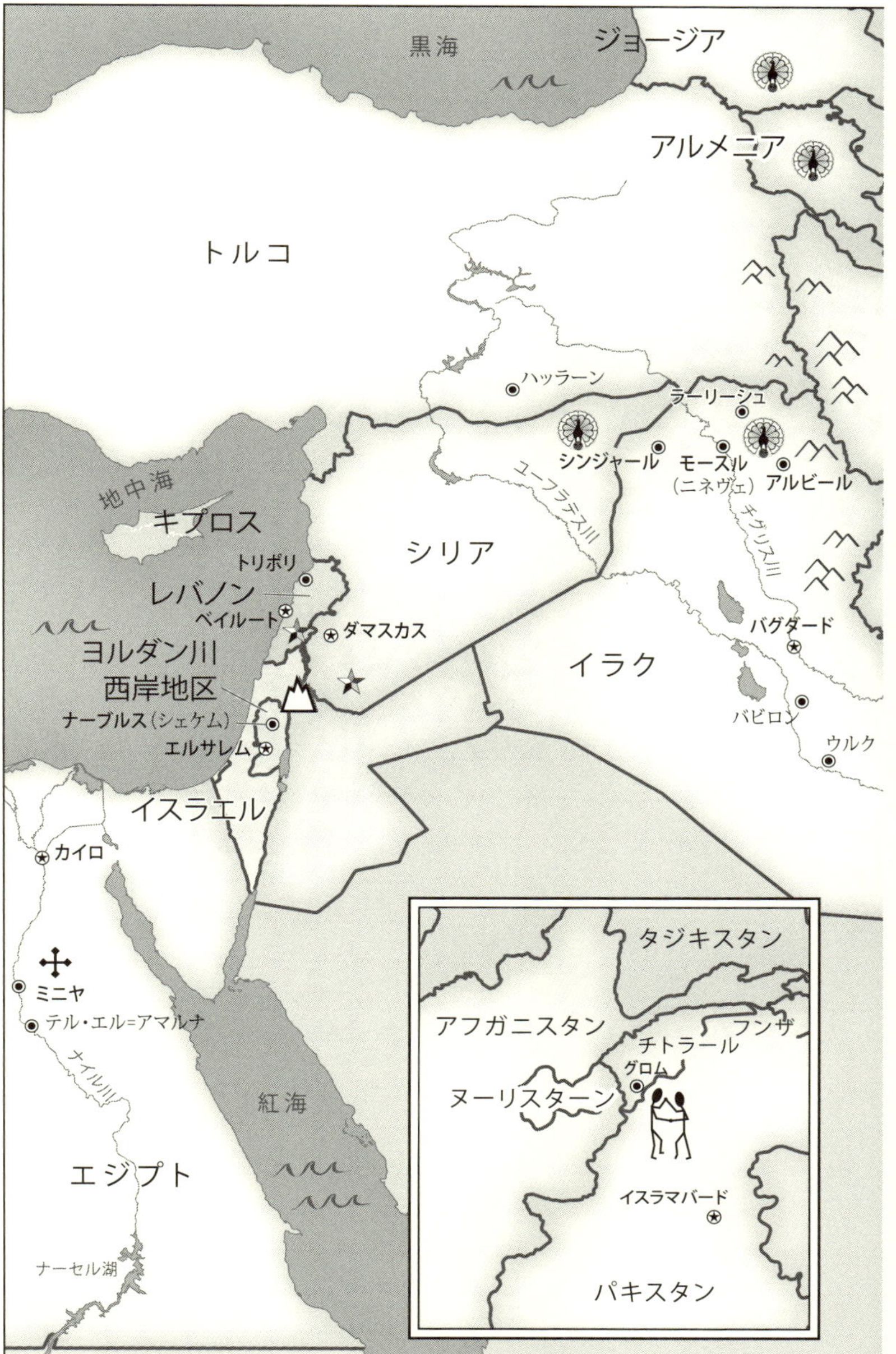
黒海
ジョージア
アルメニア
トルコ
ハッラーン
ラーリーシュ
シンジャール
モースル
（ニネヴェ）
アルビール
ユーフラテス川
チグリス川
地中海
キプロス
シリア
トリポリ
レバノン
ベイルート
ダマスカス
バグダード
ヨルダン川
西岸地区
イラク
ナーブルス（シェケム）
エルサレム
バビロン
ウルク
イスラエル
カイロ
ミニャ
テル・エル=アマルナ
ナイル川
紅海
エジプト
ナーセル湖
タジキスタン
アフガニスタン
フンザ
チトラール
グロム
ヌーリスターン
イスラマバード
パキスタン

# 年　表

| | | |
|---|---|---|
| 紀元前 | 2560 年頃 | エジプトで大ピラミッド建造 |
| | 1900 年頃 | インド・ヨーロッパ語族、インドに到達。そのなかにはカラーシャ族の祖先もいたと考えられる |
| | 1842 年 | 独立都市国家バビロン成立 |
| | 1000 年頃 | ゾロアスター教の聖典『アヴェスター』成立 |
| | 740/722 年 | アッシリア帝国の侵攻によりイスラエル王国滅亡。イスラエルの 10 部族の強制移住が行われる |
| | 597 年 | ネブカドネザル王によるエルサレム破壊。バビロン捕囚 |
| | 331 年 | アレクサンダー大王、ペルシア征服後、ヒンドゥークシュ山脈に遠征 |
| 紀元 | 70 年 | ローマ軍によるエルサレム占領およびエルサレム第 2 神殿破壊 |
| | 274 年 | マニ教の始祖マニの死。イラク湿地帯にはマンダ教がすでに誕生していた |
| | 313 年 | コンスタンティヌス帝、ミラノ勅令によりキリスト教公認 |
| | 529 年 | ビザンツ帝国皇帝ユスティニアヌスによるアカデメイア閉鎖 |
| | 634 ～ 654 年 | アラブ人ムスリム、モロッコからイランに至る地域一帯を征服 |
| | 635 年 | 最初のキリスト教宣教師、中東より中国に到着 |
| | 1017 年 | ドゥルーズ派の説教がカイロにて初めて公の場で行われる |
| | 1095 年 | ローマ教皇ウルバヌス 2 世による第 1 回十字軍提唱 |
| | 1160 年 | 北イラクのヤズィード教の聖者シャイフ・アディーの死 |
| | 1258 年 | バグダード包囲戦。モンゴル軍、バグダードを壊滅させる |
| | 1263 年 | ドゥルーズ派やムスリムの異端を激しく攻撃した保守派の法学者イブン・タイミーヤ誕生 |
| | 1501 年 | イスラム教シーア派をイランの国教としたイスマーイール 1 世の治世始まる |

# 序文

西アジア（エジプトを含む）は、時に「中東・イスラーム世界」と汎称される。この語は、西アジアはあたかもイスラームという単一の宗教の信者だけで構成されているかのような印象をもたらす。確かに、十世紀以降の西アジアの人口の多くの部分がイスラーム教徒によって占められ、その社会ではイスラーム文化——特に法学——がドミナントであったことは否定できない。しかし、この地域を一括りに「中東・イスラーム世界」と通称することには、「アメリカ・キリスト教世界」や「インド・ヒンドゥー教世界」といった名称を用いるのと同様に、行き過ぎた一般化が潜んでいる。

現実の西アジアは、多宗教の世界である。流石に古代シュメールやバビロニア、エジプトの宗教が生き残っていることはないにしても、ゾロアスター教以前のイラン系多神教、キリスト教の一派、グノーシス主義の一派、イスラームの少数派などが重層的に入り乱れ、複雑なモザイク状況を呈している。しかも、それぞれが相互に影響しあう上に、ほとんどの場合、古代語を保持しているので、研究者にとっては極めて取り扱いが難しい。

本書は、そのような西アジアの諸宗教のうち、

①グノーシス主義の名残であるマンダ教（イラク南部、推定六〜七万人）
②ゾロアスター教以前のイラン系多神教の末裔であるヤズィード教（イラク北部、推定三十〜五十万人）
③サーサーン朝ペルシア帝国の国教だったゾロアスター教（イラン、推定八万人）
④イスラームの少数派であるドゥルーズ派（レバノン、推定二百万人）
⑤ユダヤ人の一派であるサマリア人（パレスチナ、推定八百人）
⑥東方諸教会の一派であるコプト教（エジプト、推定一千万人）
⑦インド・イラン共通時代の原始宗教を伝えるカラーシャ族（パキスタン、推定四千人）

を扱う。イギリス人外交官（当時）の目から、現地

リポートと歴史的概観が交互に展開され、魅力的なパノラマが展開されている。もっとも、その報告の内容たるや、千数百年存続してきたこれらの諸宗教が、今や絶滅の危機に瀕しているという暗く憂鬱なものだが。ともあれ、読者は本書によって、西アジアは決してイスラーム一辺倒の世界ではないこと、寧ろ、インド亜大陸をも凌ぐほどの多宗教の世界であることを実感できるはずである。

（解説・青木健）

イギリス人の考古学者レオナード・ウーリーがイラク南部の都市ウルの遺跡を発掘していた時のことだ。その根気のいる作業中、偶然、木のパネルを発見した。そこに施された美しい彫刻に、ウーリーは思わず息をのんだ。五千年もの間砂漠に埋まっていたそのパネルは――ウーリーの言葉によると――蝶の羽のようにもろくなっていた。ウーリーがパネルをじっと見つめていると、珍しいことが起こった。イラクの砂漠の真ん中で、雨が降りはじめたのである。写真を撮ってその記録を後世に残すまもなく、パネルは溶けて泥と化した。砂のなかで四千年以上ももちこたえていたものが、目の前で消え失せてしまったのである。

この本を書きながら、私はウーリーと同じような気持ちを味わっていた。そのパネルのように、独自の美しさをもつ古代の世界の生き残りを目にしながら、彼らが消えていくのをなすすべもなく見つめている……。そんな気持ちになっていた。たとえば、マンダ教徒は最近までイラク南部に住み、星や惑星の超自然的な力を信じる古代都市バビロンの思想とアラム語を守り続けてきた。マンダ教の魔術師は、一九四〇年代になっても、古代バビロンの神と女神に呼びかけて魔術を行った。シリアのアラウィー派［イスラーム教シーア派の分派の一つ。ヌサイリー派ともいう］は、神が人間の姿をとるという教えを信じているが、これは、イスラーム教の普及以前に、この地方一帯で広く信じられていたものである。ヤズィード教徒は今も一日に三度太陽に向かって祈りを捧げ、古代から続く太陽崇拝の慣習を守っている。アッシリア人と呼ばれるシリアとイラクのキリスト教徒は、古代アッシリア文明の後継者を自認し、その遺産に強い誇りをもっている。それは、たとえれば、アフロディテ信仰が遠いギリシャの島で現在も生き続け、ドルイド教徒がウェールズ最北端の古代の聖地アングルシーに今も住んでいるようなものなのだ。

二十年以上前、初めて中東を訪れた私は、中東に恋をした。だが中東は、愛しがたい場所でもある。そこから届くニュースは苦悩に満ちあふれ、その政治を予測するには悲観的な視点が欠かせない。そして最も美しい面、つまりその言語や歴史、神などは、憎しみと偏見で汚されてきた。中東の宗教と民族のモザイク模様は、長く輝かしい歴史の記念碑とも言うべきものだ。しかし、これも現在、崩壊に向かっている。中東の多様な宗教が、まだその母国に存続している姿を見ることができるのは、おそらく、私たちが最後の世代となるだろう。

一九八七年には、イラクには百四十万人のキリスト教徒が存在し、国の人口の八パーセントを占めていた。国連の制裁によって国は貧困化し、一九八〇年代と一九九〇年代には大勢の国民が国外脱出を余儀なくされた。二〇〇四年以降には、六十以上のキリスト教会が爆破された。度重なるキリスト教徒に対する攻撃は、宗教的敵意によるものもあれば、家屋の強奪目的のものもある。所有者が避難のために家を離れたところを、暴徒が奪うというものだ。デトロイト大都市圏のイラク人キリスト教徒の人口が、少なくとも十万人に膨れ上がったのも無理のないことである。

シリアの内戦は、単なる異宗派間の戦いではない。どちらの陣営にもあらゆる宗派の人々がいる。現在のシリアはこうして形作られ、中東で最も多様性に満ちた、極めて危険な国の一つとなった。シリア国内のアラウィー派の信者の大半は、同派の大統領バシャール・アル・アサドを支持しているが、そのうち何万人もがこの内戦で死亡している。また、このコミュニティは近隣国から強い警戒の目で見られ、敵意を向けられている。邪悪で不寛容な新興テロリスト集団、ＩＳＩＳをシリアに誕生させたのは、この長引くシリアの紛争なのである。

二〇一四年、ＩＳＩＳはイラク北部のシンジャール地方とニネヴェ平野を制圧した。ここは現在でも宗教的多様性に富んだ地域である。彼らはそこでヤズィード教徒に対して虐殺やレイプを行い、キリスト教徒を追放した。イラクに残るキリスト教徒のおよそ三分の一はまだ家を失ったままだが、それは伝統的にキリスト教徒が大きな力をもっていた町や村を、ＩＳＩＳが占領し続けているためである。

ＩＳＩＳが「イスラーム国」を自称するのは、彼らが手本にするのが、武力による目覚ましい成功を通じて新宗教を広めていった初期のムスリム共同体だという主張によるものである。ＩＳＩＳの信奉者は、自分たちの想像する初期の共同体の姿の再生を目標とする。それはカリフ〔「後継者」の意味でムハンマドの後継者のこと。イスラーム共同体の宗教的・政治的指導者〕への絶対的服従、宗教的意見の相違に対する不寛容、キリスト教徒とユダヤ人の抑圧、偶像崇拝者の根絶などで結ばれた共同体である。彼らはそれ以降の時代の信仰を、弱体化したものとみなして退ける。この弱体化によって、クルアーンに記された厳罰が弱められ、ムスリムが異なる国や政府に分割されて、信仰の多様性が許容されていると彼らは考えるのである。

だが、実際、ＩＳＩＳ支持者のこの初期のイスラーム教に対する歴史認識は誤りである。初期のイスラーム教は、彼らの想像をはるかに超えて、他宗教に歩み寄っていたのである。彼らは初期のムスリムが武力で宗教を広めた事実だけに焦点を当て、国を建設するには暴力を振るうだけではだめだということを忘れている。実際には、イスラーム教の黄金期は、ムスリムの支配者がイスラーム教統治下の異教徒コミュニティの才能ある人々を存分に活用していた時期なのだ。対照的に、イスラーム教が異教徒に対して最も不寛容だった中世後期は、最も貧しく、進歩の少ない時代だったのである。

不幸なことに、現代では同じような構図が繰り返し現れている。二十世紀前半には、ムスリムが大多数を占める国では、宗教的少数派は進歩的な考えに基づいた待遇を受けていた。これらの多くの国々にとって、それは希望の時代でもあった。彼らは、西側諸国による植民化の企てを払いのけながら、一方で、かつてのイスラーム帝国による支配からの解放も目指したからである。しかしこの二、三十年、宗教的閉鎖性、文化の荒廃、後進性がたがいに密接に関連しながら進行していった。ＩＳＩＳは、その流れの極みと言えるものである。

ＩＳＩＳは、イスラーム教自らの過去も攻撃し、寛容なムスリムのカリフや聖職者の記憶を抹消しようとしている。ムスリムには、非ムスリムの臣民のコミュニティを認めて厚遇した多くのカリフがいたし、改宗しても以前の信仰を捨てない人々やその宗教とイスラーム教との混淆宗教を信じる人々を容認した聖職者もいたのである。ＩＳＩＳが抹消しようとしているのは彼らのことだけではない。現代のムスリムが故郷の宗教の多様性のなかに、そしてイスラーム以前の古代の歴史のなかに感じている大きな誇りも消そうとしているのである。イスラーム世界に多数の宗教が存続し、一千万人の信者が今日生き残っているのは、このような誇りと寛容の精神があったからである。本書が、テロリストたちがわれわれに忘れさせようとしているこの真実を、読者が思い出す一助になれば幸いである。

また、本書では、中東文化と現代の西洋文化とが、見た目は大きく異なっていても、実際には多くの歴史的なつながりで緊密に結び付いていることも示したいと思う。中東と西洋は運命のいたずらで引き離され、今では何の関係もなくなっている。けれども、一二四〇年から一四〇二年に中東を徹底的な荒廃に陥れたモンゴル帝国やティムールの侵略がなかったら、バグダードは今でもキリスト教の中心地だったかもしれない。イラクを拠点とする東方教会〔中東やギリシャ、東欧などに広がり成長したキリスト教諸教派（正教会、東方諸教会）の総称〕がはるか北京に司教と修道院を置き、シリア文字がウイグル族やモンゴル人に使われていた時代もあったのだから。

四世紀半ばには、厳しい菜食主義を説くマニ教（マーニー教）の信者がローマ皇帝になりかけたことがあった。もしそうなっていたら、ローマ帝国はキリスト教ではなくマニ教をヨーロッパ中に広めていたかもしれない。ヨーロッパの巡礼者たちは、ベツレヘムに行くかわりに、マニ（マーニー）が最初に説教を行ったイラクの湿地帯に行っていたはずだ。そこには今も、マニ教によく似たマンダ教の信者が住んでいる。

だが、実際にはそんなことは起こらなかった。それどころか、キリスト教やイスラーム教に直面すると、これらの宗教は、楽園を求めて山岳部や湿地帯、人里離れた村へと退いていった。アラビア語とペルシア語を話す外交官として私が中東を訪れた当時も、彼らはまだそこにいた。私は彼らに大いに惹き付けられた。と、同時にさまざまな疑問がわいてきた。これらの宗教はどういうものなのだろうか？　彼らはどこから来たのだろう？　そして、いったい、どのようにして生き延びてきたのだろうか？　その宗教のなかには、信者すら教義を知らない秘教もある。そのようなコミュニティに属するということは、どういうものなのだろうか？　ヤズィード教徒はなぜレタスを食べるのを拒否し、青い服を着ることを拒むのか？　口ひげを落とすことが、なぜタブーなのか？　私が以前からキリスト教の儀式だと考えていた洗礼を、マンダ教徒はなぜ行うのか？　ドゥルーズ派はなぜ輪廻思想を信じているのだろうか？　その秘密主義の意味するところはなんなのだろう？　これらの謎は、外交官の職を辞してからも、長い間私の頭から離れることはなかった。そして、この謎を突き止めるため、ついに私は中東に戻り、本書のための取材をすることになったのである。

調べていてわかったのは、現代ではほとんど知られていないこれらの宗教が、西洋の社会に強い影響を与えてきたということだ。西洋の修道院生活はマニ教にその一部を負っている。これは聖アウグスティヌスがマニ教の禁欲的な独身生活に強い影響を受けたことから始まるものだ。現在ヨーロッパで一般的になっている握手の慣習は、ヤズィード教の先駆けであるミトラ教の信者によって広まったものである（ヤズィード教徒は今でももともとの形式で握手をしている。自分と相手の手の間に聖なる土の塊を挟んで握り合うというものだ）。異教の民であるハッラーン人は中世に死に絶えたが、その慣習の多くは中東に現存する宗教に今も残されている。彼らは古代ギリシャの科学知識を守る上でも重要な役割を果たし、その知識はビザンツ帝国崩壊後、最終的にヨーロッパに戻り、ルネッサンスの誕生をもたらした。

もう一つわかったことは、これらのコミュニティが、ムスリム世界の少数派として、法律上の差別や抑圧、危険などにさらされながら千四百年を耐え抜いてきたことである。初期のムスリムの支配者には、非ムスリムや、さらには異教徒のコミュニティの存在も大目に見る方針をとった者もいた。だが、後世の支配者たちは違った。軍事技術の向上により、政府はやがて奥地に攻め込む力を獲得した。十六世紀から二十世紀までアラブ世界を支配したオスマン帝国は、この技術を悪用して非道にもヤズィード教徒を大虐殺し、現在のトルコのキリスト教徒をほぼ絶滅に追い込んだ。それでもなお、これらの異教の宗教コミュニティは生き残った。彼らは自分たちの伝統を放棄させようとするものをことごとく退けた。そして必要に迫られると、山中に隠れるか、砂漠に逃げ込んだ。

たとえば、ヤズィード教徒は度重なる大虐殺を生き延びてきた。彼らの数えるところでは、それは七十二回にわたるという。彼らのうちで、自分の宗教の教義や難解な規則の背後にある論理を理解しているのはごく少数だけだ。それでも彼らは、祖先から受け継いだ信仰を捨てるくらいなら、死んだほうがましだと考えてきた。同様に、前世紀には多くのイラク人キリスト教徒のグループが、何度も大虐殺や追放の憂き目にあってきた。それは一九一五年のアルメニア人虐殺〔オスマン帝国政府により、アルメニア人が徒歩でシリア砂漠の町へと強制移住させられ、その移動中に多くが命を落とした〕に始まり、現代のＩＳＩＳの戦闘行為まで続いている。

だが、いかに強い回復力をもち合わせていても、これらの宗教の信者が中東の外で信仰を維持していくことは簡単ではないだろう。ヤズィード教徒のような超秘密主義のグループは、そう簡単には伝統を伝えることはない。ドゥルーズ派やマンダ教と同様に、ヤズィード教では聖職者は宗教を存続させる儀式に欠かせない存在であり、信者が聖職者と遠く離れて住むことはあり得ない。だが、海外に移住を余儀なくされた場合、必ずしも落ち着く先を自分で選べるわけではない。聖職者から何百キロメートルも離れて住まなければならないこともあるのだ。とはいえ、いくつかの点で、迫害はこれらの古代のコミュニティが持続する要因だとも言える。というのも、迫害によって強い一体感が生まれ、外界との接触が制限され、慣習が日常生活と渾然一体となった村に閉じ込もるよう促されてきたからだ。ある意味では、彼らは化石のようなものである。そして現在、悪天候にさらされていると言ってよい。

さらに、西洋に移住すると、彼らは自分たちを簡単には理解してくれない社会に暮らすことになる。西洋では、宗教は公の議題であり、政教分離は当たり前のこととなっている。では、心からの信仰の対象であると同時に隠すべき秘密である自らの宗教について、いったいどのように説明すればよいのだろうか? 中東の少数派宗教は、見かけはキリスト教やイスラーム教、あるいはユダヤ教と似ているところもあるが、教えはまったく異なるものだ。信者たちはかつての広大な王国と文明の最後の継承者であり、彼らがいなければその歴史や宗教、生活様式は死に絶え、忘れ去られていたはずである。だが、それよりも、もっとよく理解すべきは、生き残ろうとする彼らの勇ましい努力についてだろう。彼らはその努力によって記憶されるべき人たちだ。本書の一番の目的は少数派宗教の信者たちに声を与え、その記念碑となることである。

また、本書では宗教の多様性の価値についても強調したい。アラブ世界は、宗教的寛容を打ち捨て、イスラーム教の強制を始めた時に衰退した。少数派を大切にする国は、そのなかの才能ある人々や世界中のコミュニティとのつながりから恩恵を受けられるのである。

最後に申し上げると、本書ではイスラーム教についても述べられている。私は、イスラーム教と他の宗教との相互作用の陰影に富んだ絵を示すことができればと願っている。イスラーム教の歴史を、申し分のない寛容の歴史として描く著述家もいれば、千四百年に及ぶ絶え間ない迫害の歴史として描く者もいる。実際には、キリスト教と同じく、イスラーム教は、ある時には容赦ない抑圧者となり、また、ある時には驚くほど寛容で偏見のない態度をとる。なんといっても、古代の驚くべき宗教が何世紀もの間生き延びてきたのは、ムスリムの支配下でのことなのである。一方、キリスト教のヨーロッパでは、そのような宗教は存在しない。それでもなお、過激派がすべてのイスラーム思想を代弁すると述べる人々もいる。そういう人は、すべてのムスリムを過激派として非難したいのか、あるいは、過激派を容認したいかのどちらかである。過激派の背後には十億人のムスリムがいるのだから、その危険な思想にも耐えるべきだというのが後者の意見である。だが、どちらの姿勢も、大事な点を見逃している。本書が、イスラーム教の真の姿に近いものを描けていることを切に願うものである。

# 第一章　マンダ教徒

マンダ教徒（自称でマンダーイ）は、歴史的には、二世紀にグノーシス主義的な発想を受容したユダヤ教の一派を母体として、南メソポタミア（現在のイラク南部）の沼沢地帯で成立した宗教集団である。彼らの伝説に従えば、創唱者はザザイという実在のグノーシス主義思想家で、天的存在であるアヌシュ・ウトラによってエルサレムの王に叙任されたとされる。本章中でマニ教（マーニー教）への言及があるのは、ザザイがマーニー・ハイイェーに約一世紀先行するメソポタミアのグノーシス思想家であるという縁によると推測される。その後のマンダ教の歴史は、ティブの街でシュガンダ師が指導者になったとの伝説があるだけで、杳として知れない。ただ、マンダ教徒は、南メソポタミア＝バビロニアで生活するうちに、古代バビロン由来の生活習慣を吸収し、この方面の伝統の継承者にもなったようである。それらについては、本章中に大変詳しい。

七世紀のイスラーム教徒による大征服の際には、俗人アヌシュ・バル・ダンカの活躍によって、『クルアーン』中に言及されている「サービア教徒」が実はマンダ教徒のことだと認定され、マンダ教徒は首尾よく「啓典の民」の仲間入りを果たした。その後は、交通困難な南メソポタミアの沼沢地帯という地の利に助けられて、マンダ教徒はひっそりと自治的なコミュニティーを形成して生き延びた。

しかし、それも二十世紀までだった。交通が格段に向上し、かつ国民国家・民族国家がスタンダードになった時代にあっては、マンダ教徒といえども伝統を墨守し続ける訳にはいかず、それまで住んでいたティグリス河畔のアマーラやユーフラテス河畔の街アン・ナースィリーヤ、スーク・アッシュユーフから、イラクの大都市であるバグダードやバスラに移住し、「イラク王国――一九五八年以降はイラク共和国――の国民」と化し、金細工師として生計を立てるケースが多くなった。ただし、彼らの洗礼儀式には流水――もともとはヨルダン川の水が求められるのだが、ティグリス・ユーフラテス川で代用するようになった――が不可欠なので、二十世紀前半までは、イラク国外への逃避行はそれほどなかったとされる。

二十世紀後半から二十一世紀初頭にかけて、イラン・イラク戦争（一九八〇～八八年）、湾岸戦争（一九九一年）、イラク戦争（二〇〇三年）と三回の戦争が、いずれもイラク南部を戦闘地域またはその近接地域として生起したことで、マンダ教徒の運命は大きく変わった。千八百年以上棲みついていた沼沢地帯が崩壊し、さらにはイスラーム原理主義の台頭によって異教徒と見做されたマンダ教徒は、続々とイラクを捨て、宗教的には寛容な欧米社会を目指して亡命を始めたのである。

第一章の登場人物であるナディア・ガッターンの祖父母は湿地帯の出身でありながらスーク・アッシュユーフに移住し、父親はそこで金細工店を営み、のちにバグダードに移住している。ナディア本人はバグダード生まれでありながらロンドンに亡命している。これが、二十世紀～二十一世紀のマンダ教徒のファミリー・ヒストリーの一つの典型だと思われる。ちなみに、ナディアという名前は、原著ではNadiaと綴られているが、正確にはアラビア語でNadiyah＝ナディーヤのはずである。もしも彼女自身がNadiaと綴っているのだとしたら、あえてアラビア語の女性名をロシア語の女性名に似せることで、欧米文化への同化を図っているのかも知れない。

（解説・青木健）

二〇〇六年、イギリス大使館政治部局長としてバグダードに赴任していた時のことだった。バグダードのアッ・ラシッド・ホテルの古びたカフェで、私はシャイフ・サッタールと会っていた。シャイフの弟、そして秘書を務めるいとこも一緒だ。三人は助けを求め、私をじっと見ていた。「シャイフ」とは中東の宗教や部族で、敬意を示すために広く使われるアラビア語の称号だ。彼らを前にして、私はひそかに光栄に身体を震わせていた。というのも、シャイフ・サッタールはマンダ教の高僧で、三人は世界で最も神秘的な宗教の一つ、マンダ教の代表者たちだったからである。

マンダ教徒は唯一神を信仰し、洗礼を行い、日曜日を祝日とし、洗礼者ヨハネを崇拝する。そのため、十六世紀のヨーロッパの宣教師たちからは、キリスト教のなかの一宗派だと思われていた。だが、実際には、マンダ教はキリスト教とはまったく異なる宗教だ。マンダ教徒はキリスト教徒と同様に天国を信じるが、それは「光の世界」と呼ばれ、また、悪魔を信じるが、それはサタンではなくルーハーという女性の悪魔である。洗礼は「光の世界」に入るために必ず受けなければならないもので、その洗礼はキリスト教とは異なり、流れる水のなかで行われる。洗礼を受ける前に死んだ赤ん坊は、母親の胸の形の実を付けた木々に抱かれて、永遠の慰めを得るという。洗礼者ヨハネはキリスト教の文献ではイエス・キリストの信奉者だが、マンダ教ではイエス・キリストより偉大な預言者とみなされている。十九世紀のことだが、マンダ教からキリスト教に改宗した男性が、ミサで「私にはあの方（イエス）の靴の紐を解く値うちもありません」という新約聖書の洗礼者ヨハネの言葉を聞き、大いに憤慨したという話がある。「イーサーとヤフヤーは」――イエスとヨハネのアラビア名だ――「いとこ同士だから対等なのでしょう？　違いますか？　ともに〝光の世界〟にいるのではないのですか？」と、ミサが終わると男性は司祭にたずねたという。

チグリス川でのマンダ教徒の洗礼の様子
©Oleg Nikishin/Getty Images

マンダ教徒は、自分たちはエデンの園のアダムの息子セトの家系で、アダムから伝わる秘密の教えを受け継ぐ者だと主張する。最初の洗礼で、信者は祭司から聖なる名を授けられる。古代のバビロンの言葉で付けられたその名は、近親者以外には決して漏らしてはならないものとなる。聖典には、何世紀もの間文字にされず、ひそかに伝えられてきた伝説や問答集が収められている。祭司は、その聖典を棚から取り出して、千五百年以上も繰り返されてきた言葉を読む。聖餐で祭司が行う魂の救済の儀式も、代々祖先が行ってきた手順とまったく変わらない。これらの儀式を介し、現代は、キリスト教誕生以前の遠い過去の時代、つまりミトラ教や古代エジプトの葬儀の饗宴や、マニ教の教義とつながるものとなる。マニ教は今では消滅したが、全盛期にははるか中国にも信者をもち、後にキリスト教最大の教父となる聖アウグスティヌスも入信していた、キリスト教と対抗する強大な勢力を誇った宗教だ。

私がマンダ教というこの驚くべき宗教と出会ったのは、イラクの状況が絶望的な方向に向かっていた時のことだった。二〇〇六年、私は暑さに参り、恐怖ではなく強い挫折感に苦しみながら、砂の舞う灼熱のバグダードで働いていた。有刺鉄線が私の世界――グリーン・ゾーン（アメリカ軍管轄区域）――を取り囲んでいた。それは十三平方キロメートルに及ぶ二十一世紀の暗黒郷《ディストピア》で、そこには、コンクリートの障壁や有刺鉄線、爆破によって空中で途切れた高速道路の橋梁《きょうりょう》や侵入者を防ぐために壁で遮断されたトンネル、そんなものばかりがあった。もともとこの場所は、かつての独裁者サダム（サッダーム）・フセインとその腹心の部下のために建設されたもので、プールには型どおりに水が満たされていたが、きらびやかな宮殿は細かく仕切られ、いくつもの部屋になっていた。私設動物園の動物たちはどこかに立ち退かされ、西側の役人が毎日際限なく増え続けていた。役人たちは日がな一日コンピュータの画面の前で過ごし、疲れ切っていた。そうして、時折、アメリカから空輸されるロブスターを食べたり、イラク国民には出入りが禁じられているバーで酒を飲んだりして元気を取り戻そうとしていた。そこにいるのは男性ばかりで、女性が来ようものなら、みなふらふらと引き寄せられていった。

私はイラク人ばかりのオフィスで働いていたため、少なくともリラックスはできていた。ラマダーン〔イスラーム暦九月。この月には丸々一カ月の間、日の出から日没まで飲食・喫煙・暴力・セックスが禁じられている〕には、ムスリムは日中の飲食が禁じられている。私は彼らの気分を害さないかと心配しながらも、何度かキッチンに忍び込み、甘いソフトドリンクを飲んで倦怠感を払いのけていた。その他の点では、彼らが安全なグリーン・ゾーンを離れなければならなくなる日まで、私はできるだけ彼らと同じ行動をとるようにしていた。とはいっても、ムスリムと同じように断食するのは難しかったが、日中何も食べずにいられた時は、彼らと一緒にとるイフタール〔ラマダーンの断食中の日没後の食事〕では、ナツメヤシの実やあっさりしたスープが格別の喜びとなった。私は母音の多く入る複雑なバグダード訛りをまねし、各政府機関の粗末な廊下を渡り歩いた。周囲ではスンニ派とシーア派のムスリム集団が支配権をめぐって激しく戦っていて、連日オフィスの外から届く悲惨なニュースに緊張を強いられていた。毎日、新たな悲劇が報道された。ある時には、少女の首がはねられる事件があった。そこには恐ろしい罠が隠されていた。その首を拾いにきた家族を吹き飛ばすために、首には爆発物が埋め込まれていたのである。また、男性が誘拐され、身代金と引き換えに解放された時には、すでに両目がくりぬかれ、両手両足が切断されていたという事件もあった。

　このような惨事が起こっていたのは、七千年以上前に文明が発祥した場所なのである。歴史の風景のなかに見えるイラクは、エベレストのようなものだ。エベレストを見ると他の山々が小さく見えるように、イラクの歴史を眺めると、他の古代史はみな新しく見える。まず、ノアの方舟の話がそうだ。古代イラクの伝説にも、大きな船で大洪水を生き延びたウトナピシュテム〔『ギルガメシュ叙事詩』の人物。かつて神々が人類を滅ぼそうとして洪水を起こした時、ウトナピシュテムと妻だけが助けられた〕の話がある。この伝説は事実に基づくもので、後世の聖書のノアの方舟の話に影響を与えたと言われている。イラクの低地の都市は、河川の氾濫で繰り返し大きな被害を受けた。イギリスの考古学者レオナード・ウーリーは、このような洪水の痕跡の一つを発見した。一九二〇年代、ウル遺跡の発掘チームを率いていたウーリーは、陶器の層と石器の層の間に二・四メートルの混じりけのない砂の層を発見し、淡々とこう記している。「妻がやって来てのぞき込んだ……そして、横を向くと、さらりと言った。『そうね、これは確かにノアの大洪水よ』」。厳密にいえば、ノアの大洪水ではなく、他の大洪水かもしれない。だが、聖書の話の土台となったのがイラクであることは確かだ。イラクの文明のほうが、ノアの洪水よりも古いからである。

ピラミッドだって、イラク中南部の都市と比べれば若造のようなものだ。イラクの都市が生まれたのは紀元前五三〇〇年で、これは古代エジプトのファラオ、クフ王によるギーザの大ピラミッド建造よりも三千年も前のことである。つまり、イラクの都市はクフ王にとって、われわれにとってのツタンカーメンと同じくらい古い時代のものなのだ。乾燥したエジプトでは遺跡が保存されてきた。だがイラクでは、伝統的な日干しレンガによる建築と、エジプトほど乾燥の激しくない気候によって、重要な遺跡が崩壊してしまったのである。

ホメロスの『オデュッセイア』も同様だ。ホメロスの時代には、イラクの黄金時代はほぼ終わりかけていた。イラクの叙事詩は、早くも紀元前二〇〇〇年頃に生まれ、今も生き続けている。その一つ、『ギルガメシュ叙事詩』では、英雄ギルガメシュが友のエンキドゥとともにフンババという怪物を倒す話が語られ、そこでは友情と性と死という永遠のテーマが扱われている。喜劇の要素もあり、娼婦に対して、「野犬がおまえの褥《しとね》に居座り、酔っ払いがおまえの身体中に吐き、怒った妻たちがおまえを訴えるように!」というような下品な呪いをかける場面もある。オデュッセウス自身もこの叙事詩を聞いたことがあり、自分の旅との類似点を認識していたかもしれない。だが、彼の時代でもこの詩はすでに過去のものとなっていた。

古代イラクで最も有名で、おそらく最大の都市はバビロンだ。だが、バグダードから八十キロメートル南に位置するこのかつての偉大な都市は、現在では、ユーフラテスの川岸に広がる平凡な砂泥地帯となっている。残っているのは低い壁と門の基礎だけだ。だが、ここには、かつては高くそびえる神殿があった。見上げれば、天国に向かって伸びていると思われるほどの高さだったはずである。今は魅力に乏しい廃墟と化しているが、聖書にある言語の創造はおそらくここで行われたのだろう。聖書はこう述べている。「そのために、この街はバベルと名付けられた。主がそこで、全地の言葉を乱し《バラル》、そこから人を全地に散らされたからである」〔バベルは「バビロン」と「バラル」の両方またはどちらかに由来するといわれている〕。

バビロニア人はライオンの彫像を担いで宗教行列を行った。ライオンは太陽神シャマシュの化身だ。そのほか、龍は月神シンの化身で、愛の女神イシュタルは白鳩で表される（イシュタルという名前は、現在でもエスターという女性名に残っている）。首都バビロンの最高神マルドゥクの神殿は、サン・ピエトロ大聖堂に匹敵する大きさで、その扉は龍や犬、半身がヤギで半身が魚の架空の動物などのモチーフで飾られている。通説では、バビロンには「世界の七不思議」の一つである「バビロンの空中庭園」があったとされている。旧約聖書のダニエルと三人の友が燃える炉のなかから逃れたのも、アレクサンダー大王が世界征服の野望半ばで命を落としたのも、このバビロンで起こったことだった。

バビロンが建設されてから四千年になるが、雨や洪水、後の世代による略奪にさらされて、その半分の二千年以上の間、この都市は荒廃したまま打ち捨てられていた。紀元前三二三年にアレクサンダー大王が死ぬと、武将たちの後継者争いによる内戦で、この巨大な帝国は分割された。内戦は経済に大きな打撃を与え、バビロンは衰退期に入っていった。今日では、時折伝わる破壊のニュースのほかに、その大神殿の話が耳に入ることはない。バビロンの空中庭園は消失し、その存在を示す証拠は今も発見されていない。廃墟には、仰々しい再建事業で造られたものもある――しかし、これはかつてあったと言われるネブカドネザル王やアレクサンダー大王によるバベルの塔の再建計画によるものではなく、ごく最近のものだ。サダム・フセインによって再建された宮殿である。そのレンガには銘が刻まれている。「サダム・フセイン大統領の時代に全バビロンは再建された。ネブカドネザル王からサダム・フセインへ、バビロンは再び繁栄の途を歩む」

過去の栄光の面影もなく、あたり一面には朽ちた泥レンガが広がっている。サダム・フセインによるバビロン再建は真の「再建」ではなくただの模倣であり、真面目な考古学者から嘲笑され、嘆かれているものだ。実際のバビロンの遺跡の大半は、かなり昔にバグダード市の建造物の材料として使われたか、海外の考古学者によって略奪されたり、二束三文で買いたたかれたりして、ロンドン、ベルリン、パリの博物館へと運ばれた。だが、サダムが新宮殿を建設したのは、考古学者を喜ばせるためではない。サダムは新宮殿の建設により、イラクの古代の輝かしい過去に対する所有権を主張し、それによって国家としてのイラクの存在と、イラクに対するサダム自身の支配権が正当化されると考えたのである。そうしてサダムはイラクという弾圧的な警察国家を、第一次世界大戦でオスマン帝国からもぎとられた、宗教も言語も民族も統一性を欠くトルコの一地方ではなく、バビロニア人やアッシリア帝国の継承者として位置づけようとしたのだ。サダムにとって好都合なことに、その輝かしい過去のなかには、サダムが憎み、恐れていたムスリム聖職者によってではなく、サダム自身のような気まぐれで残忍な君主たちによって支配された経歴もあった。

二〇〇六年には、サダムはすでにアメリカに拘束され、イラクは混乱状態にあった。イラクが世界文明の中心地だった時代がこれほど遠く感じられることはない。かつて、イラクのキリスト教の長老たちは、手紙の末尾に「エデンの園の川のほとりの僧房から」と書いたものだった。自分のいるのが、アダムとイブの暮らしたエデンの園のあった場所だと信じていたからである。この川はアブー・ヌワース通りを通り、かつてはその通りのレストランでバグダード市民が魚を食べ、水たばこをふかしていたものだった。今では、同じこの川が、死体を海へと運んでいく。イラク人の大半は、ただ身の安全を確保することに懸命だ。仕事が終わると急いで家に帰り、屋内にとどまる。戦争前と同じ生活を望んで、街のカフェでお茶をしたいと思ったら、よほどのことにも動じない心をもたなければならない。イラクには、広口で胴の細いイティカナスという伝統的なガラスのティーカップがある。二人の女性が、カフェでこの優雅なカップでお茶を飲んでいると、道の先で一人の男性が自爆した。二人はあたりをさっと見回して、差し迫った危険がないとわかると、再びカップに口を付け、お茶を飲みはじめたという。自爆程度は日常茶飯事なのだ。

私は外交官として数カ月バグダードに駐留し、装甲車で都市部のハイウェイを猛スピードで走ったり、機関銃を吊したヘリコプターで農地の上空を飛んだりしたが、この国の歴史の跡は何も見えなかった。古代の宮殿やモスク、教会は、度重なる戦争や侵略、そして無分別な再建計画によって破壊されていた。また、泥レンガの家は、何世紀もの間に雨に溶け、崩れて消えていた。戦争、放置、腐食、オイルマネーで活気づいた二十世紀の建設ブーム、これらすべてによって、バグダードは現代的な都市になった。今日ではその周囲には、狭い庭つきの小さな二階建ての家の並ぶ郊外の景色が広がっている。

イラク戦争直前に、ごく少数の観光客のためにあえて書かれたガイドブック（「エンターテイメント」欄に戦争の気配について「悪い知らせです」と書かれている）では、『アラビアン・ナイト』の舞台となった街に残る二、三のモスクと宮殿の一つが見どころとして薦められている。そこは、カリフのハールーン・アッ＝ラシードが忠臣ジャアファルとともに夜な夜な歩き回った場所だ。『アラビアン・ナイト』はフィクションだが、実際のバグダードの街も十分に注目に値するものだった。バグダードは七三四年にアラブのカリフ、マンスールによって建設された街だ。ペルシア人たちに設計され、ユダヤ人使節がインドから連れてきたヒンドゥー教の天文学者たちもこの仕事に関わった。文化と宗教との豊かな結合の記念碑とも言えるこの街は、今では、主要駅のコンクリートの下に埋もれている。イラクは自国の歴史をあまり大切にする国ではなかったのである。

＊

だが、マンダ教徒は生きたイラクの歴史だ。彼らの聖典は少なくとも三世紀にさかのぼる。また、聖典の誕生よりはるか昔——おそらくバビロンの時代——からの慣習や伝統を今も守り続けている。驚いたことに、キリスト教もイスラーム教も、イラクに古くからある複数の宗教を完全に抑え込むことはなかった。ムスリムによるイラク征服後も、イラクには一神教徒よりも異教徒のほうが多い地域があった。十世紀の初めにイラク人のイブン・ワフシーヤが『ナバテア人の農書』という本に記した当時の文化は、古代のものとほとんど変わらない。そのためビクトリア朝の学者たちは、しばらくその本をバビロンの時代の最古の書物だと考えていたほどだった。

その本には、神殿で信者が太陽や月と出会う話や、神の力が備わって果物や野菜や木が口をきく話、人間の邪悪な行いによって生まれる虫、予言者、ギリシャの科学の力で中国の粘土から創られたゴーレムのことなどが書かれていた。また、そこには、キリスト教の修道士やスーフィーと呼ばれるイスラーム神秘主義者に似ているが、古代の神々を信仰し、ヘンナで染めた髪と長いあごひげをもつ人々の禁欲的な教団や、世界の起源に関する哲学的思索などの記述もあった。こうして、バビロニアの文化は生き延びてきた。そして、ムスリムの多才な学者マスウーディーが十世紀に記したように、「バビロニア人の名残」は、かつては南イラクの一万八千平方キロメートルに及んだ湿地帯に、現在も生き残っていたのである。

ムスリムは二百年以上もの間イラクを統治しながら、どうしてこれらの非イスラーム文化を抑圧しなかったのだろうか？　六三二年に聖戦《ジハード》を開始してビザンツ軍を撃退し、ペルシア帝国を破壊した初代のアラブの征服者たちは、征服地の宗教も本質的には同じアラブの宗教だと考えたため、被征服者にイスラーム教を無理強いしなかったことがその理由の一つである。二代目カリフ、ウマルは被征服者が次々とイスラーム教に改宗していると聞いた時、嘆いたと言われている。実利的な見方をすれば、非ムスリムからは多くの税がとれたため、被征服者がイスラーム教に改宗すると税収が減ったからである。

だが、たとえアラブ人が望んだとしても、征服地の全住民を改宗させることができたわけではない。イスラーム教徒は初めのうちはイラク住民の二十パーセント程度であることに甘んじていた。また、地理的な条件も大きな妨げとなった。たとえば、一九九〇年代にサダム・フセインが湿地帯に逃れた反乱軍を鎮圧しようとした際には、サダムはまず、ここに流れ込む川をせき止めることから始めなければならなかった。過去の統治者にとって、異教徒の弾圧は、それほどの苦労に値するものではなかったのである。

ムスリムには寛容の伝統があったことも、もう一つの理由となった。クルアーンは偶像崇拝を禁じているが、キリスト教徒やユダヤ教徒などは、イスラーム教と同じ神が預言者を通じて人間界に下した共通の聖典をもつ民と考え、「啓典の民」として尊重する。そのほかにクルアーンで肯定的に「啓典の民」と呼ばれているのは、ゾロアスター教徒とサービア教徒だ。しかし、イスラーム教成立から二、三百年のうちは、ゾロアスター教徒やサービア教徒だと特定する方法がない上に、抜け道もいくつかあったため、「啓典の民」以外の宗教の信者たちもゾロアスター教徒やサービア教徒と自称して迫害を免れていた。マンダ教徒もそうして迫害を免れた宗教の一つである。十一世紀のイスラーム人類学者ビールーニーの百四十二冊に及ぶ著作の一つでは、マンダ教徒はサービア教徒とみなされていた。

ちなみに、ビールーニーはその寛大さゆえに科学史家のジョージ・サートンから「世界史上最も偉大な科学者の一人」と評された人物である。ムスリム知識人には、自分の発見した未知の宗教に対し

イラクの湿地帯の村。迷路のような細流により、住民は外界から孤立している。少なくとも３つの宗教がここで生まれたと言われている。©Nik Wheeler /Corbis

て寛容な者もいたが、ビールーニーはその良い例だ。同様の知識人に、マスウーディーがいる。イラクの湿地帯に住むバビロニア人を発見したのは、このマスウーディーなのである。マスウーディーは彼らを観察し、「自分たちとはロシア人やフランス人ほどかけ離れた、多様性に富む人々だ」と記している。宗教的には保守の立場をとるにもかかわらず、マスウーディーらのムスリム知識人には、自分とは信仰の異なる人々からも学ぶ姿勢があった。そして「知識はそれを信じる者にとって、飼い主のないラクダである。どこから得たかに関係なく、ためになるものだ」というアラブのことわざに基づいて行動していたのである。だが、この寛容の精神は、その後の数世紀で衰退していった。マンダ教徒はしばしば嫌がらせを受けるようになり、時には迫害された。それでも、イスラーム当局が骨を折ってまで被征服者に改宗を迫ることはめったになかった。そして、マンダ教徒には身を守る湿地帯があった。だが、これも二十世紀になるまでの話である。

　古代バビロニア人は長い間、イラクの湿地帯に暮らしてきた。マンダ教徒もそうだ。彼らの間に接点はあるのだろうか？　子どもの頃、私はバビロンの話を読むのが好きだった。そのため、マンダ教徒がバビロニア文明の消えゆく最後の生き残りだと考えるのは刺激的なことだった。だから、マンダ教の指導者であるシャイフ・サッタールから電話を受けて、「会いたい」と言われた時には、まるで円卓の騎士と会うために呼び出されたような気がしたほどだ。もしくは、たとえばイギリスの片田舎に北欧神話のオーディンを信仰する人々がまだ存在していて、その小さな村のお茶会に招かれたような気分だった。私は有頂天になって、もちろん、「はい」と返事をした。「喜んでお会いします」と。二〇〇六年の春のことだった。

グリーン・ゾーン内で、平均的なバグダード市民が比較的容易に行ける場所は一カ所だけだった。アッ・ラシッド・ホテルだ。このホテルは一九七〇年代に建てられた十八階建てのコンクリートの建物で、その全盛期には地下の部屋には常時百人ほどがいた。彼らは、各部屋に設置されたマイクやカメラの回線網から送られてくる会話や出来事を逐一監視していた。イラク戦争後には、カメラとマイクははずされたようだった。ホテルの入り口の床に踏み絵のように描かれたジョージ・H・W・ブッシュのモザイク画は覆い隠されていた。それでも、ホテルは相変わらず奇妙な場所だった。カフェでは蝶ネクタイもどきを着けたベスト姿のウェイターが、テーブルに不自然なほど近寄ってじっと立ち止まり、客の話に耳をそばだてていた。そのカフェで、マンダ教の高僧、シャイフ・サッタールは私を待っていた。彼は二人の男性――弟と秘書だと紹介された――と一緒にテーブルに着いていた。「マンダ教は世界最古の宗教です」とシャイフ・サッタールは言った。「その起源はアダムの時代にさかのぼります」。そうして彼はその歴史をバビロンの時代から説明したが、実際にはさらにさかのぼることができ、エルサレムのユダヤ人とつながりのある可能性にも言及した。シャイフ・サッタ一ルによると、マンダ教徒は人類最初の人間であるアダムを信じ、また、セトとノアのようなヘブライ語聖書に登場する預言者たちを受け入れたのだという。そのなかで彼らが最も崇拝しているのは、洗礼者ヨハネだ。しかし、彼らはキリスト教、ユダヤ教、イスラーム教の共通の祖であるアブラハム〔イスラーム教ではイブラーヒームと呼ばれ、純粋な一神教徒とされる。その正室の息子イサクはイスラエルの祖、側室の息子イスマーイールはアラブ人の祖となった〕を否定し、聖書やクルアーンとはまったく異なる独自の聖典を複数もっていた。私はシャイフ・サッタールからその一冊を手渡された。表紙の白い、アラビア語の本だった。

その本は「偉大な財宝」という意味の『ギンザー・ラバ』と呼ばれる聖典だった。私は右から左へと読んでいき、それからあべこべに読むこともできることに気がついた。本を上下さかさまにして、先ほどの「右の部」の反対側から読めるもう一つの「左の部」があるのだ。どちらの部もクルアーンのようにレイアウトされ、きれいに詩句と章に分けられていた。クルアーンの各章の冒頭は「慈悲あまねく慈愛深きアッラーの御名《みな》において」という賛辞で始まるが、『ギンザー・ラバ』では、「偉大なる生命の御名において」という賛辞で始まる。どのページにも、上部にギンバイカの枝が飾られてゆったりとした白いスカーフで覆われた十字架のようなしるしがある。だが、それは十字架ではなく「ダルフェッシュ」だとシャイフ・サッタールは教えてくれた。「ダルフェッシュ」はマンダ教の「洗礼」のシンボルだ。チグリス川で行われるマンダ教の洗礼は、彼らにとって最も神聖な宗教儀式である。ダルフェッシュの四つの先端は、世界の四方向を表している。マンダ教では、善なる魂は天国で永遠の至福を味わうと信じられていて、洗礼を通じてこの世で天国を垣間見ることができるのである。

この世の天国は、光の天使であるヒビル・ジーヴァーがヨハネに洗礼を施したその日にもたらされたとされる。そして、そのヨハネが洗礼者ヨハネとなって数々の奇跡を起こす。マンダ教の聖典の一つ、『ヨハネの書』はその奇跡を記したもので、洗礼者ヨハネはイエスよりはるかに偉大な奇跡の担い手だと伝えている。

マンダ教が特に重きを置くのは洗礼である。「洗礼は、キリスト教では一生に一度の儀式ですが、マンダ教では違います」とシャイフ・サッタールは言った。「私たちは一度だけでなく、重要な出来事のあるたびに洗礼を受けます。たとえば、結婚する時、花嫁と花婿は挙式の前に洗礼を受けます」。マンダ教徒にとって、洗礼は単なる清めの儀式にとどまらない。それはエネルギーと精神的な充実感を与え、罪を浄化し、身体を癒やすものだと考えられている。マンダ教徒が白い衣をまとい、川の近くで暮らすのを好むのは、洗礼が清浄な流れる水のなかで行われなければならないからだ、とシャイフ・サッタールは付け加えた。マンダ教徒は平和主義者で、「たとえ攻撃を受けても、私たちは戦いを認めません」と彼は言った。この時、私たちが話していたのはアラビア語だが、マンダ教徒には独自の言語がある。今日では、その言葉は命名と儀式の時にだけ使われている。「マンダ教」という名称は、「知恵」を表す言葉、「マンダ」に由来する。マンダ教は「偉大なる生命」である唯一神マンダ・ダイエーを信仰する一神教で、その天国は「光の世界」と呼ばれる。

この三人は、私に自分たちの宗教の話だけをしにきたのではなかった。私に頼みがあったのだ。「私の家族は、金《きん》の商いをしています」と秘書は言った。だから、襲われるのは、宗教上の理由だけではなく、彼らの金《かね》が目的でもあったのだ。「一族の男は、みな、殺されました」と彼は言った。「お願いです。イラクに残っているマンダ教徒は二、三百人です。みな、ここから出たがっています。あなたの国に亡命させてください」とシャイフ・サッタールが言った。イギリスは、彼らの希望どおりにマンダ教徒を一つのグループとして亡命させることはできない。だが、個人としてならイギリスや周辺国に亡命させることはできるはずだ。そうやって一人ずつイラクを発てばいい。私はそう考えた。彼らに出会い、長い間探してきたイラクの古代の文化との架け橋を見つけたと思った瞬間、それは目の前で消え失せようとしていた。

*

マンダ教徒は確かにバビロニアの慣習を守って暮らしている。しかし、その後、徐々にわかっていったのだが、その宗教は古代のバビロニアのものと同じではない。マンダ教徒には、たとえば、バビロニアの天候と豊穣を司る神バアルや豊穣の女神アタルガティスに対する信仰はない。歴史家のジョルン・バックリーによると、現存するマンダ教の最古の聖典が生まれたのは、二世紀後半または三世紀初頭だ。それは、新興の宗教や哲学が中東全体に広まり、伝統的なものにかわる新たな神や思想や伝説をもたらした、先例のない知的混乱の時代である。この知的な革命は、なぜ、この特定の時期に起こったのだろうか？　その主な原因は、政治と帝国の変化によるものである。当時、ペルシアやローマのような巨大帝国の拡大やアレクサンダー大王の東方遠征によって、東と西の距離は縮まっていた。ペルシア帝国は東でインド、西でギリシャと境界を接し、ローマ帝国の東端はペルシアに、西はブリタニアに接していた。こうして、以前はたがいに孤立していた文化同士が出会うようになったのである。その時代に、あるインドの苦行者の話が黎明期のギリシャ哲学者の耳に届いた。それに着想を得て、真の幸福に至る道は全財産を捨て、徹底的な貧困のなかで暮らすことだと考える犬儒派の生き方が生まれた。さらに時代が下り、特に船旅が可能となった時代には、このような交流がより頻繁に行われるようになった。都市化もまた、異なるさまざまな宗教を接触させ、融合させる要因となった。人々は、過去数千年の間信じられてきた神に飽き足らなくなっていた。新たな神が求められ、その信仰を裏付ける新たな哲学が必要とされた。

その結果、熱い信仰と急進的で知的な議論の時代が訪れた。そこで生まれた五大宗教は、みな千年以上続いて比較的固定化し、現代社会形成の基礎となっている。ペルシア帝国には東からヒンドゥー教と仏教が伝わった。また、ローマには、閉鎖的なミトラ教〔アーリア人の太陽神ミトラを崇拝する宗教。三世紀初めには密儀宗教となり、ローマで盛んに信仰された〕や、イシス信仰〔エジプトの豊穣の女神イシスを崇拝する密儀宗教〕のような中東の宗教も広まった（イシス信仰には、入信の際に性交の儀式があるという悪評がたっていた）。シリアの都市ホムス出身のヘリオガバルスは三世紀にローマ皇帝となり、古来のローマのユピテル信仰〔ユピテルは天空の神、契約の神で古代ローマの最高神〕を廃して、レヴァント〔シリアの古代名〕の太陽神エル・ガバルを最高神とし、故郷から運んだ黒い隕石を信仰の対象としてローマ最大の神殿に祀った。反対に西から東へはギリシャ哲学が伝わり、熱狂的に受け入れられて中東全域に広がった。西から東へ広がったもう一つのものは、ユダヤ教だ。紀元前六世紀のバビロン捕囚から解放されたユダヤ人のなかには、そのままバビロンの川のほとりに残留した者もいたようで、一世紀初頭には、イラクにユダヤ人コミュニティが確立していた。当時、バビロン北部のアディアバネ王国の王がユダヤ教に改宗したが、王の妻と母もそれぞれユダヤ教に改宗したという。七〇年には、ローマ軍がエルサレムを占領して神殿を破壊し、それを逃がれて東に流れたユダヤ人がイラクのユダヤ人のもとに集まった。バビロンの都市自体はこの時までに滅亡していたが、バビロニア（かつてバビロンのあった地域が、その名を保ってこう呼ばれている）は、ユダヤ教の中心地となった。イラクのユダヤ人の人口は、五〇〇年頃までには二百万人となっていたと推定されるが、これは当時の人口のおよそ四十パーセントにあたるものである。

ユダヤ教には三世紀から五世紀にかけて収集されたと言われるタルムードという文書群があり、ユダヤ法で最も重要なものの一つとされている。現存する最古のマンダ教の聖典に使われている言語は、ユダヤ教の学者がこのバビロニア・タルムードの編纂に使用した言語と非常に近い。また、マンダ教の書物にはユダヤ教への関心が示され、ユダヤ教の風習が詳しく記されている。しかし、そこにはかなりの敵意もうかがえる。マンダ教徒は洗礼者ヨハネを崇拝するが、ユダヤの祖、アブラハムのことは否定する。マンダ教徒は割礼を固く拒絶するが、この風習はユダヤ人においてはバビロン捕囚の間も行われ、バビロニア人とユダヤ人を区別するものとなっていた。マンダ教徒の安息日はユダヤ人とは異なり、土曜日ではなく日曜日である。マンダ教には、ミリアイというユダヤ人女性がマンダ教徒と結婚するためにユダヤ人のコミュニティを去ったという伝説がある。つまり、ユダヤ人とマンダ教徒は、交流はあったが敵対関係にあったのだ。

ユダヤ教から大きな影響を受けたのはマンダ教だけではない。ユダヤ教はキリスト教のいくつかの宗派にも影響を与えている。キリスト教のなかにはユダヤ教に敵意を抱く宗派もあれば、ユダヤ法を守りながらイエスを信仰する宗派もあった。たとえば、一一四四年頃に現在のトルコ北部に生まれたマルキオン派〔異端とされたキリスト教の一派。旧約聖書の否定、二元論思想が特徴〕と呼ばれる宗派では、『ヘブライ語聖書』（後に『旧約聖書』としてキリスト教でも採用された）に描かれた出来事は真実として受け入れるが、そのいくつかに対しては嫌悪感をあらわにする。たとえば、なぜ神はアダムにエデンの園の知恵の木の実を食べるのを禁じたのか？　なぜ神はアブラハムに息子を殺すよう命じたのか？　つまりマルキオン派にとって、『ヘブライ語聖書』に描かれた神は、実は信仰に値しない劣った神なのである。その劣った神が創造した物質界は逃れるべきものであり、それには人間の肉体や本能も含まれる。そのため、マルキオン派のエリートは結婚せず、子どももたなかった。マルキオン派の聖書は、ルカによる福音書とパウロ書簡だけであり、また、それも他の宗派のものとは若干変わっていた。たとえば、アブラハムは息子を殺そうとしただけでなく、女奴隷と寝たり、ファラオに自分の妻と寝るのを許したりしたため、アブラハムの名前は彼らの聖書からはほとんど削除されているのだ。

多くのユダヤ人がいて、キリスト教の宗派が数多く生まれ、古来の宗教は新しいイデオロギーに道を譲っていくというそんな環境のなか、ある日のこと、パティークという男性が、現在のバグダード市より南の地域の神殿で、古代の神に生贄を捧げる準備をしていた。それはおそらくヤギか羊を屠る血なまぐさい仕事で、それが終われば彼自身、屠ったばかりの肉を受け取って食べたことだろう。だが、その時、突然、パティークの耳に超自然的な声が聞こえた。声はパティークにこう命じた。「決して肉を食べるな、酒を飲むな、性的関係を遠ざけよ」。二一五年のことだった。

禁欲は当時の中東の新興宗教に共通するテーマだった。これは、インドの影響によるものだが、同時に、腐敗した古来の宗教に対する反発でもあった（シリアの大地母神の神殿には聖娼がいたのがその例だ）。哲学もまた、禁欲を奨励した。社会は技術的な進歩を遂げた。二世紀にプトレマイオスが作製した世界地図は、その後千年以上も使われた。また、小アジアで生まれたガレノスの書いた医学書は十九世紀まで使われた。だが、そうは言っても汚水溜めの清掃はまだ手で汲み出すよりほかに方法はなく、腸チフスのような病気がはびこり、傷は壊疽になることが多かった。人間の身体の弱さと不潔さは、人間の知性の成す偉業と奇妙な対照をなしていた。当時、一般的に脳と知性の関係は知られていなかったので、精神や魂は肉体の汚《けが》れとは関係なく生き続けることができると容易に考えられていた（ガレノスは脳と知性の関係を知っていたが、アリストテレスは脳の働きは身体から熱を放出することだけだと考えていた）。

精神の解放のために、肉体を痛めつけたり、軽視したりするよう信者に説く宗教は、しばしば「グノーシス主義」（二、三世紀頃地中海沿岸諸地域で広まった宗教思想。二元論を特徴とし，人間の本質と至高神とが本来は同一であることを認識することにより救済が得られると説く。グノーシスはギリシャ語で「認識」の意）と呼ばれ、当時もそのような宗派がいくつか存在していた。実際、パティークも、イラクの湿地帯に厳格な教団がいくつも生まれていることを知っていた。マンダ教もその一つだ。だが、マンダ教の規律はパティークを満足させるほど厳格なものではなかったのだろう（マンダ教徒が菜食主義だった時代はあるかもしれないが、彼らが独身主義を支持したことは一度もなかった）。パティークには、近所にあった教団のほうが、自分の聞いた声の命令に合っているように思えた。彼らは肉食をせず、性交せず、飲酒もしないだけでなく、芸術と音楽も遠ざけていた。その他の点については、ユダヤ教の戒律やキリスト教の教義を厳格に守ろうとしていた。各家庭には菜園があり、自分たちの食べる野菜と果物を栽培していたようだった。彼らは沼地の川で洗礼を行うことから、後世の著述家たちから、アラビア語で「自らを洗う者たち」を意味するムグタスィラと呼ばれた。パティークはすでに妊娠していた妻とともにこのムグタスィラ教団に加わり、その後まもなく子どもが産まれた。彼らはその唯一の子をマニと名付けた。

やがて成長したマニにも反抗期が訪れたが、マニは性にも酒にも興味をひかれなかった。それよりも、マニは教団に芸術を禁じられていることにいら立っていた。マニは才能あふれる芸術家で、自分の思想を讃美歌として音楽的に表現するように、視覚的に表現したいと強く思っていたのである。そんなマニは、近くの湿地帯に住むマンダ教徒から大きな刺激を受けていた。マンダ教徒はマニの崇拝するイエスを拒絶していたが、マニはマンダ教の音楽を高く評価し、讃美歌を借用することもあった。芸術以外の面では、マニには教団の厳しい規律さえ甘すぎると思われた。肉食の禁止だけでは不十分だ、とマニは言った。野菜を採って食べるのも植物への残虐行為であり、イチジクの実を枝からもぎとる時、その実が泣くのが自分には聞こえるとも言うのだ。また、ムグタスィラが水に浸かると、清い湧水が文句を言うのも聞こえる、なぜなら、彼らは水を汚しているからだとも言った（後年のマニ教の信者たちは、身体を洗うのに自分の尿を使ったようである）。そうしてついに、マニは新たな啓示を受けたと主張する。それは宇宙における光と闇との戦いを説明するものだった。

聖アウグスティヌスは、キリスト教に改宗する前はマニ教を信仰していた。その聖アウグスティヌスによると、マニの教えは、宇宙は「善」と「悪」の二つの敵対する無限の存在からなるというものである。「〝悪〟は物質で、形のない恐ろしい塊であり、地球と呼ばれる物質から染み出る邪悪な心である」。悪は宇宙におけるすべての闇――日食や月食、そして昼と夜との交代もこれに含まれる――の源である。マニにとって、昼の次に夜が来て、夜の次に昼が来ることは、光と闇との絶えざる戦いのしるしなのである。世界を善の力と悪の力とに分ける世界観を指す際に、われわれは今日でも「マニ教の世界観」という言葉を使う。

悟りを開いたマニ教徒の究極の使命は、精神を物質の束縛から解放することだった。マニ教に身を捧げた「長老」と呼ばれる人々にとって（この「長老」のアラビア語が「シャイフ」で、マンダ教の祭司にも使われる）、これは、決して子をもたず、果物だけを食べ、その果物を摘んだ償いをすることを意味した。水の無駄遣いは罪であり、殺生は論外で、厳格なマニ教徒はハエも殺さなかった。マニ教の祈りに「煙る血が（この国を）菜食主義の国に変えますように」という言葉があるが、まさにそのとおりの生活をしていたのである。だが、マニ教

近代に描かれたマニ教の始祖、マニの肖像。マニ教は３世紀に誕生し、原始キリスト教団と争った。宇宙が善と悪とによって分けられるというその考えは「マニケイズム（善悪二元論）」という言葉を生み出した。マニは先行するマンダ教の影響を受けている

は、すべての規律は守れなくても、マニに従いたいと願う人々にも救済の機会を提供していた。なんといっても、長老が果物を食べるには、誰かがその果物を摘むという罪を犯さなければならないのだ。長老たちはそれを食べる際には、厳しい儀式を執り行い、食物の内部に捕らわれている光の断片を解放することによって、信者に罪の赦しを与えた。このように、マニ教では、他の模範となる厳格な禁欲生活を営む長老たちが教団全体を代表して神との仲介役を果たし、一般信者には長老たちを養い敬う限りにおいて自らの道を生きる自由が与えられていた。この長老と信者の構造は、現代もなお、中東のほかの宗教で見ることができる。

二四〇年頃、マニは生まれ育った湿地帯の教団を離れ、ペルシア帝国の首都を目指すことにした。カラフルなマントを羽織り、縞模様のズボンにかかとの高い靴という派手な服装で、東方に向かった。貴族出身のマニは、その血縁関係に助けられ、また、当時のペルシアの宗教に対する自由な風潮もあって、ペルシア王を自らの宗教に改宗させることに成功した。最後には処刑による死〔マニはシャープール一世の保護を受けるが、この王の死後、バハラム一世に迫害され、処刑されたと言われている〕を迎えるが、マニの開いた宗教はその後も拡大を続けた。信者たちはイランから東へ向かい、仏教の図像を使ってマニを「光のブッダ」と紹介し、その教えを説いた。こうして中央アジアのウイグルにマニ教の王国が成立した。後の世紀には、マニ教は中国で多くの信者を獲得し、肉食禁忌でよく知られることになる。「喫菜事魔（菜食の悪魔崇拝者）」というのが、一一四一年の政令で中国政府がマニ教徒を指した言い方である。彼らは公権力による迫害で一掃されたが、二十世紀になるまでは中国南部で生き残っていた可能性がある。また、マニは中国のある場所で現在もなお崇拝されているようである。中国東部の寺院に、まっすぐな髪をし、あごひげを生やした仏像があるが、それは寺院がマニ教徒によって建設された時に作られたものである。おそらく、もとはマニの像だったのだろう。

西方では、マニ教は独自のイエス信仰を説き、原始キリスト教団と激しく争った。マニ教徒のセバスティアヌスは、四世紀半ばにローマ皇帝になりかけたことがあったが、もし彼が帝位に就いていたら、世界の歴史はかなり変わっていたはずだ。だが結局、キリスト教がローマの国教となり、ローマ当局が拮抗する宗派の根絶を始めたため、マニ教はローマ帝国の領土内ではほぼ消滅した。だが、ムスリムの文化圏ではマニ教は比較的長く生き残った。八世紀になると、強力になりすぎたマニ教徒に危機感を覚えたアッバース朝のカリフが、マニ教徒を異端として弾圧し、大勢を十字架にかけたが、それまではマニ教徒は政治の中枢で働くこともあったのである。十世紀のムスリム学者イブン・アン・ナディームはマニの伝記を残したが、彼自身、バグダードにマニ教徒の知り合いが数人いたそうだ（先ほどの記述もこの伝記による）。

それでもマニ教は、ヨーロッパの文明に長く跡を残した。キリスト教徒のなかには、マニ教の聖職者の厳格な禁欲生活に倣う必要を感じた者もいて、それを示す証拠も残っている。物質には悪が充満し、肉体は魂の牢獄であるという教えから、マニ教のエリートは肉体的衝動を完全に抑え込もうと努めた。また、その例に倣って睡眠を断ち、草や果実のみを食べ、自ら去勢したキリスト教の隠者もいた。すでにマニ教の修道院のあったエジプトでは、キリスト教の禁欲主義も特に強かった。原罪を強く信じ、性的禁欲を説いた聖アウグスティヌスは、若い頃マニ教を信じ、キリスト教に改宗したあとも性的欲求と戦う必要性を感じていた。つまり、現代のキリスト教の禁欲主義や修道院生活は、マニ教の遺産とも言えるのである。

マンダ教徒は、マニ教徒でもなければムグタスィラでもない。マンダ教徒はどちらのグループとも違い、イエスを否認し、結婚して子をもうけることを道徳的義務だと考える。しかし、その他の点ではマンダ教にはマニ教との共通点が多い。アブラハムを認めないことや、肉体は魂の牢獄であるという考え方などである。マンダ教徒が信仰するのは常に闇と戦う光の天使、ヒビル・ジーヴァーである。マンダ教徒は、自らの魂は宇宙の光から飛び散った光のかけらで、現世では物質界に捕らわれているが、その光のかけらは死によって肉体という牢獄から解放されて天に上り、かつて属していた偉大なる光のもとに戻ると考える。したがって、葬儀の際には、マンダ教の祭司は死者の魂にこう呼びかける。「汝は腐敗より離れ、汝自身を納めし悪臭満ちたる身体を離れ、邪悪なるものの住処を離れ、すべてが罪なる場所を離れ、憎しみと妬みと不和の場所たる闇の世界を離れ、悲しみと弱さをもたらす惑星たちの住処を離れるなり」。マンダ教徒の間では、仲間の信者の葬儀で祭司が聖餐をとる時のしぐさがその来世での運命に影響を及ぼすと信じられている。これらはすべて、もう一つのイラクの宗教、つまりマニ教の信者にも古くからなじんだ思想と風習である。したがって、マンダ教徒は中東の古代史との架け橋というだけでなく、キリスト教の歴史との架け橋でもあるのだ。

＊

現在、マンダ教徒の数は全世界で十万人に満たず、イラク戦争が起こるまではそのほとんどがイラクに住んでいた。もっとも、全員が信心深いというわけではないようだ。私がそれを知ったのは、マンダ教徒との二度目の出会いの時だった。二〇〇九年、私はマンハッタンのカフェでナディア・ガッターンというマンダ教徒の女性に話を聞いた。ナディアはイギリスに亡命したイラク人で、当時、ニューヨークを訪れていた。イラクを離れても、自分は今でも「筋金入りのイラク人」だとナディアは言った。「私は感情的で情熱的な人間です。ヨーロッパの人たちとは違うんです」。バグダード郊外の左翼の家庭で育ったナディアにとって、自分という人間は、第一にイラク人で、次にマンダ教徒なのだそうだ。友だちにはさまざまな宗教の家庭の子どもがいたし、両親も特に熱心な信者ではなかった。ナディアは続けた。「宗教については何も教わりませんでした。ただ『嘘をつくな。盗むな。常に自分が女であることに心せよ』といった、道徳的な決まりごとだけです」

マンダ教の聖典は、「マンディ」と呼ばれる礼拝所で祭司に保管されているため、ナディアが読もうと思ってもすぐに読めるものではなかったし、家庭でも祈ることはなかった。バグダードにある彼らの家の様子も聞いたが、イラクの一般のムスリムの中流家庭とたいして変わらないようだった。その違いを見破れる人がいたら、その人はよっぽど鋭い目をもった人だと思う。そんな目をもった人がまず気づくのは、ムスリムの家庭にはない何かがあるということではなく、ムスリムの家庭に通常あるものがそこにはない、ということだ。壁にクルアーンの聖句も飾られていなければ、白い衣に身を包んだ数千人の巡礼者がめぐるメッカのカーバ神殿の写真もない。また、シーア派家庭によく見られるイマーム・フサイン〔預言者ムハンマドの孫で、ムハンマドの娘婿アリーの子。イマームは「導師」の意味で、シーア派では特にアリーの血を引く正統な最高指導者をカリフと区別してイマームと呼ぶ〕の肖像画もない。だが、細かいところまでじっと見れば、マンダ教徒の家庭ならではのしるしに気づく。まず、居間の壁には「ダルフェッシュ」の絵がさりげなくかけられている。そして、戸棚には、チグリス川で洗礼を行う際に使う長衣とベルトがしまわれている。使う機会は多くはないが、いつでも使えるように、不浄なもののない戸棚に入れてあるのだという。

ナディアはバグダード生まれだが、ナディアの一家は、以前はイラク南部のスーク・アッシュユーフ（「シャイコたちの市場」の意味）という小さな町に住んでいた。バグダードに引っ越してきたのは一九七〇年代で、ナディアが生まれる前のことだ。ナディアの父親はスーク・アッシュユーフで教師をしながら、副業として小さな金細工の店を営んでいた。バグダードに来てからも、マンダ教の祭りの時期には、一家はその町に住む祖父母のもとを訪れた。祭りの時にその町で敬虔な祖父母と接する時だけが、ナディアがマンダ教徒として過ごす機会だったそうだ。私はナディアに祖父母の古い写真を見せてもらった。二人は西洋風の服を着た子どもたちに囲まれ、並んで写っていた。祖父は、長いあごひげを生やし、赤と白のクーフィーヤ〔アラブの男性が頭に被る装身具〕を被っていた。祖父が食べる肉は、特別な儀式に則って準備された家畜だけだった。それは北を向いて屠殺され、血を抜かれた不浄でない無傷の雄の家畜で、祖母だけがその調理を許されていた。祖母も同じく敬虔な信者で、髪をヴェールで覆い、黒ずくめの服を着ていた。祖母は伝統医学を用い、地元の農民が米の収穫時によくかかる眼病を治療していた。ナディアは祖父母の家で、月経中は食卓をともにしてはいけない、一人で食事をしなさいと言われた。これは、古代のバビロニア人やユダヤ人によって厳しく守られてきた規則である（バビロンでは、月経中の女性に触れた男性は六日の間不浄とされた）。だが、この慣習は、この家ではナディアで絶えることになった。ナディアは一人で食事をするのを拒み、しまいには祖父母も孫娘が規則を破ることに文句を言わなくなった。

祖父母がこのスーク・アッシュユーフに居を構えたのは一九四九年のことで、それ以前はイラクの湿地帯で暮らしていた。そこは小さな島やヨシの群生が迷路のように入り組んだ広大な沼地で、町の東側は浅い小川と接していた。住民の大半は強硬な独立路線を行くムスリムの部族だった。一九五〇年代にそこに暮らしたイギリスの探検家ウィルフレッド・セシジャーは、その場所を、外界からの干渉が最小限に抑えられた「それ自体で完結した一つの世界」だと記している。セシジャーはこの部族にすっかり魅了された。彼らは寛容でありながら（たとえば、同性愛の女性を受け入れている）同時に、厳格（「清浄」を規定する掟が非常に厳しく、息子が血を流しているのに、自らが宗教的に穢《けが》れるのを恐れ、息子に触れず見殺しにしかねない父親がいるほどだ）でもある、非常に興味深い人々だった。

ウィルフレッド・セシジャーにより 1950 年に撮影されたイラク湿地帯のアラブ人の写真。彼らはシュメール時代からあるバラムという小舟で移動した。その湿地帯は外界から完全に孤立しており、セシジャーは「完結した世界」と呼んだ。写真提供：Pitt Rivers Museum

　セシジャーは、湿地帯のムスリムのそばに住むマンダ教徒については簡単に触れているだけだ。だが、彼らの長いあごひげ、赤と白の格子縞

小舟に樹脂を塗るイラク湿地帯の男性。ウィルフレッド・セシジャー撮影。ナディアの祖父も同じ作業をしていた。写真提供：Pitt Rivers Museum

のクーフィーヤ、銀細工、ムスリムでは不浄とされているカモを飼う慣習などについて書き残している。ひょっとしたら、セシジャーはナディアの母方の祖父に会っていたかもしれない。祖父は部族の指導者のもとで、遠出の狩りで使う武器の修理の仕事をしていた。「祖父は銃をバラバラに分解し、もとのように組み立てることができました」とナディアは言った。一方、父方の祖父は地元の人々が移動に使う簡素な小舟を作っていた。湿地帯ではこのような小舟で移動したほうが、地面を歩くよりも楽なのだ。この小舟はバラムと呼ばれたが、これはシュメール語の語根をもつ言葉である。

マンダ教の祭りの一つに、世界創造の五日間を祝う「白い日」というものがある。ナディアが子どもの頃、四月に行われるこの祭りには（マンダ教の暦にはうるう年がないので、太陽暦ではこの祭りは毎年若干前後する）、ナディアの両親は親族と一緒に祝うため、ナディアと弟を連れて故郷の町に戻った。町に立つ家は小さく、地面や川と同じような茶色をした日差しをさえぎる程度の粗末なものか、もしくはアシで造られたものだった。町のマンダ教徒は全員、一つの地区に集まって暮らしていた。子どもたちは道で遊び、家を回って食べ物やお菓子をねだった。運が良ければ、マンダ教徒の名物料理にありつくことができた。それはシナモンやカルダモン、刻みタマネギ、ナッツ、干しブドウなどの詰め物をして、干しライムとターメリックと一緒に煮込んだ野生のマガモ料理だった。子どもを行儀良くさせるため、大人たちは「お行儀悪くしていると、砂漠の男が馬に乗ってさらいにくるぞ」と脅かした。

「白い日」は楽しい祭りだが、マンダ教の新年は恐ろしい性格をもつ祭日である。この日には、悪魔がルーハーという女性の霊の姿となって、三十六時間地球を歩き回ると言われている。ナディアの両親は伝統に則り、新年には娘を外に出さないようにしようとしたが、ナディアは言うことを聞かなかった。「そんなこと信じませんでした」とナディアは言った。「ですが、ルーハーはカリバチやハナバチ、木や鳥に姿を変えて、私を痛い目にあわせるというのです。でなければ、車に轢かれるとかね。とにかく、その祭りの間は外にいると良くないことが起こるというのです」。ナディアの家族のように信心深くない家庭に対しても、このタブーは影響力をもっていたのである。

楽しい祭りと恐ろしい祭りのほかに、マンダ教徒には悲しい祭りもあった。シーア派ムスリムには預言者ムハンマドの孫、イマーム・フサインの死を悼み、また自分たちが彼を救えなかったことを悲しむアーシューラーという日があるが、この同じ日に、マンダ教徒もアブル・ハーリスと呼ばれる特別な精白大麦のスープを飲んで喪に服す。シーア派の儀式に出る時もある。マンダ教徒がこの日を記憶にとどめようとする理由にはさまざまなものがある。ナディアの知っているのは「ストレスの多かった時代を記念して」ということだけだが、この日は旧約聖書『出エジプト記』の紅海渡渉《こうかいとしょう》の日で、ファラオの軍の兵士たちが紅海で溺死したことを悲しむ日だと信じるマンダ教徒もいる。ユダヤ人にとってこの日は解放を祝う日だが、マンダ教徒は――彼らにもその理由がわからないのだが――エジプト人に感情移入するようになったのである（このような服喪の日は、かつては中東全域に共通のものだった）。

マンダ教徒のコミュニティには、信者が聖職に就こうとする際にその精神的な支援を行うという慣習がある。ある時、ナディアの一家も、コミュニティの人々と一緒に支援をすることになった。その儀式は非常に厳しいものだ。聖職志望者はまず七日間、アシの小屋にこもって寝ず食べずの修行をしなければならない。コミュニティの人々の助けが必要なのはこの時だ。小屋の前で太鼓をたたいたり、歌を歌ったり、また、女性は長く大きな叫び声を上げて、この聖職志望の修行者が寝ないように協力するのである。司教にあたるガンジブラという祭司がこの修行者とともに小屋のなかで過ごし、オリーブの枝で二十一語の力の宿る言葉を土の床に書く。それは決して大声で唱えてはならない秘密の言葉だ。修行者がそれを覚えると、ガンジブラは土の床を掃いて、その言葉がほかの者の目に決して触れないようにする。最後に修行者は、細かく複雑な指示に従って、儀式の仕上げの食事をする。そして、その日からあごひげを長く伸ばし、厳しい禁欲の規律を守るのである。

マンダ教には、シャイフ・サッタールのようなガンジブラの高僧だけが獲得できる高位の聖性と知識がある。しかし、これを生者から授かることはできない。そうした聖性と高度な知識を授かるためには、使者を来世に送らなければならない。そのため、瀕死のマンダ教徒がガンジブラ志望の祭司の使者となる。死の床にあるマンダ教徒は金糸銀糸で飾られた服を着せられているが、祭司はその服のポケットに一瓶の聖油を入れ、「これを託します。アバトゥルのもとへ運んでください」と言う。使者が死んで魂が死者の審判アバトゥルのもとに着き、アバトゥルからガンジブラ志望者の依頼の確認を受け取ると、儀式は完了するのである。

マンダ教では、祭司になれるのは男性だけである。男性は異教徒と結婚できるし、その子どももマンダ教徒として認められる。しかし、異教徒と結婚した女性は洗礼を禁じられ、子どもに洗礼を受けさせることもできない。だが、ナディアは元来のマンダ教の精神はこのような男性優位のものではなかったはずだと考える。それを実証するものとして、ナディアはマンダ教の聖典を挙げる。ユダヤ教の『創世記』ではイブはアダムの肋骨から創られるが、マンダ教の聖典では、アダムとイブは同時に創られているからである。「これは確かです。女性も祭司になれた時代がありました。男性だけじゃなくてね」。ナディアの言うとおりだ。『ヨハネの書』には、ユダヤ教の女性がマンダ教に改宗し、祭司になった例が残っている(同様に、古代バビロニアでも、女性が祭司を務めることがあった。ついでにいえば、古代中東では、女性が世俗的な権力の座を勝ち取ることもあった。紀元前五世紀のペルシア艦隊にはアルテミシアという海軍大将がいたし、紀元三世紀のパルミラではゼノビアという女王が権力を握っていた)。

*

マンダ教で最も重要な儀式は洗礼である。この起源については、マンダ教徒の間でも二つの意見がある。一つは、これはもともと洗礼者ヨハネを信仰するユダヤ教の慣習で、ローマ帝国の迫害を逃れ

1991年、バグダードで洗礼の支度をするナディア（右から２人目）。その神聖な儀式のために、ヴェールを被り、ギンバイカの小枝を身に着けている。背後の絵には洗礼の様子が描かれている。写真提供：ナディア・ガッターン

て東方に流れてきた彼らの慣習を採用したというものだ。もう一つは、エジプトでも沐浴の慣習があったように、チグリス川の水に身を浸すことはイラク土着の古代の風習だという意見だ。確かに、この儀式に付随するしきたりは、マンダ教独特のものだ。ナディアが生まれた時に、祭司は星を読んでホロスコープを作ったが、紀元前のイラクでも、子どもたちのためにまったく同じことが行われていた。ナディアが十七歳になると、そのホロスコープを使って、今度はバグダードの別の祭司によってミルワシャと呼ばれる秘密の名が選ばれ、洗礼の儀式で与えられた。ナディアはその特別な儀式のために、頭から白い衣ですっぽり身を包み込み、腰にガードルを巻き、ギンバイカの葉の指輪をはめた。ナディアがチグリス川に身をかがめると、祭司はその身体を三度川に沈めた。そしてナディアの額に水で三度署名をし、川の水を三度飲ませると、頭にギンバイカを被せ、ナディアのために祈りを唱えてその名を与えた。

「それがマンダ教徒としての私の名前となります」とナディアは言った。「この世でも、そして来世

でも」

この儀式には、紀元前一世紀のバビロニア人たちがよく知っていたものが四つある。つまり、マンダ教徒は古代バビロニア人から四つの遺産を引き継いでいると言える。第一の遺産は、洗礼に使われる言語だ。私はパリ国立図書館に足を運び、マンダ教の聖書を開いて、ようやくこの言語を目にすることができた。その本は傷みやすく、一冊見せてもらうにも、職員をかなり説得しなければならなかった。それは十七世紀の写本だった。高度な技法を用いた筆記体で、一定の間隔を空けて慎重に写されていた。これを写したマンダ教の写字生が、私が読むところを見たらさぞかしぎょっとしただろう。ページをめくりながら、私はそんなことを考えた。これらの聖典の読み手とされていたのは、新たに祭司の職に就くマンダ教徒だけだったからである。

だが、それよりも、その本に革の表紙がかけられ、フランス王家の紋章のユリの花《フルール・ド・リス》の文様が押されているのを見たら、写字生はもっとショックを受けたことだろう。それはこの本がルイ十六世のコレクションの一部となった時に、フランス王室専属司書によって押されたものだった。マンダ教の祭司が本を綴じる時には、決して革のような動物製のものを使用することはなかった。これはマンダ教が肉食を完全に禁止していた時代の名残だと言う学者もいる。マンダ教徒は更紗を用いて本を綴じたり、木板に文字を彫ったりした。わざわざ酸を使って鉛の板に文字を刻むこともあった。私が読んだその本は、厚い繊維質の紙に黒いインクで書かれていた。ページいっぱいに右から左に書かれた尖った文字は見慣れないもので、知識のない私の目にはアラビア文字と同じように見えた。ただ、アラビア語のアルファベットの特徴である「点」が少なく、文字の種類が多いだけだった。それは、アラビア語以前のイラクの言語である、アラム語のマンダ方言だった。

初期のムスリムの著述家たちは、自分たちのアラビア語よりもアラム語のほうが古いことを知っていた。そして、アラム語は世界の誕生と同じ頃に生まれ、堕罪後のアダムが話した言葉だと考えていた。だが、実際にはそうではない。四千年前にバビロンが生まれた時の公用語はシュメール語だった。シュメール語は次第にアッカド語に取って代わられたが、このアッカド語はかなり長い間俗語のように扱われていたことが四千年前の喜劇詩からわかっている。学校でアッカド語を話しているのを見つけられた少年が（ほかの規則に違反した時と同様に）罰せられ、不平を言う詩が残っているのだ。「戸口にいた監視員が言った。『なぜ黙って外に出たのだ？』と。そうしてぼくを殴った。水の監視員が言った。『なぜ黙って水を飲んだのだ？』と。そうしてぼくを殴った。シュメール人の監視員が言った。『アッカド語で話したな！』と。そうしてぼくを殴った」。アラム語がバビロンの日常語になったのは、バビロン滅亡前の最後の数世紀になってからのことである。現在でも、イランのマンダ教徒の間では一種のアラム語が話されている。また、イラク北部のキリスト教徒たちは、現在も、違いはあるがよく似た筆記体をもつアラム語に近い言葉を使用している。

＊

ナディアの宗教名は、祭司が星を入念に調べて付けたものだ。これが、マンダ教徒が天文学に熱心だった古代バビロニア人から引き継いだ第二の遺産である。一年の月の周期と一致する「十二」という数を選んで、初めて空を十二宮に分けたのはバビロニア人である。熱心に空を観察したバビロンの天文学者たちは、早くも紀元前一五〇〇年には、いくつかの星が他とは異なる動きをしていることに気づいていた。それらの星々はより明るく、異なる軌道を描いて空を移動していた。天文学者たちはこれらを「さまよう羊」という意味の「リュバット」と呼んだ。この言葉がギリシャ語に訳されてaster planets（さまよう星）となり、そこから英語のplanet（惑星）という言葉が生まれたのである。

バビロンの天文学者たちは、水星、金星、火星、木星、土星の五つの惑星を発見し（天王星や海王星は裸眼では見えない）、それに太陽と月を加えて七つとし、それぞれにマルドゥク、イシュタル、ネブといった神の名を付けた。それからその神の名の付いた月を七日ごとに分け、その七日間を一週と定めた（この七日間がかなりきっちりと月の周期の四分の一となっていた）。私たちも、この惑星や曜日に神の名を付ける慣習をバビロニア人から受け継いでいる。たとえば、惑星の名にはマーキュリー（水星）、ビーナス（金星）、プルート（冥王星）などがあるし、曜日では、土曜はサターン（土星）、木曜はトール（木星）、日曜はサン（太陽）、そして月曜はムーン（月）にちなんで名付けられている。また、バビロニア人は七日のうち一日は不吉で活動を避けるべき日とし、これがユダヤ教の安息日の起源だと考えられている。

惑星は神であるため、その動きは神の意思のしるしと考えられた。同様に、星も神聖な存在だった。ウマヌと呼ばれた優れた占星術師は、マンダ教の祭司のように、不幸の兆しを夜空に見るとそれを王に告げ、いかにして避けるかを助言した。その方法を調べる前に、彼らは星に向かい、「おお、偉大なる夜の神よ……。プレイアデス、オリオン、ドラゴンよ」と祈った。やがてバビロニア人は、誕生時の神々の配置に基づいて人々の人生を占うようになった。たとえば、現存する紀元前二三五年の粘土板に、アリストクラテスという少年の誕生を記したものがあり、そこには少年の未来がこう占われている。「誕生日の星の位置を見ると、月は獅子座に入り、太陽はふたご座の十二度三十にあり、木星は射手座の十八度にある。木星の位置からすると、この子は規則正しい生活をして、金持ちになり、長生きするだろう」。この伝統は数千年後の今でも生き残っている。現代のヨーロッパやアメリカの新聞の最終ページには星占いが掲載されているが、古代のバビロンの占星術師たちも、これと同じものを星から読んでいたかもしれない。

より正確に言うと、マンダ教の祭司やガンジブラには、活動や行事に最適な日時の決定に占星術を用いるという、古代バビロニアと同じような慣習がある。たとえば、マンダ教の夫婦は結婚してもすぐには性交を行わない。司教にあたるガンジブラが星の観察によってあらかじめ定めた適切な時が来るまで待つのである。性交後の二人は不浄とみなされ、「夜明けに身体を洗うが、それまでは日用品には決して触らないようにする」。紀元前五世紀のギリシャの歴史家ヘロドトスはバビロニア人の夫婦についてこう記しているが、まったく同じことが現代でも行われている（マンダ教徒にとって身体を洗うことは洗礼の儀式である。バビロニア人にとっても、身体を洗うというのは川で身を清めることだったに違いない）。

西洋の文化で、「七」と「十二」という数字は今も特別な意味をもつ。「七」はラッキーナンバーで、「第七天国」は至福を意味する。また、イエスに選ばれた弟子は十二使徒、円卓の騎士は十二名、ギリシャの神々もオリンポス十二神である。だが、マンダ教徒にとって「七」と「十二」には元来のバビロニアの意味があり、特に神に準ずる超自然的存在としての星や惑星と関連がある。マンダ教の

『ヨハネの書』には、「（惑星を示す）〝七〟が彼にあいさつを送り、（黄道十二宮を示す）〝十二〟が彼におじぎをした」という言葉がある。マンダ教研究者のE・S・ドローワーが書いているように、彼らはなおも「惑星は神の創造物であり、それぞれに魂がある」と信じている。ドローワーが一九三〇年代に知り合ったヘルメズ・バル・アンハルというマンダ教徒は、「私はすべてのメルキ（天上界の存在）を崇拝しています。しかし、特に崇拝するのは太陽です」と言った。ヘルメズは太陽をある種の天使だと考えていたらしい。「崇拝」という言葉には、その対象がある種の神だという意味が含まれている。しかし、マンダ教徒は、自分たちの宗教を多神教とは考えず、「星辰崇拝者」と呼ばれることを固く拒絶する。バビロニア人とは違い、マンダ教徒には太陽や月の神殿はない。しかし、彼らは今も、星や惑星に関するバビロニアの多くの慣習や思想をもち続けている。

＊

洗礼の際、チグリス川で祭司がナディアに与えた秘密の名は、決して誰にも明かされることはない。この秘密主義が、ナディアのコミュニティが古代バビロニア人から引き継いだ第三の遺産である。秘密主義は、マンダ教とその源泉である文化の基本理念だ。十世紀初めに『ナバテア人の農書』を編纂していたイブン・ワフシーヤは、イスラーム教が誕生する前から住んでいるナバテア人の農業知識を記録に残したが、その研究の過程で多くの障害に直面した。というのも、ナバテア人には秘密厳守の掟があったからだ。「年配の人や祖先のやり方に異議を唱えよというのですか？」と彼はきかれた。「自分たちの宗教と慣習の秘密を守れという教えを破れと？」と。そこで、彼は妥協することにした。

つまり、ナバテア人の「科学」については読者に伝えるが、「宗教」については一切書かないことにしたのだ。自分が秘密を漏らさなかったことを念押しするために、ワフシーヤは「一般読者を混乱させるために事実に嘘を混ぜ込んだ」と書き、自分が使った暗号の例を挙げた。たとえば「ナスは三千年間姿を消すだろう」というのは、ナスを食べてはいけない期間が一年に三カ月間あるという意味だそうだ。

E・S・ドローワーはマンダ教徒のコミュニティの良き友人となり、マンダ教の祭司の一人から「大切な信仰上の友」と呼ばれるまでになった。しかし、それでもマンダ教の聖典を目にすることができたのは、九年間も頼み続けたあとだった。ドローワーの言葉によると、彼女が聖典の一部の解読に成功したことを知ると、コミュニティの祭司の長は「憤りと怒り」を示し、「これらの巻物には〝秘密〟が含まれており、それは、祭司職の授与式に祭司だけに伝えられ、一般信者や部外者には決して伝えてはならない知識なのだと言った」。また、写本の序文には、聖典を信者以外に暴露した者に対する呪いの言葉が刻まれていたという。

ドローワーの読んだ本は、現在、オックスフォード大学ボードリアン図書館の地下書庫にある。それらの本や、一九三〇年代にマンダ教の口頭伝承をドローワーがまとめた本を読んで、私はマンダ教の根本にある神話と、その世界に住む驚くべき神々や神的存在について理解を深めた。人間は死ぬと魂が上昇し、アバトゥルという神の前で秤にかけられる。アバトゥルのもとで霊と魂が一つにされ、その計量に合格すると、最後に光の世界に入る。クルンという、スター・ウォーズに登場するジャバ・ザ・ハットのような闇の王がいるが、これについてドローワーは「巨大なシラミの姿をしており、目に見える世界はすべて、この闇の王によって創られたものである」と書いている。アブラハムは邪悪な霊に導かれてマンダ教団を去り、自らのコミュニティを見つけただめなマンダ教徒とされている。闇の王はまたウルという名でも描かれ、炎の腹部をもつドラゴンの姿をし、燃える油の海に座している。私の好きなのはディナヌクートだ。これは半分人間で半分書物の悪魔で「光の世界と闇の世界の間の海に座り、自分自身について読んでいる」そうだ。

秘密主義の理由は、魔術を信じることと深い関係にあるとナディアは言う。「名を明かすと黒魔術に使われると信じる人もいますが、私はラッセルさんを信頼しています。それに」と彼女はクスクス笑った。「あなたには黒魔術の本は手に入りませんから」。魔術は、現代のマンダ教徒が古代のバビロニア人から受け継ぐ第四の遺産である。『ナバテア人の農書』の農業技術のリストにも、多くのまじないが載っていた。たとえば「雹《ひょう》が降らないようにするには畑の真ん中に亀をひっくり返して置くとよい」とか、「霰《あられ》を伴う嵐が接近している時は、月経中の三人の女性が外陰部をあらわにすれば、月経血の厄除けの力でそれをよけられる」などだ。

七世紀のキリスト教著述家ヨハナン・バル・ペンカイェーによると、彼の住んでいた町（現在のトルコとイラクの国境付近）では、魔術は古代のバビロンよりも普及していたという。一九三〇年代、E・S・ドローワーは、イラク社会でまだ魔術が行われていることを目の当たりにし、それに魅了されていた。どの宗教の魔術師も、人々の未来を占い、愛のお守りを作っていた。ドローワーの本には当時使われていたまじないが書かれているが、これは、おそらく『ナバテア人の農書』の時代からあるものだろう。「バグダード腫《しゅ》を治すには、スズメを殺し、患部にその新鮮な血が触れるように密着させる。そのあと、スズメを吊せば、その体が乾いていくのとともに、腫瘍が乾いて消えていく」

ユダヤ教徒とマンダ教徒は魔術を使うことで特に有名だったとドローワーは書いている。たいていは魔除けや幸運を呼ぶお守りを配る程度だが、時には邪悪な方法を用いることもあった。ボードリアン図書館にあるドローワーのコレクションには「黒魔術」の本もある。ドローワーは「黒魔術という言葉を使うのは間違っていない。なぜならこの本には、結婚を壊し、病気を引き起こし、人を呪う呪文が記されていて、マンダ教の言葉でも、この本は〝邪悪〟な本だと書かれているからだ」と説明している。ページをぱらぱらとめくると、人体図や数秘術チャート（数秘術は名前のアルファベットに対応する数や生年月日を使った占い）、奇妙なシンボルなどが描かれていた。また、インクの染みの付いた解読不能な文字が、繰り返し現れていた（これは写字生の技術不足のせいかもしれないが、儀式でページが濡らされたためだとも考えられる。中東の魔術の儀式には、聖なる本のインクに触れた水を飲むという儀式もあるからだ）。その本には、コウモリの羽の上に、ヤツガシラの血と狂犬病にかかったオオカミの血で呪文を書いた魔除けのことが載っていた。また、日曜日（日曜日はマンダ教の聖日《せいじつ》である）に悪魔に取りつかれた人の鼻に、馬の唾液や猿と鳩の血、ミントの汁、スベリヒユ、オリーブ、ゴマ油で作った軟膏を詰めるというまじないなども書かれている。

これらの魔術のいくつかは、バビロニアの時代から代々受け継がれてきたものであることに疑いはない。ドローワーはマンダ教の魔術書が売られているのを見たが、それは、疫病の流行した時代に、病気の蔓延を防ぐために墓の脇に埋められたものらしい。その巻物は「神と人間の愛人リバットの名にかけて」と、バビロニアの愛の神リバット（イシュタルとして知られる）への祈りの言葉から始まっていた。ドローワーがマンダ教徒から聞いた話では、リバット信仰の盛んな時代には、人々はその神託を乞い、恋の成就を願って祈りを捧げたという。ドローワーはまた、恋人たちの仲を裂くマンダ教のお守りも見つけている。それには「バアルはバビロンより引き離され、ネブはボルシッパから離される」と書かれていた。この「ネブ」というのは神の名で、ネブカドネザル王はこの神にちなんで名付けられている。ボルシッパは、二千年以上前に廃墟となったシュメールの古代都市である。

今日のマンダ教徒の間で最も一般的なお守りはスカンドゥレというもので、ナディアも台所の壁にこのお守りを吊していた。ナディアの話では、このお守りは小さい子どもの枕やマットレスの下に置いたり、結婚式の日に花嫁の服を入れるバスケットに入れたりするそうだ（邪視を避《よ》ける方法はヨーロッパの伝統でも、同じ状況で使われている。英語の伝承童謡では、花嫁に「何か借りたもの」と「何か青いもの」を身に着けるように言っている）。スカンドゥレは円盤状のもので、ライオン、ヘビ、サソリ、カリバチが描かれている。この四つの動物は闇の力を表し、悪霊を脅かして追い払うために用いられている。イラク南部のウルクでは、ドイツ人考古学者によって、紀元前十三世紀のサソリのお守りが発見されている。また、バビロンのイシュタル門は、猫の前足のあるヘビのような生き物のモザイクで飾られていた。これはライオンとヘビの両方の邪悪な力を呼び出すことができるためだと考えられる。

ナディアの伯母はバグダードに住み、まじないで生計を立てていた。自宅の一室でさまざまな客から相談を受け、占って助言を与えたり、お守りを渡したりするのが主な仕事だ。子どもの頃、ナディアが伯母の家でいとこと遊んでいると、薄い壁を通して隣室で伯母と顧客が交わす話がすべて聞こえたという。人々はより良い人生を送る道を求め、必死になって伯母を訪ねてきたものだった。多くの場合、娘を裕福な男性と結婚させるため、お守りのご利益を願ってやって来た。伯母はナディアに紙を渡して落書きをさせると、その紙を細かく破って魔法のお守りとして顧客に与えることもあった。ナディアの伯母は、このようなお守りの効果を信じていた。その後の顧客の人生が実際に良くなっていくのをかなりの頻度で見たからだということだ。

ナディアの伯母は穏やかで人好きのする性格だったため、相手は心を許して伯母に悩みを打ち明けた。その結果、伯母はイラク社会のあらゆる層について、真相を見抜く力を身に着けた。だがそのせいで、秘密警察に目をつけられてしまった。「秘密警察は私を試したのです」とナディアの伯母は言った。「客を装ったスパイの女の子たちを送りこみ、私がここですることを逐一チェックさせました。ですが、疑いはすぐに晴れました。私が隠し事などしていないことがわかったからだそうです」。おそらく、警察は政府転覆活動の類いが行われていないか調べようとしたのだろう。占い師は預言者であり、預言者というのは共謀者を募りやすい立場にあるからだ。それとも、黒魔術を使っている証拠を探していたのかもしれない（黒魔術は呪いで、お守りと占いは無害な白魔術とみなされていた）。黒魔術を使っていたら、処罰されていたはずである。

一九九〇年代になっても、ナディアの伯母はまじないを行っていた。当時ナディアはバグダード大学で外国語を学び、学費の支払いのために印刷所でアルバイトをしていた。大変な時期だった。一九九〇年のクウェート侵攻以降、国連の制裁によってイラク経済は壊滅状態にあり、一人当たりの所得は八十五パーセント減少していた。チョコレートはめったに手に入らない贅沢品となり、ナディアの友人は、友だち一人一人にチョコレートのかけらを渡して、大学の卒業を祝った。ナディアはそのかけらを家にもち帰ると、それをまた割って妹に分けてやった。大学の教師たちは、半日、タクシーの運転手として働くことを余儀なくされた。教師が自分の生徒をタクシーで大学に送ることさえあった。生活のため、その運賃でわずかな給料を補わなければならなかったのである。子どもたちは学校に行くかわりに、仕事を探しに行かされた。これが、かつて三百五十億ドルの外貨準備金をもち、一九九〇年には中流階級が人口の半分を占め、四十五歳以下の非識字率が十パーセント以下だった国で起こっていたことなのである。

ある日のこと、ナディアの伯母が思い悩んだ様子で占いの仕事部屋から姿を現した。ナディアといとこが何か困ったことでもあるのかときくと、「ええ、今、帰ったお客さんのことでね」と伯母は答えた。「娘さんにもたせるお守りをもらいにきたのだけど……。娘さんはまだ十五歳なのに、お金持ちと結婚できるようにお守りが欲しいんですって。おじいさんは病気で、おじさんもいるけどみな失業中だからっておっしゃって……。それで、私がお守りを渡すと、ちょうど娘さんを着飾らせて化粧をし、神様の扉をたたくようにと送り出すところだとおっしゃったの。私には意味がわからなかったわ。〝神様の扉をたたく〟ってどういうことかしらって」。神様の扉をたたくとは、職を求める労働者の列に並ぶということだ。「それでわかったの。あの人が娘さんを娼婦として街に立たせるんだって」

まじないの力に頼ろうとするのは、貧しく絶望的な状況にある人だけではなかった。サダム・フセインもそうだった、とナディアは言った。サダム・フセイン率いるイラク・バアス党政権は、政敵に対する非人道的な弾圧から始まった。弾圧された一人に、イラクで最も優れた学者でマンダ教徒のアブドゥル＝ジャッバール・アブドゥッラーがいる。一九一一年、南イラクの村に生まれたアブドゥッラーは、アメリカに渡り、マサチューセッツ工科大学で学んだ。アルベルト・アインシュタインの下で働いたこともあり、その才能に感銘を受けたアインシュタインから、パーカーの万年筆を贈られたという。アブドゥッラーは気象学者だったが、これは星に魅かれるバビロニア人の心を受け継ぐマンダ教徒に、特にふさわしい科学である。一九五八年、左派国家主義者のアブドゥルカリーム・カーシム准将が王制を打倒し、イラク共和国を樹立して権力を握ると、アブドゥッラーはバグダード大学の初代学長に任命された。そのような地位にはあったが、アブドゥッラーは共産主義者だった。だが、それは当時のイラクの宗教的少数派には一般的なことだった。宗教とは無縁の共産主義のイデオロギーが、自分たちを宗教的偏見から守ってくれると考えたからだ。けれども、一九六三年に反共を掲げるバアス党が政権を掌握すると、当局はアブドゥッラーを逮捕するために兵を送った。彼らはアブドゥッラーの研究室になだれ込み、解雇を告げると逮捕した。アブドゥッラーは黙って従っていたが、彼らがアインシュタインからもらった万年筆をつかんで目の前で折ると、わっと泣き出した。しばらくして解放されると、アブドゥッラーはアメリカに亡命し、死ぬまでそこで暮らした。

もっとも、サダム・フセインはマンダ教徒すべての敵というわけではなかった。マンダ教徒の詩人を雇っていたこともあるし、また、常に陰謀の影におびえ、政敵だけでなく超自然的な力も恐れていたため、マンダ教の高僧を頼って保護の呪文を求めることもあった。この高僧の呪文を手に入れるためか、もしくは、マンダ教の呪いの力の強さの噂を聞いていたためか、サダムはマンダ教徒を保護していた。一時期は、イラクのアイデンティティの象徴としてマンダ教徒をもち上げたこともあった。

バビロンの廃墟に建設した王宮のように、古い歴史をもつマンダ教徒の存在は、イラクはオスマン帝国から分割された一地方ではなく、誇るべき歴史をもつ国民国家であるという思想を強化するのに役立つと考えたのだ。マンダ教徒は深刻な政治的脅威でもなかったし、その富は狙うに値するほどのものでもなかった。

ユダヤ教徒やキリスト教徒同様、マンダ教徒は「啓典の民」とみなされていた。つまりマンダ教徒はムスリムにとって、戦って殺戮すべき多神教の異教徒ではなく、クルアーンが述べるサービア教徒という、特別な寛容に値する集団だと考えられていたのである。二〇〇一年、マンダ教徒は古アラビア語による聖典を出版しているが、その形式はムスリムの読者に受け入れられることを目指したものになっている。理不尽な支配者との悲惨な出会いに満ちた歴史をもつマンダ教徒は、自分たちには政府高官の後援者が必要なことをよく理解していたのである。共産主義やアラブ民族主義などの二十世紀のイデオロギーは、平等を約束していた。だが、現在のイラクでは、かつてないほど強い力をもった政府が、少数派集団に前例のない多大な不利益をもたらす可能性がある。これを如実に示すのが、一九四〇年代以降、イラクのユダヤ人に起こったことだった。

一九四〇年代には、イラクにはまだ十万人以上のユダヤ人が住んでいた。だが、二〇〇三年に私が初めてバグダードを訪れた時には、その面影はすっかり消えていた。バグダードの静かな旧市街には、住む者もない家がほこりにまみれていた。ドアをノックすると、通りの反対側の家のカーテンがさっと引かれるのが見えた。そこはバグダードのユダヤ人コミュニティセンターだった。一目見ただけで、そこが急いで放棄されたことがわかった。二階に行くと、ヘブライ語の教科書が床に積み重なっ

ヘブライ語の教科書とほこりの積もったタイプライター。バグダードのユダヤ人のもの。かつてユダヤ人はバグダード市の人口の3分の1を占めていたが、2003年に残っていたのはほぼこれだけだった。著者撮影

ていた。そのすぐ横には帳簿が一冊、古いタイプライターの間に置かれていた。帳簿の最後の日付は一九六九年十二月二十一日だった。古くからあるイラクのユダヤ人コミュニティに、いったい、何が起こったのだろうか？　ほこりだらけの教科書の山しか残っていないとは、いったい、どんなことがあったのだろう？　数年後、ロンドンの快適なアパートで、私はモシェとイヴォンヌのカドゥーリ兄弟にこれをたずねてみた。二人は一九四〇年、イラク王制時代にバグダードに住んでいた。二人の記憶では、バグダードはユダヤ人にとって住みやすい都市だったという。「土曜日には、バグダードの銀行は安息日のために閉められました」とイヴォンヌは言った。「というのも、バグダードの銀行は、一行を除いてすべてユダヤ人が経営していたからです。織物業を担っていたのもユダヤ人です。私たちユダヤ人がバグダードの人口の三分の一を占めていたのです」。ところが、一九四一年六月、恐ろしい出来事が起こった。王制が一時崩壊し、ナチスの資金提供による反ユダヤ主義プロパガンダに煽られた暴徒が三日にわたって暴力行為を行い、バグダード市内のユダヤ人を虐殺したのである。この事件はファル

ファードと呼ばれる。

「ムスリムは悪い人たちではない」とモシェは言った。「ナチスがバグダードにやって来た。それに、イスラエルがユダヤ人とムスリムの間に多くの問題をもたらした。もし政治がなければ……」

「いいえ、問題は宗教よ」イヴォンヌがさえぎった。「そして、善人はほんのわずかだったってこと」

このように二人の意見は少し違ったが、二人とも七百人以上のユダヤ人がファルファードの間に殺されたのは真実だと受け合った。イギリス軍が市内に入り、強制的に王制を回復させて事態は収拾したが、一九四八年にイスラエルが建国し、一九五八年にイラク王政が崩壊すると、状況は悪化の一途をたどった。その後の数年間に、多くのユダヤ人が何らかの罪で告発され、何人かは絞首刑になった。一九六九年一月には九人が絞首刑になった。これはコミュニティセンターが放棄される数カ月前のことである。大勢のユダヤ人が公職を追われ、財産を没収された。モシェは一九六〇年代まで、イヴォンヌは一九七〇年代初頭までバグダードにとどまった。モシェはイヴォンヌよりも強くイラクを懐かしがっていた。「娘は自分のルーツを知りたがっているが」とモシェは言った。「だが、もうルーツなんてものはない。先祖の墓は完全に破壊された。受け継いだ伝統はすべてあそこにあったのに、そのコミュニティもなくなってしまったんだ。私は愛国心を感じたい。イスラエルにでもなく、イギリスにでもなく、イラクにだ。だって、私はイラク人なんだからね。私はルーツを奪われたのだ」

二〇〇三年までは、マンダ教徒はユダヤ人と同じ運命をたどらずにすんできた。しかし、続く十年間でマンダ教徒の運命は変化した。ユダヤ人の安息日は土曜日、マンダ教徒の安息日は日曜日だが、ナディアは、イラクを離れたユダヤ人亡命者から、この安息日にたとえた陰気な評決のような言葉を聞かされた。「私たちは土曜日、あなた方は日曜日。私たちのほうが一日早いだけだ。今度は、あなた方の番なのだ」と。

*

二〇〇三年初頭のバグダードは、疑惑と恐怖がくすぶる場所だった。時折、サダム・フセイン支持を訴えるデモ隊が、道路を行進していった。政府が金を払ってやらせているのは周知の事実だった。市内を流れるチグリス川の川沿いに、アシの茂みが広がっている。ある時は、興奮した男たちが、その茂みにアメリカ兵が隠れているのを見たと思い込み、追いつめようと、重い棒をふるってアシを打った。ナディアはサダム支持・不支持の政治運動などには興味はなかった。ただ、弟の無事だけを考えていた。イラク軍から召集令状が届いたのだ。このままでは弟は軍隊に入り、アメリカ主導のイラク侵攻軍と戦わなければならない。ナディアは恐ろしくてたまらなかった。召集令状に従えば、弟は戦争で殺されるかもしれない。だが、従わなかったら、耳を切りとるような残酷な罰を受けるかもしれない。バグダード南部の小さな家で、二人は入隊について議論した。ナディアは入隊に反対だった。自分は年上だし、女性は温和であるべきだという伝統的な意見はどうでもよかった。弟を説得するために、自分はサダムよりも強く弟をおびえさせるような方法をとらなければならない。そう考えるとナディアは言った。「召集令状に逆らうなら、賄賂に必要なお金は全部私が払う。だけど、もし従うのなら、あんたの腕を折ってやる」。結局、弟はナディアの意見に従った。

イラクのムスリムから差別を受けたことはほとんどない、とナディアは私に言った。学校には、一人だけ、嫌がらせをするムスリムの男子生徒がいて、ナディアの渡した食べ物を断り、ナディアのことを「不浄《ネジャ》」と呼んだ。だが、ほかにはそんなことはなかった。どちらかといえば、ナディアにとって、マンダ教徒であることは、特別の敬意を払ってもらえることだった（これはバグダードの中流階級でのことであり、田舎では事情は違うようだ。スーク・アッシュユーフでは、現在でも、マンダ教徒が食べると食器が穢《けが》れると信じて入店を断る食堂やコーヒーショップがあるという）。

ナディアはさらに続けた。一九九〇年から二〇〇三年までの国連による経済制裁措置の実施中に教育水準は低下し、イラクの社会は荒廃した。だが、危険を感じるようになったのは、二〇〇三年のアメリカ主導によるイラク侵攻以降のことだ。ある時、職場で同僚が議論をしていた。「サダムはわれわれの頭上の冠のようなものだったが、侵入者たちはカーフィルだ」と、ある同僚が言った。「カーフィル」というのは、ムスリムが使う「不信仰者」という意味の蔑称で、異教徒に対する暴力を正当化する言葉だ。

「私はサダムは部屋履きのようなものだったと思うわ。頭の上に載せてみればいいんじゃない？　もし、そうしたければね！」とナディアは答えた。

だが、時が経つにつれ、こうした強がりも次第に言えなくなっていった。武力衝突によって宗教的な対立感情が悪化し、それが表面化することが多くなっていった。「誘拐やハイジャック、そして人が殺される事件が耳に入るようになりました」とナディアは言った。ナディアの職場の国際赤十字社も、二〇〇三年十月に爆破された。その四カ月後には、危険は家のすぐそばまで忍び寄っていた。二〇〇四年一月十八日、バグダードで開かれた国際慈善活動に参加するため、車で会場に向かう途中、ナディアの耳に突然、爆発音が聞こえた。いや、単に聞こえただけではない。爆発を身体で感じたのだ。乗っていた車が爆発の力で大きく揺れた。「空は曇っていました」。その時の様子を思い出しながら、ナディアは言った。「爆発のあと、妙な感じがしました。なんだか、知り合いが爆発に巻き込まれたような……。それで私はハディールに電話したのです」。ハディールはキリスト教徒で、一九九〇年代に印刷所で一緒に働いていた時からの友人だった。二〇〇三年に、ハディールはアメリカ大使館に職を見つけ、また、デンマークで働くイラク人歯科医という理想的なフィアンセも見つけていた。ナディアは友だちとお金を出し合って、婚約祝いにハディールに指輪を贈った。ハディールはそれをフィアンセからもらった指輪と同じ指にはめていた。

「ハディールの家に電話をすると、幼い弟が出て、ハディールは仕事に出かけたと言いました。そこで私はハディールの携帯に電話し、ハディールと一緒に働いていたことのある友人の携帯にもかけてみました。両方とも、応答はありませんでした。ハディールの同僚にかけると、まだ着いていないと言われました。家に帰って、もう一度ハディールの家に電話をすると、今度はハディールの行方がわからないと言われました。そのあと、ハディールのお母さんから電話がきて——お母さんは私が赤十字で働いていることを知っていたので——こう言いました。『娘の行方を調べてちょうだい。お願いだから、良い知らせをもってきて』って」。その後、情報は入ったが、それは良い知らせではなかった。ハディールの乗った車の運転席の下に、爆弾がしかけてあったのだ。その爆発によって運転手が死亡し、二人の女性も負傷した。だが、ハディールについては何もわからなかった。ナディアは仕事を休み、ハディールを探して病院を回った。だが、結局、何もわからなかった。わかったのは、あとになってからのことだった。遺体の身元がなかなか特定できなかったのだと病院の職員は言った。黒焦げにならずに残っていたのは、指にはめられた二つの指輪だけだった。

ハディールの家族はそれでも結婚パーティを行った。花嫁が埋葬されたあとのことだ。パーティでは、伝統的な祝賀の歌を歌い、みな声を上げて激しく泣いた。「ハディールの家族は言いました。『これは私たちの望んでいた結婚式ではない』と。それからは、つらくてハディールの家族には会っていません。ハディールの命は無駄になりました。まったく無意味に死んだのです。人々は、戦争に突き進む前にこういうことを十分承知しておくべきだと思います」。ナディアは友人の死に苦しみ続け、とうとうイラクを出ようと決心した。「こう思いました。私は彼女のように殺されたくはない。両親を泣かせるようなことはしたくない、と」

ナディアは自分の本質が宗教にあると考えたことはない。「自分は何者かというと、まず人間であり、次にイラク人だと考えます。マンダ教徒だと思うのは、その次にすぎません」とナディアは言った。だが、戦後のイラクでは、ヒューマニズムも愛国心も、ナディアを助けてはくれなかった。そこでは、遠い祖先の時代のように、近代国家確立以前の部族への帰属意識が大きな意味をもつようになっていた。ナディアが危険にさらされるのは宗教のせいだけではなかった。英語を話せることやヴェールを被らないこと、そして部族に属していないこともその原因だった。ナディアは言った。「私には部族の力というものがよくわかっていました。私たちマンダ教徒は、自分たちの部族をもっていません」。従来、マンダ教徒は、自分たちの部族をもつのでも、他の部族のメンバーになるのでもなく、他の部族に依存する「被保護民」となるという伝統的な方法をとっていた。その方法なら、他の部族に保護されても、正式なメンバーではないため、その部族の宗教に改宗する必要はなかった。だから、イラク戦争が始まって、治安がひどく悪化しても、ナディアの家族は部族に守られていた。「でも」とナディアは言った。「やはり自分の部族を守るようには守ってもらえませんでした」。マンダ教徒は強制的に改宗させられたり、誘拐や殺人の標的となったりした。マンダ教の人権団体の記録によると、二〇〇三年から二〇一一年の間に、マンダ教徒は百七十五件の殺人事件と二百七十一件の誘拐の犠牲者となった。また、二〇〇四年には、ファルージャ在住のマンダ教徒のうち三十五の家庭が強制的にイスラーム教に改宗させられた。

ナディアは二〇〇四年三月十八日、飛行機でバグダードから旅立った。それまでパスポートをもたず、飛行機に乗ったことはなかったが、生まれて初めて身分証明書にスタンプが押された。両親は、外国で一人暮らしをする娘には結婚相手は見つからないだろうと、その将来を心配した。ロンドンの物価は非常に高く、ナディアは持参した宝石を質に入れて家賃を支払うことを余儀なくされた。そうして新生活をはじめたナディアは、イラクより「はるかに穏やかな文化」に驚いた。ナディアはイラクを思い、オレンジの花の香りを懐かしんだ。ある日のこと、友だちとイラク人のコンサートに行くと、年配の二人のイラク人に話しかけられた。彼らは四十年前にバグダードを離れたユダヤ系のイラク人で、自分たちの好きだった場所の最新のニュースを聞きたがった。

イラクの生活は恋しいが、もう戻るつもりはないとナディアは言う。「私はイラクが大好きです。でも、もうあそこで暮らすことはできません」。イラクを離れたマンダ教徒は彼女が最後ではなかった。彼女が国を発った二年後の二〇〇六年、冒頭に述べた高僧、シャイフ・サッタールはオーストラリアに亡命し、本書執筆中の現在、九十パーセント以上のマンダ教徒がイラクから脱出したか、もしくは殺されている。現在、マンダ教コミュニティが手つかずの状態で残っているのは、イラン南部だけである。マンダ教徒の国外脱出は、イラクにとっての損失だとナディアは言う。「マンダ教徒はイラクの社会をまとめる天秤の支点となっていました。マンダ教徒やほかの少数派が出ていって、天秤は壊れてしまったのです」。マンダ教の歴史を振り返り、ナディアと私は同じことを考えた。マンダ教徒が去って、バビロンは本当に崩壊してしまったのだ、と。

# 第二章　ヤズィード教徒

ヤズィード教とは、イラン西北部、イラク北部、シリア、トルコ東南部に住むエスニック・グループであるクルド人の中に一定数の信者を持つ宗教である。クルド人全てがヤズィード教徒という訳ではなく、彼らの大半はイスラーム教徒で占められている。ただ、北部クルド語＝クルマンジー語を話すクルド人だけがヤズィード教を信仰する。

ヤズィード教は、クルド語で執筆された文献が十六世紀を遡らないため、その詳しい歴史はほとんど分からない。ただ、クルド語は西イラン語派（ペルシア語やバルーチー語などの仲間）に属するので、彼らの基層文化はイスラーム以前まで遡るイラン系宗教ではないかと思われる。本章でミトラ教への言及があるのは、ヤズィード教のイラン系宗教としての側面を強調する意図に出るのであろう。

このイラン系宗教としての基層の上に、イスラーム聖者アディー・イブン・ムサーフィル（一〇七五〜一一六二年）の教説が加わって、ヤズィード教の骨格が形成された。このダブル・オリジン故に、「ヤズィード教」という名称自体、古代イラン語で神を意味する「ヤザタ」に由来するという説と、アディーの先祖に当たるウマイヤ朝の第二代カリフ「ヤズィード」に由来するという説の両論がある。なお、日本語表記で時々「ヤジディ教」とされるが、これだとどちらの含意も表現していない。

アディーは、シリアのベカー高原に生まれ、バグダードでアブドゥル・カーディル・ジーラーニー（一一六六年没。高名なカーディリー教団を創始したとされる伝説的スーフィー）に就いて学んだ後、イラク北部の山岳地帯に伝道に訪れ、ラーリーシュに本拠を置いて説教に励んだ。彼の教説はクルド人の間に受け入れられ、アディーを慕う一派アダウィーヤ教団を形成するに至った。

通常なら、ラーリーシュに造営されたアディーの廟を中心に、アダウィーヤ教団が発展していくはずである。しかし、確かにラーリーシュが彼らの聖地になったものの、アダウィーヤ教団はスーフィー教団としては発展しなかった。信者となったクルド人たちが、イラク北部の山岳地帯の住人だっただけに、古来からのイラン系の生活習慣を頑強に墨守して清浄儀礼中心の生活を送り、輪廻転生を信じ、カースト制度を維持し、あまつさえ孔雀の天使マラク・ターウースを信仰していたからである。

この異質性の故に、周囲のイスラーム教徒からは「悪魔崇拝教徒」と恐れられ、十六世紀以降にこの地を支配したオスマン帝国からは「啓典の民」とは認知されず、ヤズィード教徒たちは茨の道を歩まねばならなかった。なお、本章中でフサイン・イブン・マンスール・ハッラージュ（九二二年没）に言及されるのは、彼自身も悪魔崇拝の徒として処刑されたスーフィーだからであろう。実際のところ、ハッラージュとヤズィード教の関係は解明されていない。

この周囲のイスラーム教徒からの「違和感」の延長線上に、ＩＳＩＳによる悲劇が生起した。偶々ＩＳＩＳの支配地域がイラク北部のヤズィード教徒の居住地域と重なってしまったために、彼らによる迫害の格好の標的になってしまったのである。現在のヤズィード教徒の状況を総合的に知る手掛かりはなく、ただ、断片的な報告が提出されているだけである。ただ、ＩＳＩＳの活動が最も活発な最中、トルコから陸路でイラク国境を越え、アルビールを経てヤズィード教の聖地ラーリーシュまで訪問した筆者の行動力には、満腔の敬意を表したい。

（解説・青木健）

カナダのとある町の団地に、毎日、夜明けになると窓に明かりの灯る部屋がある。ミールザー・イスマーイールが祈りを捧げている部屋だ。正午と日没にも、同じようにミールザーは祈る。他宗教の人の前では祈らないし、同信の信者は近所にいないので、ミールザーは毎日一人で祈る。祈る前には毎回、入念に身支度をする。手と顔を洗い、いつも着る白いシャツの周りにピシュティクという特別な腰帯を巻く。それから太陽の方向に向かってひれ伏し、故郷の言葉の北部クルド語《クルマンジー》で、知られざる神に祈りを捧げる。「わが神以外に神なし。太陽は神の光なり」と唱え、ミールザーは神に世界の平和を祈る。

ミールザーは白髪まじりの口ひげをきれいに整えたイラク人だ。話す口調は柔らかい。日中、定期的に礼拝を行うため、同僚や知人からはよくムスリムと間違えられる。だが、ミールザーの信じる宗教は、イスラーム教ではない。ヤズィード教という宗教だ。ヤズィード教は、表面的にはイスラーム教に似ているところもあるが、実際にはかなり異なる秘密に包まれた宗教である。ヤズィード教徒はクルド人だと考えられることが多く、また、確かに隣人であるクルド人と同じ北部クルド語《クルマンジー》を話すが、ミールザーは違うと主張する。ヤズィード教徒はエズィード教徒と呼ばれることもあり、数十万人がイラク北部やシリア、ジョージア〔旧グルジア〕、アルメニア、イラン北西部などに暮らしている。輪廻転生を信じ、雄牛を生贄に捧げ、クジャクの姿の天使を崇拝するほか、レタスを食べてはならず、青い服を着てはいけないという習わしがある。男性は口ひげを生やすことが義務とされ、あごひげを生やす者はほとんどいない。ヤズィード教徒は、悪魔崇拝教徒の汚名を着せられ、昔から中傷を受けてきた。そして現代では、ＩＳＩＳによる迫害が報じられた二〇一四年以前にも、史上二番目に悲惨なテロ攻撃の犠牲者となっている。

ミールザー・イスマーイール（左）と友人のアブー・シハーブ。イラク北部のシンジャールにて。写真提供：ミールザー・イスマーイール

ミールザーが生まれたのは、イラク北西部のシンジャール地方の丘の上の村だった。オークの森の広がる、水源豊かな場所だ（マンダ教徒が住むイラク北部の湿地帯よりもさらに北にある。マンダ教徒とヤズィード教徒はおたがいの存在を知ってはいるが、交流はほとんどない）。はるか昔、アッシリア帝国に属していた地域である。アッシリア帝国には、バビロニアと多くの文化的な共通点があった。しかし、その後、バビロニア、ペルシア、ローマ帝国、アラブ、そして最後にトルコによる征服を経験し、支配者は何度も交代した。ミールザーの少年時代、一家はサダム・フセイン政権によってイラク北部のカフターニーヤに移住させられた。当時は独立国家設立を目指すクルド人分離主義者の反乱が拡大の一途をたどっていた時期で、

サダムはこの鎮圧を目的として、反乱の拠点であるイラク北部を厳しい政府の統制下に置こうとしたのである。すべてのヤズィード教徒にクルド人の自覚があったわけでもないのに、サダムはそんなことにはかまわず、全員を強制的に移住させた。特に、土地を取り上げてカフターニーヤに連れていき、政府の配給に依存させてしまえば、ヤズィード教徒を支配するのは簡単だろうと考えたのだ。

こうして、ミールザーはカフターニーヤの日干しレンガ造りの家で成長した。平屋の粗末な家で、冬に暴風雨が吹くと天井から水がしたたり落ちることもあった。通りは汚く、下水設備もなかったが、学校は良かった。また、地元の診療所は少なくとも無料で治療をしてくれたし、遠いが行けないこともない最寄りの都市には大きな病院があった。どの家の前にも庭があり、人々はラディッシュやトマト、ナスなどを育て、ヒマワリを植えて種を採った。庭はヤズィード教徒にとって、丘の村に住み、イチジクやオリーブなどを育て、豊かな実りを得ていたかつての時代を思い出させるものだったのである。ミールザーは時折故郷の丘に戻り、円錐形の屋根のある神殿で祈りを捧げた。また、隠された聖なる洞窟に行き、敬意をもってなかを見つめた。その洞窟は、過去数世紀にわたり、迫害から逃れたヤズィード教徒が身を隠した場所だった。

ヤズィード教徒は、数世紀にわたり七十二回の迫害を受けてきた。特に十九世紀には、オスマン帝国が、幾度となく異教のヤズィード教徒を捕らえようと試みた。兵役を忌避し、税を納めない彼らに大いに手を焼いていたからだ。だが、彼らを捕らえるのは容易なことではなかった。まだ自動車のない時代、シンジャール地方に行くには、最も楽な道を使っても最寄りの都市から徒歩で丸一日かかったのである。ヤズィード教徒はオスマン帝国とほぼ互角に戦った。地元の丘や洞窟を知りつくした彼らには、地の利を活かして侵入者を避け、通過する隊商を襲撃して略奪を行うことができた。強制的にイスラーム教に改宗させられても、征服者が引き上げると、すぐにもとの慣習に戻ることができた。自給自足の農民である彼らは、外部とあまり友好的な関係を結んでいなくても、生き続けることができたのである。

ヤズィード教徒とキリスト教徒は、数世紀にわたって共生し、イスラーム教の専制君主に対して一致協力して戦ってきた。また、たがいの宗教に改宗することもあった。たとえば、あるヤズィード教徒は、前世の自分はキリスト教の神父だと信じていた（近年、ドイツのキリスト教徒の男性がヤズィード教徒の女性に電話をかけ、前世の自分はその女性の父親だったと主張したという話があった。ヤズィード教徒の間では、これは疑わしいと考えられている）。ヤズィード教徒は、キリスト教の教会で祈ることに抵抗はなく、十字架を身に着けることもあった。もっとも、これは信仰のしるしではなく、災害から身を守る魔除けとして使われた。

四歳か五歳の時、ミールザーは家族に連れられて東の聖地ラーリーシュを訪れた。この聖地はイラク北部の山岳地帯にあり、バグダードからは四百八十キロメートルほどの距離だ。その木々に覆われた谷の奥に、古い石造りの神殿がいくつも立ち並んでいる。ヤズィード教徒によると、そこが地球の中心であり、世界の始まりの地だという。その神殿の一つには、地下に信者だけが入れる場所があり、ザムザムの泉と呼ばれる聖なる泉がある。ここで信者は洗礼を受けるのだ。ミールザーもこの時、白い衣をまとったシャイフにこの泉に浸されて、洗礼を受けたという。これはキリスト教の洗礼のように、一生に一度の儀式である（ヤズィード教徒はこれを行う聖職者の階級に、マンダ教やイスラーム教と同じ「シャイフ」という言葉を使用する)。

ミールザーもこのシャイフのカーストの生まれだった。私はミールザーから詳しい話を聞いた。「幼い頃に、私はシャイフになる方法を教えられました。シャイフは権威ある地位です。もめごとの最中でも、シャイフが仲裁に入れば信者たちは必ず和解しなければなりません」。そのほかの聖職者には、托鉢僧のファキールや、宗教行事で讃歌を吟唱する吟遊詩人ケッワール、聖地ラーリーシュの神殿を守るコチェックス、シャイフよりも下のカーストのピールなどがある。ヤズィード教では、シャイフは精神的導師であるだけでなく、奇跡の担い手だと考えられている。あるシャイフは代々、唾液や祖先の墓の塵を用いて眼病の治療にあたり、あるシャイフは魔法でヘビを操った。このようなことを行ってシャイフは人々を助けるが、みな、身体を使う労働はせず、信者の施しで暮らしていた。ヤズィード教徒のコミュニティは昔から読み書きを嫌っていたため(これは古代ペルシア人にも当てはまる)、読み書きのできたミールザーの家系は、一世紀前にシャイフたちのなかで頭角を現したのだという。

ミールザーの家族は、特にメレク・シャイフ・ハッサンという超人的存在を崇拝していた。メレク・シャイフ・ハッサンは、その意思で惑星や星々を支配する、天使の副長だと考えられている。また、この天使は、かつて人間の姿をとり、シャイフ・ハッサンと名乗っていたと信じられている。そのため、ラーリーシュにその墓がある。ミールザーはいつも「ハッサン」の最初の音節をのみ込むように発音したため、彼がその名を口にする時には「シャイフ・サン」あるいは「シャイフ・シン」と聞こえた。「シャイフ」はヤズィード教でも「年長の」や「支配者」という意味だ。「シン」は、バビロニアやアッシリアの時代にシンジャール地方周辺で崇拝されていた、月神シンと関係があるのではないか。また、ヤズィード教徒は「シャイフ・シャムス」という天使も崇拝しているが、この名前は同じくアッシリアの太陽神シャマシュによく似ている。似ているのは名前だけではない。というのは、シャイフ・シャムスの墓は、数千年前にシャマシュを称えて大きな雄牛を生贄に捧げる儀式が行われた場所だったからである。

生贄の儀式は、冬の慈雨と翌春の豊作を祈って行われる。まず、聖地ラーリーシュに生後一年に満たない雄の子牛が運ばれる。雄牛は細い棒を使ってシャイフ・シャムスの聖堂内に追い込まれるが、それを行うのは、長きにわたり、この栄誉を担ってきた部族の男たちだ。また、祝砲を上げるため、機関銃をもった男たちもその場に並ぶ。雄牛がシャイフ・シャムスの聖堂に入ると、男たちが雄牛を捕まえる。すると近くで待ち構えていたシャイフが雄牛の耳に何かを囁き、喉を掻き切る。その様子は、四千年前の『ギルガメシュ叙事詩』に描かれた儀式の様子とほとんど変わらない。「彼らは雄牛を殺すと心臓を取り出し、太陽神シャマシュの前に置いた。そして後ろに下がると、シャマシュに敬意を表してひれ伏した」。太陽にまつわるヤズィード教の祭りはこれだけではない。十二月には三日間の断食のあと、「断食祭《イード・アッ・サウム》」を祝う。昔のヤズィード教徒は、太陽が姿を見せないと、太陽を取り戻したまえと神に祈って三日間の断食を行った。断食祭《イード・アッ・サウム》は、その大切な行事を記念するものである。

ヤズィード教はマンダ教と同じく謎の多い宗教である。ヤズィード教の聖職者は、教えを伝えたり広めたりせず、秘密にしたいと考える。ミールザーはシャイフのカーストに属していたので、教えを受ける資格があった。だが、資格だけでは十分ではなかった。知識を得るには修行も必要とされた。

常に純白の服に身を包み、日中は外出禁止の四十日間の断食の修行を年に二回行えば、未来を予言する力を獲得し、かつて同じ修行をした先輩から、文字にされていない経典を教えてもらえるのだという。これらの経典は、一度は文字にされたが、西洋の研究者に盗まれて、残ったのは金文字で書かれた革製の巻物だけだった、とミールザーは言った。この事実はヤズィード教徒の歴史を示唆するものだと彼は考えている(実際には、西洋の研究者がヤズィード教の経典だと思った写本は偽物だったことが証明され、また、本物の経典は口承で伝えられたことがわかっている。ヤズィード教の秘密は信者からもしっかり守られていたのである)。

ミールザーによると、最初の預言者はアブラハムで、最後の預言者はムハンマドである。ギリシャの哲学者たちも預言者とみなされている。しかし、ヤズィード教では預言者よりも、地・水・火・風の四大元素のほうが重要だという。そのなかでも重要なのは火で、燃える太陽は知られざる神と人間との大事な仲介役を果たす。「ヤズィード教徒もアッシリア人も太陽崇拝の民です」とミールザーは指摘する。ヤズィード教徒には輪廻思想があり、人間は、人間のほか動物にも生まれ変わると信じられている(ミールザーはこの点について確信がないようで、それが私には奇妙に思えた。だが、多くのヤズィード教徒が、来世に無関心なようだった。あるいは、自分の信仰に関して、秘密主義を貫くためにそういうふりをしているだけかもしれない)。ヤズィード教で最も重要なのは、クジャクの姿をした天使、マラク・ターウースである。私自身、聖地ラーリーシュを訪れ、それをこの目で見ることになる。

＊

バグダード駐在中にラーリーシュのことを聞いてから、私はずっとこの聖地を訪ねたいと思っていた。二〇一一年、イスタンブールの郊外からバスに乗り、私はラーリーシュを目指し、イラクへ向かった。三十時間に及ぶ千六百キロメートルの旅の始まりである。二日かけてトルコ北西部の端から南東部に向かううち、周囲の景色が変化していった。この先、道はイラクへと続いていく。旅の出発点のイスタンブールは、トルコ最大の、そして最も豊かな都市である。トルコ沿岸地帯は肥沃な土地で、気候は温暖な地中海性気候だ。それとは対照的に、南東部は暑くて貧しく、人口も少ない。だが、この半砂漠地帯に囲まれた地に、広大なオアシスとも言える場所がある。シャンルウルファの都市だ。かつてエデッサと呼ばれたシャンルウルファには、在りし日のイエス・キリストがエデッサの王、アブガルに宛てた書簡があるとされ、四世紀には熱心なキリスト教の巡礼者がそれを見るためにこぞってこの地を訪れた。そのなかに、エゲリアという女性巡礼者がいる。彼女の残した旅行記には、この地の川の魚を聖なるものと考え、魚を殺すことを拒否したという異教徒の話があり、当時そうした異教徒もエデッサに住んでいたことを知ることができる。キリスト教徒であるエゲリアはあえてこれらの魚を食べ、「とてもおいしい」と述べている。

今日、シャンルウルファはイスラーム教の都市となっている。壮麗なモスクが町の中心にあり、比較的涼しい夜には、あたりの公園を家族連れやカップルが散策する姿を見ることができる。町に到着してゲストハウスに荷物を置くと、私は地元の人に交じって公園を散歩しながら、町の歴史に思いをはせた。ここに集落ができたのは、何千年も前のことだ。たとえば、紀元前二〇〇〇年から紀元前六〇〇年には、ここにはアッシリア帝国があった。その伝説の王ニムロドは聖書に登場し、その都のニネヴェは、現在のモースルにあたる場所にあった。アレクサンダー大王の副官によってここに都市が建設され、その後、ローマ、ペルシア、ビザンツと、さまざまな支配者の手に渡ることになる。さらに後の時代には、アラブ、十字軍、トルコがこの地をめぐって争った。モスクの屋根の棟には、今も高い柱がそびえ、よく見ると、そこには今は話す者のないシリア語の碑文が刻まれていて、古代の歴史をしのばせる。

公園には歴史の遺物がもう一つあった。エゲリアが「おいしい」と言った魚だ。私は公園に流れる小川に鯉が――それも何千匹もの鯉が――まるで網にかかったかのようにぎっしりと群がっているのに気がついた。水面下にも三、四匹は重なって泳いでいるようだった。鯉はのた打ち回り、身をよじって、たがいを追い越しながら進んでいった。それをじっと眺めていると、頭に黒と白のクーフィーヤ〔アラブの男性が頭に被る装身具〕を巻いた男性がやって来て、私の横に立った。と、公園を歩いていた人が小走りにかけ寄ってきたかと思うと、半膝立ちになって唇を彼の手に押し当てた。次に、その手に額を当てると北部クルド語《クルマンジー》で短い言葉をつぶやいた。そして、また別の人がやって来て、同じことを行った。ほんの短い間に、その光景が何度も繰り返された。そのたびに、男性はわざと困惑したようなしかめ面をして、恐縮するように手を引っ込めた。だが、相手を追い払うようなことはしなかった。

やがて、その男性が私に話しかけてきた。「どうしてこんなに魚がいるのかと、不思議に思っているのではありませんか?」男性は言った。「ここには魚を殺したり食べたりする者はいないのです。伝説がありましてね。邪悪な王ニムロドが預言者イブラーヒームに罰を与えようとした時、王は燃え盛る薪の上でイブラーヒームを生きたまま焼くように命じました。だが、神は火を水に変え、薪を魚に変えたのです。そのため、この魚たちは聖なるものだと考えられているのです」。イブラーヒームとはアブラハムのことで、ユダヤ人だけでなくムスリムからも預言者だとされている。だが、シャンルウルファの聖なる魚の伝説の起源はイスラーム教よりも古く、エゲリアの時代、またはおそらくさらに前までさかのぼる。聖なる魚の池の周りに立つ人々の言葉は、アラム語からギリシャ語、そしてアラビア語へと変わり、今では北部クルド語《クルマンジー》となった。キリスト教は来ては去ったが、魚は変わらずここにいる。

「私はマハムードといいます」と男性は名乗った。シャンルウルファの多くの住民同様、ムスリムで、クルド人だと言う。自分は地元の名士なのだと言って、マハムードは先ほどの事情を説明した。話をするうちに、シャンルウルファの南にある、ハッラーンという廃墟となった町の話になった。翌日そこに行くので、よかったら一緒に行きませんか、とマハムードに誘われて、私はそうすることにした。そしてゲストハウスに戻ると、本を読んで下調べをした。トルコ南部の都市、ハッラーンは今でこそ打ち捨てられ、荒れ果てているが、かつては歴史のなかで大きな役割を果たした町だった。ヤハウェ〔旧約聖書の唯一神〕から啓示を受けて帰依する前に、アブラハムが住んでいた場所だとも言われている(これは現在では疑問視されている。聖書の話では確かにアブラハムはハッラーンという町にいたが、それは南部の同名の町だという説もある)。だが、ここがかつてはカルラエと呼ばれ、ローマ人が有名な大敗北を喫した場所であるのは間違いない。紀元前五三年、ローマの金権政治家クラッススが、金《きん》と中国製品の西洋への交易路の独占を狙って、パルティア（キュロス王の建国したアケメネス朝ペルシアを継ぐ国である）に対する軍事行動を開始した。もうかると思って始めた戦いだったが、パルティアの二重スパイの地元のアラブ人に騙されて、クラッススとその軍隊は、数の上で大きく劣るパルティア軍によって壊滅させられた。この戦いから、史上最長の戦争が始まることになる。というのも、このあと、ローマとペルシアの戦争は、休戦期間はあるものの、七百年近くも続くことになるからだ（ローマ帝国＝東ローマ帝国＝ビザンツ帝国は、約七百年間、パルティア帝国＝ペルシア帝国と戦争を繰り返した）。

ローマ帝国とペルシア帝国という二つの主役が今は存在しないため、私たちはこの長い戦争のことを忘れている。だが、彼らの世界と現代の私たちの世界を形成したのはこの戦争なのである。この期間に、ローマ帝国は三三〇年に都をビザンチウムに移し、三九五年には西ローマ帝国とビザンツ帝国と呼ばれる東ローマ帝国に分裂する。こうしてビザンツ帝国となったキリスト教国のローマと、ペルシアは戦い続けたのである。その戦争の末期、ペルシアはビザンツ帝国内のユダヤ人コミュニティと手を結び、一方、ビザンツ帝国は、アラブ人（そのアラブ人にはキリスト教徒もいた）の傭兵を使ってペルシアと戦った。戦争の知らせは遠くメッカにも伝わった。ちょうど、預言者ムハンマドがイスラーム教を興し、アラブ人を改宗させていた時期だ。六一三年にペルシアがアンティオキアで勝利したあとの一時期、ビザンツ帝国は完敗寸前に見えた。ペルシア王は、敵のビザンツ帝国の皇帝にこう書き送った。「たとえ海の底に隠れても、手を伸ばしておまえたちを捕まえる」。一方、ビザンツ帝国は「神はローマ人を助く」と彫られたコインを発行した。イスラーム教とキリスト教は同じ唯一絶対の神を信じる。その神が味方についたキリスト教国ローマが負けそうになったので、預言者ムハンマドと信者たちは不安に苛まれた。クルアーンはそんなムハンマドたちに慰めを与えた。「ビザンツの民は打ち負かされた。この近くの土地で。だが、敗北の後、ビザンツの民は勝利を収めるだろう。(……)その日、信者は歓喜する」。そのとおりに、ビザンツ帝国はペルシア帝国に致命的な打撃を与えてもち直した。だが、あろうことか、アラブ人傭兵への支払いを減額し、彼らを「犬」として追放したのである。これによって、ムスリムのアラブ帝国はビザンチウムに対する考えを変え、北に軍を進めてビザンツ帝国の南部の領土を奪い、その後、最終的にはペルシア帝国も征服することになる。七百年に及ぶ戦争は、ローマとペルシアの両方の帝国を疲弊させた。この戦争がなければ、イスラーム教は今日のような世界宗教にはなっていなかったかもしれない。そして、キリスト教国がイスタンブールに首都を置き、そこには、ペルシアのようにゾロアスター教の文化が栄えていたかもしれないのだ。

この戦争の間に、興味深い文化の出会いがあった。一世紀、ハッラーンを含む現在のトルコ南部が初めてローマの手に落ちた時、そこに配置された古代ローマの軍団兵が未知の宗教に遭遇したのである。彼らはその宗教に魅了され、ローマにもち帰った。それが、ミトラ教である。そのミトラ教とヤズィード教にはいくつかの類似点があった(現在、ハッラーンの二百キロメートルほど東には、ヤズィード教徒のコミュニティがある)。ローマ帝国一帯に――ミールザーが洗礼を受けたラーリーシュの地下聖堂のように、泉や小川のすぐそばに――ミトラ神を祀る地下礼拝堂が数多く建てられた。

雄牛を殺すミトラ神。ヘビ、犬、サソリも描かれているが、同時代の中東の宗教では、これらはみなさまざまな形で描かれている。イタリア、サンタ・マリーア・カープア・ヴェーテレの2世紀または3世紀の地下礼拝堂より。デジタル画像提供：Getty 博物館オープンコンテンツプログラム

ミトラ教への入信は意図的に難しいものとされ、入信者だけが、文字にされない教えを学ぶことを許されていた（実際、秘密が極めて厳格に守られたため、今日ではその教えはほとんど知ることができない）。だが、ミトラ教とヤズィード教の類似点はこれだけではない。どちらの宗教でも、一日三度の祈禱、太陽崇拝、腰帯の着用、雄牛を生贄にする儀式などが行われていた。そしてどちらにも、握手の慣習がある。ミトラ教の信者は自分たちを「握手で結ばれし者」と呼ぶが、現代人には、それは取り立てて言うほどのことでもないように思われる。そんな平凡な動作の、いったい何が特別だというのだろうか？　しかし、握手は当時、現在の西洋で見られるような標準的なあいさつの動作ではなかった。そうなったのは、おそらくミトラ教徒によって西洋社会にこの慣習がもたらされたからだろう。ミトラ教徒やヤズィード教徒にとって、握手は同志愛を示す儀式だったのである。ローマ帝国でのキリスト教の普及によって、ミトラ教は結局消滅してしまったが、握手の慣習は今も生き残っている。神秘的な意味合いは失われたが、握手は今では友情を示す世界共通の動

作となっている。

研究者にも、ヤズィード教の歴史をすべて知る者はない。辺鄙《へんぴ》な場所に住み、秘密を守ることによって、ヤズィード教徒は外界からの干渉を免れてきたが、これが同時にほとんどの歴史書から漏れる原因ともなってきた。イラクの湿地帯で比較的孤立してきたマンダ教徒とは違い、ヤズィード教徒は過去二千年以上、数多くのさまざまな宗教や文化にさらされ、影響を受けてきた。だから、ヤズィード教とどこかの古代の宗教に共通する文化的特徴があるからといって、その二つが「まったく同じもの」だと考えるのは誤りだろう。ヤズィード教とミトラ教には違いがある。たとえば、ヤズィード教には主要なカーストは三つあるが、ミトラ教には七つある。ローマ時代のシャンルウルファの住民は北部クルド語《クルマンジー》を話さなかったし、民族的にも現代のヤズィード教徒はシャンルウルファの住民の直系の子孫ではない。しかし、宗教といえばキリスト教、ユダヤ教、イスラーム教（つまり、アブラハムの宗教）ばかりに慣れている私たちは、中東にまったく異なる種類に分類される――大ざっぱにいえばヤズィード教の属するような――宗教群が過去に存在し、現在も存在することを忘れている。握手の慣習を広めた古代ローマの兵士たちにヤズィード教徒との直接の出会いがなかったとしても、ヤズィード教と同族の宗教にはきっと出会っていたはずである。

＊

翌日、私はマハムードと一緒にシャンルウルファからハッラーンへ向かった。ハッラーンを目指して砂漠を抜ける道を走る間、マハムードは絶えずたばこを吸っていた。到着すると、目の前には独特の風景が広がっていた。廃墟と化した石の砦の周りに、煙ですすけた円錐形の屋根のある蜂の巣形の小屋が集まっていた。現在のこの集落は、数世紀前にイラクから移住してきたアラブ人によって建設されたものである。目を上げると、近くの丘一帯に青白い石が散らばっていた。それは中世のモスクの名残だという。だが、ハッラーンが地域最大の名高い集落だった数千年前には、月神シンを祀る神殿がこの同じ青白い石で建てられていたのである。紀元前六世紀にその神殿を建設したバビロニアの王ナボニドスは、その石の色に深く満足し、自分がハッラーンを「月光のごとく明るく」したと言ったそうである。一九五〇年代、ほんの偶然から、それを記した二千五百年前の彼の碑文が発見された。考古学者が廃墟となったモスクの階段をひっくり返すと、そこに碑文が現れたのだ。モスクの建築者たちは、新しい石を切り出すかわりに、この石碑を再利用していたのである。

ローマ帝国がキリスト教国家となって長い月日が経ち、さらにハッラーンがムスリムのアラブ帝国の一部となってからも、ハッラーン人はかたくなに七つの惑星を崇拝し続けた。そして各惑星に聖日《せいじつ》を割り当てる古代からの慣習を続けた（バビロニアの伝統に従い、彼らは太陽と月も惑星とみなしていた。また、水星、火星、木星、土星の存在も知っていた）。その慣習には、洗練された哲学と科学知識とが一体となって溶け込んでいた。たとえば彼らは地球からの惑星の距離の順に、惑星を祀る神殿を配置した。この惑星への信仰は、緻密な理論に裏付けられていた。それは、宇宙の存在理由は最終的には神の存在によって説明することができ、その神は人間の知性では計り知れない崇高な存在だというものだ。このハッラーン人の考えは、ギリシャの哲学者の出した結論と同じである。神は文字どおり言葉では表現できないものであり、人間にできることは、物質界に投影された神の姿を探し求め、それを崇めることだけなのである。

十一世紀のムスリム神学者であるシャフラスターニーは、ハッラーン人の信仰をこう説明する。神は「人間の目の前で、さまざまないくつもの形をとる。世界を支配する七つの惑星は、こうして生まれた物体なのである」。このようにして、バビロニアとアッシリアの宗教慣習は、それを支える新たな思想とともに生き残った。それは、惑星は神の投影として崇拝に値する、というものだ。同様に、ある人間も、神の投影として崇拝に値する。これをシャフラスターニーは次のように説明する。人間に「神の真髄が降下すること」、あるいは「神の真髄の一部が降下することがあり得、これらは人間の準備の度合いに応じて行われる」。この真髄の降下が完璧な形で行われた時には、地上における神の投影とも言える人間が誕生することもある。シャフラスターニーの記録によると、ハッラーン人は輪廻転生を信じていた。つまり、神の投影である存在は、死んでは再生し、次の時代の地上に戻るということである。

六三八年にビザンツ帝国からハッラーンを強奪したムスリムの軍隊は、ハッラーン人の扱いに頭を悩ませた。クルアーンによると、「啓典の民」――キリスト教徒とユダヤ教徒、そしていわゆる「サービア教徒」――は特別な寛容に値する一方で、多神教徒は通常、改宗しないならば死に値すると考えられていた。だが、ハッラーン人がこのどちらに属するのかは、はっきりとわかってはいなかった。そのため、月神を祀る神殿を目にした時、一部のアラブ人、特にイスラーム教への改宗以前にユダヤ教徒やキリスト教徒だったグループは、即座にこの神殿を破壊しようと考えた。だが、別のグループのアラブ人には、ハッラーン人とよく似た信仰をもつ親戚のある者もいて、そのグループはハッラーン人がそれまでと同じ信仰をもち続ける権利を擁護した。彼らの意見が優勢となり、神殿はそのままさらに二百年にわたって存続した。

その時代の末期、カリフが遠征の途中にハッラーンに立ち寄った。ハッラーンの人々は恐怖におびえた。カリフに異教徒だと糾弾され、法的権利を剝奪されたり、さらには死刑を言い渡されたりするのではないか。そう思った彼らは、クルアーンがサービア教徒に言及している箇所を見つけ、サービア教徒を自称することにした。そうしてハッラーン人はさらに三百年に及ぶ平和を勝ち取った（十一世紀のイスラーム人類学者ビールーニーだけは、その鋭い洞察力で、真のサービア教徒にあたるのはイラク南部の湿地帯のマンダ教徒だと指摘した）。また、ギリシャの科学知識に通じていて、ムスリムの支配者の役に立つ存在であったことも、ハッラーン人を身の危険から守った。ハッラーン人の天文学者サービト・イブン・クッラは、ムスリムのカリフがバグダードに設立した名高い世界の科学知識の宝庫、「知恵の館」に雇われた。数学者でもあるサービト・イブン・クッラは、一年の長さを二秒単位まで正確に計算し、また、ピタゴラスの定理が証明済み以外のものにも広く適用できることを証明した。クッラはハッラーンの文化を雄弁に擁護して、こう述べた。「異教の傑出した人物や王以外に、誰がこの世を治め、都市を広げてきたというのだろうか？　異教という神の贈り物がなければ、世界は空虚で不毛なものとなり、絶望的な貧困状態にあっただろう」

このようにしてハッラーン人は生き延びてきた。ハッラーン人の運が尽き、「月光のごとく明るい」石を丘にまき散らしながら暴徒が神殿を破壊したのは、クッラの時代から百年後の十一世紀のことだった。ハッラーンの都市はモンゴル人によって破壊され、住民は死に絶え、二千年に及ぶ歴史に終止符が打たれた。だが、ハッラーン人の思想は、この廃墟となった都市の南――アゼルバイジャン西方のイラン山岳地方から、地中海まで広がる一帯――で、現在も生き残っている。たとえばシリアの沿岸部では、アラウィー派のコミュニティで独特な形態のイスラーム教が何世紀も信仰されているが、それには、ハッラーン人ならわかる慣習や思想が染み込んでいる。アラウィー派とは、イスラーム初期の二百年間にシーア派を導いていた十二人のイマームのうち十一人に従い、その後、その思想を極めて急進的な方向へと展開していった一派である。アラウィー派は理論上はシーア派だが、アラウィー派と伝統的なシーア派との間には、プロテスタントのユニテリアン〔三位一体を否定し、神の唯一性を強調する一派。人類愛を唱え社会的な改革にも関心が強い〕と福音派〔福音書が信仰の基盤だとする十六世紀の改革者たちの教説をとる改革派教会の信者たち。聖書をそのまま神の言葉と信じる聖書主義、福音伝道などが特徴〕との間にあるような共通点はほとんどない。

二〇一二年のことだ。私は、アラウィー派のシャイフに面会するため、北レバノンのトリポリに向かった。アラウィー派の信条について聞きたいとは思っていたが、あまり期待はしていなかった。アラウィー派では、シャイフのみが知る秘密は信者にも隠されている。ましてや、イギリスから来た私は、彼らにとってイギリスとアメリカという好ましくない国を想像させるよそ者だ。また、特にその時期、アラウィー派は大きな議論を呼んでいた。というのも、シリア政府とその大統領であるアラウィー派のバッシャール・アル＝アサドが、反政府デモに対する暴力的な弾圧と大量殺戮に関わっていたからである。だから、彼らが口を開いてくれるかどうかはさておき、彼らのもとにたどり着くことさえ、そう簡単ではないと思っていたのである。しかし、安い携帯電話と何人かの電話番号を手に入れ、私はやってみることにした。そうして、ベイルート南部郊外出身の白髪まじりのタクシー運転手に協力を頼み、私はくたびれかけた古い車に乗り込んだ。

レバノン最北部にあるトリポリは、スンニ派ムスリムの都市で、アラウィー派はその郊外の町に住んでいた（もとは丘の村だったが、今ではすっかり都市に吸収されている）。郊外に入ると、すぐにここだとわかった。どの街路灯にもバッシャール・アル゠アサドの大きな肖像写真がかかっていたからだ。私は地元の政治指導者にアラウィー派との会合を手配してもらっていたが、その男性は、市民軍を組織し、地元のアラウィー派を隣人であるスンニ派ムスリムとの戦いに導いたかどで告訴されていた。通りに立っていた男たちが、私を乗せてきたタクシー運転手を尋問したが、彼がシーア派だとわかっただけで、とたんに満足そうな顔をした。彼らの目には運転手が仲間に見えたのである。これは珍しいことだった。

武器の所持を調べるボディチェックを受けたあと、私はシャイフの書斎に案内された。赤と白のターバンに頭を包んだシャイフは言った。「アラウィー派には秘密などない」とシャイフは断言した。「代々受け継がれた慣習など、信者だけが知ることはある。だが、それだけだ」。そのなかには、ラクダやウサギの肉を食べてはいけないこと、そして自分と異なる性の動物の肉を食べてはいけないことなどがあった。女性は雌の肉、男性は雄の肉しか食べてはいけないのだ。私はイギリス大使から、彼らは森を聖なるものとして重要視すると聞いていたので、それは本当かときいてみた。答えは、違う、とのことだった。それから、私は以前から気になっていたことをききたくなった。アラウィー派の教えで最も偉大な人物とされるのはムハンマドの娘婿のアリーだが、彼らはそのアリーを神格化していると私は本で読んでいた。それは本当なのだろうか？　私は思い切ってたずねた。アラウィー派はアリーに神性を認めているのですか、と。すると、シャイフは否定した。アリーは単なる立法者で預言者ムハンマドの後継者だという。そのあと、シャイフは、シリアで起きていることは、イスラエルに仕えるテロリストのしわざだと主張した。私が帰ろうとすると、シャイフはにやにや笑いながら、最後に一つ自分の意見を述べた。「地獄にはアラウィー派はいない。テロリストだけが地獄にいる。そして責め苦にあっているのだ」

　だが、実際には、シャイフの話は隠し事だらけだった。後日、アラウィー派の信者と話してみて、それがよくわかった。その信者は絶対に名を明かさないことを条件に、アラウィー派について教えてくれた。アラウィー派の秘密の儀式では聖別されたワインを飲み、この儀式はミサと呼ばれる。また、彼らの聖典にはイエスに関する記述もある。これらはキリスト教の影響をはっきり示すものである。彼らはイランの伝統も取り込んでいて、ゾロアスター教から受け継いだものを儀式の中心に据え、その儀式で飲まれるワインを神と交わる一つの手段としている。また、人間は、人間だけでなく植物や動物に生まれ変わることもある。シャイフは否定したが、ある種の木が聖なるものとして重要性をもつのはおそらくその理由からだろう。

　アラウィー派の聖典（信者以外には読むことのできないものだが、西洋の学者によって公表されている）の説く思想は、初期のムスリム哲学者によってその正当性を証明されている。だが、同時に、その思想はハッラーンの伝統を存続させてきたものでもある。聖典には神のしもべに相当する人間として、歴史上の多くの人物が挙げられている。イスラーム教やキリスト教でおなじみのムハンマドやイエスだけでなく、プラトンやアレクサンダー大王などの古代ギリシャの偉人もいる。最も重要な人物は、ムハンマドの娘婿アリーだ。アリーは人間の目に見ることのできた神の姿あるいは神の像であり、限りある人間の精神にも理解可能な、地上における神に最も近いものだ。「アリーは神だ」と言ってアリーを賛美するのは正しいが、「神はアリーだ」と言って神を限定することは間違いである（実際、アラウィー派は「神の像は神であるが、神は像ではない」という。これは、五五〇年の文献のなかで、ネストリウス派のキリスト教徒が使った表現とよく似ている。「メシアは神であるが、神はメシアではない」）。

アラウィー派も、ヤズィード教徒やハッラーン人と同じように惑星を崇拝する。彼らの部族名には太陽や月にちなんだものがある。少なくともアラウィー派には、太陽や月への崇拝を美徳だと考える者がいる。アラウィー派の部族と生活をともにし、その経験を本にまとめた十九世紀のイギリス人宣教師サミュエル・ライドは、部族のメンバーが、他の部族のことを「彼らは月を愛していない」と批判するのを聞いている。また、「地上で最も神に近い存在であるアリーは、太陽の中心に隠れた」と言うのも聞いたという。これが、アラウィー派が祈りを捧げる際に太陽に向かう根拠だろう（かつてはミトラ神も同じように考えられていた。それがある時点で、何かを隠すためか、あるいはアリーへの崇拝をミトラ教と融合させる意図によって、アリーの名がミトラ神のかわりに使われ、その後、時の経過とともにもとの関係が忘れられていったのかもしれない）。

ニール・アームストロングが月面に着陸すると、アラウィー派の学者たちに神学上の危機が訪れた。ハッラーン人の思想と同様に、アラウィー派では、月は天の序列で神と人間の間にある精霊が物質の姿をとったものだと信じられていた。だが、月が単なる岩の塊で、宇宙で唯一のものですらなく、多くのもののうちの一つにすぎないのなら、それが真実だといえるだろうか？　この問題を説明するために、アフマド・ムハンマド・ハイダルというアラウィー派のシャイフは、『月を求めて』という本を書いた。少なくとも、匿名を条件に話を聞かせてくれていたそのアラウィー派の信者はそう言った。その本を探してみると、実際に出版されたことも確認できたし、星や惑星の性質を論じたものであることを裏付ける書評も見つかった。だが、不思議なことに本は一冊も残っていなかったのである。そのため、シャイフの打ち出した問題の解答を知ることはできなかった。本が消えたのはアラウィー派の秘密主義によるものだろう。徹底的に秘密を守るこの態度は、十三世紀の十字軍のアッコ〔現在のイスラエル北部の西ガリラヤ地方の都市〕の司教ヤコブ・ド・ヴィトリアーコが「法」と呼ぶ、アラウィー派の秘密の教義に関する文章によく表れている。それは、「母親に法を明かした息子は、容赦なく殺さなければならない」というものだ。アラウィー派は当時から変わることなく、今日も固く秘密主義を守っている。実際には、その政治力と、物議を醸しているアサド政権との関係のせいで、秘密主義の度合いをさらに深めている。私はアラウィー派の信仰についてはあまり質問しないようにした。

それに対し、ヤズィード教徒は、権力をもたないため、面目がつぶれるようなこともあまりない。「太陽を支配する」とミールザーの言うシャイフ・シャムスは、神の知恵を広めるために人間の形をとった地上に降りた天使でもある。ハッラーン人、アラウィー派、そしてヤズィード教徒の三者には、ほかにもよく似たところがある。この三つの宗教はみな、輪廻転生を信じ、火を崇拝する〔ヤズィード教徒は「決して火に向かってつばを吐かない。そして手を炎に通すことがよくあるが、そのやり方は、まるで火にキスをして、火で顔を洗うかのようだ」と十九世紀のイギリスの宣教師、パーシー・バッジャーは書き記している)。ヤズィード教徒とアラウィー派は、太陽に向かって一日三度祈りを捧げ、ハッラーン人は南に向かって一日三度祈りを捧げる、とビールーニーは書いている。日中、太陽は南に面しているので、両者に違いはない。ヤズィード教徒にも、魚を殺すことを禁忌とする人々がいる。魚は水に住むため、神聖なものとされるからだ(「千三百五十年前にヤズィード教の聖人がダマスカスでテントを張った時、魚が川から出てきてそのテントの杭となったんです。それ以来、ヤズィード教徒は魚を殺したことはありません」とミールザーの友人アブー・シハーブは言った。「ダマスカスは、かつてはヤズィード教の都市だったんですよ」とアブー・シハーブは付け加えた。ビールーニーは、ハッラーン人の神殿がダマスカスにあったことを千年前に記録している)。ハッラーン人とヤズィード教徒との関係はわからない。だが月神シンを崇めるこの古代の星辰崇拝者たちが、オリエントのさまざまな宗教に影響を与えたことは想像に難くない。そして、そのなかには、もちろんヤズィード教も含まれているはずだ。

＊

ラーリーシュへの旅に話を戻そう。シャンルウルファから東への道は、ヤズィード教徒が今も暮らす土地へと続いている。道を進むにつれ、人々の貧しさが目に見えてわかるようになった。立ち寄った道沿いの食堂を見るだけでも、それはひしひしと伝わってきた。最後に寄った食堂にはむき出しの調理場しかなく、沈んだ様子で空っぽのスープ容器のそばに立った二、三人の男性がハエを追い払う姿があるだけだった。その場所は、トルコの地中海沿岸の観光リゾートからは、想像を絶するほどかけ離れていた。だが、懐かしいものが、そこには少なくとも一つはあった。彼らの話す言葉の響きが、聞きおぼえのあるものだったのだ。車を止めると「Panj dakka《パンジ・ダッカ》」と運転手が言った。私には、それが「五分」という意味だとわかった。イランやアフガニスタンで聞いた言葉と同じだったのだ。また、ある男性が別の男性に「Choni?《チョーニ》」とたずねた。「お元気ですか?」という意味だ。相手は「Bashi《バーシー》」と言った。これは「おかげさまで元気です」という意味だ。

これはクルド人の言葉、北部クルド語《クルマンジー》だ。トルコ政府が一貫して抑えつけようとしてきたにもかかわらず、百年間生き残ってきた言語である。第一次世界大戦後、「アタテュルク〔父なるトルコ人〕」と呼ばれたトルコのカリスマ、ムスタファ・ケマルは、オスマン帝国の残骸をトルコという近代国家にまとめ上げようとしたが、その時、彼は自分の新しい国のもつ多様性が弱さと分裂を生み出す要因になると考えたのである。そのため、彼は多くの地方や地域の独自性を抑えつけようとした。それが成功した例もあるが、クルドに関してはそうではなかった。ムスタファ・ケマルとその後継者は、学校で北部クルド語《クルマンジー》を話すことを禁止したが、それでもこの言葉は生き残った(現在ではこの禁止は解除されている)。クルド人はトルコ人だと教えこまれたが、クルド人としてのアイデンティティをもち続けた。そして、クルド人は、西のトルコ人や南のアラブ人とは異なる独自の言語と民族性をもった民族であることに基づいて、独立国家樹立を要求し、激しい独立運動を展開した。

イラクでは、その特別な夢が実現に近づいていた。国境に到着した時、アシの原や細い川、ワイヤー製の国境フェンスの向こうにあるのがイラクだと聞いて、私は目を疑った。国境の片側に巨大な旗がかかり、その端がもう片側のトルコに垂れ下がらんばかりになっていた。だが、それはイラクの国旗ではなかった。赤、白、緑の中心に黄色い太陽のある、クルディスタンの旗だったのだ。クルド人の独立への悲願の象徴として何十年もの間禁じられてきた旗だ。一九九一年以降になって初めて、そしてイラクだけで、クルド人はこの旗を揚げることができるようになったのである。当時、西側主要国がイラクに飛行禁止区域をもうけたことにより、クルド人は処罰を受けることなく、サダムに逆らえるようになった。そして二〇〇三年のサダムの失脚後、クルディスタン地域と呼ばれる三県で、憲法上の権利に基づいてクルド人たちは旗を掲げているのである。

トルコの領土にいる間は、「クルディスタン」という言葉は禁句になっていた。それは分離主義や、トルコが民族ごとにバラバラに分解することを連想させる言葉だったからだ。車内で私がコンピュータに入力した「クルディスタン」の文字を見た同乗者は、とがめるように人差し指を立て、私がその文字を削除するまでその指を振り続けた。しかし、そのあと国境を越えるとすぐに、「クルディスタンへ、ようこそ」という言葉を聞くことになった。ある場所で異端とされているものが、その隣では正統とされているのである。ひとたびイラクに足を踏み入れると、私は、人々が意識して「クルディスタン」という言葉をできるだけ多く発しようとしていることに気がついた。まるでこの言葉に魔力があるかのように、そしてこの言葉を使えば、自由とさらなる繁栄がもたらされるかのように、イラクのクルド人はこの言葉を強調し、積極的に使っていた。

イラクのクルド人は、相違を保ったまま、統合に成功していた。彼らは多くの部族、三つの言語、そして二つの政党に分かれている。この二大政党はかつて内戦でたがいを敵として戦い、現在でも疑念を抱えたまま連携している。それでも彼らは協力し合って高度な自治を勝ち取り、この地域へのテロリストの攻撃を最小限に抑え、イラクの石油収益の十七パーセントのシェアを獲得するなどの効果を上げてきた。この石油収益は、年間何十億ドルにも上るものである。歴史上、クルド人がこのような豊かさを経験したことはなかった。クルド人の歴史は長く、三千年前にこの丘陵地帯にクルド人の祖である「クルティ」が住んでいたという記録があり、また、その起源はさらに古いと言う学者もいる。しかし彼らが物質的な豊かさに恵まれたことは一度もなく、文化の痕跡もほとんど残していない。これはおそらく山岳地帯にある彼らの土地が、敵から身を隠すには理想的な避難所ではあっても、耕地としては不毛だったからだろう。マルコ・ポーロの時代には、大胆不敵で詐欺まがいのことをする旅人を追いはぎと呼んだのかもしれないが、当時、クルド人は追いはぎだと言われていたようだ。「クルド人は強い戦士で、商人からものを奪うのが好きな無法者だ」とマルコ・ポーロはクルド人を批判している。

現在では、対照的に、外国人にとっては、このあたりではクルド語の使われている地域が最も安全な場所となっている。訪問中、激しい攻撃を受けた場所に赤い印の付けられた地図を見たことがあるが、クルディスタンにその印は一つもついていなかった。赤い印は、その境界付近、特に西側の国境のニネヴェ平野周辺に広がっていた。聖書に出てくるニネヴェの都市は、現在はイラク第二の都市モースルの市域内にあり、赤い印はその付近に密集していた。かつて新聞で「世界で最も危険な都市」と呼ばれたモースルは、大きな赤い血の染みのようになっていた。

モースルには、以前、選挙監視員として来たことがあった。少人数のグループで装甲車に乗っていたため、外の景色は車内に映し出される映像でしか見られなかった。その時でさえ、道路の端にしかけられた爆弾に危うく吹き飛ばされそうになった。「あなた方に会えるとは思っていませんでした」。モースルのはずれの前哨基地に到着すると、基地の司令官が言った。「基地の車両の一台が銃撃されたという報告があったので、あなた方の車だと思ったのです」と。次の日、私たちを見つめるモースルの人たちの目は冷ややかだった。いやだ。モースルには戻りたくない。あの時のことを考えながら、思わずそう言った。だが、イスタンブールから乗ってきたそのバスは、モースルに向かっているようだった。まさにその時、バスは「モースル」と書かれたサダム時代の標識の掲げられた道を猛スピードで進み、収穫を終えた畑や刈り込まれた丘の頂の横を走っていたのである。

遅すぎたかもしれないが、その時の私は地理がどれほど身の安全を左右するかということをひしひしと感じていた。私は無計画とも言えるほど衝動的にバスに乗り込んでいた。やったことといえば、北イラクの地図を買うことだけだった。だが、一番役立つものとなるはずだったその地図は、私に心配の種を与えただけだった。というのも、私の降車予定地はクルディスタン地域の首府アルビールだが、地図を見ると、アルビールに続く幹線道路を示す太い赤線がモースルを通過していたのである。心臓の鼓動が早くなり、思わず、窓枠をぎゅっとつかんだ。ほかの乗客に、バスが行くのはこの恐ろしい道なのかときいてみたが、彼らはクルド人とトルコ人の商人ばかりで、私の話せるアラビア語もペルシア語も通じなかった。

不安な気持ちで、私は窓の外を見た。バスが脇道にそれてくれないか、近道をして田畑を横切ってはくれないか、そう願った。そして、眼鏡をはずし、どうやったら人に見られないようにシャツを着替えることができるだろうか、それともイギリスのパスポートを隠そうかと考えていたその時——もう、だめだと思ったちょうどその瞬間——バスは左に向きを変え、幹線道路をはずれて、地図にない新しく作られた狭い道路に入っていった。まるで、クルド人が私と同じくモースルを通るのを嫌がって、迂回する新たな道路網を整備したかのように思えた。あとになってわかったことだが、実際には、何年にも及ぶ戦闘のせいで、道路だけでなく地域の風景までもが形を変えていたのである。

途中、向こう見ずなドライバーや、少なくとも一台の大破した車などを目にしながら、バスは新しい近道を走っていった。その間に、私はバスの同乗者のなかにアラビア語を話す男性を一人見つけ、男性との会話から、もう一つ、この土地の危険さについて学んでいた。ハーッジー・アッバースというその男性は、クルディスタン地域の境界のすぐ外側のキルクーク市の住民で、これから行われる住民投票の話をしてくれた。「係争地」と呼ばれる、キルクークとミールザーの故郷シンジャールを含むイラクとクルディスタンとの境界地域一帯が、アルビールのクルド自治政府と、バグダードのイラク中央政府のどちらに帰属するかを決定する住民投票だ。そうしている間にも、キルクークは宗教と人種間の暴力に悩まされ、住民のほとんどいない閑散とした都市と化していた。別れる時、アッバースは「イラクのトルクメン人を忘れないでくれ」と言って去っていった。彼はきっと、中央アジアの草原地帯から来た征服軍の子孫に違いない。アッバースの後ろ姿を見送りながら、私はそんなことを考えた。トルクメン人たちは、何世紀もの間トルコ語を守り、今ではイラクで独自のコミュニティを築いている。続く数日間にも、私は弱い立場にいるほかの少数派集団から、さらに多くの話を聞くことになる。ワインを飲み、告解を行うムスリムのシャバク族、かつては遠く中国まで及んだアッシリア東方教会の最後の生き残りのアッシリア人、そしてヤズィード教徒に似ているが、ヤズィード教のカースト制度を拒否し、シャイフ・アディーではなくスルターン・サハクに従うカカイ族らの話である。窮地にあるイラクの少数派集団の居住地はほとんどこの「係争地」に集まっており、彼らはみな、事態の成り行きに気をもんでいた。

とうとうバスはクルディスタン地域の首府アルビールに到着した。バスを降りると、目の前には電気製品のあふれるショッピングモールがあった。私は焼けつく太陽から逃れられてひと安心し、まずいカプチーノを飲みながら、次はどうしようかと考えていた。アルビールはわずか数年のうちに急速に拡大した都市で、いたるところで住宅開発や新道路の建設が行われていた。私はこの都市に滞在中の友人に電話をし、運転手を探してもらった。やって来た運転手はターハーという名のどら声をした旧クルド民兵だった。車は完璧な状態に保たれ、しわの寄ったプラスチックのカバーがまだ座席についていた。バグダードに行ったことはない、クルディスタンから出たことはないのだと、ターハーはたどたどしいアラビア語で言った。それでも、私をラーリーシュや、ヤズィード教徒の居住地に連れていくことは快く承知してくれた。だが、シンジャールには行けない、シンジャールはクルディスタンの外にあるし、危険な場所だからだ、とターハーは言った。

ラーリーシュには、ヤズィード教の創設者の一人、シャイフ・アディー・イブン・ムサーフィルが葬られている。シャイフ・アディー・イブン・ムサーフィルは、その高潔さと禁欲主義でヤズィード教徒から厚く敬われている説教師だ。ヤズィード教はスルターン・エズィードと呼ばれる謎に包まれた人物によって興され、シャイフ・アディー・イブン・ムサーフィルによって改革されて成立したというのが、ヤズィード教の伝統的な考え方である。ミールザーによると「エズィード」とは単に神のもう一つの名だそうである。だが、エズィードはカリフ・ヤズィードであるという見解もあり、論議を呼んでいる。カリフ・ヤズィードとは初期のスンニ派ムスリムの支配者であるウマイヤ朝二代目カリフ、ヤズィード一世のことであり、イマーム・フサインをカルバラーの戦いで死に至らしめた者として、シーア派ムスリムから忌み嫌われている人物である（ヤズィードのカリフ継承に対して反旗を翻したフサインの軍は、現在のイラク南部の町カルバラーでヤズィードの軍に惨殺された）。シーア派が過半数を占めるイラクで、ヤズィード教徒はこの話を否定しようと苦心している。

アディー・イブン・ムサーフィルは、ムスリムの支配者であるウマイヤ朝のカリフの子孫として、一〇七五年頃に生まれた。出生地はレバノンのベカー高原にあるバアルベックの近くである。当時そこにはまだハッラーン人の居住地があったため、アディーはヤズィード教徒と似た慣習をもつ人々を知っていたと思われる。成長すると、アディーはその人里離れた村から何百キロメートルも離れた首都バグダードに上京して、神秘主義の研究をし、学問を修めた。その後、彼はバグダードで学者として快適な生活を送る道を捨て、伝道のためにクルド人地域に向かった。当時のクルド人地域は、ムスリム勢力に抵抗する危険な未開の地だった。そこで彼はアル・アダウィーヤと呼ばれるスーフィー教団を創設した（スーフィーというのは、アラビア語で「羊毛の粗布（スーフ）をまとった人」の意味で、自己を滅却して神との合一を目指す神秘主義者のことだ。中世ヨーロッパの托鉢僧に似ており、おそらくそこからも影響を受けている）。スーフィーたちはイスラーム世界の辺境の人々を改宗させ、その改宗者たちの改宗前の宗教のさまざまな面を柔軟に受け入れることが多かった。時にはそれをイスラーム教の名と結び付け、ムスリムの慣習とともに問題なく行えるように形を整えた。その意図は、最終的には、改宗者たちに自分がムスリムだと思わせることだった。もっとも、時には、新しい教えが根付かないこともあった。イスラーム教のある部分は採り入れられても、それはあくまでうわべだけのものであり、いわゆる改宗者たちは、心の奥深くでは自らをムスリムだと思うことはなく、もとのアイデンティティを忘れなかったのである。おそらく、そのようなことがアディーを師とする改宗者たちにも起こり、最後にはムスリムのふりをするのをやめたのだろう。

アディー自身、同時代のムスリムの目には風変わりに映る意見の持ち主だった。十九世紀のヤズィード教徒によってアディーの作品だと言われる詩には、確かに異端の響きがある。「わが知恵は万物の真理を知る」と、その詩は当たり障りなく始まる。「われは悪がわれとともにあると知りしとなし」。だが、詩はこのあと、大きな主張をしはじめる。「われはすべての創造を支配す（……）すべての被造物はわがしもべなり。われは、人類がわが主を崇むよう導く者なり（……）われは最も高き天に広がるものなり」。ヤズィード教徒のなかには、アディーを神のような地位にあると考えた者もいるようだ。「善を創造したのは誰だろう?」と、ラーリーシュの神殿の従者は十九世紀のイギリス人宣教師パーシー・バッジャーに言った。「神だろうか、それともシャイフ・アディーだろうか?」

だが、シャイフ・アディーは、信者がヤズィード教の説明を求められた時に、その説明に登場する人物ではない。また、信者の部屋に写真が飾られるような人物でもない。アディーは天使マラク・ターウースの単なるこの世の姿にすぎない。マラク・ターウースこそが世界の真の支配者であり、認識可能な宇宙における神の副官であり、そして限りある人間の精神にも理解できる、最も神に近い姿なのである。神について確実に言えることとは、神が存在するということ以外に何もない、とヤズィード教徒は言う。ヤズィード教の神に対する考え方はそのように非常に抽象的であるため、礼拝の対象となるのはマラク・ターウースなのである。かつて何世紀もの間、ヤズィード教の村では信者の礼拝の対象の七体のマラク・ターウースの真鍮の像（サンジャクと呼ばれた）を運ぶ儀式が行われていた。宣教師のバッジャーは、その像について次のように書き残している。「その姿は鳥で、鳥のなかでもどちらかといえば雄鶏に似ている（……）その鳥は燭台のてっぺんに固定されている。燭台の周りには二つのランプが上下に配置されていて、上のランプは下のランプよりやや大きく、それぞれのランプに七つのバーナーがある」。このうち五つのサンジャクは失われてしまったが、二つは現存している。ヤズィード教徒はマラク・ターウースが毎年、「紅の水曜日《チャールセマー・ソール》」と呼ばれる日に地上に降り立つことにより、新年が始まると信じている。「紅の水曜日」と言えばチャハールシャンベイェ・スーリーと呼ばれるゾロアスター教徒の祭りが有名だが、ヤズィード教徒の祭りはそれとは異なっている。ヤズィード教徒の祭りの特徴は、キリスト教の復活祭《イースター》のように卵に色を塗ることだ。彼らにとってこの卵は世界創造の象徴なのである。かつて世界は液体で、それが（調理済みの卵のように）固体となり、その無色の固体の上にマラク・ターウースがクジャクの羽を置き、そこにできた緑と青の影が森と海になったというのがヤズィード教の世界創造神話である。

ヤズィード教に関して、エズィードとカリフ・ヤズィードの話よりもさらに大きな物議を醸していることがある。それは、このマラク・ターウースがヤズィード教徒の間でアザゼルまたはイブリースと同一視されていることである。というのは、アザザエルとイブリースは、イスラーム教では（ユダヤ教とキリスト教でも）、神に逆らって地獄に落ちた大天使、つまりいわゆる悪魔の名前だからである。同様に、クジャクにも悪いイメージがある。レバノンのドゥルーズ派では、エデンの園の誘惑者はヘビではなくクジャクだと信じられている。また、イランのゾロアスター教徒の一部では、クジャクは善きものだが、悪魔も善をなす力があることを示すために、悪魔によって創造されたものだと信じられているのである。

しかし、ヤズィード教徒はマラク・ターウースを決して「サタン」（アラビア語では「シャイターン」）の名で呼ぶことはない。というのも、ヤズィード教徒にとって「サタン」というのは口に出すのをタブーとされる禁句であり、これを破れば逃れることのできない恐ろしい罰が待っているからだ。十九世紀のヤズィード教徒がオスマン当局に宛てて書いた手紙には、「サタン」の名を聞いた時に行われる自分たちの恐ろしい慣習の説明がある。それは「サタン」と言った者を殺し、聞いた者はみな自殺しなければならないというものだ。だが、イラク戦争の終結時に、首相がスピーチ冒頭で悪魔を呪った時には、その言葉を聞いたイラク議会の唯一のヤズィード教徒議員はそこまではしなかった。それでもその議員がこの慣習に、というよりも、首相が呪いの言葉を使うたびに議員たちが非難するような目で自分を見ることに対して、異を唱えて立ち上がった時には、ひと騒動もち上がった。議員たちが彼に非難するような目を向けたのは、彼を悪魔崇拝教徒と考えていたからである。

私を乗せた車の運転手のターハーも、ヤズィード教徒について同じ認識をもっていた。私たちはヤズィード教の研究者とカイリー・ブーザーニーというクルド人の役人に会うために、ドホークの町

クジャク天使、マラク・ターウースの像にキスをするアルメニア人のヤズィード教徒の少女。マラク・ターウースは、イブリースまたはアザザエルとも呼ばれるが、ヤズィード教徒にとっては悪ではなく善なる存在なのである。写真提供：AFP/Getty

へ向かっていたが、その途中、ターハーはこう言った。「おれはヤズィード教徒の食べ物は食べません。昔はムスリムも彼らの食べ物を食べていたそうですがね。今は違います。だって、彼らの崇拝するマラク・ターウースは悪魔ですから」。後日、若いヤズィード教徒からも同じことを聞いた。ムスリムのクルド人は、ヤズィード教徒とは一緒に食事をとらないのが当たり前だというのだ。ヨーロッ

パからの初期の訪問者も、マラク・ターウースが原因で、ヤズィード教徒に対して慎重な態度をとっていた。一八四〇年にイラク北部を旅した考古学者のオースティン・ヘンリー・レイヤードは、近隣のほかの宗教の信者と比べ、ヤズィード教徒のマナーの良さに感心した。特に、彼らの「静かで不快感を与えない振る舞いや、村が清潔で秩序立っていること」に目がとまった。それでも、彼らの子どもの命名式に招待された時、レイヤードは誘いを受けるのをためらった。「ヤズィード教徒を尊重し、敬意をもっているにもかかわらず（……）私は、悪魔崇拝教徒の赤ん坊の名付け親となることで、自分がどれほどの責任を負わなければならないかと、不安でたまらなくなった」

＊

マラク・ターウースに関するヤズィード教の真の信仰の内容は、悪魔崇拝よりもはるかに興味をそそり、考えさせられることの多いものである。ムスリムの支配する九世紀アッバース朝イスラーム帝国では、ムスリム、キリスト教徒、ゾロアスター教徒、その他の宗教の信者がしのぎを削っていた。当時、イスラーム教の神学は後年のものほど固定化しておらず、スーフィーたちは特に創意工夫に富む大胆で新しい宗教解釈を展開していた。こうしたスーフィーの一人にフサイン・イブン・マンスール・ハッラージュがいる。ハッラージュの祖父は、宇宙は善と悪との戦いの場であるという二元論を説くゾロアスター教の信者だったが、ハッラージュの考えはそれとは反対だった。ある日、友人の家の戸をたたいたハッラージュは、誰かと問われ、「われは真理《ハック》なり」（ハックは「真理」「真の存在」の意味で「神」をも示す）と答えた。また、別の時には、「このマントのなかにいるのは、ほかならぬ神である」と言ったという。

やがて、このような言葉を支持する、ハッラージュの熱烈な崇拝者が現れた。詩人のルーミーは、ハッラージュのこの言葉は、自分自身を「神の召使」と呼ぶよりも深い謙遜の精神を示していると言った。というのも、ここには徹底した自己否定と、完全なる神への没入を望む気持ちが表明されているからである。「自らの心を破壊すれば、神がなかに入り、聖なる啓示を明らかにする」とハッラージュは書いている。これと同じ思想はキリスト教徒のなかにも見ることができる。神に取りつかれたと主張して、その後キリスト教の一派を創設することになるモンタヌスという元異教の僧侶は

「私は父であり、息子であり、聖霊である」と言った。九世紀のキリスト教詩人ユスフ・ブスナヤは、自身の神秘体験について、人間の「精神自身がキリストになる（……）それは神になり、神はもはや神ではない」と説明している。だが、ハッラージュの哲学的主張はもっと幅の広いものである。ハッラージュが言いたいのは、万物は神であるということだ。「万物のなかに見えるは御身（神）なり」とハッラージュは詩に歌ったが、これこそ究極の一神教である。というのも、程度の差こそあれ、すべてのものは文字どおり、神によって創造されたものだからである。

徹底した一神教徒であるハッラージュは、「サタン」の概念という困難な問題と格闘していた。神によって創造された世界には、悪魔の収まる場所はない。ユダヤ教でもキリスト教でもそうだが、正統派のイスラーム教の考え方では、悪魔は純粋に邪悪なものであり、悔い改めることも和解することもできない、神に対する反逆者だとされている。ということは、そんなものを創った創造主である神は、理不尽な神なのか、あるいは宗教が説くような全能者ではないということだろうか？ゾロアスター教徒もこの特別な問題に気づき、隣人であるキリスト教徒に詰め寄った。神が全能だというのなら、なぜ神は悪魔がこの世で悪を行うことを許すのだろうか？なぜ神は、人類の罪を救いながら、サタンを罪から救うことができないのだろうか？キリスト教では、シリアの聖イサアクがすでにこの問いに対する答えを見出していた。聖イサアクの教えでは、世界の終わりにはすべての生き物が罪から救われ、悪魔ですら天国に入る。つまり地獄は消え去るのである。「悪魔が悪魔の状態にはとどまらず、罪びとも罪の状態にとどまらないだろう」と聖イサアクは言う。

ハッラージュはこのゾロアスター教徒の問いに対して、独自の答えを展開した。クルアーンでは、キリスト教やユダヤ教の聖書のように、サタンは天使の長で、アダムの前にひれ伏すことを拒否して神に反逆したため、地獄に追放されたとされている。しかし、ハッラージュは、この物語に驚くようなひねりを加えた。サタンがアダムの前にひれ伏すことを拒んだのは、嫉妬と神に対する揺るぎない愛によるものだというのだ。サタンは、神に関する思索だけに集中し、他の人々に割く時間のない、スーフィーや同様の者すべての原型であるというのである。しかしサタンは、邪悪というより、誤り導かれたものであるとハッラージュはいう。今日では、このハッラージュの意見は、ムスリムの大半から異端の極みだと考えられている。それでも、イスラーム教初期の数世紀には、ハッラージュと同じように、サタンがどのようにして世界に適合したかという疑問と格闘したムスリムの神秘主義者が何人かいた。その一人、バスラのラービア・アダウィーアは、自分はサタンを憎むと言うのを拒み、また、罰を受ける恐怖と褒美を受ける希望は、純然たる神への愛ではなく、人々と神への真の愛との間を裂くものだから、自分は天国を焼き、地獄を消そうと言って人々を脅し、衝撃を与えた。

ヤズィード教徒のマラク・ターウースに対する考え方は、この考え方に合致する。マラク・ターウースをアザゼルあるいはイブリースと呼ぶことで、彼らはマラク・ターウースを闇の公子ではなく、反逆の天使だと考える。そして、この世の終わりに悪魔が天使に変わるだけでなく、それはすでに起こったことであると言って、この考えを正しいとするのである。これを説明してくれたのは、クルド人の役人カイリー・ブーザーニーである。ドホークに到着すると、私は彼の事務所を訪れた。事務所の周りにはパステルカラーのペンキが塗られた家が並び、その屋根からは金属製の棒が突き出していて、いつでも次の世代が上に新しい階を作れるようになっていた。「反逆のあと、アザゼルは罰せられましたが、悔い改めたのです」と、カイリーは禁じられた「サタン」の名を注意深く避けながら言った。七千年にわたる追放の間にアザザエルは涙を流して地獄の炎を消し、それによって寵愛を受ける天使の長の地位に戻ることができたのである。この考え方により、ヤズィード教徒は、他の宗教とは異なる地獄の存在しない世界観をもつことになった。カイリーはさらに言った。「私たちには天国を信じる宗教にはない、独特の〝唯一神〟の思想があります。悪も善も神のもたらすものです。宇宙の支配権を求めて争うような二つの勢力などはないのです」。悪魔崇拝どころか、ヤズィード教徒は、悪魔など存在しないと考えているのだ。

このようなヤズィード教徒の思想は、ハッラージュの信奉者から直接影響を受けたものだと考えられる。この急進的な説教師は、残酷な末路を遂げた。アッバース朝カリフの部隊に捕らえられ、身体をバラバラに切断されて殺されたのだ。信奉者たちは北部の山中に逃れていった。そこは、後にシャイフ・アディーが説教をした場所や、現在のヤズィード教徒の居住地からほど遠くない場所である。こうして、彼らの思想はシャイフ・アディーの時代もしくはそれより前の時代にヤズィード教徒の祖先に浸透し、さらに古い慣習や信仰の名残とともにその宗教生活に溶け込んでいたのだろう。

邪悪な神々をなだめるという伝統は、イラクでは大変古くからあるものだ。『ナバテア人の農書』（前章参照）には、九世紀のイラクで唱えられていた祈りが記録されているが、その祈りはイスラーム教の影響の痕跡を示しているように見えながら、実はまったく異なる伝統を引き継いでいる。「アッラーのほかに神なし。アッラーに並ぶ者なし。（……）すべての力、威厳、偉大さは彼のものである。（……）祝福された天の主であり万物の主（……）われらに慈悲をおかけくださるよう、命をかけてこいねがう。アーメン（……）この祈りを唱えながら、古い皮、獣脂、細長い革、死んだコウモリでできた彼の像に、焼いた供物を捧げなさい。彼のために十四匹の死んだコウモリと十四匹のネズミを焼き、その灰をもって、彼の像の前にひれ伏しなさい」。この祈りは「邪悪と罪、腐敗と穢《けが》れ、そして貧困の」サターン神に呼びかけて、自分たちに手をださないよう説得することを意図したものである。

古代アッシリアでは、このサターン神の役割は冥界神ネルガルが果たしていた。ネルガルは、飢饉や死をもたらす灼熱の正午の太陽の神で、その神殿は獅子頭の巨像に守られていた。この神が時に若い雄鶏の形をとり、それがサンジャクと似ているのは意味あることだと思われる。後の時代には、ミトラ教徒が、ゾロアスター教の悪神アンラ・マンユを指す「デオ・アリマニオ」という札の付いた獅子頭の像を建てたが、これは、この神をなだめるためだと考えられる。一世紀のギリシャの歴史家プルタルコスによると、イランでは供物を捧げて悪神をなだめる慣習があった。たとえば、当時の人々は、ハオマ草を搾って造った酒に生贄のオオカミの血を混ぜ、悪神への供物として暗い洞窟に注いでいたそうだ。七世紀のキリスト教著述家ヨハナン・バル・ペンカイエーは、現在もヤズィード教徒の住むシリアとトルコの国境付近の出身だが、その地域の人々が太陽、星、そして、古代の天空神バアルシャミンと悪魔ベルゼブブを崇拝していたことを書き残している。

マラク・ターウースの起源が何であれ、ラーリーシュへ向かう道中、私たちは始終マラク・ターウースの姿を目にしていた。ラーリーシュからそれほど遠くないヤズィード教の町アイン・シフニーに入ると、ドアや出入口に描かれたクジャクの像がいたるところで目に入った。最上階にこの鳥の頭部が彫られたアパートもあった。この町にはラーリーシュ文化センターという機関の支部があった。優れた図書館と小規模な博物館を備えた気取らない場所だ。私はその図書館で、雑誌を読んでいる若者に話しかけた。その若者はアヤッドという名のヤズィード教徒で、四つの言語の読み書きができ、政治科学の学位をもっているという。それまでに会った多くの知的なヤズィード教徒の例に漏れず、彼は自分の宗教の歴史に強い興味を抱いていた。ヤズィード教徒たちの話すことは、人によって少しずつ異なっていたが、私はそれに慣れていた。ヤズィード教には簡単な入門書もなければ、一般に利用できる聖典もないため、それは驚くことではないのである。そのかわり、どの信者も、少しずつ異なる角度からヤズィード教について語っていた。もっとも、そこにはどの話にも共通するテーマがあった。

アヤッドはヤズィード教徒についてこう語った。「私たちは太陽の民です。シリア、ロシア、アルメニア、イラン、トルコの人々も、かつてはみな太陽を神だと考えていました。私たちの宗教は、自然崇拝から始まって、やがて一神教となり、最後にシャイフ・アディーの教えが生まれたのです」。ヤズィード教徒は今では太陽を崇拝しない、とアヤッドは言う。だが、祈る時には太陽に向かって頭を下げる。初のヤズィード教の議員が新生イラク議会の席に着いた時には、彼はクルアーンや聖書ではなくクルディスタンの国旗に向かい、特にその中央に描かれた太陽に向かって就任宣誓をした。アヤッドは、それを単なる偶然だとは考えていなかった。「私たちはもともとクルド人なのです」とアヤッドは言った。ヤズィード教徒のなかには、クルド人への同化はヤズィード教徒のアイデンティティを脅かすものだといって恐れる人たちもいる。だが、アヤッドは、最も安全で正しい道は、ヤズィード教徒をクルド人のアイデンティティの中心に据えることだと考えていた。

＊

一九四〇年代の旅行記を読むと、アイン・シフニーからラーリーシュへの運転は、車の車軸が壊れるほど大変なものだったらしい。だが、現在ではそれは改善されている。滑らかな舗装道路が造られて、樹木の茂る渓谷を蛇行しながら神殿に行けるようになっているのだ。私たちはこの道を通り、アヤッドとともにラーリーシュへ向かった。道路脇に駐車された車から、クルドのポップスや十代の若者の笑い声が聞こえてきた。神殿に向かう道の途中には、太陽をかたどった石像が置かれていた。ここに来て初めてわかったのだが、神殿というのは一つの大きな建物ではなく、木々の生い茂る谷に抱かれるように立つ、古い修道院に似た石造りの建物がいくつも集まったものだった（中世のキリスト教の神父は、ラーリーシュにはかつてキリスト教の教会があったと断言している）。その日は金曜日で、イスラーム教の週末だった。石の敷き詰められた中庭で、多くの家族連れが桑やイチジクの木陰に座ってピクニックをしていた。ヤズィード教の聖日《せいじつ》は水曜日だ。その日には畑仕事をせず、旅行や入浴をし、洗濯をする。昔からのこの伝統を守る人は今はほとんどいないが、これは紀元前のメソポタミアの古い禁忌を起源とするものである。金曜日はイスラーム教の集団礼拝の日だが、現在ではヤズィード教徒も水曜日ではなく金曜を休日とするのが一般的になっている。

あとで落ち合う約束をして、ターハーを車に残すと、アヤッドと私は木陰でピクニックをしている家族の仲間に入れてもらった。切ったスイカの皿を挟むようにして、私たちは腰を下ろした。その家族は英語もアラビア語も話さず、頭に赤と白のクーフィーヤを巻いた父親はにこやかな顔を向けてくれたが、私が下手な北部クルド語《クルマンジー》を二、三、話そうとしてもまったく通じなかった。息子たちは一緒に座っていたが、妻と娘たちは少し離れ、日差しをさえぎる小さな建物の石壁のそばで食事をとっていた。その建物には、ねじれた円錐形の尖塔があった。それはヤズィード教の神殿独特のものだった（尖塔のねじれた線は、円錐形の先端から底面に向かって放射線状に広がっている。これは、放射する太陽の光線を模倣して設計されたものだろう）。この複合施設のような建物の中心には聖なる神殿があり、アヤッドがそこに案内してくれると言うので、私たちは神殿に向かって屋根のない通路を歩いていった。と、その時、通路を見下ろすバルコニーから、白い服を着た女性が静かにこちらを見ているのに気がついた。ふと、マンダ教の研究者E・S・ドローワーの本のなかの女性が頭に浮かんだ。ドローワーはイラク滞在中、自分の研究をするだけでなく、ヤズィード教徒に会うためにラーリーシュを訪れている。そして生涯結婚せず羊毛を紡ぎ、神殿や庭の手入れをして過ごす「白い服を着た尼僧のような神殿の従者」のことをその著書に書き残している。あのバルコニーの女性はその従者の一人に違いない。私にはそんな気がした。バビロニアの時代にも神

ラーリーシュの神殿。著者撮影

に身を捧げた女性がいて、同じように神殿の境内で羊毛を紡いで日々を過ごしていたという。

上部にアイベックス〔ヤギの一種。山岳地帯に住み、大きな湾曲した角が特徴〕の頭部の彫刻のあるアーチを通り抜け、私たちは太陽に照らされた神殿の中庭に到着した。神殿の戸口の脇の石壁には、大きな黒ヘビの浮き彫りがあり、頭部を上向きにしたその姿は、悪の侵入を防ぐ魔除けの役目を果たしていた。戸口には大きな石があり、私はアヤッドに促され、ヤズィード教徒がするように靴を脱ぎ、その石に触れないように注意してまたいだ。その石を神聖なものと考えて、信者たちが接吻するからである。こうして、私たちは石の敷かれた暗い部屋に入っていった。なかはほこりと遺物の臭いがし、小さな窓から光が差し込んでいた。唯一の装飾と言えるのは、筒状に巻かれて中央の柱から垂れ下がる、黄色や赤や水色などの色鮮やかな絹の布だった。部屋を通る人が、その布に結び目を作ったり解いたりして、幸運を祈っていた。部屋のなかでは二、三の家族連れが目を輝かせながら静かに歩いていた。

階段をいくつか下ると、私たちは再びマラク・ターウースに出会った。カーテンの向こうの壁に、像を置くためのくぼみがあり、そこに現存するサンジャクの一つ、真鍮製のマラク・ターウースの像が隠れていたのである。下の階に行くと、部屋には古い油の臭いが立ち込めていた。よく見ると、壁際に積み上げられた瓶から、油が染み出していた。その同じ部屋のなかで、十代の若者が肩越しに絹の束で壁を打っていた。壁のなかのある特別な石に当たると幸運が得られるというのだ。その石は、長い年月の間に摩耗して形も見分けられなくなっているが、何かの像だったものと思われた（後日、私はヤズィード教徒から、この石は宙に浮かんだ奇跡の石だと聞いた。「しかし」と彼らは、自分の説明しようとしていたことの愚かさにあらためて驚いたように、こう言った。「何年か前に、信仰の足りない者が、その後ろに壁を立てると言い張ったのです」）。あとずさりするように部屋から出ると、緑の布に覆われた石棺があった。信者たちが手をその棺に置いてなでるようにしながら、周りを歩いていた。すぐそばには、スーフィーを象徴する黒い羊毛のマントがうやうやしく広げられていた。ヤズィード教徒のなかでも特別敬虔な人物だけが身にまとうことを許されるマントで、シャイフ・アディーもこのようなマントを着ていたのだという。「シャイフ・アディーはムスリムだったのですか？」と私はきいた。すると、それを聞いていたヤズィード教徒たちから、「違う！」と一斉に声が上がった。

その日は偶然にもヤズィード教の聖職者評議会という団体の会議がこの神殿で開かれることになっていた。影響力のある一般信者と、高位の聖職者たちが集まるのだという。アヤッドに運が良いと言われながら神殿を出ると、私は話を聞かせてもらうために近くの建物まで歩いていった。アーチ状の天井のあるホールの入り口で靴を脱ぎ、なかに入ると、若い男性のグループが壁沿いの石のベンチに座っていた。女性は一人もいなかった。その向こうには中庭が広がり、会場へと続いていた。私はベンチに座る男性たちの会話に耳を傾けた。彼らはクルド人独立運動の歴史について熱心に（英語で）議論していた。話しかけてみると、多くが外国のパスポートを所持していて、そのほとんどがドイツやスウェーデンのものだった。彼らはみな、ヤズィード教の三つのカーストの最上位であるシャイフだということだった。ヤズィード教の伝統では、シャイフはシャイフ同士で結婚しなければならない。ヨーロッパやアメリカに住むヤズィード教徒にとってこれは難しいのではないだろうか？　一人にそうたずねると、彼はこう答えた。「私は運良くシャイフの女性をめとり、伝統を守ることができました。しかし、娘が二十歳になった時には、娘は私の言いなりにはならないでしょう」

会議はすでに終わっていたようで、メンバーは中庭に集まっていた。みなヤズィード教の指導者だ。スーツ姿の人もいたが、伝統的な衣服をまとった人もいた。なかでも、長い灰色のあごひげを生やしてじっと動かずにいる五人の男性には、特別な威厳が備わっていた。白い被り物に黒い輪をはめたその姿は、アラブの首長と言っても通用するほどだ。高い身分を示す、アラビア語でビシュトと呼ばれる身体をすっぽりと覆う薄く繊細なマントを羽織っている人も何人かいて、その一人がヤズィード教の現世の指導者ミールだった。聖職者の着用する赤と白のターバンにクリーム色の法衣という、ほかとは少し違った服装をした男性もいた。それが、ヤズィード教の精神面での最高指導者バーバー・シャイフだった（だが、少なくとも私がいる間は、彼は口を開かず、話はすべてミールにまかせていた）。少し話を聞かせてもらえないかとたずねると、質問を書面で提出するよう求められ、返事をするまで上の部屋で待てと言われた。指定された部屋に行き、石の床に座って待っていると、しばらくして私は呼び戻された。話をしても安全だと判断されたのだ。

こうして、私はミールから話を聞くことができた。だが、ミールの答えは当たり障りのないものだった。ヤズィード教徒の願いは、他の宗教との平和的共存と、自分たち独自の伝統を守ることである。ムスリムやキリスト教の聖職者との関係は良好で、たがいの祝祭行事に出席もする。ヤズィード教徒は布教活動をせず、他宗教の信者を改宗させることもない。そうひととおり説明すると、ミールは言った。「祈りの際には、私たちはまず他者の幸せを祈り、次に自分自身の幸せを祈ります。人間はその信仰によって判断されるものではなく、行為によって判断されるものです。アダムに吹き込まれた神の息吹は、全人類の身体に伝わっています。その息吹は邪悪な人々のなかでは抑えつけられていて、善良な人々からは輝き出ているのです」。ミールが話を終えると、五人の灰色のあごひげの長老たちはみな立ち上がり、法衣を揺らしながら部屋を出て、たばこを吸いにいった。しばらくすると、ローストチキンとライスが運ばれてきた。アヤッドと運転手のターハーもちょうど来たところで、私たち三人は食事に招かれた。食事は椅子のない立食形式で、ミールは私に自分のそばに立つように合図した。食事中、ミールは一言も口をきかず、フォークやナイフを置くたびに、腹の上で手を組んでいた。ターハーの様子をうかがうと、以前の言葉どおり、ただ立って、何も口にしていなかった。

その後、私はラーリーシュを離れたが、多くの疑問は解決されないままだった。ヤズィード教徒への興味は尽きない。たとえば、なぜ青い服を着てはいけないのか？　なぜレタスを食べてはいけないのか？　ヤズィード教徒にそれをきいてみても、漠然とした答えしか返ってこない。ほとんどが、それはたぶん昔の指導者たちが決めたあまり意味のない規則で、指導者たちが嫌っていたトルコ人が青い服を着ていたからだとか、単にレタスが嫌いだったからだろう、というのである。ミールザーによると、レタスを禁止する規則は一六六一年からあったという。これらの慣習には古いルーツがあるはずで、私はそれを知りたかった。というのも、同じ地域のほかの宗教にも、これによく似た慣習があるからだ。マンダ教徒にとっては、青は邪悪な存在ルーハーを連想させる色であるし、ドゥルーズ派では、青は最高位のシャイフの着用する法衣の色である。レタスを食べないことについては、ドゥルーズ派にも、年長者がモロヘイヤを避けるという、似たような禁忌がある〔モロヘイヤがシーア派と対立した過去のカリフたちの好物だったため、ドゥルーズ派が救世主と考えるハーキムがその食用を禁止した〕。また、ハッラーン人は豆を敬遠する。しかし、これらの慣習がどのようにして始まったのか、私にはわからなかった。どうがんばってみても、ヤズィード教には少なくともまだ秘密があり、その全容はわからないままだった。

*

現代社会において、ヤズィード教徒が思いどおりの暮らしを続けていくことは難しい。テクノロジーの発達と、政府の官僚支配が広範囲に及ぶようになったことにより、現在では人々が隠れて暮らせる場所はどんどん少なくなっている。官僚主義やテクノロジーの発達とともに、時に、新たな市民権の理念が生まれ、少数派集団は脅威とみなされなければ寛大な扱いを受ける。しかし、脅威とみなされた時や、古くからある偏見が表面化した時には、少数派集団は悪意のある残忍な事件の犠牲者となってしまう。

その一つが、ミールザーの故郷カフターニーヤで起こったトラック自爆テロ事件である。二〇〇七年の夏の夜、四台のトラックが町にやって来た。それを見て、黒と白の被り物を被り、灰白色の木綿のジュラバ〔フード付きのゆったりした長衣〕を着た大勢の男たちが、トラックの周りに集まった。食糧の配給だと思ったのである。だが、違った。食糧を落とすかわりに、トラックは自爆した。その爆発の威力で、家は倒れ、人々は通りに吹き飛ばされた。あとには、衣服をはぎ取られた死体が残された。事件は数字を聞くだけでも身も凍るようなものだった。自爆した四台のトラックはドアの内側に爆発物を隠していたと見られ、爆破による死者はおよそ八百名に上り、約千五百軒の家屋が破壊されは損傷の被害にあった。途中の道路も危険だと判断され、救急車も重機もやって来なかった。後日、遺体の発見されなかった子どもたちを追悼し、その衣服が棒に吊された。アメリカの同時多発テロ事件を除くと、これは史上最悪の死者を出したテロリストの攻撃だった。爆発の直接の理由は、デュエ・カーリ・アスワドというヤズィード教徒の女性がムスリム男性との結婚を望んだために親戚に殺されたことだった。この女性が殺される前にイスラーム教に改宗していたという噂が広まり、女性をムスリムの殉教者とみなした複数のムスリム集団が、ヤズィード教徒に対して報復テロを行ったのである。

これらの衝突の背景にあるのは、民族集団間の憎しみだ。だが、この憎しみは、サダム・フセイン政権によって故意に煽られてきたものだった。サダム・フセイン政権は、アラブ人とヤズィード教徒、ヤズィード教徒とクルド人とを対立させることにより、国民に対する支配権を維持しようとしてきたのである。二〇〇三年のイラク戦争以降は、不寛容で暴力的なイスラーム宗派がさらに勢力を広げている。私はこの話を、アルビールのシェラトンホテルのロビーで、ダキールという年配の上品なヤズィード教徒から聞いた。ロビーの椅子に座り、ダキールは悲しそうに言った。「カフターニーヤの事件の背後にあるのは宗教的憎悪です。けれども、それは、もとは純粋に宗教的なものでした」。一九五〇年代後半にバアス党が政権に就いてから、宗教間の溝は深まった。だが、そのような変化も、イラク戦争以降の寛容の精神の激しい衰えに比べれば、たいしたことではないように思えるほどだ。特に近年では、サラフィー主義（厳格派）という原理主義者の一派が大きな影響力をもつようになっている。彼らは初期の世代のムスリムを模範とし、その行動に倣うことを目指して、ヤズィード教のような異教徒を特に敵視する。そのような集団を前にして、ダキールの描くヤズィード教の未来図は極めて悲観的なものだ。ヤズィード教徒はマンダ教徒やドゥルーズ派のようには組織化されていないため、いずれは存在しなくなるというのである。組織化されていないだけでなく、ヤズィード教徒は地理的にも分断されている。イラクではそのほとんどが、クルド人の直接支配の届かない、アルビールの西のシンジャール地方に住んでいる。ここは伝統的に彼らが強い力をもち、数世紀にわたりオスマン帝国の侵入を阻止してきた場所である。ヤズィード教徒の約十五パーセントはアルビールの北のラーリーシュ周辺に、残りははるか北のドホーク周辺に住んでいる。

だが、こうして不安を訴える一方で、ダキールは、ヤズィード教徒の教育水準が高くなっていることを、いくぶん声を弾ませながら語っていた。あるイギリス人作家の記録によると、第一次世界大戦前、ヤズィード教徒で読み書きができるのは一家族だけだった。だが、一九四〇年代には、ダキールの叔父がヤズィード教徒初の学校教師となり、一九七三年には、コミュニティで初めて、大学に行った医師が生まれた。「今では多くのヤズィード教徒が医学部に在籍し、三千人以上のヤズィード教徒が大学に通っています。私たちが生き残るためには、学ぶしかないのです」とダキールは言った。クルド地区の生活費は高い。治安が安定し、他の地方からの移住者が増えたためである。だが、全国的に宗教的熱狂が高まる風潮のなか、ヤズィード教徒の宗教熱はどちらかといえば弱まっていた。ダキールは、口ひげを生やすことはヤズィード教徒の男性の宗教上の義務だということを念押ししながらこう言った。「十年か十五年前のシンジャールでは、口ひげを落とすことは死に値する罪でした。

でも、今ではそうではなくなっています。ラーリーシュに巡礼に行く時も、特別な衣装を着る人はいなくなりました」

アルビールに戻ると、私は最初にこの町が造られた、岩の多い高地の平原を訪れた。この旧市街の城塞は現在では世界遺産となっている。その端から新市街の新しいシタデル広場を見下ろすと、泉の周りに座っておしゃべりをするクルド人の若者たちの姿が見えた。それから、私は砂ぼこりの煙る遠い西の地平線に目をやった。そこにあるのはシンジャールだ。西にはシリアの村があり、クルド人やアラブ人、ヤズィード教徒が住んでいる。そのかなたにはハッラーンがあり、南に続く土地を下ると、シリアの海岸の緑深い丘陵地帯だ。このすべてが、歴史的に多くの少数派集団の安息の地となってきた土地だ。ムスリムとの平和的共存に努めてきた古代の宗教の信者たちや、異端派のムスリムたち、そして、古くからの民族の伝統とイスラーム教の慣習を混ぜて作り上げた魅力的で好奇心をそそる宗教の信者たちの故郷だ。

現在、この地域は、二〇一四年にカリフ制イスラーム国家を自称するテロリスト集団ＩＳＩＳが支配を宣言した地域と境界を接している。ＩＳＩＳはその残虐性と宗教的不寛容で世間を騒然とさせている集団だ。彼らと境界を接していることは、ヤズィード教徒の抱えるジレンマをいっそう深刻なものとしている。ヤズィード教徒は、聖職者のカーストだけが真理を知る秘教の維持という難題にも直面している。一般信者はかつてのように辺鄙《へんぴ》な村で孤立しているのではなく、都市に住み、他の宗教の信者と隣り合って暮らしている。つまり、信者は宗教に関して、答えられない質問に常にさらされているということである。同様に、海外に移住した信者にとって、子どもたちを同じ宗教やカーストの相手と結婚させるのは、簡単なことではない。

ミールザーは現在その問題に直面している。というのは、ミールザーはかなり前の一九九一年にイラクを離れたからだ。湾岸戦争が始まって、勝つ見込みのない軍隊に徴兵される脅威に直面し、ミールザーは一家で祖国脱出を図る友人のアブー・シハーブのいるグループに加わった。夏の夜のことである。ミールザーたちはシンジャールからそう遠くない場所で、イラクとシリアの国境を越えようとしていた。昼間の焼けつくような暑さはおさまっていた。すでに戦争が始まっていたため、軍隊はほかの場所に差し向けられていた。だから、イラクとシリアの国境の部隊は目が行き届かないはずだ。そこを突いて国境を越え、いったんシリアに入り、味方のいるヤズィード教徒の村に向かう計画だ。だが、村への道のりは遠い。しかも、一瞬も気を抜くことなく地雷や見張りに注意しなければならない。見張りは銃を構え、人が見えたらすぐに撃てという命令を受けているのだ。

ミールザーは歩きはじめた。身をかがめ、這って進まなければならない場所もあった。と、行程も半分を過ぎた頃、銃声が聞こえた。とっさに、アブー・シハーブが問題に巻き込まれたという考えが頭に浮かんだ。アブー・シハーブは妻と子どもを連れ、一・五キロメートルほど先の国境を自分と平行に渡ろうとしていたのだ。予感は的中した。アブー・シハーブの家族が、国境警備隊に発見されてしまったのである。後日アブー・シハーブから聞いた話をミールザーは教えてくれた。警備隊は警告の叫びを上げると、発砲を始めた。弾丸がすぐ近くをかすっていった。それでも、彼らはなんとか国境を渡ることができた。追ってくる者は誰もいなかった。だが、成功を喜んだのも束の間、彼らは恐ろしいことに気がついた。下の二人の子どもが一緒に来ていなかったのだ。二人はまだ幼くて歩けないため、出発する時にロバに乗せたのだが、国境を急いで渡った時にロバがついてきていないことに、どういうわけか誰も気づかなかったのだ。二人の子どもは捕らえられ、政府によって祖父のもとへ戻された――役人は「子どもたちを逃がしたら、おまえの生命はない」と祖父を脅したという。アブー・シハーブはそれから十七年間、二人の姿を見ることはなかった。

こうして二人の子どもを除くアブー・シハーブの家族とミールザーはシリアに入り、その後北米に移住した。アブー・シハーブはアメリカに、ミールザーはカナダに亡命した。それ以来、彼らはずっと親しく付き合っている。ミールザーはアブー・シハーブに自分の「来世の兄」つまり精神的指導者になってくれと頼まれた。この国境での恐ろしい経験をともにして、深い絆ができたからだろう。前の世代の人々にとっては、この「来世の兄弟」という関係は、一般信者のシャイフへの絶対的服従を伴う、封建的とも言えるものだった。兄弟の絆を結ぶ儀式はラーリーシュの土を使って結ばれる。まず、この土をラーリーシュの聖なる「白い泉《カニヤ・スピ》」の水で湿らせ、丸めて泥の玉を作る。この玉は世界の象徴だ。そして、二人の精神的兄弟は、この玉を間に挟んでたがいの手をしっかりと握り合うのである。この友愛のしぐさは、ヤズィード教徒同士を結び付けるだけのものではない。異なる文化をもつ者同士がたがいに学び、慣習を採り入れ合った過去の時代を思い出させるものでもある。そしてまた、ヤズィード教徒から私たちへの贈り物でもある。というのは、ミトラ教のおかげでこれが西洋に伝わって、私たちの握手の慣習が生まれたからである。

＊

二〇一四年、テロリスト集団ＩＳＩＳにより、ヤズィード教徒たちはシンジャールを追われた。その後、私はイラク北部に戻り、故郷を捨てて避難してきた人々から話を聞いた。迫害から逃れるため、休むことなく四十キロメートルの距離を歩いてきた人たちだ。逃げられなかった気の毒な人たちは、誘拐、レイプ、そして虐殺の被害者となった。小さな避難所で、ヤズィード教徒たちは、自分たちの話を聞いてほしいと私の周りに集まった。彼らの望みはただ一つ、イラクからの脱出だけだった。一人の男性がこう言った。「おしまいです。私たちは誇りを失い、家畜を失い、女性を失いました。イラクにはもう、私たちの未来はありません」。白い法衣を着たシャイフが、自分はシンジャールのヤズィード教指導者の子孫であると誇らしげに語ったあと、やはり同じことを言った。その未来を予言する力を信じる信者たちに囲まれて、彼はイラクにおけるヤズィード教の終焉を予言した。遠くに、ヤズィード教の神殿の白い尖塔が見えた。それを見ながら、私はヤズィード教がこの古代の血塗られた土地で、形を変えながらも、どれほど長く続いてきたかを考えていた。だが、それも、もうすぐ終わりを迎えるのかもしれない。

# 第三章　ゾロアスター教徒

ゾロアスター教は、紀元前一〇〇〇年頃に中央アジアのホラズム地方（現在のウズベキスタン西北部）で、ザラスシュトラ・スピターマが開教した善悪二元論を基盤とする宗教である。教祖没後に原始教団はイラン高原へ南下を始め、アケメネス朝時代（紀元前五五〇～前三三〇年）にはイラン高原に普及していたと考えられている。また、サーサーン朝時代（二二四～六五一年）にはペルシア帝国の国教の座を獲得し、周辺の諸宗教に大きな影響を与えた。本書で扱う西アジアの諸宗教は総じてマイノリティーが多いのに対し、一度は大帝国の国教だった点で、ゾロアスター教は際だって異質である。

しかし、七世紀にペルシア帝国がイスラーム教徒軍によって覆滅されて以降、イラン人ゾロアスター教徒は約三百年間を掛けて、徐々にイスラームに改宗していった。この改宗過程を、例えばエジプトと対照すると興味深い。即ち、エジプトの場合、宗教的にはコプト教会（本書の第六章参照）の勢力が強く、十四世紀までは両者の勢力が拮抗してイスラームへの改宗はそれほど進まなかったとされるのに対し、言語的にはかなり早い段階でコプト語を捨ててアラビア語が普及している。逆にイランの場合は、宗教的にはゾロアスター教の勢力が脆く、十世紀までにイスラーム化が完了したのに対し、言語的にはペルシア語を維持し続けて、宗教用語として以外はアラビア語が浸透しなかった。端的に言えば、イスラーム化はしたがアラブ化はしなかったのが、イランの特徴である。

イランのイスラーム化は、イラン高原東部の都市住民が雪崩現象を起こして改宗したのが始まりとされる。続いて農村部のイラン人が時間を掛けて改宗し、イラン高原南西部ペルシア州の農村部だけが最後までゾロアスター教信仰を保持した。それも十世紀で終わりを告げ、ゾロアスター教を捨てなかった人々は、一部はイラン高原中央部の砂漠都市ヤズドに引き籠って信仰を維持し、他はインド西海岸に亡命して「パールシー」という一種のカーストを形成した。本章の登場人物ラアル・シャフルヴィーニーは、前者、つまりヤズドに引き籠ったゾロアスター教徒の末裔である。

ヤズドのゾロアスター教徒たちは、パフラヴィー王朝時代（一九二五〜一九七九年）には、シャーの民族主義的な政策も相まって、一時的に国家から優遇されたこともあった。ゾロアスター教徒の間に今でもシャーに対する一種の受けのよさがあるのも、このためである。しかし、一九七九年にイスラーム革命が起こり、イランが王政からイスラーム共和制に移行すると、彼らの運命は暗転した。その状況は、本章で語られるラアルとシャーヒーンに示されている。

（解説・青木 健）

ラアル・シャフルヴィーニーは、一九二〇年代にヤズドで生まれた。イランのほぼ中央に位置するこの都市は、不毛な丘に囲まれたオアシスで、現在は旧市街全体がユネスコ世界遺産に指定されている。町には土の塗り壁が並び、車も入れない細い小道や路地がその壁で仕切られて、迷路のようになっている。町を歩いていると、巨大な煙突のような塔が高くそびえているのが目に入る。これは「風採り塔」といって、夏のそよ風を下に引き込んでうだるような家の暑さを和らげる、昔ながらの空調設備だ。謎めいた長い階段を下っていくと、貯水池にたどり着く。そこは、夏には気温が四十五度にもなるこの町で、かつて人々が暑さから逃れて涼んでいた場所だ。広場には、巨大な木製のかごのようなものが置かれている。ナフルという、イマーム・フサインの棺の象徴だ。フサインは預言者ムハンマドの孫で、ウマイヤ朝と戦ってイラクのカルバラーで殉教した人物だ。フサインの殉教はシーア派の教義では極めて重要な意味を付与されており、このフサインを追悼し、毎年「アーシューラーの祭り」という追悼行事が各地で行われる。殉教劇が行われ、数百人の男性がナフルを担いで町中を行進するこの祭りは、シーア派最大の宗教行事となっている。

だが、ラアルはこのイスラーム教の受難劇を見たことはない。ターコイズブルーのファイアンス陶器〔錫釉《すずゆう》を用いた色絵陶器〕のタイル張りのドームや、高い尖塔のあるモスクで祈ったこともない。というのも、ラアルはムスリムではないからだ。ラアルが信仰していたのはゾロアスター教という宗教だ。イスラーム誕生以前よりもはるか昔から存在する、独自の習俗をもつ宗教である。ラアルは二〇〇四年に亡くなったが、第二次世界大戦後にロンドンに来て以来、イギリスの小さなゾロアスター教コミュニティで、長きにわたりイギリスに渡ってくる同信の信者たちの支えとなってきた。私はラアルの生前、ロンドンのコミュニティで彼女から話を聞いていた。

ヤズド旧市街。何世紀も前に日干しレンガで建設された古都の一部が今もそのまま残っている。左側にあるナフルは、ムハンマドの孫のフサインの死を象徴するもので、毎年アーシューラーの追悼行事で使用される。著者撮影

　ラアルの故郷、ヤズドのゾロアスター教徒のコミュニティでは、独自の祭りや記念行事が行われていた。たとえば一年で最も夜の長くなる冬至の日には、人々は保存しておいたスイカやザクロをもち込んで、夜を徹して語り合う。また、昼が夜より長くなる最初の日である春分は、最も重要な祭りとして盛大に祝う。彼らの生活の中心となるのは「清浄」で、その基準に達するために、ラアルは九夜の徹夜の儀式を受けている。儀式では、祭司によって雄牛の尿を全身に振られ、その尿を二、三滴飲む。「善を行う者の兄弟、姉妹」に加わるためのこの儀式を、ラアルは自らの自由意思で受けたという。

　イスラーム教では犬は不浄とみなされるが、ゾロアスター教ではまったく違う。ラアルの家では、毎

晩、家族の食事の前に犬にエサを与えることがラアルの仕事となっていた。ラアルの家族はモスクでは祈らず、近くの寺院に行って、聖なる火の前で連禱を行い、白檀《びゃくだん》を燃やした。祭司だった彼女の父親は、毎晩、六分儀とアストロラーベ〔天体観測用の機器。古代の天文学者や占星術者に使用された〕をもって、自宅の日干しレンガの屋根に登っていた。屋根に立ち、星の計測を行う父親の姿を、ラアルはよく目にしたものだった。家での祈りの言葉には、アヴェスター語が使われた。これは日常会話で最後に使われたのは鉄器時代だという非常に古い言葉である。家での日常生活には、別の独自の言葉が使われた。ヤズドなど一部の地方でゾロアスター教徒だけが話すダリー方言だ。ムスリムのなかにはゾロアスター教徒をさげすんで「ギャブル」と呼ぶ者がいるが、彼らは同様に、ゾロアスター教徒のこの日常語を「ギャブリー」と呼んでばかにした。

ラアルの守るこのゾロアスター教の伝統は、イスラーム到来以前には、ほとんどのイラン人が守っていたものである。紀元前六世紀、パールス地方の騎馬兵たちは、北、東、西へと馬を進めて近隣住民を征服し、世界で過去最大の帝国を建設し、これをパールスあるいはペルシアと名付けた。彼らの信じた宗教は、紀元前一〇〇〇年頃に預言者ザラスシュトラによって中央アジアで創設されたもので、その信者は西洋ではゾロアスター教徒と呼ばれ、アラブ人からは祭司を表すマギにちなんでマジュースと呼ばれ、インドでは今もパールシーと呼ばれている。パールシーというこの名称は、ムスリムによるペルシア征服後まもなく、難民としてインドに逃れついた後に付けられたもので、インドに住むゾロアスター教徒の名称として定着した。星に導かれ、生まれたばかりのイエスを訪ねてベツレヘムを訪れたと言われる「東方の三博士」は、初期のキリスト教徒から、しばしばペルシアのゾロアスター教徒として描かれている。『マタイによる福音書』のなかで、そう特定されているわけではないが、これは良い結果をもたらした。六一四年にベツレヘムを征服した際、ペルシア軍は町を徹底的に破壊したが、聖誕教会だけは破壊しなかった。教会の入り口で三人のマギの絵を見たからである。

ゾロアスター教はかつてはイランの主要な宗教だった。だが、ラアルの時代には信者はすっかり少なくなっていた。ヤズドのラアルのコミュニティは、何世紀にも及ぶ不当な扱いを生き抜いてきた最後の集団の一つなのだが、ラアルも全員の顔を知っているほどの、わずか八十五世帯という小規模なものだった。現在、ゾロアスター教信者の数は、世界全体でも十万にも満たない。しかし、西洋の宗教をはじめとする世界宗教に対するゾロアスター教の貢献は大きく、その存在はこの数字が表すよりもはるかに重要な意味をもっている。十九世紀のドイツ哲学者のニーチェによると、道徳を生み出したのはザラスシュトラだということだ（ツァラトゥストラはこのドイツ語読みである）。だが、それよりも確かなことは、ザラスシュトラが世界は善と悪との絶え間ない戦いによって形成されたと説いていることだ。「この二つから、賢者に正しく選択させよ」と、ザラスシュトラは、ゾロアスター教の聖典『アヴェスター』のなかで要《かなめ》となる最古の詩篇『ガーサー』で力説している。邪神の崇拝者はすでに悪を選択していたが、ザラスシュトラの崇拝者は、邪神を捨て、叡智の主アフラ・マズダーを崇拝し、この神に仕えて善を行うことになる。

後に、この神学は世界の不完全さを説明するものとして発展していった。夜や冬、病気や害虫はなぜ存在するのか？　ゾロアスター教徒は、これらを敵である悪霊アンラ・マンユのしわざだと説明する。アンラ・マンユは、アフラ・マズダーによって創られた善きものに害を加えるために、悪なる動物を遣わした。アフラ・マズダーは光を創造し、アンラ・マンユは闇を創造してそれを汚した。アフラ・マズダーは生命をもたらし、アンラ・マンユは病をもたらしてその一部を破壊した。アフラ・マズダーは豊穣を象徴し、アンラ・マンユは不毛をもたらした。アフラ・マズダーの王国は永遠の喜びの王国で、アンラ・マンユの王国は苦しみの王国だ。ゾロアスター教徒は、悪に対する善の最終的な勝利を待ち望むが、その実現には自分たち信者の助けが必要だと考える。

善なる動物というのは、馬、雄牛、犬などである。一方、アンラ・マンユのしもべとされる生き物は、総称して「フラフストラ」と呼ばれ、ハエ、アリ、ヘビ、ヒキガエル、猫などがこれにあたる。ゾロアスター教を篤く信仰したペルシアのシャープール王は、キリスト教徒が「ヘビやほかの地を這う生き物を善なる神の創造物とした」と言って非難した。彼にとってこれらは悪の神の創造物でしかあり得ないのである。ペルシア最大の国民的叙事詩、『王書《シャー・ナーメ》』は、善の陣営を選んだ妖精と動物の大軍が、アンラ・マンユと戦う場面から始まっている（これがC・S・ルイスの『ナルニア国物語』に似ているのは、ルイスが『王書《シャー・ナーメ》』の大ファンだったためだろう。また、ルイスは、ゾロアスター教をお気に入りの「異教」と呼んでいた）。

善と悪との戦いは、選択により、人間も参加できるものだった。この「自由選択」の概念はゾロアスター教では特に重要なものである。この概念は、アンラ・マンユも選択により自ら邪悪な存在となっているという根拠となるものである（アンラ・マンユはやろうと思えば美しいものも創造できることを示すためにクジャクを創った、と言われているのはこのためだ）。真実を語るというような道徳的な行為は、アンラ・マンユに勝利する手段である。また、『アヴェスター』では闇の力を「虚偽」

と呼ぶ。紀元前五世紀にペルシア人を自らの目で見たギリシャの歴史家ヘロドトスは、著書のなかで、ペルシア人は「馬に乗り、正しい振る舞いをし、真実を語る」ように育てられると書いている。しかし、そのような精神面の戦いだけでなく、ペルシア人は実際にアンラ・マンユのしもべである獣や虫と戦うこともあった。ヘロドトスはその著書で「ゾロアスター教の祭司《マギ》は、自らの手で犬と人間以外のすべての生き物を殺す。さらに、彼らはこれを大いなる目的としており、アリとヘビ、そしてすべての地を這う生き物と飛ぶ鳥や虫を殺す」と語っている。一九六〇年代になっても、イランのゾロアスター教徒は、一年に一日決められた日を守り、不浄な生き物「フラフストラ」、特にアリを殺した。

一方で、犬への愛は義務とされていた。魂が天国に入るためには、裁きの橋チンワド・プフルを無事に渡らなければならないが、この橋は二匹の犬に守られていると『アヴェスター』は記している。一定の距離から見つめると、犬には人間には見えない悪霊が見えるといわれ、そのため犬はよく、死にゆく人のベッドの脇に座る役を与えられた。それに報いるために、これらの犬が死んだ時には特別の葬儀が認められていたという。その様子は、一九六〇年代に伝統的なゾロアスター教徒の生活を観察した研究者メアリー・ボイスの著書に描かれている。犬が死ぬと、「魂が旅立つ」と告げられ、犬はゾロアスター教徒と同じ衣装を着けられる。それは白色聖紐《クスティー》という帯と、スドラというモスリンの白衣で、信心深いゾロアスター教徒が常に身に着けているものだ（白色聖紐《クスティー》は腰の周りに巻き、スドラは肌着とする）。その後、犬の死体は、ゾロアスター教徒の遺体と同じように、鳥についばまれるように人里離れた場所に置かれる。また、死後三日間は、犬の魂を楽しませるために犬の好物が供えられる。

犬への虐待は『アヴェスター』で禁じられている。「死後の世界に行く時には」犬を打った者の魂は、「オオカミのさまよう高所の森の羊よりも激しく悲嘆に暮れ、さらに激しく泣きわめきながら飛んでいくことになる」。『アヴェスター』は、犬を殺した者に十八項目に及ぶ苦行を求めている。その苦行の一つは一万匹の猫を殺すというものだ。これに対してムスリムは犬を不浄とし、猫を好んだため、ゾロアスター教徒とムスリムの間で、犬の扱いに関する議論がしばしば小競り合いにまで発展した。

西洋では、犬と猫の対立がこれほどひどくなったことはない。けれども地上の動物を二つに分けるというゾロアスター教的な考え方は、別の形でヨーロッパ文明に入っていった。「魔術《マジック》」という言葉は、ゾロアスター教の祭司「マギ」に由来するが、それを黒魔術と白魔術に分ける考え方も、片方は悪、もう片方は善という、アンラ・マンユとアフラ・マズダーを思わせるものである。また、黒魔術師に従う動物であるヘビ、ヒキガエル、そして言うまでもなく猫などは、すべてアンラ・マンユの創造物である。

ゾロアスター教は、さらに大きな影響を後世に与えている。それは、善行により天国に入るという考え方だ。ゾロアスター教徒は、善の陣営で戦うものは、死後、「光の世界」とも呼ばれる「歌の家」という天国に入れると考える。エジプトでは輝かしい死後の世界が壁画に描かれているが、そこに行けるのはファラオとその召使だけである。トロイア戦争で戦うギリシャ人が、死後に望めるのは栄誉だけだった。彼らの霊は冥府に行けるかもしれないが、そこで生き続けるのは、せいぜい影のようなものなのである。ザラスシュトラは、重要なのは魂であり、この世で、ある行動規範に従った人は永遠の命を得ると説き、また、善い神の力はくまなく世界に及ぶと説いた。一方、アンラ・マンユに仕える者は苦痛と闇をもって罰せられると説いた。善と悪、天国と地獄に関するこの概念が大きな影響力をもつことは、すでに証明されている。

たとえば初期のユダヤ教の経典「モーセ五書」（旧約聖書の最初の五書『創世記』『出エジプト記』『レビ記』『民数記』『申命記』）には、サタンは登場しない。「悪」はサタンではなく、エデンの園のヘビで表されている。当時の考え方では、すべての魂は死後に分けられることなく、全員が陰府《シェオル》と呼ばれる場所に行くことになっていた。天国も地獄もなかったのである。しかし、紀元前五三九年、ペルシア王キュロスによってユダヤ人がバビロン捕囚から解放されると、これに変化が生じた。その頃書かれたと思われる『ヨブ記』では、サタンは大きな力をもつ存在で、世界中に影響を与え、罪のない人間に災いを及ぼすものとなっている。これは、ゾロアスター教におけるアンラ・マンユの行為と同じものである。紀元前二世紀の『ダニエル書』には、天国と地獄が現れ、「地のちりのなかに眠る者のうち、多くの者が目を覚ますだろう。そのうち、ある者は永遠の生命に至り、またある者は、恥辱と、限りのない嫌悪を受けるだろう」と記されている。

数世紀後にイエスが描いたサタンは、アンラ・マンユによく似ている。神が小麦の種をまくと、神の敵はその小麦畑に雑草の種をまき散らす。同様に、ギリシャの哲学者プラトンは、人間の魂には、生存中の行為に応じて、死後に報酬あるいは罰が与えられると述べている。ゾロアスター教の影響で、宗教が根底から変化したのである。ニーチェはこれらの出来事を振り返り、「ザラスシュトラは、すべての誤りのなかで最も重要なものを創造した。それは道徳である」と考えた（その結果、彼はザラスシュトラが戻って道徳律を破壊する本を書いた。その本に多大な感銘を受けたリヒャルト・シュトラウスは、自らの交響詩にその書名にちなんだ名を付けた。これにより、ザラスシュトラ〈ツァラトゥストラ〉という名は、今も世界中のコンサートホールで生きている)。

ラアルをはじめとするゾロアスター教徒は、自分たちのコミュニティが小さく弱いことを身に染みてわかっていた。彼らは折に触れ、隣人から見下され、敵意を向けられてきた。ラアルの弟は少年たちに襲われ、石を投げつけられて、「ギャブル、ギャブル」とはやし立てられた。「ギャブル」とはムスリムが使うゾロアスター教徒を指す蔑称だ。だが、ゾロアスター教徒は、自分たちの思想をもとに隣人の思想が形成された事実を知っていて、そこから大きな慰めを得ていた。

彼らはまた、祖先のゾロアスター教徒がはるか昔に成した偉業を、その目で見ることができた。王宮を中心とする白大理石の都市、ペルセポリスの遺跡である。ヤズドの南西三百キロメートルほどにあるこの都市が建設されたのは、紀元前六世紀のことである。当時のペルシアは、トルコの西海岸からカザフスタンの砂漠にまで広がる強大な帝国だった。紀元前五世紀、クセルクセス王〔アケメネス朝ペルシア第四代の王。ダレイオス一世の子〕が、ギリシャ遠征に失敗した父ダレイオス一世の遺志を継いでギリシャへの侵攻命令を下したのは、この王宮からだと考えられている。だが、紀元前三三〇年、ペルシア帝国を征服したアレクサンダー大王により、ペルセポリスは火を放たれてしまう。これはアテネ破壊の報復とも、酒宴の席での発作的行動とも言われているが、いずれにせよ、この壮麗な宮殿は廃墟と化してしまった。現在、大理石の階段の周りに残っているのは、一面の柱の残骸と半壊した壁、そして、火災当時は宝庫にあって破壊を免れた、ほんの少しの美しい彫刻だけである。中世にこの地を訪ねた旅人は、柱に碑文を刻み、こう問いかけている。「どれほどの都市が地平線の間に建設されて／夜には廃墟となって横たわるのだろう。その民が、死のすみかにいる夜の間に」。アレクサンダー大王のこの暴挙は、今日でも決して許されることはない。アレクサンダー大王はイスラーム世界では「シカンダル」と呼ばれ、それはカシミール地方のムスリムの間で人気のある名となっている。また、クルアーンに登場する英雄的人物、「双角王《ズール・カルナイン》」としても記憶されている。だが、イランでは違う。ゾロアスター教徒にとっては、今でもこの大王は「呪うべきアレクサンダー」なのである。

現在のような荒れ果てた姿となっても、ペルセポリスには、ペルシア帝国の強大な勢力の記念碑として、人の心を打つものがある。シケリアの歴史家ディオドロスによると、ここは「太陽の下に存在する最も豊かな都市」である。遺跡一帯には、ゾロアスター教のしるしやシンボルが残されている。特に、壁の浮き彫りの有翼の人物像は、守護霊である「フラワフル」を表しているとされ、ゾロアスター教の象徴として各所で見られるものだ。「われらが建設したものはみな美しい」とクセルクセス王は歌い、「アフラ・マズダーの恵みにより、われらはこれを建設した」と、階段の最上段に碑文を残した。二〇〇六年にこの王宮を訪れた時、私はヒジャーブ〔イスラーム教徒の女性が身に着ける頭髪をしっかり隠すヴェール〕を身に着けた若いイラン女性のガイドから説明を受けた。ゾロアスター教の象徴について説明する彼女の声からは、王宮を建設した偉大な帝国に対する誇りがにじみ出ていた。壮大な階段や、帝国の隷属国を表す二十三のレリーフの傑作の説明をしながら、彼女は声を弾ませた。「二十三の国の民をご覧ください。あれがアラブ人、そしてアルメニア人、スキタイ人……」。各国の代表団は、それぞれの特徴をつかんでみごとに描かれていた。貢物として、アラブ人はラクダを連れ、

ペルセポリスの柱の最上部にある、ゾロアスター教のシンボル、有翼のフラワフル像のレリーフ。ペルセポリスは紀元前６世紀、ダレイオス１世により建設された。著者撮影

アルメニア人はワインの瓶をもち、スキタイ人は馬を連れている。この貢物はすべて、ペルシアによる支配を受け入れたしるしとして、ペルセポリスに献上されたものだ。このレリーフが制作される前の数十年間で、ペルシア軍はバビロニア、リディア、エジプトなどの有名な世界の大国を征服していたのである。

二十世紀にイランを治めたパフラヴィー朝の第二代にして最後の国王、ムハンマド・レザー・シャーは、一九七一年、このペルセポリスでイラン建国二千五百年祭の祭典を華々しく開催した。世界各地の王や皇帝、大統領が祭典に参加し、二千五百本のワインや九十二羽のクジャク、そして歴史的な衣装をまとった兵士の行進を楽しんだ。招待客の宿泊施設としては、五十二のテントが設営された。それは大理石の浴室の備えられた空調設備付の建物に、絹で裏打ちされたテントを張ったもので、この行事のために特別に用意された豪華なものだった。この祭典の目的は、イランの国家威信を取り戻すことだった。当時、シャーと敵対するアヤトラ・ホメイニ（アーヤトゥッラー・ルーホッラー・ホメイニー）などのイスラーム勢力

は、宗教心に訴えかけて国民の人気を博していたが、シャーはこうして国民の愛国心を高め、宗教心に取って代わるものとしようとしたのである。また、この祭典は、イランが栄華を誇った時代は宗教指導者などの統治の時代ではなく、ダレイオス王などの国王たちによる統治の時代だったということを、国民に思い出させようとするものでもあった。だが、祭典のための過度の浪費に民衆の不満は高まり、これがイラン・イスラーム革命でのシャーの失脚の一因となった。しかし、イラン国民は、アヤトラ・ホメイニの政権下でも自分たちの過去の偉大な帝国を忘れることはなかった。それを示したのが、ワーナーブラザーズの映画、『３００《スリーハンドレッド》』に対するイラン国民の反応だ。この映画を見て、国民は怒り狂った。というのも、その内容は、紀元前四八〇年のテルモピュライの戦いにおける、ペルシア帝国軍に対するギリシャの抵抗を称えるものだったからである。「三百人が七千万人と戦う！」という言葉がイランの新聞の見出しを飾った。これは、ムスリムが大半を占める七千万人のイラン国民が、祖先のゾロアスター教徒への侮辱に対し、愛国主義的な激しい怒りによって、一致団結したことを示したものである。

*

二〇〇三年のイラク戦争の直後、私は南イラクのバスラに赴任した。ある日のこと、私はバスラ南部沿岸の道路をシャットゥルアラブ川に沿って車を走らせていた。イラクを流れるいくつもの川が合流したこの川は、イランとイラクの国境地帯を流れ、広い三角州を形成して湾に流れ込んでいる。と、私は、その道に、百人の像が非難するように対岸のイランを指さして立っているのに気がついた。私はこの川の両岸の国、イランとイラクの争いの歴史に思いをはせた。この川の使用権をめぐる争いは長年の紛争の原因となっていて、一九七〇年代にはイラクとイランは一触即発の状態にあった。その後、イラン・イスラーム革命で世俗権力者である国王ムハンマド・レザー・シャーが追われ、アヤトラ・ホメイニが権力を握ると、この紛争は戦争へと発展し、百万人の命が犠牲となった。この像は、サダム・フセインがその戦争のあとに建てたものである。その目的は、イラク国民に自国の政府ではなくイランを敵視させることだった。像は戦争で死んだイラクの兵士たちをモデルにして造られていた。

川を渡れば、そこはイランだ。ラアルの故郷、ゾロアスター教徒のコミュニティのある国である。私はラアルから聞いた話を思い出しながら、川の向こうにじっと目をやった。だが、対岸の国を訪れるのは、容易なことではないとわかっていた。ペルシア人がゾロアスター教徒だった時代に、邪悪なるものすべての創造者である悪霊アンラ・マンユに儀式で罵声を浴びせたように、現在は、イランのイスラーム政府に組織されたデモ隊が「アメリカに死を！　イギリスに死を！」と叫んでいた。一九七九年に西洋の支援を受けた王制を転覆させたイランの革命派にとって、アメリカは「大悪魔」であり、イギリスは「小悪魔」なのだ。さらに、イランにとってイギリスは、アメリカや、ついでにいえばイスラエルよりも古くから、悪魔と言える存在だ。イラン人から広く愛されている『ナポレオンおじさん』という本には、いたるところにイギリスの陰謀の影を見る、風変わりな老兵士が登場する。この本の舞台は一九四〇年代で、老兵士の妄想は二十世紀初頭の出来事にまでさかのぼる。それは、ロシアとイギリスがイランに勢力圏を確立し、経済を支配した時代である。一九七九年のイラン・イスラーム革命では、アヤトラ・ホメイニは、イギリスを政敵シャーの陰の権力だとして非難した。

もっとも、シャー側はその前にイギリスがアヤトラ・ホメイニの陰の権力だと非難していた。「ムッラー〈イスラーム教の宗教的指導者〉のあごひげをもち上げたら、あごに〝イギリス製〟とスタンプが押されているのがわかるだろう」とシャーは述べている。

バスラ赴任の三年後、二〇〇六年のことだ。バグダードに駐在していた私は、今度こそイランを訪問できるのではないかと考えた。隣国イランに行って、ラアルの故郷ヤズドを訪れることができるのではないか。私は期待に胸を膨らませた。そんなある日のこと、イラクの大統領の主宰するレセプションで、私はイラン大使と同席することができた。アラビア語で話をする前に、私はつたないペルシア語で簡単な自己紹介をした。大使は私をイラク人だと思ったようで、私たちは打ち解けて会話を楽しんだ。だが、勤務先をたずねられ、イギリス大使館だと答えると、大使はまるで私が伝染病患者でもあるかのように、顔をしかめて去っていった。私と話しているところを誰かに見られたら、報告がテヘランに届き、キャリアが台無しになってしまう、そんな心配をしているようだった。私は彼にビザを求めるのをあきらめた。そのかわりに、私はロンドンのイラン大使館に行き（その当時はあったのだ）、ビザの申請をした。かなり厳しい面接をされたが、驚いたことにビザは発給された。当時、ハータミー前大統領の緊張緩和外交の影響により、一時的にイギリスとイランの緊張が緩和していたことも、役立っていたに違いない。大統領は前年に交代していたが、ハータミー前大統領下の改革派は、当時まだ権力をもっていたのである。それでも、イランを訪問する時には、どこに行ってもわずらわしいイランの諜報部員や悪名高い暴力的な民兵、バシージに尾行されることを覚悟しておく必要があった。

イラクとイランの国境は、シャットゥルアラブ川の河口に沿って北へ走っている。そうして、イラクの湿地帯を抜け、ザグロス山脈の西の尾根へと続く。このような自然の障害物に囲まれているため、文化は分断されて、交わることはなかった。東側には、少なくとも三千年前から主にインド・ヨーロッパ語族が住み、西側には主にセム語族が住んできた。イランでは現在でもペルシア語が使われているが、イラクではほとんどの地域でアラビア語が使われている。「ペルシア人」を意味する「アジャミー」という言葉は今でもイラクの一部で蔑称として使われているし、反対に、イラン人のなかに、隣国であるイラクのアラブ人を見下す人を見つけることは難しくない。一九八〇年代に両国の間に起こったイラン・イラク戦争も、この状況を悪化させた。戦争は長期化し、百万人の死者を出した。

ゾロアスター教では、人類の歴史は循環すると考える。ある時代の出来事は、次の時代に何らかの形で繰り返されるというのだ。確かにイランとイラクの国境は、イラン・イラク戦争の始まるはるか昔から、紛争の原因となってきた。紀元前六世紀には、キュロス王に率いられたペルシア軍がこの国境から西方に進軍し、バビロニア王国とアナトリア王国を打倒して、それまでの歴史上最大の帝国を建設した。キュロス王の孫であるクセルクセス王は、テルモピュライでギリシャと戦ったペルシアの大軍勢を率い、この国境を越えて軍を進めていった。一方、軍がここを越えて東に入り、イランを占領したのはわずか二回にすぎない。一度目は、先ほど述べた紀元前三三一年のアレクサンダー大王軍の侵攻だ。二度目は、六四二年、ムスリムの第二代正統カリフ、ウマルの軍によるもので、この軍は最終的にペルシアを完全に征服し、イランのイスラーム化への道を開いた（アレクサンダー大王とウマルは今でもイラン人から憎まれている）。ペルシアと七百年間戦ったローマ人も、三百年以上戦ったトルコ人も、現在のイランの一地方さえ獲得することはできなかった。トルコ人はイランの都市を占領したことはあるが、略奪を終えると引き上げていった。ローマ人は現在のバスラ付近にあるペルシア湾の港まではやって来た。ここはローマ人が到達しえた最も東にあたる場所で、ここでトラヤヌス帝は、インドの香辛料を満載した船が停泊するのをもの欲しそうに眺め、自らがその一艘に乗って海路でインドに行けないだろうかと考えていた。というのも、陸路でペルシアを抜けるのは、無理なことだとわかっていたからだ。国境は、常に地図に引かれた線以上の意味をもつものなのである。

この歴史的国境を、一瞬にして飛行機で越えてしまうのは嫌だった。そこで私はトルコ東部に進み、徒歩でイランに渡る準備を整えた。国境を越える直前に、私はドルをイラン・リアールに両替した。イランに対する国際経済制裁により、イラン国内では自分の銀行口座もクレジットカードも使えないため、必要な金はすべて現金で持参しなければならなかった。両替所で渡してもらえるイラン紙幣は、最大でも一ドル程度の価値のものだったため、私は結局ビニール袋いっぱいの紙幣をもち運ぶ羽目になった。この現金を入れた袋を片手にもち、リュックサックを背負いながら、私はイランの国境まで歩いていった。国境には、アヤトラ・ホメイニとその後継者であるハーメネイーの肖像を描いた垂れ幕が下げられていた。下を歩く者をにらみつけているその二人の顔は、まるで自由主義国トルコからの入国者に「おまえはここで世俗主義をあとにするのだ」と言っているかのようだった。

国境を越え、イランの土を踏んだ瞬間、「ようこそ!」と言う声が聞こえた。顔を上げると、一人の老人が椅子に座っていた。まるで、たった一人配備された、国境警備隊のようだった。まばらな地元の人たちのなかに外国人の姿を認め、老人は嬉しそうな顔をしていた。私が「小悪魔」の国から来た人間だということを、この老人は知っているのだろうか。ふとそんな思いが頭をよぎった。税関に並ぶ列に向かいながら、私は不安な気持ちでイギリスのパスポートを握りしめていた。私は確信していた。職員はパスポートを見たあと、秘密警察に連絡するのだ。そして、この先、どこに行こうとも、あからさまにあとをつけてくるのだろう、と。だが、違った。税関にいた警察官は、通れと私に手で合図をした。向こう側にも、陰険な顔の私服警官らしき人物はいなかった。ふと気がつくと、私は先に進む手段もないまま、ぽつんと空っぽの駐車場に立っていた。私はイラン・イスラーム共和国が眼中に置くに足りない人物だったようだ。

しかたなく道路に沿って歩いていると、一台の車が私の横にやって来た。と、なかから運転手が「十イマーム！」と大きな声で呼びかけてきた。私には何のことだかわからなかった。イマーム（指導者）といえば、アヤトラ・ホメイニのことだ。だけどどういう意味なのだろう？　男が車を停めて、財布から一万リアール紙幣を取り出すと、ようやくその意味がわかった。その紙幣にはホメイニの顔が書いてあったのだ。「この紙幣十枚で町まで連れていくよ」と運転手は言った。私は運転手に頼んで、町ではなく、現在、博物館となっている近くの古い家に連れていってもらった。それはかつてクルド人貴族が所有していた家だった。応接間の装飾は二十世紀初頭のイランの最も美しい様式で、鮮やかな青のよろい戸があり、壁にはきらきら光る鏡面ガラスが張られていた。この建物が建築されたのは、一九一二年、イランが急速な社会変化を遂げようとしていた時期のことである。ダイニングルームの天井にある二枚の絵画がそれを如実に示していた。一枚の絵には、ターバンを巻いた族長が碗から手で食べ、その周りで、口ひげとあごひげを伸ばして黒いトルコ帽を被った複数の男性が同じように食べたりお茶を飲んだりする姿が描かれている。もう一枚の絵のなかでは、ひげをきれいに剃ってディナージャケットを着た男性がワイングラスをもち、隣の席の妻もこれに従っている。客たちは男性も女性も、洗練されたヨーロッパのファッションに身を包んでいる。そして、そのなかの一人の女性が、もう一枚の絵に描かれたトルコ帽の人々を肩越しに見ているのだ。

この絵は、古いものから新しいものへの変化を喜び祝う絵だった。だが、あとになってから見ると、別の解釈もできる。西洋化したエリートたちには、伝統主義者たちを肩越しに見て、目を離さないだけの賢明さがあった。というのも、結局、彼らはターバンを巻いた族長たちから報復されることになるからだ。一九七九年一月、イランの国王ムハンマド・レザー・シャーは、革命派の要求に屈し、自ら亡命することとなった。翌月、長期にわたってシャーを批判してきたホメイニが亡命先からテヘランに戻り、素早く権力を掌握した。シーア派最高指導者アヤトラ（アーヤトゥッラー）として、ホメイニは自分の設立した新政府に神聖な権威を求め、これを「イラン・イスラーム共和国」とした。そして「政権をとる法学者の命令は、神の掟のようなものである」と自らを指して宣言した。シャーとその父親はゾロアスター教徒の保護に尽力していたが、アヤトラの支配のもと、当局は非ムスリムに対して強硬な態度をとるようになり、法律は彼らが不利になるように変えられていった。

博物館を出て、最寄りの町につくと、私はケバブ料理店で食事をとった。隣のテーブルにいた二人のイラン人が話をしていたかと思うと、「私たちの村に来てください」と言って、私を家に招いてくれた。彼らはムスリムの兄弟だということだった。イランの一般家庭の生活を見られると思い、私は「お願いします」と返事をすると、彼らの車に乗せてもらった。車はウルミア湖の近くのサクランボの果樹園を通り抜けていった。カーステレオからはイランのもの悲しい音楽が流れていた。兄弟は七百年前にイランに同化したトルコ系民族のアゼルバイジャン人だった。イランのこの地域には、そのほかにクルド人、キリスト教徒のアッシリア人、アルメニア人が住んでいて、それぞれが独自の言語をもっていた。一番多いのは、アゼルバイジャン語を話すアゼルバイジャン人だ。村に入ると、私はシートの上で身体を下に滑らせて、人に見られないようにしてくれと頼まれた。というのも、彼らは外国人を招くことを禁じられていたからだ。「私がバシージ（民兵）だからです」と兄弟の一人が言った。その時、私は、自分の恐れていた方法ではなかったが、自分がバシージの手のなかにいるのだと理解した。夜になると、奥さんと幼い子どもたちも一緒に食卓を囲み、夕食をごちそうになった。そうしてその晩はその家に泊めてもらった。

　翌朝、リビングの床の赤い毛織の絨毯に座って地図を調べていると、近くにゾロアスター教の史跡が見つかった。兄弟にバス停までこっそり送ってもらい（通りで知っている人の横を通るたび、兄弟は「隠れて」と言った）、私はバスに乗り込んだ。バスはすぐに町を出て、雪を頂く山々を通り越し、灰色をした円錐形の死火山のふもとに着いた。小さいが険しい山だった。ふもとから頂上まで曲がりくねった道が続き、そこにはイラン人の夫婦や少年たち、そして年配の男性が歩いていた。私も彼らのあとに続いた。そうして頂上まで行くと、みんなで噴火口をのぞき込んだ。これはソロモンの牢獄《ゼンダーネ・ソレイマーン》と言われる場所だと、彼らは説明してくれた。

*

ソロモン王はユダヤの王だが、クルアーンにも華々しく登場する。クルアーンには、この王が、ムスリムから「ジン」と呼ばれる目に見えない精霊を操っていたことが描かれている。『アラビアン・ナイト』にも、漁師がソロモン王の封印のある瓶を見つける話が収められている。漁師が栓を開けるとジンが現れ、どのようにソロモン王が「自分を罰するためにこの瓶を求め、なかに閉じ込め、鉛で栓をして、〝最も偉大な名〟でそれを封印した」かについて語るのである。この地方には、ソロモン王がその話と同じように、この山でも反抗的な精霊を深く険しい噴火口に幽閉したという言い伝えがある。それがこのソロモンの牢獄《ゼンダーネ・ソレイマーン》の由来だ。

ソロモンの牢獄（ゼンダーネ・ソレイマーン）のふもとの廃墟となった寺院には、かつてグシュナスプ聖火が燃えていた。聖火は戦士に捧げられ、ローマ人との戦いの前にはペルシアの王たちがここを訪れていたという。著者撮影

この地の精霊がソロモンに反抗したのも、納得のいくことだ。というのも、イスラーム教の到来前は、この火山はゾロアスター教でも重要な位置を占める最大の寺院の一つだったからである。もしかしたら、生贄を捧げる場所だったのかもしれない。ヘロドトスによると、アフラ・マズダーに生贄を捧げるために、ペルシア人は高い山に登ったという。彼らは「日と月と

地、そして火と水と風」にも供物を捧げたそうだ。山腹に目をやると、ペルシア人たちが生贄の羊やヤギを運び、汗を流しながら、私が通ったその道を上っていく姿が目に浮かんだ。彼らの崇めた「風」「土」「水」「火」の四大元素のうち、ここには三つが残っている。平原には今も風が吹き荒れ、春の日差しのなかでもひやっとする空気を運んでくる。草木の乏しい荒野には土が茶色く広がり、近くの湖は今でも美しく深い青を湛えている。だが、火は消えてしまっていた。

神は人間の姿で描かれ、神殿で崇拝されるのが一般的だ。だが、ペルシア人はそのような慣習を拒んでいたとヘロドトスは続けている。「彼らには神の像はなく、神殿や祭壇もない。そしてそのようなものを使うのは、愚か者のすることだと考えている」。もっとも、後にゾロアスター教徒は寺院を建設しているが、それはおそらくバビロニア人や彼らが征服した他民族の影響によるものだろう。それでも、彼らはそこに神の像を祀るのではなく、永遠に燃える火だけを祀った。噴火口の縁から山麓を見下ろすと、そのなかでもかつて最も重要だった寺院の廃墟が見えた。それは、約二千年前、当時の彼らにとってまさに超自然的な火――火山のふもとから染み出す天然ガスで永遠に燃え続ける火――を祀るために建てられた寺院である。ゾロアスター教徒はその火をグシュナスプと呼び、ペルシアの三大聖火の一つとした。

グシュナスプは戦士の火として知られ、ゾロアスター教では世界の誕生と同時に生まれた火だとされている。ペルシア王は、ローマ帝国、そして後にはビザンツ帝国との戦いに出陣する前には、ここを訪れて生贄を捧げたものだった。戦争は絶え間なく続き、七世紀にはペルシア帝国は疲弊し切っていた。はるか西のエジプトの侵攻に成功はしたが、それは滅びゆく者の最後のあがきのようなものだった。そんな状況にあった六二七年、ホスロー二世がグシュナスプの火を訪れ、この聖火に祈りを捧げた最後の王となる。王がこの寺院を訪れたのは、絶望的な戦局のなか、軍とともに退却中のことである。敵のビザンツ帝国は、地元のアラブ人傭兵を使い、軍を進めてきた。ビザンツ帝国の民はキリスト教徒であり、聖火に敬意を払わない。それをよく知るホスローは、そんな敵の手に落ちるよりはと、聖火を寺院からもち出した。十五年後、ペルシア帝国はビザンツ帝国ではなくアラブ人の手に落ち、現在ではムスリムによって統一されている。

アラブ人は、当初、無敵と恐れられていたペルシア軍との戦いに乗り気ではなかった。しかし、とうとう戦いが始まると、アラブ軍は、失地回復のため西方に進んでいたペルシア軍を、ニハーヴァンドに押し戻した。ペルシア軍はそこに踏みとどまることを決意し、現在のテヘラン南方にあるニハーヴァンドは最後の決戦の場となった。ペルシア最大の国民的叙事詩、『王書《シャー・ナーメ》』がその光景を描いているように、最後通告を突き付けにきたアラブの使節がぼろぼろの服を着ていたのに対し、それを受け取るペルシアの騎士たちは、みな、みごとな金の甲冑に身に包んでいた。それは彼らの栄光と退廃を象徴的に示すものだった。ペルシア王の息子ルスタムは、星を読んで未来を予言した。「星は、われらに敗北と逃亡を運命づけている。われらの名は忘れられ、名誉は失われ、四百年が過ぎ去るだろう」。ペルシアの敗北後、王と生き残った臣下は東方に逃れ、中央アジアに入った。彼らが伝えたゾロアスター教は、その地で主要な宗教としてさらに一世代ほど生き延びることになる。このニハーヴァンドの戦い以降、イランではイスラーム教が広まってやがて国教となり、グシュナスプの聖火は二度と再び灯されることはなかった。

イラン人がゾロアスター教を捨てるのにどれほどの時間がかかったかについては意見が分かれるが、王族の一部は早い時期にムスリムになったようである。改宗した者は、イスラーム教にゾロアスター教の慣習とよく似た点があるのに気づいたことだろう。どちらの宗教でも、信者は一日数回の礼拝を義務とし、清浄を尊び、一連の聖典に従う。ムスリムになるということには、ゾロアスター教のカースト制度から逃れられるという利点もあった。祭司と兵士を頂点とするゾロアスター教では、低いカーストの信者は教義を知ることもなかったため、信仰を捨てるのも早かった。そのことは、ゾロアスター教にとどまった者のなかに、祭司の家族の占める割合が大きかったことからも明らかである。改宗者には、ムスリムの義務の実践を受け入れながら、ゾロアスター教徒の好んだ一部の風習をそのまま続けることも許された。新年の祭りであるノウルーズがその良い例で、この祭りは今でもイランで二週間にわたって行われる主要な祭りとなっている。スィーズダ・べ・ダルと呼ばれるノウルーズの最終日には、家のなかにいるのは不吉だとされ、私が滞在していた時も、この日に戸外で食事をする大勢のイラン人家族を目にしたものだった。

イラン人がイスラーム教を受け入れたのが早いか遅いかにかかわらず、彼らがアラブ人による支配を簡単に認めたわけではないのは明らかだった。西方の国々では、アラブ人の侵略により、被征服者の文化はすっかり変わってしまった。多くは、最終的に自分たちを「アラブ人」と呼ぶようになり、もとのアイデンティティや言語すら忘れてしまった。その大きな原因の一つは、被征服者がアラビア語に似た言語をもつセム語族だったことだろう。また、言うまでもないことだが、彼らはすでにビザンツ帝国の被征服者であり、アラブ人に征服されることは、ただ支配者が別の支配者にかわったことを意味するだけだったのである。

だが、ペルシアでは事情が違っていた。偉大なるペルシア帝国の民が、今や従属者に成り下がってしまったのである。アラブの詩人アル＝ジャァディーは、その運命の変化を辛辣に描いている。「おお、民よ。ペルシアの破滅のさまと、民の受けた屈辱を見よ。ペルシアの民は御身の羊を世話する奴隷となった。自らの王国が夢であったかのごとく」。ゾロアスター教の祭司が、ゾロアスター教を捨てムスリムとなった改宗者に与えた最大の侮辱の言葉は、「イラン人であることをやめた」というものだった。アラブ人もまた、しばしばゾロアスター教に疑いの目を向け、拝火教だと非難して、その信者にキリスト教徒やユダヤ教徒などの「啓典の民」と同程度の寛容を示すことを躊躇した。

イランを統治した初期のアラブ人たちは、征服後すぐ、仲間のムスリムに「ゾロアスター教は、アラブ人を殺すためのペルシア人の宗教だ」と警告した。現在のウズベキスタンに位置する古都ブーハラーでは、ムスリムによる征服以前はペルシアの影響を受けた文化が発達していたが、ここでは、アラブ人は祈りにきた人に金銭を与えたり、強制的に住民のなかにアラブ人を定住させたりすることによって、イスラーム教を広めようとした。それでもこの都市の人々は何度も反乱を起こし、イスラーム教を受け入れた人々も、イスラーム教を捨て、もとの宗教に戻った。イラン征服時のイスラーム共同体のカリフである第二代正統カリフ、ウマルは、イラン人奴隷によって暗殺された。それから実に数世紀の間、反乱の精神は生き続けていたようだ。それは、反乱運動活動家の避難所となったイランの山中で、特に顕著だったように思われる。アラブ人による征服から二百年後には、ホッラム教徒と呼ばれる集団とその指導者バーバクが、財産の再分配、自由恋愛などを説き、現在のイラン北西端にある都市マークーの北部で、アッバース朝に対する反乱運動を行った。その後、十二世紀には、預言者ムハンマドの子孫だと自称するニザール派が、イラン高原の人里離れた山岳地帯の尖峰にあるアラムートに城を建て、そこを拠点に政権を打ち立てた。「暗殺者」として知られるその信者は、この城塞から送り出され、当時のイランの政府高官を殺害した。ニザール派の支配者は、こう言ってすべての宗教法の廃止を宣言した。「かつて禁じられていたものが、今では正当とされている。そして正当だったものが今では禁じられている」

当時のイランの主流派は、シーア派ではなくスンニ派だった。シーア派が大多数を占めるようになったのは十六世紀以降のことである。それでもなお、この滅亡したペルシア帝国が、結果的にシーア派国家となったことには、偶然の一致以上のものがあるように思われる。というのも、シーア派の思想には、世界では正しいことだけが行われているのではない、つまり世界は不条理である、という意識が組み込まれているからである。シーア派では、預言者ムハンマドの後継者は、ムハンマドの娘婿（ムハンマド自身のいとこでもある）アリーとその子孫であるとし、この後継者は「イマーム」と呼ばれる。だが、このシーア派のイマームのうち、大多数のムスリムによって受け入れられたのは初期のイマームだけで、多くのイマームは不正を行ったという告発を受け、殺されている。このことにより、シーア派のなかに世俗政権への軽蔑が深く浸透していった。また、世界の終末に、第十二代目のイマームがユダヤ教やキリスト教のメシアと同等の救世主マフディーとして再臨し、正義と宗教を復活させるという敬虔な希望を根付かせた。中世のイランの統治者は、マフディーが戻ってきた時に乗れるよう、馬小屋に常に馬を用意していたという。

シーア派の思想について考えると、私はそれをその日の移動中にカーステレオで聞いた、いつまでも耳に残るイランの歌のような短調の音楽になぞらえたくなる。シーア派の主流派である十二イマーム派の哀歌調の旋律の響きは、古い秩序の回復を切望するゾロアスター教徒にとって、よく聞きなれたものだったはずである。また、マフディーは、古代のペルシア王の子孫だという伝説もある。というのは、預言者ムハンマドの孫フサインの妻は、ムスリム改宗以前の独立ペルシアの最後の王の娘であるシャフルバーヌだという伝承があるからだ。これが本当だったとしたら、後のすべてのイマームは、預言者の子孫であるだけでなく、ペルシアの王族の子孫だという可能性もある。この話は、古い秩序を切望するイラン人たちのなかで、イスラーム教を支持する気持ちを強化するのに役立ったはずである。

ゾロアスター教の聖典『アヴェスター』にも、救世主の予言がある。世界の終末の訪れの前に、救世主《サオシュヤント》が出現し、最終戦争で善の軍隊を率いて戦い、死者を復活させるというものだ。世界は善と悪との戦いの場であるというゾロアスター教の教えに合致するこの概念は、ユダヤ教のメシア信仰やムスリムのマフディー信仰よりも古くから存在してきたようだ。研究者のなかには、これがこの二つの宗教の着想の源だと考える者もいる。だが、歴史的人物が民を救うためによみがえるという思想は、現在よりも輝かしい過去をもつ社会なら、誰もが大いに惹き付けられるものだろう。後の伝説では、イラン南東部のある大きな湖には、ザラスシュトラの精子が保存されていて、そこから彼のような預言者が七人生まれ、それぞれの時代で、世界を新たな知恵のレベルに導くのだと言われている。そして、その七番目の預言者が、救世主《サオシュヤント》だというのである。ムスリム集団のなかには、この概念を受け入れて、ムハンマドが七人目の預言者だというものもあった。イスラーム教から離脱した団体のなかには、ムハンマドは単に五番目か六番目の預言者であり、自分たちの団体の創始者こそが七番目の預言者だと主張するものもあった。

九世紀から十世紀にかけて、アラブ人のアッバース朝イスラーム帝国によるイランの支配が弱まると、イランの各地方は地主などの地方の有力者によって治められるようになった。その一つであるサーマーン朝はイラン高原まで勢力を広げ、この王朝のもとでイラン・イスラーム文化が栄えていった。イランの国民的叙事詩である『王書《シャー・ナーメ》』は、このサーマーン朝が資金を提供して創作されたものである。作者のフェルドゥースィーは、表向きはムスリムだったが、その詩にはゾロアスター教の思想があふれている。たとえば、イラン民族の歴史は、悪霊アンラ・マンユに対する戦いから始まっている。この詩人がペルシア語で書いたことも、ペルシア語の存続に役立ったはずである。イランでは日常会話にアラビア語が使われたことはなく、現在に至るまで、この国の人々は誇りをもって自国の独自の文学、特に豊かな詩の数々を愛し、楽しんでいる。

*

ソロモンの牢獄《ゼンダーネ・ソレイマーン》から、私はイランで最もシーア派イスラーム色の強い都市コムに向かった。コムには、ムスリムの聖職者が学ぶ、国内で最も権威ある寺院と神学校があり、その寺院は、第八代イマームであるイマーム・レザーの妹ファーテメの墓廟のそばに建てられている。この墓廟は、預言者ムハンマドの義理の息子アリーや孫のフサインが眠るイラクのナジャフやカルバラーの聖都と比べると、それほど重要性は高くない。だが、イランからはこの二つの聖都よりもはるかに行きやすいため、コムはイランの人々に人気の高い巡礼地となっている。その寺院の駐車場に車を停めると、駐車場を照らす寺院の緑の光で、駐車の列の間にテントが見えた。寺院にできるだけ近い場所に泊まろうと、敬虔な巡礼者がテントを張っていたのである。私は広場を見晴らす場所に一軒のホテルを見つけ、部屋を探しにいった。だが、受付の男性は部屋を見せたあと、ここには泊まらないほうがよいと言いはじめた。「このホテルは高すぎます」と、彼は声をひそめて言った。「かわりに、私の友人のジャハーンギール先生のところに泊まられたらどうでしょう。先生はよそからいらした方に会うのが好きですから」。そう言うと、男性は電話をかけて、ジャハーンギール先生とやらが私を泊めてくれることを確認し、その家への行き方を教えてくれた。狭い通路や小道をいくつか下り、私はジャハーンギール先生の地下のアパートにたどり着いた。

法衣を着てはいなかったが、ジャハーンギール先生はシーア派の聖職者になったばかりだということだった。私を家に入れると、彼は床に座った三人の友人に紹介してくれた（彼の妻は白いフェイスヴェールで目から下を覆い、遠慮がちに後ろのほうに座っていた。しかしよちよち歩きの娘は、それほどおとなしくはなかった）。彼らはコムの神学校の学生で、三人とも違う学年で僧侶になる勉強をしているとのことだった。ジャハーンギール先生は最年長で、シャイフの白いターバンを身に着けた自分の写真を誇らしげに見せた。シーア派では、シャイフはあるレベルの宗教知識に達したことを示す肩書だが、黒いターバンのサイイド〔1．部族の重要人物や主人に使う尊称。2．ムハンマドの直系子孫への尊称〕と特別な区別はなかった。その後、私は何時間もイギリスについて質問された。もっとも、その質問は政治というより社会のしくみやビザの取得方法に関するものだった。午前一時にやっと質問攻めから解放されたが、私がそばのマットレスに寝転んで眠ろうとしている間も、彼らはさらに一時間ほどパソコンのキーボードをたたいていた。それでも彼らは朝五時にはきちんと起きて、神に祈りを捧げていた。私も一緒に起き上がった。寝不足で目はかすんでいたが、思いもよらない素晴らしい機会に、心は弾んでいた。イランで最高の神学校をその学生に案内してもらえるのだ。私は興奮していそいそと身支度を整えた。

最初に彼らは寺院に案内してくれた。金のドームやつややかな新しい青い陶器のタイルは、この寺院がどれほどの援助や資金提供を受けているかを雄弁に物語っていた。ムスリム以外は通常は寺院に入れないのだが、学生たちは私を入れてくれた。彼らが祈りにいっている間、立って待っていると、大勢の礼拝者がなだれるように私を通り越していった。学生たちが戻ってきて、もう一つの建物を見せようと言ってくれたので、私たちはぞろぞろとモスクを出て、神学校に向かう並木道を歩いていった。大きな学校だったが、それだけではなかった。そこはアヤトラ・ホメイニがかつて学んだ学校だったのだ。緑多い広い中庭を囲む二階建てのアーケードの上部には、アヤトラ・ホメイニの写真が掲げられていた。学生たちは、ホメイニの書斎兼寝室だったという小部屋に案内してくれた。なかに入ると、彼らは国歌演奏時の西洋人のようにじっと立ち、簡素な家具と壁にかかったアヤトラ・ホメイニの写真を崇めるような目で見つめた。私はなんだか落ち着かない気持ちになった。ホメイニは最高指導者となっても、富と権力の誘惑に抵抗し、その気骨を示した人物だ。だが、自分が倒したイラン王制のもとで繁栄していたゾロアスター教徒に対して、彼が救いの手を差し伸べることはなかった。

私たちはしばらくの間、神学校の中庭に座っていた。と、一人の黒いターバンを巻いたサイイドと一匹の黒猫が、厳かな行列のようにゆっくりと通り過ぎていった。それを見ながら、ジャハーンギール先生の友人の一人が、この神学校で勉強したいと話しはじめた。それにはまず、入学試験に合格することが必要だ。その試験の中心科目の一つにプラトン哲学がある。合格して入学したら、今度は仲間の学生とのディベートを通じた指導を受けながら、アリストテレスを学ぶことになる（このディベートという技術自体、ギリシャ哲学者の用いたものだ）。私も何年も前にアリストテレスとプラトンを学んだが、その学問がイマーム・ホメイニ国際神学校の学生の有益な手引きとされていると聞いて、非常に驚いた。そこには歴史の皮肉があるような気がした。ヨーロッパの啓蒙主義に刺激を与えたこのギリシャの哲学者たちが、イランの反革命的な聖職者の間で流行しているというのだろうか？アテネのプラトンと、アレクサンダー大王の精神的指導者だったアリストテレスが、ペルシアで人気があるのだろうか？　アテネの敵で、アレクサンダー大王を憎む、このペルシアで？

しかし、この疑問は私の無知から来たものだった。なぜなら、アレクサンダー大王自身は大いに憎まれてはいるが、この王は、実際には、ギリシャ文明への愛という大きな遺産をペルシアにもたらしたからである。紀元前一世紀のイランのパルティアの支配者は、ギリシャ演劇に夢中になっていた（不運なローマ総督クラッススがハッラーンで殺害された時、その頭部は王のもとに運ばれ、エウリピデスの舞台『バッコスの神女』の小道具として使われた）。古代ギリシャの科学はペルシアで非常に高く評価されていたため、西洋が新しい説を受け入れたあとでも、ペルシアはギリシャ人の思想に従い続けた。十九世紀にペルシアで医者にかかった人は、二世紀のギリシャの医師ガレノスの指示に基づく気質分析を受けたはずである（イスラーム圏の伝統医学であるユーナーニー医学は「ギリシャの医学」を意味するアラビア語で、イランでは廃れたが、インドでは現在も行われている）。イスラーム教の聖職者が学んだ天文学は、二十世紀の初頭になっても、依然として二世紀のギリシャの科学者プトレマイオスのものだった〔天動説のことを指す〕。イラン系アゼルバイジャン人、アフマド・カスラヴィは、当初、聖職者を目指して勉強していたが、その後、聖職者の権力に反対する現代イランの主要な著述家の一人となった。彼がシーア派のイスラーム教に幻滅したきっかけは、クルアーンにではなく、プトレマイオスの理論に欠陥を見出したことだった。

プラトンが創設した学校、アカデメイアでは、プラトンからアリストテレスに至る哲学を教えていた。六世紀に、非キリスト教徒を弾圧したビザンツ帝国の皇帝ユスティニアヌス一世によって、アカデメイアの最後の哲学者たちが追放された時、ギリシャの学問に熱狂していたペルシア人が避難所を提供したのは当然のことだった。哲学者たちはジュンディーシャープールという町に住まいを与えられたが、そこにはすでにビザンツ帝国の宗教的少数派の学者たちが住んでいた。その後、ペルシア人が中国人とインド人の学者を連れてきた。こうしてジュンディーシャープールはギリシャ語、サンスクリット語、中国語などを教える大きな大学となった。また、ここには地域最大の医療センターとして機能する付属病院もあり、医師になるための試験も行われた（これは当時では驚くほど革新的なことだった）。ビザンチウムの不寛容は、ペルシアの利益となったのである。

ホメイニも、おそらく神学校でプラトンを学んだはずである。イランは「最も学識あるイスラーム法学者」によって統治されるべきだとする彼の思想は、実際、政府は本質的に邪悪なものであるという従来のシーア派の意見からの大転換というだけでなく、クルアーンにも見られない考え方だ。その思想はむしろ、プラトンがその著作『国家』で目指した「哲人王」による国の統治という構想に非常によく似ている。ホメイニは常にその関連性を否定していたが、プラトンのことは高く買っており、「健全だ」と評したこともあった。

*

私はコムを発ち、旅を続けた。途中、宝石のように美しい都市エスファハーンに立ち寄った。中央にある広場はポロの競技場の二倍の広さがあり、そこに立つ青いファイアンス陶器のモスクは世界で最も美しい建物の一つだ。バザールにはアーティストたちがいて、恋人たちの姿や詩人の像を小さな陶器の箱に入念に描いていた。エスファハーンを出ると、私は南に進み、シーラーズに到着した。このシーラーズという都市は、一八四〇年代に預言者ムハンマドの家系のサイイドで商人だった、サイイド・アリー・ムハンマドが、商売を放棄し、自らを救世主マフディーだと宣言した場所だ。当局はその思想を異端で危険なものとみなして死刑にしたが、彼の崇拝者は十万人にも上り、そのなかにはゾロアスター教徒の姿もあった。崇拝者たちは、サイイド・アリー・ムハンマドは救世主《サオシュヤント》だと主張し、彼は神と人々とを仲介する門「バーブ」だといって、自分たちをバーブ教徒と呼んだ。一八八〇年代後半にイランを訪れたイギリスの東洋学者エドワード・グランヴィル・ブラウンは、彼らの様子を書き残している。ブラウンは、後に西洋におけるイラン研究の大家となった人物だ（今でもテヘランにその名を冠した通りがあるという、唯一のイギリス人男性である）。イラン人男性は、水たばこを吸って煙を吐き出す時に、煙の組み合わせで文字を表して秘密の暗号としていた。ブラウンはそれを解読できるほどイラン社会に精通し、また、熱心にバーブ教徒に会ってその宗教についてきき出そうとしていたにもかかわらず、秘密に囲まれたバーブ教徒の姿を明らかにすることはできなかった。バーブ教徒らしき人物に近づいて話をしても、毎回、自分は正統派のムスリムだと言われるばかりだった。

その間、バーブ教徒のほうでもブラウンを注意深く見ていた。最終的にブラウンのことを信頼できる人間だと考えて、話をしてくれるようになったのだ。「〝友〟はいたるところにいます」と、自分の属する宗教を明らかにしたあとで、あるバーブ教徒は言った。「今まで、あなたは〝友〟を探しても見つけることができませんでしたが、奇跡的に出会うことができたのです。手がかりをつかんだ今、あなたはどこに行っても〝友〟に会えるでしょう」。ブラウンは彼らの慣習について学んだ。そのいくつかにははっきりとしたゾロアスター教の影響が表れていた。バーブ教徒は一夫一婦制で、女性はヴェールを被らない。断食はラマダーンには行われず、かわりに新年の祭りであるノウルーズの直前に、新しい断食日が導入されている。また、ブラウンは、彼らが秘密を守る理由も理解できるようになった。十九世紀のイラン政府は何千人ものバーブ教徒を虐殺し、妻を奪って奴隷にしたのである。その後、バーブ教は形を変えてバハーイー教となったが、近年では、バハーイー教の指導者が投獄され、信者は組織的な嫌がらせにあっている。公職から追放されたり、時にはイスラーム教の背教者だという理由で逮捕されたりするなどの数々の弾圧を受けている。こうしてイラン・イスラーム革命以来、二百人のバハーイー教徒が殺されている。

シーラーズは、イランの詩によく登場する都市である。特に、イラン人から最も愛されている十四世紀の国民的詩人ハーフェズは、その詩のなかでシーラーズを歌い、大いに称えている。「北風吹かばシーラーズに来たれ！／そこは天使ガブリエルの平和の地／宝の主である彼とともに／エジプトの砂糖の栄誉は消えて止む／われらが美の吐息に、顔を赤らめるゆえ」〔エジプト産の砂糖は貴重で高価なものだった〕。ハーフェズの詩集は、イランの一般家庭に必ず置かれている二冊の本のうちの一冊だ。一冊が彼の詩集で、もう一冊がクルアーンなのは言うまでもない。シーラーズにあるハーフェズ廟はイランの人々の巡礼地となっていて、私が訪ねた時も、若い男性が一人ひざまずき、長い間静かに祈りを捧げていた。そのそばでは、数人の女性が立ったまま頭を垂れていた。彼らが敬意を捧げ、憧れているのはハーフェズその人だけでない。ハーフェズが高らかに歌う、生気にあふれた解放的な文化も憧れの対象なのである。「スーフィーよ！／ワインを愛す者はみなよろし！／ワインは酒を渇望する世界からほめたたえられているがゆえ」

ハーフェズの詩では、ワインが大いに歌われている。ワインはイスラーム教で禁じられているが、一方で、ハーフェズはイランのムスリムのお気に入りの詩人である。この矛盾に困惑した敬虔な者たちは、ハーフェズの詩のワインを霊的な喜びの隠喩だと解釈する。それに基づき、アヤトラ・ホメイニも「酒場のドアを開けよ。昼も夜も、我らに行かせよ」と詩に歌っている。だが、そうではない。ハーフェズの「酒場の主」はゾロアスター教の祭司《マギ》なのだ。彼の詩には「ゆうべ、われはなじみの祭司《マギ》に悩みを語れり／祭司《マギ》の一瞥の力にて、悩みはやがて消え失せり／ワイングラスを片手にし祭司《マギ》はいとうれしげに微笑みし」と歌われている。ここからわかるのは、ハーフェズのワインの歌は、ゾロアスター教を歌っているということだ。というのも、ゾロアスター教ではワインを飲むことは神と交わる手段だと信じられているからである。ゾロアスター教の祈りの儀式では、祭司《マギ》の前に七つの創造物を表す果実を並べるが、そこにはワインも一緒に並べられるのだ。ゾロアスター教では、ザラスシュトラにワインを渡された聖王ウィーシュタースパがトランス状態になって昇天し、神の栄光を垣間見る。ヘロドトスによると、ペルシア人が何かを決める時は、必ず二回、つまり素面の時に一回、酩酊状態で一回、考えるそうだ。つまり、素面で決めたことは、その後、酒を飲んで酔ってから、それがまだ良い考えだと思えるかどうかを考えて、もし良いと思ったら先に進めるのだそうだ。初めてこれを読んだ時、私は冗談かと思った。だが、実際、これは理にかなっている。もしワインが特別な神秘的直観を与えてくれるのなら、決定を下す前に酔うのは良い考えだと思われる。また、悪い経験をいくつか重ねれば、酔った時に下した決定について、素面の時に再考することの大切さに気づくはずだからである。

先に引用した詩の一行は、ハーフェズの詩にゾロアスター教の思想がいかに深く染み込んでいるかを示す、ほんの一例にすぎない。ならば、ホスローという名のゾロアスター教徒がハーフェズを称えたいと思ったのも不思議ではない。一八九九年、ハーフェズの粗末な記念碑を目にした彼は、墓のそばに新しい記念碑を建てようとした。だが、その途中、群衆を率いた地元のムスリムの聖職者によって、記念碑は破壊されてしまう。ゾロアスター教徒が建てた記念碑など認めないというのである。その後、ハーフェズを崇拝するムスリムによって造られたのが、現在の壮麗なハーフェズ廟である。この新たな墓廟の石柱の脇に立ち、私はしばらく思いにふけった。今、ハーフェズの祭司《マギ》はどこにいるのだろうか？　と、その時、ぼろぼろの衣服をまとった修道僧が、私の前を通り過ぎ、記念碑の周りを七周した。それは、いにしえのゾロアスター教の慣習だ。しかしその修道僧は、茶色の法衣と高い丸帽子のほかに、緑色の肩衣を身に着けていた。緑色はイスラーム教の聖なる色である。つまりその修道僧はゾロアスター教徒ではなくムスリムだったのだ。イランにはスーフィズムの影響が深く浸透していて、スーフィーのなかには、墓廟の周りを歩いて、亡き聖人に敬意を払う人もいる。もしかしたら、墓廟で祈りを捧げる人や、隣接するカフェに座っている若い男女のなかには、ゾロアスター教徒も何人かはいたのかもしれない。だが、私にはそうは思えなかった。ハーフェズの祭司《マギ》は、ずっと昔に酒場を閉めていた。

シーラーズのハーフェズ廟の周りを歩く修道僧。著者撮影

だが、私にも、ゾロアスター教徒を探し出せる自信のある場所が一つあった。ラアルの生まれた町ヤズドである。私はついに今回の旅の目的地、ヤズドに向かった。砂漠を通る百六十キロメートルの道を走り、ノコギリの刃のような岩の尾根を越え、砂とほこりにまみれながら、ようやく私はオアシスの町ヤズドに到着した。町に入ると、イスラーム寺院の二つの尖塔が私を迎えてくれた。この尖塔はイラン一の高さを誇り、

その下のアーチも、何階建てにも匹敵する高さがある。近づくと、そのタイルは水色とクリーム色のイランのファイアンス陶器でできていて、私はその美しさに目を奪われた。隣にはアーシューラーの行事で使われる、巨大な木製のナフルがあった。

バーブ教徒とともに過ごした東洋学者のエドワード・グランヴィル・ブラウンはヤズドを訪れている。ブラウンはゾロアスター教徒のコミュニティについて、「わいせつ行為の被害にあうことは、以前よりも少なくなっているようだ。だが、彼らを異教徒とみなす狂信的な者（＝ムスリム）によって、しばしば侮辱や不当な扱いを受けている」と述べ、地方を治める長官が悪人だったり、長官自体が置かれていない場合は、彼らはさらにひどい扱いを受けると付け加えている。

ブラウンがゾロアスター教徒と出会ったのは、彼らの運命が良い方向に向かっている時だった。だが、ゾロアスター教の思想の影響がイランに広く浸透していたにもかかわらず、彼らは中世以来、長らく過酷な運命に見舞われてきたのである。一八五四年にインドのゾロアスター教徒であるパールシー社会からイランに派遣されてきたマネークジー・リムジー・ハータリアーは、その窮状を「ゾロアスター教徒は疲弊し、踏みつけられている。この世界で、これ以上みじめになりえないほどに」と記している。ゾロアスター教徒のコミュニティは、非ムスリムに課せられる特別な人頭税《ジズヤ》に苦しめられていた。また、判事の前でムスリムに不利な証言をする権利を認められていないため、土地や取引に関する争いで常に非常に不利になっていた。さらに、一八五〇年代には「ゾロアスター教からイスラーム教への最後の集団強制改宗」と呼ばれた事件――村が暴徒に襲撃され、改宗しなければ住民を殺すと脅された事件――が起こり、彼らは大いに動揺していた。

ハータリアーをイランに送ったパールシーというのは、千年前にイランからインド北部のグジャラートに逃れたゾロアスター教徒の難民の子孫である。パールシーの社会は、当初はイランに宗教的指導を求めていたが、何世紀もの間に拡大し、イランよりも豊かなコミュニティを築いていた。したがって、ハータリアーがイランに来たのは、支援を受けるためでなく、支援を与えるためだった。彼と仲間のパールシーたちは、イランでも特に貧しいゾロアスター教徒たちに金を送り、近代的な学校を設立した。また、イラン政府を説得し、一八八二年には人頭税《ジズヤ》を廃止させた。

ヤズドのゾロアスター教徒の状況は、それからさらに改善されていった。そして、一九〇六年からのイラン立憲革命によって、王制が議会の設置を含む自由化措置を受け入れた時には、ゾロアスター教徒も新議会の議員に選ばれた。王制はその後すぐに政権を取り戻したが、最終的には、シャーの称号とパフレヴィーの姓を得たレザー・シャーの独裁制に取って代わられた。このような政変があったにもかかわらず、ゾロアスター教徒のコミュニティはそれから七十年間繁栄し続けた。入閣するゾロアスター教徒も現れるようになり、その一人、ファルハング・メフルは、副首相の地位にまで上った。彼らは特に事業で成功し、その結果、祭司になる者はますます減少していった。というのも、祭司にはほとんど収入がなく、多くの時間を費やして古代アヴェスター語（学ぶのに何年もかかる古典語）で書かれた教義を学ばなければならなかったからだ。ラアルの父親は祭司で、よく家の屋根に上って星の研究をしていたが、自分の息子たちには、貧しい生活から抜け出したければ、祭司ではなく医者になれと言っていた。ほかのゾロアスター教徒も同じように感じているのは明らかだった。一九三〇年代に二百人いたヤズドの祭司は、一九六四年までには十人以下になっていた。

ラアルの父親は祭司の務めだけを行っているわけではなかった。巡回説教師と小売業のわずかな収入でかろうじて生計を立てていた。だが、それよりも、詩人であり、思想家であり、当時イランに広まっていた新しい思想の熱心な信奉者だった。レザー・シャーが一九三〇年代に、女性解放政策の一環としてヘッドスカーフの着用を禁止すると、ラアルの母親は娘に学校に行くのを禁止した。母親はムスリムではなかったが、女の子が外でどのような服装をすべきかについて、独自の厳しい意見をもっていたのである。ラアルに再び学校に行けと言ったのは、父親だった。ラアルが助産師になると決めた時も、父親は認めてくれた。助産師という仕事では、日常的に人間の血液に触れることになる。血液など、身体から離れたものは穢《けが》れとみなされ、特に女性の月経や出産については、細かい規則がある。その血液は、常に清浄であることに大きな価値を置くゾロアスター教にあっては、宗教上のタブーなのだ。だが、父親は祭司であるにもかかわらず、この規則よりもラアルを尊重し、支えになってくれた。そして、ラアルが兄から紹介されたシャフリヤールを夫に選んだ時も、同じように応援してくれたのである。

結婚までの交際は伝統的なものだった。初めてのデートは、母親と妹に付き添われて行われた。ラアルは相手の顔を見ることもなく、未来の夫がどんな顔をしているかは妹にきかなければならなかった。三回目のデートで映画館に行った時、ようやくラアルは相手の顔を見ることができた。スクリーンに向かい、彼が映画に夢中で自分の視線に気づきませんように、と願いながら、ラアルは彼の顔を横目でそっと盗み見た。そしてちらりと見えたその顔が気に入って、求婚を受け入れることにしたのである。その時には、一家はすでにヤズドからテヘランに引っ越していたが、シャフリヤールにはヤズドの山中に土地と小さな家があり、結婚後、二人は時折ヤズドに戻っては、その家で過ごしていた。土地は、毎年アーモンドと果物をもらうという約束で、地元の農夫たちに貸していた。パフラヴィー朝の二代のシャーによるイランの自由化により、当時、ゾロアスター教徒の間では、テヘランへの移住が流行となっていた。ラアルの弟も「ギャブル」とはやし立てられることはなくなった。弟はイラン空軍の医師になった。シャフリヤールは陸軍士官で、後に戦争で勲章を受けることになる。ニハーヴァンドの戦い以来、初めてゾロアスター教徒がイランのために戦えるようになったのである。

二〇〇六年の私のこの旅では、ヤズドの家の屋根に祭司の姿は見られなかった。私はこの町でゾロアスター教徒の痕跡を見つけようとしたが、最初は何も見つからなかった。どの通りにも街路灯に死亡告知が貼られていたが、その故人の写真の上に書かれているのは「ビスミッラー（アッラーの御名において）」というクルアーンの言葉だった。だが、ある通りの片隅に、違う言葉の書かれた掲示物があるのに気がついた。それは「バナーメ・アフラ・マズダー（アフラ・マズダーの名において）」というペルシア語だった。文字の下には、有翼の人物像が描かれていた。左右と下に翼のある、ペルシア帽を被った男性像である。それと同じものを私はすでにペルセポリスで目にしていた。とうとう、ゾロアスター教徒を見つけたのである。と、道沿いの雑貨店を見ると、絵が飾られているのが目に入った。ちょうど中東のキリスト教徒が聖ゲオルギオスや聖母マリアの像を壁に貼るように、そして、ムスリムがメッカや（イランでは）フサインの寺院の写真を飾るように、ザラスシュトラやフラワフル像の絵が飾られているのである。絵はカウンターのガラスやレジ、そして店の壁にも貼られていた。道路の突き当たりには、ゾロアスター教のお土産を販売する店もあった。いつのまにか、私はゾロアスター教の信条である「善思、善語、善行」という言葉がペルシア語で書かれた置き時計を買おうか買うまいかと真剣に考えていた。

店の反対側の、小さな庭の背後を通る道路から奥まったところに、「火の寺院」が立っていた。私はなかに入った。奥には小さく清潔な部屋があり、ガラス窓の向こうには、小さな炎が燃えていた。部屋の壁にはザラスシュトラの絵がかかり、その横にはゾロアスター教の聖典から抜粋した言葉が並んでいた。イスラームの寛容を受けるには、聖典と唯一神への信仰が必須条件だ。これらの絵や言葉は、ゾロアスター教もその条件を満たしていることを訪問者に気づかせるために貼られているようだった。「啓典の民」はクルアーンで高く評価され、イランではゾロアスター教徒もそれに含まれる。しかし、ゾロアスター教徒が火の寺院で聖火を崇めているために、政府は彼らを「拝火教徒」と言って軽蔑する。ゾロアスター教徒はそれを否定し、自分たちは火を神と考えているのではなく、火を介して神を崇拝しているのだと説明するが、状況が改善することはあまりない。私は管理人にヤズドにはゾロアスター教徒が何家族残っているのかときいてみた。すると、戻ってきたのはほとんどいないという返事だった。彼らの生活は厳しい。経済状態は悪く、政府からは敵意を向けられている。あとで知ったことだが、全国のゾロアスター教徒の数は、イラン・イスラーム革命以降、三万三千人から一万人に減少したという（信頼できる確かな統計は存在しないため、これはおおよその数である）。

さて、火の寺院を訪れたあと、次にすることといえば、死者に会いにいくことだろう。町の反対側のほこりっぽく小高い丘には、廃墟となった塔がそびえている。観光客から「沈黙の塔」と呼ばれるこれらの塔は、ゾロアスター教徒から「ダフマ」と呼ばれるものだ。丘に続く道を若者たちがオフロードカーでとばしていたが、その道は、かつてゾロアスター教徒の葬列の通った道なのである。遺体は三日間家に置かれ、その間、悪霊を追い払うために犬がそばに置かれる。その後、遺体は特別な訓練を受けた屍司によって鉄のベッドに載せられ、この道を通ってダフマに運ばれる。屍司はここで死者に向かってこう呼びかける。「おびえるな、震えるな。ここは何千年も前からおまえの先祖の地であり、父と母の地であった、清浄と善の地なのだから」

ヤズドの火の寺院、アーテシュキャデ。著者撮影

葬儀についてヘロドトスはこう述べている。「遺体のその後の処理については、秘密として聞いたことで、はっきりとしたことはわからない。だが、ペルシア人の遺体は、鳥か犬によって引きちぎられるまで埋葬されないということである」。実際に、遺体は鳥か犬によって完全に食べられるまでさらされていたのである。鳥とは主にカラスかハゲワシで、遺体をきれいについばむのに数分しかかからない。この風習は、何十年か前に、ゾロアスター教徒自らの判断でイランでは行われなくなったが、インドのパールシーの間では今日もなお続けられている。だが、この風習は、ゾロアスター教が誕生する何世紀も前から行われていたものなのだ。トルコの都市カタル・フユクには紀元前八〇〇〇年から集落が存在していたが、発掘により、埋葬前

ヤズドにあるダフマ。かつてはここで鳥葬が行われていた。著者撮影

に遺体が風雨にさらされていたと考えられる考古学的証拠が発見されている。

私は道路の近くにあるダフマに上ってみた。その壁から見下ろすと、山すそにゾロアスター教徒の葬列が見えた。ダフマは現在では使われていないため、葬列は最寄りの墓地に向かっていた。墓地では、大地を汚すことのないように、遺体は棺に納められたまま、石とコンクリートに覆われた墓に入れられる。葬儀が終わると参列者は家に帰り、雄牛の尿で体を洗う（尿に含まれているアンモニアは優れた消毒剤となる。また、何年も保管されているために臭いもなくなっている。それは良いことだ。というのも、ゾロアスター教徒は、成人式などの儀式で聖水としてこの尿をすることになっているからである。だが、現在ではザクロの汁で代用されることもある。この儀式についてはプルタルコスが一世紀に書いているため、かなり古い慣習であることは確かである）。

自分の日常生活のなかに、善と悪との神々の力の衝突を見るというのは、どのようなものなのだろうか？　私は想像してみた。どんな人でも、浄、不浄は漠然とは理解している。誰かが非業の死を遂げた家を喜んで買う人はいないし、航空機で死体の隣に座りたがる人もあまりいない。また、罪は「穢《けが》れ」という言葉で説明されることが多い(「穢れのない」とは「無垢」つまり文字どおり「汚れや混じりけのない」ということだ)。ゾロアスター教では、この世の不道徳は活発で邪悪な霊の力がもたらすものだと信じられている。したがって、清浄には道徳的な力があり、埋葬地の不浄は深刻に受け止めなければならないものである。ゾロアスター教では、死は穢れの最も強い形であるうえ、特に善人の死は、悪霊アンラ・マンユとそのしもべが大きな勝利を収めたことを表すため、埋葬地は特に不浄なものとなる。遺体はナスという死屍の悪魔を引き寄せる。ゾロアスター教徒にとって、ダフマは休日に散歩をするような場所ではない。彼らにとって、ここはこの世で最も霊的に穢れた場所なのである。

私はダフマからタクシーを拾い、ヤズドの町の中心へと戻っていった。「ゾロアスター教徒は良い人たちだよ」と運転手のハッサンは言った。ハッサンは敬虔なムスリムで、その日はイスラーム教の殉教者を追悼する日だと教えてくれた。「イスラーム教は戦争によってアラブからイランにもたらされたんだ。その前は、おれたちはみんなゾロアスター教徒だったんだよ」。ハッサンのような人たちは、毎年、ノウルーズがやって来ると祖先から受け継いだものを思い出す。ノウルーズは春分の日に行われる新年の祭りだ(ゾロアスター教徒は、昼間が夜よりも長くなるこの日を、悪に対する善の勝利の日だと考える)。現代のイランでは、ノウルーズは二週間にわたって行われる。ゾロアスター教徒は宗教的な儀式を重視して厳かに祝うが、ムスリムはより盛大に祝う。どちらにも共通することは、テーブルの上に七つの創造物を表す果実を並べることだ。それらは七つの美徳または七つの惑星と結び付いている。ゾロアスター教徒の祭りでは、ワイン、ミルク、水、発芽カラスムギ、グミの実と甘いものなどのほか、鏡とコインも並べられる。鏡は未来を表し、コインは繁栄を表す。イラン人のムスリムの祭りのテーブルには、麦、リンゴ、ハスの実、ニンニク、ソマーグという香辛料、サマヌというプディング、酢などが並べられる。ノウルーズ前夜の「紅の水曜日《チャハールシャンベイェ・スーリー》」には、焚火をしてその火を飛び越す行事が行われるが、これもゾロアスター教徒だけでなく、ムスリムの間でも行われている。イランのイスラーム宗教組織はノウルーズの行事をやめさせようと努め、二〇一〇年にはハーメネイーが、この祝祭は「イスラーム教には根拠がない」ことを理由に完全に禁止しようとした。だが、ハッサンをはじめとするイラン国民は、大多数が極めて敬虔なムスリムであるにもかかわらず、これを無視したのである。私にはその理由がわかる。この祭りは楽しくて、社会に深く根を下ろした、イラン独自のものだからである。イラン文化の影響を受けていない地域には、この祭りを行うところはない。

　ラアルの夫シャフリヤールは陸軍士官で、第二次世界大戦後、ソ連の支援する反政府組織との戦闘のためイラン北西部に送られた（私が入国した場所と同じ州で、ソロモンの牢獄《ゼンダーネ・ソレイマーン》の近くである）。戦闘中に負傷した彼は、助かる見込みがないと思われて、戦地に置き去りにされた。後に発見され、病院に運ばれて命は取りとめたが、シャフリヤールは視力を失った。シャーは彼に勲章を授け、イギリスで治療を受けさせた。退院後はイギリスの退役軍人団体が彼を迎え入れ、点字を教え、電話オペレーターの仕事を斡旋してくれた。当時、イギリスにはゾロアスター教徒はほとんどおらず、二人の娘シャーヒーンは、学校でキリスト教の讃美歌を歌いながら大きくなった（「父は私たちが周囲に溶け込むことを望んでいました」と彼女は言った)。そして、とまどいを隠せない級友たちに、ゾロアスター教とはどんなものか、聖書の「東方の三博士」の話をして説明した。

あまり知られていないことだが、ゾロアスター教徒のコミュニティにはすでに裕福で影響力のあるものもあった。それは、インドに住むゾロアスター教徒、パールシーのコミュニティである。彼らはイギリス領インド帝国内で、イギリス人から最も気に入られたグループだった。一八八七年にゾロアスター教のクリケットクラブ(そのクラブは一八五〇年にボンベイで結成された)がイギリスを訪問した際、その態度に感銘を受けた当時のクリケット批評家は、彼らは「われわれのインド領で、最も知的で最も忠実な民族」だと絶賛した。だが、返ってきたのは痛烈な反応だった。ゾロアスター教のクリケット選手たちは、イギリスがどれほど汚いか、激しい貧富の差にどれほどショックを受けたかを訴えた。「男も女も痩せ衰えていて、人間とは思えないような状態で暮らしている」

だが、イギリスは事業を行うには良い場所だった。イギリスで活躍するインドの優良貿易会社はパールシーの一族が経営するものが多く、イギリスに根を下ろすものもあった。ちなみに、インド人初のイギリス下院議会議員は、ダーダーバーイ・ナオロジーというパールシーだった。それに先立つ一八八〇年代、ナオロジーはインド国民会議という団体の創設に尽力した。これは、インド人の政治参加を促す穏健派の団体で、のちにインド独立後の与党となった。マハトマ・ガンジーはナオロジーを「インスピレーション」と呼び、未来のパキスタン建国の祖ムハンマド・アリー・ジンナーは、ナオロジーの助手を務めた。当時、インドには独自の議会がなかったので、ナオロジーはイギリス議会の議員選挙に立候補し、一八九二年の総選挙で、ロンドン北部の郊外フィンズベリーパークの自由党候補者として選出された。だが、当初、当選の見込みはほとんどなかった。保守党首相ソールズベリー卿は「黒人」がイギリス議会で選出されるとは思わないと言ったことで有名だ。また、ある新聞はナオロジーの宗教について、彼を拝火教徒と非難した。

そのため、ナオロジーが僅差で勝利すると、支持者の代表団はその就任宣誓を見るために、はるばるインドからやって来た。イギリス議会が非キリスト教徒を認めたわずか数年後のことである。ビクトリア朝の当時、下院の議席の大多数を占めていたのは、山高帽を被ったジェントリという下級地主層だった。したがって、宣誓の日、議会に入るナオロジーは、ジェントリの長い列に並んだ唯一のインド人となった。彼はゾロアスター教の聖典『アヴェスター』の小さな写本をポケットに入れ、聖書ではなく『アヴェスター』にかけて宣誓しようと考えていた。数日後、ナオロジーは討議中、グラッドストーン首相やバルフォア前首相の直後に発言し、インド国民に対して不正を行えば、イギリスのインド支配は終焉を迎えることになると警告した。彼は議会に三年間在籍したが、そこになじむことはできず、自分はいわゆる「特異な位置」にいると感じていた。それからインドの独立までに、三人のパールシーが下院議員となった（それ以降は貴族院に一名いたが、下院にはいなくなった）。しかしコミュニティはそれ以上拡大することはなく、一九八〇年になっても二千人にとどまっていた。

生涯の最後の二十五年間、ラアルとシャフリヤールはイランのイスラーム政権を恐れ、ヤズドやテヘランに行くことはなかった。そのかわり、彼らはイギリスに移住してきたイラン人ゾロアスター教徒の良き指導者となった。一九八〇年から二〇〇一年の間に、イギリスのゾロアスター教徒は、パールシーとイラン人を合わせ、二千人から二倍に増えて、およそ四千人となった。また、ゾロアスター教徒自らの推定では、二〇〇四年にはアメリカ合衆国に一万人、カナダに五千人いるということだった。イラン国内のゾロアスター教徒は減少しているが、これは公的な統計には示されていない。というのも、イランでのゾロアスター教徒の扱いがいかにひどいものだとしても、バハーイー教徒はさらにひどい扱いを受けているため、大勢のバハーイー教徒が、公式にはゾロアスター教徒として登録しはじめているからである。

リバプール・ホープ大学のジョン・ヒネルズ教授は、一九九〇年代後半、ゾロアスター教徒の離散に関する大規模な研究のため、世界に散らばった数百人の信者に会って、聞き取り調査を行った。その結果わかったのは、信者の多くが二つの文化の板挟みになっていると感じていることだった。イギリスに住む信者の女性は、教授に向かってこう言った。「私の心はゾロアスター教徒らしく振る舞うべきだと言いますが、身体は西洋人のように振る舞えと命じます」。また、アメリカに住む女性は、「アメリカでは〝順応せよ〟という社会的圧力を世界中のどこよりも強く感じます」と不満を述べた。だが、実際、アメリカとイギリスに住む信者の四分の三は、毎日祈りを捧げると言い、イギリスに住む信者のほぼ半数は、イギリスに住むことは信仰に何の影響も与えないと述べている。ヒネルズ教授は、異教徒と結婚したゾロアスター教徒がすべての儀式にも参加でき、埋葬への列席を許可されるようにすべきだという考えに、上級聖職者が激しく反発したとも記録している。ゾロアスター教徒の女性と非ゾロアスター教徒の男性の結婚は「アフラ・マズダーを傷つけ、苦しめる」とボンベイの高僧は言う。というのも、異教徒と結婚した女性は、ゾロアスター教の定める清浄の規則を守れないからである。こうした結婚で生まれた子どもも、伝統主義者からはゾロアスター教徒として認められていない。

ラアルとシャフリヤールの娘シャーヒーンは、ゾロアスター教を鷹揚に解釈する信者の一人だ。私はロンドン郊外の高級住宅地にあるアーティストクラブで、シャーヒーンから話を聞いた。彼女はゾロアスター教の伝統行事を行い、その文化と教えを守ろうとする、世界ゾロアスター教協会で広報を担当していた。イギリス国内のゾロアスター教徒のために、水祭り《ティールガーン》などの年中行事を組織するのもその仕事だ。水祭り《ティールガーン》は子どもたちがバケツの水をかけ合う楽しい祭りだ。かつてヤズドの祖先たちも同じようにはしゃぎ、屋根の上から通行人に水をかけていたそうだ。水（聖なる四大元素の一つ）は天の恵みであるため、濡れても誰も文句は言えない。このような行事は、ゾロアスター教徒が世俗主義という新たな課題に直面する社会にあって、伝統を維持していく一つの方法なのである。

「西洋での生活は快適です。それはここの人たちが人道的な価値観を抱いているからです」とシャーヒーンは言った。「私たちは西洋の生活に同化します。その価値観が、自分たちの教えられてきたことと合っているからです」。だが、それにはうまくバランスをとることが必要だ。シャーヒーンもそれを認め、こう言った。「子どもたちは、ゾロアスター教の固定観念をもち続けるかもしれないし、そうではないかもしれません」。シャーヒーンは、科学の進歩を、ゾロアスター教の言葉で「悪に対する善思の緩やかな勝利」として歓迎しながら、自分の信仰を現代に合わせて変えていく方法を模索していた。そして、死に関してもゾロアスター教の原則を解釈し、現代の習俗に合わせる進歩的な方法を考え出していた。「ハゲワシについばまれれば、死んでも人間や動物の役に立つことができます。私は、自分を再利用してもらいたいと思っています。ですから、研究施設に献体の登録をしたんです」。彼女は楽しげにそう語った。

それから、私たちはヤズドでのたがいの経験を語り合った。シャーヒーンはイラン・イスラーム革命以来、ヤズドを訪れていないとのことだった。彼女はロンドンにいながら、ヤズドに残っている人たちを支援する慈善活動に関わっていたが、活動は高齢者の世話などが主だった。若い人はほとんど残っていなかったのだ。シャーヒーンは言った。「今、ヤズドにはゾロアスター教徒はほとんどいません。みんな、ヤズドから出ていったのです。私たちは地域に残っている人たちがガーハーンバール〔一年に六度行われる五日間の祝祭〕を続けていけるよう努力しています。伝統が失われたら、痛手を負うのは彼らなのですから」。私がヤズドで出会ったタクシー運転手のハッサンのように、若いムスリムのイラン人には両親や祖父母の世代ほどの偏見はない。しかし、イスラーム政府は再び差別的な法律を導入している。たとえば現在のイランでは、イスラーム教に改宗したゾロアスター教徒は、親の遺産の相続の際に、改宗を拒んだ兄弟や姉妹の分も独占できるようになっている。

＊

今日のゾロアスター教に関する話題は、信者の減少や世俗主義の高まりだけではない。古代イランのこの宗教は、近年、ここ千四百年で最初とも言える改宗者を受け入れた。私はロンドンのコンサートで、その改宗者の一人で改宗前はカトリック教徒だったスペイン人のカルロスに出会った。それは若く才能のあるゾロアスター教徒たちによるインド・イラン音楽のコンサートで、私はそこでゾロアスター教からキリスト教に改宗した人たちにも会っていた。彼らはゾロアスター教に儀式偏重主義的な面があると感じ、改宗を決心したそうだ。では、もともとカトリック教徒として熱心な信者でなかったカルロスは、なぜ彼らと反対の方向に進んだのだろうか？　妻をちらりと見ながら、カルロスはその理由を説明してくれた。「改宗したのは、悪と戦いたかったからです。ゾロアスター教では、私たち人間は神を助け、神は私たちを助けます。人間は神のしもべではありません。この世界は、最後に合格・不合格を告げられる試験のようなものではないのです」。カルロスは少年時代にゾロアスター教のことを本で読み、大いに興味をそそられてきたが、ゾロアスター教徒が今もいるとは思っていなかった。だが、ヤズドの火の寺院に関するBBCのドキュメンタリー番組を見て、ゾロアスター教に入信できるコミュニティをインターネットで検索し、スカンディナビアのコミュニティを見つけたのである。そこで彼は入信の儀式を受けて、白色聖紐《クスティー》を身に着けた。一緒に儀式を受けた入信者のなかには、アフガニスタンから来たグループもいた。彼らは祖先の信じたゾロアスター教に戻りたくて来たのだが、当然のことながら、故郷でどんな結果が待ち受けているかを考え、心配のあまりパニック状態になっていたそうだ。

しかし私は、子どもの頃からの知り合いばかりのゾロアスター教徒のなかで、カルロスと妻が大半の時間、二人だけでぽつんと立っていることに気がついた。信仰心のない名目的なムスリムの家庭からゾロアスター教に改宗したという二人の信者に会った時も、同じことを感じた。もちろん、彼らをわざと仲間はずれにしようとする人はいなかった。だが、温かくもてなそうとする人もいなかったのである。特にパールシーのなかには、自分たちの排他性を認める人たちもいた。仲間と認めるには、必ずしも信仰が同じであればよいというわけではなく、人種も同じでなければならない、と彼らは言った。実際、改宗者の受け入れを支持していたのは、ごく少数の進歩的なゾロアスター教徒だけだったのだ。

ゾロアスター教徒の数は少ないが、それでも内部には対立があった。自由な考えの信者と保守的な信者では、いくつかの問題について意見が異なっていた。たとえば、異教徒との結婚への対応では、伝統を重んじる信者は、異教徒間の結婚で生まれた子どもを完全に排除したいと考え、自由な考えの信者は、彼らを認めるべきだと考える。永遠の炎の燃える、火の寺院の最も神聖な場所に、信者以外の入場を認めるか否かも議論の的であり、『アヴェスター』の解釈についても意見が分かれている。現代のゾロアスター教徒は、たとえばサーサーン朝の祖先のように、独立した悪の力を重視することはめったにない。イラン人とパールシーの間にも文化の違いがある。イラン人はペルシア語を話してイラン料理を好み、パールシーはグジャラート語を話し、インド料理を好む。

とはいえ、ロンドンの火の寺院は、イギリスにおけるゾロアスター教の社会的、宗教的活動の拠点としての役割を果たし、長きにわたって、多様なゾロアスター教徒を受け入れる継続的な努力を行っている。ロンドンの北の郊外にあり、以前は映画館だったこの寺院の玄関ホールには、イランのタペストリーがかけられ、ダレイオス王時代のペルシア帝国の兵士の姿を見ることができる。第一映写室は広い礼拝所となり、ダーダーバーイ・ナオロジーの写真が飾られて、イギリスに暮らした最も有名なパールシーとして称えられている。礼拝所の左の壁にかけられたザラスシュトラの絵と向き合うように、反対側の壁に飾られているのはエリザベス女王の写真だ。ステージに行くとピアノがあり、客席には快適な椅子が今も残っていて、この寺院が祈りのためだけにあるのではなく、娯楽も行われるコミュニティセンターとしての役割を果たしていることを示している。ステージの上の壁に金文字で貼られているのは、ゾロアスター教の「善思、善語、善行」の信条だ。

私がこの寺院を訪れたのは、ラアルとシャフリヤールの追悼式に参加するためだった。二人は二〇〇四年に数カ月のうちに相次いで亡くなっていた（二人の遺体はブルックウッドのゾロアスター教墓地に埋葬され、小さな礼拝堂で定期的に礼拝が行われている。礼拝堂を囲む墓所はこざっぱりと手入れされ、ほとんどの墓石にフラワフル像が描かれていた。ペルシア様式の荘厳な石の墓には、富裕層の家庭の死者が眠っている）。追悼式では、祭司はあごの下まで隠れる布のマスクで口を覆い――息やつばで聖なる火を汚さないようにするためだ――古代ペルシア語を用いて、九十分間リズミカルに詠唱を行った。隣には髪の一部をスカーフで覆った妻が座り、二人の前のテーブルには、死者の霊の象徴である白と紫色の花のほか、ワイン、ミルク、水、果物などが並べられていた。ラアルとシャフリヤールの肖像写真も一緒にテーブルに飾られていた。スクリーンには、イランとイギリスの二人の暮らしを写した写真が、次々と映写機で映し出された。白檀の小枝を焚いた小さな火鉢が一定の間隔で信者たちの周りに運ばれると、信者たちは白檀の香りが自分のほうに漂うように腕を振って香りを楽しんでいた。祭司の詠唱が終わると、インド料理とイラン料理のほか、さまざまな料理が供された。

食事が終わり、プラスチックのカップに入ったワインを片手に、ゾロアスター教徒と談笑を交わすうち、私はふと気がついた。とうとう、ハーフェズの祭司《マギ》の酒場に来たのだ、と。

# 第四章　ドゥルーズ派

本章で扱われるドゥルーズ派は、他の六章の主題とは異なり、イスラームの一分派、或いはイスラームから分離した新宗教である。分派なのか新宗教なのかの境界線は曖昧だが、少なくとも現在のイスラームの主流とは余りにも懸け離れた教義を持っていることは否めない。このため、外部の人間からは、創始者とされるムハンマド・イブン・イスマーイール・ナシュタ―キーン・ダラズィー（一〇一八年殺害）から採った名称「ドゥルーズ派／ドゥルーズ教」を用いて呼称されている。ただし、本人たちの意識の上では、ダラズィーは背教者であり、自らは純粋な「アル・ムワッヒドゥーン（一神教徒たち）」である。

ドゥルーズ派の歴史は、分派に次ぐ分派と、その結果としての少数派への転落に次ぐ転落、果ては教義の極端化によって彩られている。即ち、第一段階での起源は、アリー・イブン・アビー・ターリブ（六六一年暗殺）を正統カリフと考えて、七世紀にイスラームの多数派から分離したシーア派である。第二段階では、イラク南部でグノーシス主義、新プラトン主義、ピタゴラス主義などの教えを導入して秘教的な階層組織を形成し、八世紀にシーア派の多数派から分離したイスマーイール派である。そして第三段階では、ファーティマ朝第六代カリフ、ハーキム・ビアムリッラー（一〇二一年失踪）を神として崇拝するという極端な教義がこれに付け加わり、十一世紀にイスマーイール派から離れてドゥルーズ派が形成された。付言するならば、同じような経緯を辿って形成されたイスラームの「極端派（グラート）」としては、他にアラウィー派／ヌサイリー派が知られている。

本章では、このうち、ドゥルーズ派とピタゴラス教団の関係に焦点が当てられている。無論、歴史的な展開を考慮するならば、八世紀の初期イスマーイール派の形成段階――本章中の言葉で言えば「純正同胞団」の段階――でピタゴラス教団の教義がイスラームの分派に吸収された可能性があるという話であって、ドゥルーズ派はそのイスマーイール派から二次的に派生した分派／新宗教に過ぎない。ドゥルーズ派の人々自体が積極的にピタゴラス教団や新プラトン主義の教義を吸収しようと図ったとは思われないので、その責任を彼らに問うにはいささか無理がある。ただ、通常、日本では「レバノンでマロン派キリスト教徒と戦っている得体の知れない宗教集団」としか認識されないドゥルーズ派を、古代文明の一種の継承者として描いて見せる第四章は、イスラームを画一的な宗教として扱うのではなく、その内部にある教義的豊饒さを強調している点で魅力的である。

（解説・青木 健）

レバノンの首都ベイルートは、南北およそ三十二キロメートルに及ぶ地中海東沿岸の都市である。沿岸には百万人が住む現代的な建物が並び、また、あちこちには、この都市がまだ小さく、より美しかった時代に建てられた赤い屋根の古いハチミツ色の家が残っている。二〇一一年のこと、私はこの街の海岸通りを歩いていた。慎み深い恋人たちや立ち並ぶクラブの前を歩いていると、岩に砕け散る波の音がそこら中から聞こえてくる。冷たい水の流れる百年前のドーヴァー海峡で、マシュー・アーノルドは信仰の海の「憂いに満ちた、長い、引く波のとどろき」を聞いていた。ベイルートでは海は今も満ちたまま、荒々しい音を立てている。

十四年に及んだレバノン内戦は公式には一九八九年に終結したが、内戦で衝突を繰り返した各宗教グループは、いまだに用心深く相手の様子をうかがっている。この戦争でレバノン国民の四人に一人が傷を負い、二十人に一人が命を失った。どのグループも例外なく残虐行為を行い、それによりどのグループも苦しみに見舞われた。だが、レバノンの多様性がもたらしたのは、衝突だけというわけではない。この国の五百万の国民は十八の宗教・宗派に分かれているが、この中東で最も宗教的平等に近いものを享受しているのも彼らなのである。憲法は「国はいかなる信条をも尊重する」と宣言し、世論調査機関ギャラップ社の調査によると、レバノン国民は世界のどこよりも宗教的多様性に対して寛容であるという。

「哀れなるかな、宗教にあふれるも信仰のなき国よ。哀れなるかな、寸断された、その切れ端を国家だと信じる国よ」とレバノンの詩人ハリール・ジブラーンはその詩集『預言者の庭』で歌い、一国に多数の宗教や宗派があることに苦言を呈している。しかし、レバノンにこのように多様なグループが密集していることは、理にかなったことである。これらのグループにとって、レバノンはどこよりも安全な場所なのだ。というのは、この国の大半の地域は山中にあり、政府軍でも侵入には困難を極めるからである。一方、地中海に面した立地によって、レバノンは西洋とも東洋とも言える国となっている。古代「西洋」文明の中心地は、ヨーロッパ大陸ではなく地中海だ。ソクラテスがかつて言ったように、その周辺には「池の周りにいるカエルのように」古代ギリシャ人が住んでいた。この海を越えて、貿易商は香辛料や小麦、染料や奴隷を運び、哲学者や聖人は思想や知識を伝え合った。紀元前八世紀のギリシャの詩人ホメロスや紀元前五世紀のギリシャの歴史家ヘロドトス、ギリシャの数学者ユークリッドのなかに、ギリシャ本土の出身者は一人もいない。彼らはエーゲ海の島やイタリア南部、そしてエジプトの出身である。ギリシャの哲学者ピタゴラスは、エーゲ海のサモス島でレバノン人を父として生まれ、晩年はイタリア南部で教鞭をとった。私はレバノンの十八の宗教団体の一つ、ドゥルーズ派の信者たちに会うためにこの国を訪れたが、それは彼らが現代に生きるピタゴラス教団の後継者なのかどうか知るためでもあった。ピタゴラス教団とは、ピタゴラスを信奉する、ギリシャ哲学者の古代の宗教的学問的教団である。

＊

私が大学の哲学のクラスで学んだピタゴラスは、ソクラテスの師だったと思う。だが、ピタゴラスの書いたものを思い出そうとしても、まったく浮かんでこない。そこで私はベイルートの書店に行って、ピタゴラスに関するフランス人の著書のアラビア語訳を買った。それを読んで、彼の業績をほとんど目にすることのなかった理由がわかった。ピタゴラス本人は一冊も著書を残さなかったのである。レバノンはギリシャ世界の一部であったにもかかわらず、そこには独自の古代文明が存在していたために、ギリシャ人からはエキゾチックで神秘的な異国だと思われていた（十九世紀の東洋学者は実際以上にそう考えた）。ピタゴラスの存在は、このエキゾチシズムを大いにかき立てた。そしてまた、東洋には古代カルデア人〔紀元前一一〇〇年頃メソポタミア南部に移住してきたセム語系民族〕や古代イスラエル人より伝わる深遠な知恵があるという認識が広まる原因ともなった。というのも、ピタゴラスは、ユダヤ教のラビやエジプトの祭司、カルデア人の占星学者から教えを受けたと言われていたからである。ピタゴラスは自分の学問の成果を公にすることを好まなかったが、自分の教団の選び抜かれた教団員にだけはそれを教えた。入門者たちは、五年間、絶対的な沈黙を守ることを義務とし、その実習期間の終了時に初めてその師ピタゴラスの姿を見ることが許されたと言われている。教えの秘密を明かすことは許されない裏切りとされ、秘密を漏らした人間は教団員から容赦のない復讐を受けることになっていた。この規則は説明のつかない教えについても及んでいた。たとえば、教団員は豆を食べることはおろか踏むことすら許されず、全員がそれを守りながらも、誰一人としてその理由を知る者はいなかった。説明するより死を選ぶのが教団の考えだったからである。ピタゴラスの同時代人には、この秘密主義を、人を惑わすものとして非難する者もいた。一方、私の読んだそのフランス人の本は、その秘密主義を要約し、巻頭の題辞にこう記している。「来たれ、まれなる哲学者たちよ。ピタゴラスの生き方があなた方を待っている！　だが、あまたの凡人たちよ、あなた方は去るがよい」

だが、実際には秘密を暴露した教団員もいたせいで、ピタゴラス教団の思想の少なくとも一部は世に知られている。ピタゴラス教団には輪廻思想があり、そのため、不死なる魂の浄化に努め、肉体は魂の一時的な入れ物であると考えて、肉体を軽視した。彼らは厳格で禁欲的な生活を送る信念の象徴として、染色しない白い服を身に着けた（ガリアでケルト人のドルイド教徒に出会ったカエサルは、彼らもピタゴラス教団に違いないと考えた。というのは、ドルイド教徒も輪廻転生を信じ、白い服を着用し、教えを他者に漏らさず、星の研究をしていたからである。ガリア人は何世紀にもわたりギリシャ思想と接していたので、カエサルの考えはおそらく正しいと思われる）。ピタゴラス教団の教団員は財産を共有し、肉や畜産物を避け、また、調理済み食品を食べない者もいた。教団員の結束力は極めて強く、そのため初期にはあらゆる都市で影響力をもち、数世紀後も結束の固い教団として名を知られていた。彼らはおたがいを認識するために、自分たちの熱中する「数」や「幾何学」に由来する、秘密の合言葉やシンボルを使用した。レバノンのドゥルーズ派の雑誌の「賢者ピタゴラス」という記事には、彼らのその後が描かれている。「ピタゴラス教団は迫害され、教団員は離散したが、その後何世代にもわたって教えを守り続けた」。

このギリシャの哲学者の後継者を探すなら、レバノンではなくギリシャに行くほうが自然だと思われるかもしれない。だが、それでは歴史家たちによって、古代の終末であり中世の始まりだとされる、一つの出来事を無視することになる。その出来事とは、ビザンツ帝国のユスティニアヌス帝による五二九年のアカデメイアの閉鎖である。それはプラトンがこの学校をアテネに創設してから九百年後のことだった。人々が無料で学ぶことができ、ギリシャ哲学の確かな解釈を守るというアカデメイアの理想は、プラトンの死後も生き続けていた。それまでも、集会所が焼き討ちにあったり、教師である哲学者たちが離散したりした時代があっても、この理想は消えることなく続き、教師たちはその崇拝する古代の哲学者であるピタゴラス、プラトン、アリストテレスの教えを統合しようと試みた。そして、宇宙の存在には究極の産出者（原因）があると教え、これを「一者」と呼んだ。だが、この「一者」は数字の「一」のようなもの――つまり、完全に時代を超越し、心や意志などの人間の不完全性を免れたものだった。

このような思想は、キリスト教会には受け入れがたいものだった。ビザンツ帝国のユスティニアヌス帝は熱心なキリスト教徒であり、アカデメイアの存在は自らの宗教を侮辱し、帝威を冒すものだと考えた。そして、アテネでは「誰も哲学を教えたり、法を解釈したりしてはならぬ」と命じ、アカデメイアを閉鎖した。最後の七人の教師である「プラトンの後継者」はペルシアに避難し、その結果、アテネ学派は衰退していった。

こうして、地中海世界におけるギリシャ哲学の支配は劇的な終わりを迎えた。そこでは、哲学者は時には預言者とされ、神と崇められることもあった。プラトンを崇めるある宗教教団は、その口伝《くでん》の教えを知ると主張し、独自の入信儀式を行った。ソクラテスの師である神秘的な数学者ピタゴラスは、未来を予言したり、二つの場所に同時に姿を現したりする奇跡の担い手だと考えられるようになっていた。これらの宗教集団には、強い倫理的特徴があった。特にピタゴラスの信奉者であるピタゴラス教団は、毎晩自制心について検証し、暴飲暴食や怠惰、好色、怒りなどを克服することを奨励された。しかし、これらの団体は古代の異教の崇拝の形式にも合うようになっていたため、ヨーロッパではキリスト教会によって一掃された。「アテネがエルサレムと何の関係があろう？」と、議論好きなキリスト教神学者はその著書のなかで書いている。ヒッポ・レギウスの聖アウグスティヌスのような見識のある思想家は、キリスト教の教義とプラトン思想との融和を図った。だが、アリストテレスは中世まで無視され続け、ピタゴラスは、今日の西洋では一般には三角形に関する定理で知られているだけである。

中東では、ギリシャ哲学はユスティニアヌス帝の政令を免れることができた。というのも、中東はビザンツ帝国から遠く離れ、一部はその敵であるペルシア帝国に支配され、その後百年のうちにイスラーム国家の支配下に入ったからである。ハッラーン人は十一世紀になってもピタゴラスを預言者として崇拝し続け、初期のムスリムの多くはギリシャ哲学を敵視するどころか、自分たちが古代ギリシャ文化の真の継承者だという証拠を探すことに夢中になっていた。偉大なアラブの哲学者キンディーは、アラブ人の祖であるカフターンはギリシャ人の祖先ユーナーンと兄弟だったとして、アラブとギリシャは同族だと主張した。後の学者ファーラービーは、キリスト教徒が無視し、弾圧したギリシャの哲学思想をムスリムは受け入れたのだと力説した。また、初期のイスラーム共同体のカリフは、夢のなかでアリストテレスと哲学談議を行ったと主張した。カリフはそこで説得されて、ギリシャの著作物をアラビア語に翻訳する許可を出したということだ。

異端のムスリムのなかには、ギリシャ人を非常に高く評価する者もいた。十世紀にイラク南部に住んでいた「純正同胞団」と名乗るムスリムの秘密結社も、ピタゴラスに心酔していた（保守派の学者イブン・タイミーヤは彼らの著作を「ピタゴラス哲学の味気ないくずの部分」と言って非難した）。同じピタゴラスの信奉者であるピタゴラス教団のように、彼らは、宇宙は数学の法則に基づいて構築されたものだと考え、「創造物の性質は数の性質に一致する」と述べた。ドゥルーズ派も偉大な哲学者たちに熱中し、特に、西洋であまり有名ではない哲学者に夢中になった。ドゥルーズ派の歴史家ナジラ・アブー・イッズッディーンの一九八四年の著作によると「ドゥルーズ派の信仰は、伝統的に認められた一神教を超え、その前の時代の〝一者〟との交わりを求める人間の表現にたどり着いた。そうして、聖なるメッセージを伝えるピタゴラスへの崇拝、神聖なプラトンやプロティノスへの崇拝が生まれたのである」。レバノン旅行の準備中にハーバードの自分の部屋でこの文章を読んでいた私は、大いに興味をひかれた。なぜプラトンは「神聖」なのか？　そしてなぜピタゴラスとプロティノスがそれほど重要なのか？　後日、最終的にはこの疑問はすべて明らかに——何はともあれ、少しは明らかに——なることになる。

ラーリーシュで出会ったヤズィード教の宗教指導者たちは、自分たちとドゥルーズ派は似ていると言っていた。「口ひげも同じ」だそうだ。レバノン滞在中に話を聞いたドゥルーズ派の教授によると、ドゥルーズ派とイスラーム教との関係は、モルモン教〔十九世紀にジョゼフ・スミスにより創立されたアメリカの新宗派。スミスは天使に告げられて掘り出したという黄金の板を翻訳し、『モルモン経』とした〕とキリスト教との関係に似ているという。つまり、ドゥルーズ派には、主流のムスリムからは異端とされるような独自の啓示と哲学があるのだ。政治的には、ドゥルーズ派はジュンブラートという一家におおむね指揮されている。ジュンブラート家は、レバノン南部の山中の城を拠点とし、うまくバランスをとりながら封建的領主の立場を守り続け、その一方で、進歩社会党という近代的で急進的な社会主義政党を率いる一家でもある。ジュンブラート家がドゥルーズ派の部族的な忠誠心に頼るところは大きいが、その政党は理論的にはすべての宗教に開かれている。レバノン内戦中、彼らはその政治的手腕によって、ドゥルーズ派の指導者の地位を長年争ってきたアルスラーン家に勝利した。アルスラーン家はジュンブラート家よりも家柄は古いが、金と権力の面では劣っている。私は二人の指導者であるワリード・ジュンブラートとプリンス・タラール・アルスラーン、そしてドゥルーズ派の上級聖職者にも会いたいと思いながらベイルートに向かって出発した。

ベイルートの中心部に着くと、小さなグループがデモを行っていた。改修された町の中心部の街灯やプラカードに「派閥主義に反対」「賄賂反対」「愚行はやめよ」というスローガンが書かれていた。彼らはレバノン人が異なる宗教や宗派間で容易に結婚できる権利を求めていた。だが、その見込みはほとんどなかった。確かに、レバノンは多くの点で自由な社会である。バーやナイトクラブも毎晩ムスリムやキリスト教徒で混み合っている。しかし、その表面の下には強い保守主義の流れがあり、異なる宗教間の結婚は、キリスト教徒でもムスリムでも、影響力ある保守的な宗教階層から強い嫌悪感をもたれているのである。

レバノン中心部周辺の主要な地点には、兵士が配備されていた。数カ月にも及ぶレバノン議会の政党間の紛争により、政権の樹立が妨げられ、街では騒動を防ぐために軍隊が待機していた。ドゥルーズ派の政党は、この紛争で支配者決定に関する実力者にはなれたが、支配者にはなれなかった。ともかくも、百二十八人の議員のうち、ワリード・ジュンブラートの派閥の議員は六名、アルスラーンの派閥の議員は二名だった。

私はカフェでイギリス大使と落ち合って、ジュンブラートに会いにいくことになっていた。レバノンの美しく修復された地区を通り、私は待ち合わせ場所のカフェに向かってぶらぶらと歩いていった。そこは内戦時には交戦地となり、榴散弾や砲火によってひどく破壊された地域だが、ラフィーク・ハリーリーの巨額の資金投入により、すっかり修復されていた。ハリーリーはレバノンの億万長者で、一九九〇年代後半と二〇〇〇年代前半に首相を務めたが、二〇〇五年にこの近くで自動車爆破テロによって暗殺された。暗殺はシリア政府の煽動によるものだと考えられている。その事件は内戦の記憶を生々しくよみがえらせ、また新たな国内紛争が始まるのではないかと、一部のレバノン人をおびえさせた。

歩くうち、私は近年建てられたモスクの前を通りかかった。そのモスクは近くの教会を見下ろすように立っていたが、今度はその教会がモスクの尖塔に対抗するように塔を高くしていた。私はこれが宗教間の争いを示す陰鬱なしるしなのか、それとも宗教の自由を思い出させようとするものなのかと思案しはじめた。が、その時、新たな発見をして私の注意はそこからそれていった。脇道に隠れるようにして立つ、もう一つのモスクに目が引かれたのである。二つの新しく大きな建物の傍らで、人目を引かずひっそりと立つそのモスクは、何世紀も前にレバノンのドゥルーズ派の統治者によって建設されたものだった。外から見ると、モスクの外部の鉄細工の模様には、五芒星のようなものが織り込まれていた。

五芒星はピタゴラス教団にとって特に重要なシンボルで、信者がおたがいを認識するために使われたしるしだと考えられている。彼らが五芒星を好んだのは十個の三角形で作られているためだ。というのも、十という数字は彼らにとって「完璧」を意味し、また、三角形は有名なピタゴラスの定理の象徴だからである。ピタゴラス教団では、数字や数字を用いて作った図形が宇宙を構成する要素だと信じられていた。そのため、図形の形状や数字にパターンがあると、彼らはそこに精神的または実際的なメッセージを読みとった。たとえば、彼らにとってピタゴラスの定理は「直角三角形の斜辺以外の二つの辺の長さが三と四ならば、斜辺の長さは五である」ということの単なる証明ではない。ピタゴラス教団の数の言語では、二は女性を表し、三は男性を表すため、（二＋三の）五は結婚を表す数字となる。四は二で等しく割り切れるため、正義を表す。したがって、三角形の三、四、五センチの三辺は、宇宙の数学的構造に書き込まれたメッセージをはっきり説明するもので、その意味は「男性は結婚生活で正しい行いをしなければならない」ということである。ピタゴラス教団の既婚男性は、妻に誠実なことでよく知られていた。

そのピタゴラス教団の象徴がここにあるということは、いったいどういうことなのだろうか？　それとも単なる偶然なのだろうか？　私はあれこれ思いをめぐらせた。だが、差し当たり、その疑問は脇に置くことにした。待ち合わせに遅れそうだったのである。私は急いで大使との待ち合わせ場所に向かった。高級服飾店やレストラン、優雅なアーチやシャッターの下りたウィンドウの前を通り過ぎ、なんとか約束の時間に間に合った。そして、大使とともに車に乗ってワリード・ジュンブラートの屋敷に向かった。

*

ドゥルーズ派は現在、約百万人いるとされ、その半分以上はシリアに、残りはイスラエル（十二万人）とレバノン（二十五万人）に分かれている。そのどの国でも、ドゥルーズ派は国内のどの陣営につくかの選択を強いられてきた。イスラエルでは、ドゥルーズ派は軍隊に入り、パレスチナ人からは距離を置いていた。シリアでは、二〇一一年の騒乱後の流血の日々のなか、ドゥルーズ派はおおむねバッシャール・アル＝アサド政権を支持している。レバノンでは一九七五年に内戦が始まると、ドゥルーズ派市民軍はジュンブラート家に率いられ、ムスリムと急進派が大半を占める連合軍と手を組んで、キリスト教徒が多数を占め、西洋の支援を受けるレバノン政府と戦った。時の経過とともに、内戦は複雑さを増していった。両陣営とも分裂していったのである。キリスト教徒のグループ同士が衝突し、キリスト教徒がイラクやシリアなどのムスリムが多数を占める国々と同盟を結ぶこともあった。ドゥルーズ派は他のムスリム集団と敵対し、特にレバノン最大の単一宗教集団となったシーア派ムスリムの民兵組織と戦った。内戦が長期化し、一進一退を繰り返すなか、レバノン旧市街の中心部は荒廃していった。

車は再び洒落た地域を進んでいった。ジュンブラート家の地所の町並みは静かで栄えているように見えた。ジュンブラート家の入り口周辺には警備員が総出で立っていた。広く快適そうな大邸宅に入ると、私たちはエレベーターに乗って上階に向かった。大きな犬が跳びはねながら向かってきたかと思うと、ワリード・ジュンブラートがすぐにやって来た。厚い口ひげを生やした鋭い顔つきの人物だ。厚い白髪が側頭部から突き出すように生えていて、ほかはおおむね禿げている。現在は父カマールの跡を継ぎ、封建領主、進歩社会党党首、そして内戦のゲリラの指導者といういくつもの顔をもっているが、その前は歴史の教師をしていたという。「ここに来ると彼はいつも本をくださるのです」と、エレベーターのなかで大使は女性らしく微笑みながら囁いた。「会うたびに前回くれた本についてテストしようとなさるので、いつもひやひやしっぱなしです」

書斎に入ると、大使の話の意味がわかった。いくつも並んだ机の上には、本や新聞の切り抜きがあふれていた。壁には十八世紀のオスマン様式の肖像画と装飾用のマスケット銃がかけられていた。銃の説明をしながら、イスタンブールにお気に入りの骨董屋があるのだとジュンブラートは言った。この男性なら、ドゥルーズ派の起源を追い、ギリシャの古典とのつながりを見つけたいという私の情熱をわかってくれるはずだ。私はそう思った。だが、ドゥルーズ派の教義についてたずねると、返ってきたのは思いがけない言葉だった。「私はドゥルーズ派については何も知りません」。ドゥルーズ派の傑出した指導者であるジュンブラートが、腕を激しく振りながらきっぱりとこう言ったのである。彼はそのあと、本の山のなかからロンドン在住のパキスタン人著述家ターリク・アリーの著作を数冊選んで私にくれた。そして、ドゥルーズ派の拠点である山中の城に招待すると言うと、すぐに別れを告げた。レバノンのドゥルーズ派の最高権力者で、生まれながらの知性をもった男性が、自分自身の宗教について何も知らないとは、いったいどういうことなのだろう？　教えを知る立場から除外されているとでも言うのだろうか？　それとも、それを部外者に伝えるほど愚かではないということか？

そう思いながら、私は招待してもらったドゥルーズ派の城へも必ず行こうと心に決めた。だが、まずは、もっと話をしてくれそうな人を探す必要があった。

幸いにも、大使の計らいでラビエというドゥルーズ派の男性が手を貸してくれることになっていた。ラビエは大使の知り合いで、ドゥルーズ派のコミュニティを理解できるよう、熱心に手を貸してくれた。唯一の問題は、自分自身がドゥルーズ派についてよく知らないことだ、とラビエは言った。だが、それは彼に限ったことではなかった。ドゥルーズ派の一般信者は、コミュニティの防衛と維持に努め、信者同士で結婚するという条件のもと、基本的には自由な人生を送る。だが、自分の宗教の教義を知る権利はない。そのため、一般信者は「無知なる者」という意味の「ジュッハール」と呼ばれている。ジュンブラートもその富と権力にかかわらず、かつてはジュッハールの一人だったのである。教義を熟知しているのはシャイフまたはウッカール（知者）と呼ばれ、清貧と瞑想の生活に身を捧げる聖職者に限られている。ラビエはそう説明すると、そんなわけでレバノンのドゥルーズ派の運営本部である「宗派の家」を訪問するよう手配した、と言い添えた。宗派の家はベルダンと呼ばれる西ベイルートのドゥルーズ派の居住地にあり、ベイルートからはほんのわずかな距離だという。私たちはそこに向かって、混雑した道を車で進んでいった。

まもなく、私たちは宗派の家に到着した。宗派の家はその謎めいた響きとは異なり、控えめな二階建ての建物だった。なかに入ると、黒いマントと幅広のたっぷりした黒いズボンを身に着け、白い布を巻きつけた高いトルコ帽を被った男性たちが廊下を歩いていた。それはドゥルーズ派のシャイフの伝統的な服装なのだという。白い布で髪と顔の半分を覆った女性の姿もちらほらと見かけた。彼女たちは女性のシャイフだということだった（女性のシャイフはシャイハと呼ばれる）。

私たちはドゥルーズ派の聖職者の指導者シャイフ・アル＝アクルに会うことになっていた。あまり時間をとらないように、私はあらかじめ注意を受けていた。シャイフは多忙で、かなり気むずかしい人として知られていたため、私は大使とラビエとともに、おそるおそる彼の事務所に入っていった。ドゥルーズ派とイスラーム教の関係についてたずねると、シャイフはイスラーム教の問題に関する博識を披露し、クルアーンからの引用を交えながら、ドゥルーズ派は正統のムスリムだと熱心に説いた。「ドゥルーズ派は善行の必要性を説き、他者に敬意を払い、教義と国際法で禁じられていることはいたしません。われわれの宗派は、〝神の唯一性を公言する人々〟を意味する〝ムワッヒドゥーン派〟で、その宗派内での呼称がドゥルーズなのです」

シャイフはそれ以上のことは断固として話さず、その言い訳をすることもなかった。「これ以上のことはお話ししかねます。だが、それは秘密ではなく、プライバシーに関することだからです」と彼は言った。「家庭内のことに関して、女性には誰からも干渉を受けないプライバシーがありますよね？　われわれは自分たちの信仰について、同様のプライバシーを求めているのです」。その威圧的な口調に私は黙り込んだ。しかし、ラビエはそれでは満足できなかったようだ。ラビエは背後からこう言った。「シャイフ、タカンムスについてお教えください。タカンムスを信じる基礎となっているものはなんですか？」するとシャイフはラビエをじっとにらみ、質問を返した。それはまるで学校の教師が生意気な男子生徒を威圧するかのようだった。おまえはタカンムスの意味を理解しているのか？　もし知らないのなら、そんな質問をして何になるというのだ？　シャイフの口調の言わんとすることは明白すぎるほど明白だった。ラビエはドゥルーズ派の信仰のプライバシーを侵したのである。「タカンムス」とは、初めて聞く言葉だった。それは「シャツ」を表すアラビア語「カムス」のように聞こえた。なぜシャイフは、それについて話したがらないのだろう？ 宗派の家を離れながら、タカンムスとはどういう意味かときくと、ラビエは輪廻転生のことだと説明してくれた。それは人々がシャツを着替えるのと同じように肉体を替えることができるという思想で、つまり肉体は魂を覆う単なるマントだという考え方だ。それを聞いて、私にはなぜシャイフがこの質問を嫌がったのかが理解できた。輪廻の思想は、ほとんどのムスリムから、正統なイスラーム教の思想ではないと考えられているからだ。だが、それはドゥルーズ派のピタゴラスとの関係を示すものでもある。ピタゴラスが輪廻転生を信じていたことはよく知られていた。ある時、彼は男に打たれる犬の悲鳴を聞き、その悲鳴に死んだ友人の声を聞き取ったと言って、犬を打つのを止めさせた。同じ理由から、ピタゴラス教団の教団員には菜食主義者が多かった。では、ドゥルーズ派のギリシャ哲学者たちに対する尊敬の念は、いったいどれほど深いものなのだろうか？

宗派の家の次は、ベイルート南部の丘にある、アルスラーン家の城を訪問することになっていた。私はその素晴らしい城で、さらに多くの発見ができることを願っていた。城に到着すると、戸口には家臣たちがずらりと並んでいた。案内されて応接間に入ると、プリンス・タラール・アルスラーンが父親の肖像画の下に座っていた。タラール・アルスラーンは陽気な顔つきと立派な体格をした四十代の男性だった。肖像画のなかで水たばこを吸っている父親は、息子よりもさらに陽気な雰囲気だった。プリンスの称号は、イスラーム化以前のアラブの王族の血を引くために与えられたものだという。「われわれは死というものを信じません」。アルスラーンは私がタカンムスについて学んだことを裏付けるようにこう言った。ドゥルーズ派は墓を重視しない。肉体は魂の一時的な入れ物にすぎず、魂は永遠に生まれ変わり続けるからである。そのため、葬式で泣く慣習もない。ドゥルーズ派が神聖視する「墓」はほんのわずかしかなく、それも、実際には遺骸の埋められていない慰霊碑だという。「ドゥルーズ派には重要なものが三つあります」とアルスラーンは言った。「輪廻転生、天国を信じるすべての宗教に対する敬意、そして普遍知性を信じることです」

だが、詳しくきこうと質問しても、返ってくる答えはみなあいまいなものだった。と、アルスラーンの脇に座っていた赤毛の男性が口を開き、ドゥルーズ派の宗教は儀式を偏重するものではなく精神的なものだと言った。すると、今度は別の家臣が、宗教的というよりも哲学的なものだと言った。「すべてのシャイフがその哲学を理解しているわけではありません」とその家臣は軽蔑するように付け加えた。「なかでも、アブー・アーレフ・ハラウィーの新プラトン主義を理解している者はほとんどいないのです」。ハラウィーは禁欲主義で名高いドゥルーズ派の聖人で、二〇〇三年に百歳を超える年齢で亡くなったシャイフだ。「宇宙の創造主」に呼びかけたその宗教詩はドゥルーズ派の多くの家庭に飾られている。しかし、ハラウィーが新プラトン主義者であるというのは、どういう意味なのだろうか。そして「普遍知性」とはなんなのだろう?

＊

ラファエロの絵画に、古代ギリシャの哲学者がすべて描かれた想像上の一場面がある。中央に並んで立っているのはアリストテレスとプラトンだ。アリストテレスは地面を示し、プラトンは天国を指さしている。この絵を見れば、この二人の率いる学派の違いがみごとに伝わってくる。アリストテレスの哲学は物質界に焦点を当てている。現代の「物理学」という言葉は、彼の著作の題名に由来するものだ。一方、プラトンは物質界をイデアの世界の単なる影であると考える。このプラトンの思想は、三、四世紀にギリシャ哲学の形を整えた著述家たちのおかげで、大変な影響力をもつものとなった。彼らは現代の学者から「新プラトン主義者」と呼ばれる人々で、なかでも傑出した人物に、三世紀の著述家プロティノスがいる。プロティノスとその信奉者であるイアンブリコスとポルフュリオスは、みな中東の出身だった（プロティノスはエジプトのデルタ地帯、イアンブリコスはシリアのアレッポ近郊の町、ポルフュリオスはレバノンの都市テュロスに生まれた）。このことは、ギリシャ哲学がいかに地中海文化、さらには中東文化の一部となっていたかを示す証拠となるものだろう。この三人は同時代の目立たない著述家たちとともに、ギリシャ思想の学派間の不調和を解消する、統合したギリシャ哲学を生み出すことを目指していた。

目を閉じて考えると、物質界で出会うものとは対照的な、恒久不変で完全な抽象概念——数字や、たとえば愛や真実のような概念——を思い描けるような気がする。プラトンは物質界を洞窟の壁を動き回る影になぞらえていた。魂の内面に目を向け、イデアの世界に集中した時のみ、物質界は単なる影にすぎないという現実をわずかながら理解することができるというのである。死が訪れても生き続けるとプラトンが信じていたものは、人間の肉体ではなく、人間の思考する部分だ。しかも、この精神的もしくは知的な世界が、物質界に影響を与えていることは明らかだった。思考することによって、何をすべきか決めることができる。そうして、決定したことを実行するために、身体を動かす。そのため、新プラトン主義者たちは、魂あるいは知性は物質界と知性界の両方で働くと考えていた。彼らは存在の階層や、物質界と知性界を移動する知性などの存在について理論化した。その頂点にあるのが「一者」である。

学派名こそ新プラトン主義といったが、彼らは熱狂的なピタゴラスの信奉者でもあった。ピタゴラスは一神教の提唱者で、中心に点のある円がピタゴラス教団の聖なるシンボルの一つとなっている。円は宇宙を表し、中心の点は「一者」つまりT・S・エリオットの「回転する世界の静止点」のように、全宇宙を支える恒久不変の「静止点」を表している。これは「一者」が意志をもつとか、何かをするという意味ではない。その性質は私たちの不完全な束の間の世界からかけ離れたものであるため、それを説明することは人間の知性の力を越えたことであり、ただ言えるのは、それが確かに存在するということと、完全不変であるということだけである。「一者」は世界を創造したのではない。そんなことをすれば「一者」は時間軸の特定の瞬間に固定され、それによってその完全性を損なっていることになるからだ。そうではなく、「一者」が存在するということが他のすべてのものの存在を引き起こしたのである——ちょうど数字の一の存在が、ほかのすべての数字の存在を引き起こすように。新プラトン主義者の用語でいうと、宇宙は「一者」から「流出」(または「発出」)したといい、この宇宙の存在論は「流出説」(または「発出論」)と呼ばれている。

最初の段階で「一者」から流出したのは「普遍知性(知性)」で、その後「普遍霊(魂)」と呼ばれる存在が流出した。この三つを新プラトン主義者は「三つの原理的なもの」と呼ぶ。普遍知性と普遍霊からは物質界と知性界が流出した。新プラトン主義者のなかには、「一者」と人間との間には仲介物となるほかの多くの霊的存在があると考える者もいる。道徳律はこの宇宙の見方に基づいて作られたものだ。善であることは「一者」に向かって進むことであり、つまり、物質界から離れることによって「一者」との合一を目指すことである。プロティノスはこう書いている。「力ある者よ。立ち上がり、自己の内に目を向けよ。かつてその目を楽しませていた物質的な美に永遠に背を向けて」。利己的行動や自己中心主義は分裂のもとであり、そもそもそれが「一者」からの分離の原因であるという。プロティノスは自分の哲学を外部の人間から秘密にすることを強く望み、「入門者以外には何も漏らすな」と規則に定めた。だが、死後、この規則は破られ、信奉者たちによってプロティノスの主要作品が発表された。

まず、わからなかったのは、この古代の思想がどのようにしてレバノンの現代のイスラーム教の一派の心臓部となったかということだった。タラール・アルスラーンは、私にそれを教えるつもりでいてくれたようだった。彼は応接間の窓から外に目をやり、城と海岸との間の狭く長細い土地を見ていた。見晴らしの良いその場所からは、北のベイルートへと向かう幹線道路が見えた。「ここは戦略上重要な場所です。アッバース家が当家にここを与えたのはそのためです」。タラール・アルスラーンはそう言うと、補佐官に合図をした。少しすると、補佐官が優雅な装丁の施された重そうなアラビア語の本をもってきた。それは数千年に及ぶアルスラーン家の歴史の記された本だった。私はそれをもらい、ホテルに戻って読んだ。その本を読み、また、その後、好意的なドゥルーズ派の人々からももらった何冊もの本を読み進めていくうちに、私はドゥルーズ派に関する情報を少なくとも部分的にはつなぎ合わせることができた。

＊

アルスラーン家は、レバノン沿岸をビザンツ帝国から守るため、アッバース家のカリフによって八世紀にバグダードからこの地に送られた。アルスラーン家の本にはそのいきさつが詳しく語られていた。アルスラーン家は首尾良くその任務を果たしたが、その後しばらくして、アッバース家には予期せぬ新たな脅威が出現することになる。九〇九年、アッバース家のもとに、やっかいな知らせが届いた。アフリカの荒野で一人の男性が、自分は預言者ムハンマドの子孫であり、イスラーム共同体の統治者たるべき正当な後継者であると主張したのである。彼の忠実なダーイー（教宣者）アブー・アブドゥッラーは、このメッセージを地元のベルベル族に広めて多数の支持者を獲得し、アッバース朝カリフの宗主権下でその地を治めていた王朝を打倒した。アブー・アブドゥッラーは救世主マフディーを自称するこの男性アブドゥッラー・マフディーをカリフとして迎え、そこにファーティマ朝が生まれた。アブドゥッラー・マフディーの属していたのは、イスマーイール派と呼ばれるイスラーム教の小宗派だった。彼とその子孫は数世紀の間広大なファーティマ朝帝国を維持し、北アフリカのみならずエジプトやレバノンにも領土を広げ、カイロの街を建設してその首都とした。そして、多数のキリスト教徒やユダヤ人を含む被征服者に対して宗教の自由を与え、また、ギリシャ哲学関係の膨大な蔵書を蓄えた。

ファーティマ朝の建設したカイロの都は、ギリシャ哲学とイスラーム教の融合を目指す人々に理想的な環境を提供していた。ファーティマ朝は学問を重視してアズハル・モスクを建設し、付属施設としてイスラーム法、哲学、占星術を教える学校を設立した。カイロとバグダードのムスリムの学者の間では、依然としてギリシャ思想が流行していた。学者たちはイスラーム教に適合するように新プラトン主義の思想を改変していった。当然のことながら「一者」はアッラーとみなされた。学者のなかには、神と被造物の仲介者は非物質的精神あるいは「大天使」だと考える者があり、また、哲学者のファーラービーは、これらの精神は星や惑星の形をとると主張した。

アブドゥッラー・マフディーの劇的な出現から数百年後、カイロはその子孫である六代目カリフ、ハーキムによって統治されていた。ハーキムは寛容の伝統を捨て、容赦なく臣民にシャリーア（イスラーム法）を押し付け、物議を醸す多くの政令を制定した。モスクやバザールに入る時には初期のスンニ派カリフたちに対する冒瀆の言葉を口にするよう命じ、キリスト教徒には復活祭《イースター》の祝祭を禁じた。市内のブドウ園をすべて燃やし（ワインを造るかもしれないからというのが理由だ）、ハチミツをナイル川に投げ捨てるよう命じ（ハチミツ酒を造るかもしれないからだ）、靴屋は女性用の靴を作ってはならないとお触れを出した（女性は屋外に出るべきではないとされていたためだ）。そして非ムスリムに対しては、その宗教がわかるような非常に重い飾りを首から下げるよう命じた（たとえば、キリスト教徒なら大きく重い木の十字架を下げさせた）。また、復活祭《イースター》の日曜日にエルサレムの聖墳墓教会で行われる「聖火の奇跡」の儀式の話を聞くと、奇跡の力で灯る火などインチキだと騒ぎ立て、聖墳墓教会を跡形もなく破壊した。聖墳墓教会は彼の死後にようやく再建されたが、この破壊行為は十字軍を誘発し、キリスト教徒とムスリムの関係は永遠に損なわれることになる。

ハーキムの行動は、犠牲者（そして他の多くの人々）の目には残酷で、理不尽にすら映ったが、彼を賛美する人々は、その奇行を神と近しい証拠だと考えた。ちょうどキリスト没後一千年とムハンマド没後四百年を迎えた時期のことで、人々の間では、世界の終末が間近だという期待や不安が高まっていた。神の唯一性《タウヒード》の哲学を説くドゥルーズ派の宗教は、この熱く興奮したムードを背景に、思想家たちによって生み出されたものである。「ドゥルーズ」という名の由来も謎めいている。というのも、これはドゥルーズ派創設初期にハーキムを神格化した崇拝者ナシュタキーン・アッ＝ダラズィーの姓に由来するものだと言われているが、この人物は後に破門されているのである。また、ドゥルーズ派の教義についてカイロで流れた噂は人々を驚かせた。それは、ドゥルーズ派では、ハーキムは神が人間の形をとったものか、または神自身が顕現したものだと信じられているというものだ。現代のドゥルーズ派はこの噂を否定する。しかし、新プラトン主義の思想では、地上の人間を神と同一視することも可能だったのである。アラブ人の間では、新プラトン主義のその考え方を用いて、神そのものである隠された存在（ラーフート）と、それが人間によく似た姿で地上に現れたもの（ナースート）という二つの概念が生まれていた。

ドゥルーズ派がこれをどのように表現しようとも、彼らがハーキムを地上における神の顕現だと考えたのは明らかだ。さらに彼らは自分たちの五人の指導者を、神より下位の聖なる存在が地上に顕現したものだと考えた。その聖なる存在とは「普遍知性」「普遍霊」そして「言葉」「先行者」「後続者」である。この五つの存在はそれまでにも人間の形をとってこの世に現れている。それは、イエスとその弟子たち、モーセとその兄アロン、プラトン、アリストテレス、ピタゴラス、ムハンマドとその教友たちだ。彼らは毎回、新宗教を起こし、人類を新たな理解の階層へと導き入れた。モーセはユダヤ教を、イエス・キリストはキリスト教を、ムハンマドはイスラーム教をもたらした。今度はドゥルーズ派が正統派イスラーム教にかわって、人類を歴史の新たな時代へと導こうとしているのだという。ドゥルーズ派の布教の指導者ハムザ・イブン・アリーは、自らが普遍知性の地上における顕現だと信じ、前世においてはピタゴラスとイエスだったと主張した。

ハーキムの存命中にはドゥルーズ派は寛大な扱いを受けていた。しかし、一〇二一年、ハーキムがカイロのモカッタムの丘を散策中に謎の失踪を遂げると、跡を継いだ彼の息子は、父親（彼本人にではない）に極めて深い敬意を寄せていた信者に対して、寛容の精神を見せる気持ちはなかった。彼の厳しい迫害により、何千人ものドゥルーズ派が殺された。ドゥルーズ派は次第にレバノン南部の山中へと引きこもり、しばらくは他民族からの改宗者を受け入れて、秘密のしるしと合言葉を使って仲間を見分け、身を守った。たとえば五芒星（各先端が白、青、黄、赤、緑）は、ドゥルーズ派の五人の指導者と、彼らの身体をとって現れた五つの聖なる存在を表していた。コミュニティはやがて改宗者の受け入れをやめ、それはもっぱら秘密主義的傾向を推し進める結果となった。あるレバノンの歴史家はこのように書いている。「ドゥルーズ派の教えはこうして完全に、与えられて継承される神聖な特権となり、異教徒から油断なく熱心に守るべきかけがえのない宝となっていった」。ピタゴラスでもこれほどうまい表現はできなかったことだろう。

新しく興ったこの宗教が定めた規則と儀式は最低限のものだった。一日五回の礼拝、一年に一度のラマダーンの断食、メッカへの巡礼といった敬虔なムスリムの義務である行為は、信念を貫くこと、真実を述べること、同信の者を助けることといった観念的なものに置き換えられた。ドゥルーズ派の一般信者は、豚肉を食べ、ワインを飲むことを許されていた。礼拝は好きな方法で自由にすればよく、やりたくなければしなくてもよかった。私はあるドゥルーズ派の一般信者から、一年に二回招かれる礼拝会の話を聞いた。そこでは教義について質問すれば、表向きは答えてもらえることになっている、と説明しながら彼はこう言った。「でも、参加はまったく強制されませんでした。もし、今、あなたに神学の質問をされても私には答えられないでしょう。ドゥルーズ派の信者でいることはコミュニティに対する社会的な忠誠心の表明なのです。人はその社会に生まれるのですから」

当然のことながら、イスラーム教に対するドゥルーズ派の自由な解釈は、原理主義の聖職者の激しい怒りを買うことになった。十四世紀、西には十字軍、東にはモンゴルが控え、アラブの領土が脅かされていた時代、法学者のイブン・タイミーヤは暴力を用いてすべての「逸脱した」思想を壊滅させようと考えた。彼は極めて保守的な人物で、ムハンマドや教友たちが食べた証拠がないというだけで決してスイカを食べなかった（と言われている）ほどだ。ムハンマドのしなかったことをすると「革新」を行ってしまう恐れがあり、それは保守派の学者が最も危険とみなしていることだったのだ。したがって、イブン・タイミーヤがドゥルーズ派を目の敵にしていたのは言うまでもない。タイミーヤはドゥルーズ派とアラウィー派を非難する厳しいファトワー〔法学者が一般信者の質問に対して出すイスラーム法学上の回答〕を出し、彼らを「人を惑わす不信心者」と呼んだ。そして、彼らの食べ物は食べてはならず、女性は奴隷とし、金は奪い、悔い改めても認めてはならず、学者は殺し、葬儀への参加は拒否しなければならないとした。「このように、どこで見つけようとも彼らは殺すべきであり、呪われるべき存在なのである」。それに続く迫害の日々のなか、ドゥルーズ派は表面的には正統派イスラーム教に従うことを余儀なくされた。だが、最終的には、支配者のオスマン帝国が寛容な政策をとった時代に、自治と（実質的な）信仰の自由を与えられた。

では、現代ではどうなっているのだろう？　ドゥルーズ派の信者たちは、その後、秘密の思想を隠す相手であるムスリムに対し、どのような姿勢をとってきたのだろうか？　私はそれを知るために、ドゥルーズ派の女性から話を聞いた。彼女の父親はドゥルーズ派の民兵として内戦で戦死していた。ベイルートの中心部にある流行りのバーで、私はその女性と待ち合わせをした。彼女は黄色いポルシェから降り、颯爽とやって来た。バーは怪しいナイトクラブのような雰囲気だったが、ベイルートの裕福な若者の行きつけの店となっていた。色あせた椅子に座ると、彼女は話しはじめた。「すべては政治次第です。ワリード・ジュンブラートがスンニ派寄りの立場をとっている時は、スンニ派は友好的です。ですが、彼がシーア派寄りの立場をとると、同じ人たちから今度はドゥルーズ派は信頼できないと言われるのです」。紆余曲折を繰り返す内戦は一連の政治同盟に取って代わられたが、流血は少なくなっても、変化の激しさという点では何も変わらなかった。

ドゥルーズ派であるために、学校ではありとあらゆる誹謗中傷を受けた、と彼女は言った。たとえば、ドゥルーズ派は年に一度乱痴気騒ぎをするとか、箱に黄金の子牛を隠してそれを崇拝しているとかいった具合だ。こうした根拠のない非難は、広く中東の少数派集団に例外なく向けられている。たとえばそれは、ドゥルーズ派、サマリア人、アラウィー派、ヤズィード教徒に対して向けられてきたものだ。これらは、歴史的にキリスト教徒に対しても言われてきた非難とも重なり、また、キリスト教徒のほうでも、似たような噂を流してムスリムを非難してきた。こうした非難のなかには性的不品行に関する中傷もあるが、そこには単なる悪意だけでなく、淫らな想像があるのかもしれない。また、実際、九世紀にゾロアスター教運動から離脱したさまざまな神秘主義教団のなかには、自由恋愛を奨励していたグループがいくつもあった。だが、ドゥルーズ派がこうした中傷を受ける最大の原因は、おそらく彼らが男女で礼拝所を分けず、同じ場所で一緒に礼拝することと、女性に平等に近いものを与えていることだろう（ピタゴラス教団も、男女の区別なく秘儀を共有していたことで知られている）。

＊

ドゥルーズ派の教義の秘密をもっとよく知りたいと願いながら、私はワリード・ジュンブラートの車に乗って、ドゥルーズ派の中心地であるレバノン南部のシューフ山地に向かった。レバノンでは、どこに行ってもその地の宗教について学ぶことになる。というのも、どの宗教の信者たちも、自分たちの宗教について広く伝えようとするからだ。たとえば、広い沿岸道路を交通渋滞にはまりながら北に進むと、カジノやスーパーの向こうに巨大なキリスト像が腕を広げ、人々を迎えるように立っているのが目に入る。その後、山を上って村に入ると、目のくらむような断崖に、ブドウの木々とともに聖母マリア像やアラム語の名が並んでいる。反対に、ベイルートから南に向かい、人家の密集した郊外の町に入ると、シーア派イスラーム組織ヒズブ・アッラーの指導者であるハサン・ナスルッラーのポスターがそこかしこで目に入る。その先のティールとサイダの都市を抜けると、目の前に広がるのはのどかな田園地帯だ。そこはシーア派の中心地で、その村に入って目にするのは、イスラエル兵の頭を打つこぶしの描かれた絵なのである。悪名高いイスラエルによるレバノン人政治犯の収容所、キヤーム拘置所には、イスラエル占領下のレバノン南部で獄死した収容者のリストが掲示されている。これらの政治的シンボルは、地域住民の宗教的アイデンティティを明確に示している。

それに比べ、東へ向かう道ではそうしたシンボルはあまり目立たなかった。ブレーキを軋ませながら、曲がりくねった道を高速で走りぬけ、車は一時間ほどで目的地に着いた。シューフ山地は昔からドゥルーズ派のコミュニティが集まっている場所で、ジュンブラートの城もここにある。だが、いくつの村を通っても、その宗教を示すものは何も見られなかった。運転手のハッサンが、途中で停まった店でクナーファというチーズで作った甘く油っぽいケーキを一切れ買ってくれた。それを食べながら、私はオレンジの果樹園や高い山々、シューフ山地の深い谷を眺めた。トマトやオリーブ、バナナ、レモンなどの畑もあり、また、釣鐘型をしたピンク色の花が鮮やかな景色にさらに美しい色あいを添えていた。山には広い範囲にわたって薄いクリーム色の石灰石が敷かれ、コンクリート造りの赤い屋根の一戸建てがあちらこちらに立っていた。

車窓からはるか下を見ていると、周囲を囲む山々の間から時折海が姿を現した。その景色は、実際に目に見えるものであると同時に、レバノンの姿を象徴的に描いた絵のようでもあった。現在のレバノンを作り上げたのは、この海と山なのだ。国際的な人々と偏狭な人々、進歩的な現代性と頑迷な部族主義、人生を謳歌する態度と狂信的な信心深さ、こうした相反するものが魅力的に混じり合っているのが現代のレバノンだ。キリスト教が生まれてすぐの時代、信心深いキリスト教徒の男女がレバノンの山地に入り、村人たちの施しに支えられながら、孤独な生活を送った。イスラーム教の到来後には、ムスリムの隠者が同じようにキリスト教徒の村に受け入れられていたことが、中世の記録に残されている。エジプトから渡ってきた最初のドゥルーズ派の説教師たちが、説教や托鉢を行いながらシューフ山地に向かった時には、彼らはすでに踏みならされた道をたどっていたということである。初期のドゥルーズ派の本に、こう記されている。「ヘルモン山の影に住む人々のもとへ行け。彼らはあとをついてくるだろう」

説教師たちは、ここでキリスト教徒の村人だけでなく、異教の最後の生き残りにも会っていたはずだ。ドゥルーズ派の最初の説教師がここに赴いた時代には、レバノンのバアルベックにはハッラーン人の建てた神殿があった。今、私のいるシューフ山地から北に百キロメートルほどのところだ。ドゥルーズ派の理論によってイスラーム教が受け入れやすいものとなり、その理論を採り入れた人々のなかには、ハッラーン人もいたはずだ。というのも、ドゥルーズ派の理論にはハッラーン人と同じ輪廻の思想があったし、また、その理論に従えば、キリスト教やイスラーム教に無視された、ピタゴラスなどの古代ギリシャの伝説の人物たちを崇拝し続けることができたからである。

私はドゥルーズ派の町で「賢者の薬局」とか「啓示の病院」といった面白い名前の店があるのに気がついた。クリーニング店には「宇宙の創造主よ」と始まるドゥルーズ派の宗教詩が貼られていた。それは私がアルスラーン家の城でその名を覚えた高名なシャイフ、ハラウィーの詩だ。その簡素な建物の入り口の上部には、五芒星が描かれていた。

もう一つ、ドゥルーズ派の村を独特な雰囲気にしているものがあった。それは茶色のつなぎを着て、頭に白い毛織の帽子を被った男たちだった。髪は剃っていて、生やしているのはもじゃもじゃの口ひげだけだ。その同じ格好をした男たちが、奇妙なほどどこにでもいて、家や庭やガソリンスタンドで仕事をしていた。私はハッサンに、あの人たちは誰なのかとたずねてみた。「シャイフです」とハッサンは言った。彼らは聖職者のウッカール（知者）で、私が宗派の家を訪れた時に見かけた女性たちより下の位の人々だった。

ドゥルーズ派では、一般信者は自由に生活しているが、聖職者は厳しい無私の生活を送る。男性のシャイフは耕作で生計を立てることを奨励され、自分で栽培したものだけを食べることが特に高潔なこととされている。彼らは禁欲的な生活を送り、定期的に祈りと瞑想を行い、ラマダーンには断食をし、豚肉を食べず、飲酒はせず、何事も度を超すことはない（たとえば、シャイフは、グラスに入った水を差し出されてもそれを飲み干さず、完全に渇きを癒やさずに少しすする程度にするのが良いとされている）。聖職者はドゥルーズ派の信者全体の大きな割合を占め、おそらく男女合わせた全信者の十五パーセントがシャイフである。ハッサンによると、聖職者になるのに特に面倒なことはなく、誰かが聖職者の職に志願すると、時間をかけてその人物の宗教的献身度と宗教的理解能力が審査されるのだそうだ。ハッサンの妻も聖職者だという。男性のシャイフが土地を耕すように、女性のシャイハは社会に出ることなく収入を得るために、刺繡や工芸品作りのような手仕事をする。外出の際には、ハッサンの妻も宗派の家で見た女性のように、頭に白い布を被って顔を半分覆い隠すということだ。ハッサンはおしゃべりな人ではなかったが、打ち解けてくると、自分のことを話しはじめた。以前はレバノンのどこに住んでいたのかときくと、「ベイルートに行っていて、またここに戻ってきたんです」と言った。ハッサンはドゥルーズ派の地域から一度も離れたことはないという。推測するに、彼の全世界は二十五キロメートル四方の面積ほどのものだ。ベイルートに行っていたのは、内戦で戦うためだったのだろう。

私たちは山の中腹に点在するドゥルーズ派の町や村を通って、目的地に向かっていった。家は大きく、なかには驚くほど大きいものもあったが、裕福なドゥルーズ派の移住者の避暑にしか使われないということだった。ハッサンは故郷の村の六千人の住民について話してくれた。そのうち二十人から二十五人には一億ドル以上の資産があるという。その財産の多くは、特に西アフリカなどの海外での投機的事業で築いたものだ。ドゥルーズ派の村の多くはゴーストタウンとなっていて、実際に一年を通じて人が住んでいる家は三分の一ほどだということだ。ハッサンの故郷の近くの村を通った時、私は長期にわたる内戦で多くの人が殺されたのではないかとたずねた。「十三人です」とハッサンは言った。村がイスラエルによる爆撃を受けた時に五人、あとの人は検問所で身分証を見せ、ドゥルーズ派だとわかるとそこで殺されたそうだ。「恐ろしい戦争でした」とハッサンは言った。いつ終わったのかとたずねると、ハッサンは言った。「終わってはいません。今も続いています」

内戦が始まると、シューフ山地ではドゥルーズ派と、十七世紀にドゥルーズ派の支配者が小作農として連れてきたキリスト教徒との間で激しい戦いが繰り広げられた。戦いはドゥルーズ派の勝利に終わり、キリスト教徒はシューフ山地の一部の地域から立ち退かされた（もっとも、ジュンブラートは最近彼らに戻るよう勧めている）。内戦後期には、ドゥルーズ派は自分たちのすぐ南を本拠地とするシーア派民兵と衝突を繰り返した。一九八九年に内戦が終結したあとも、ドゥルーズ派とシーア派

レバノンのシューフ山地にある預言者ヨブの「墓」は、国内25万人のドゥルーズ派の聖地である。輪廻転生を信じるドゥルーズ派は墓を記念碑と考える。著者撮影

の間の緊張はしばしば高まった。そして二〇〇八年五月、最悪の出来事が起こった。ヒズブ・アッラーがシューフ山地のドゥルーズ派を砲撃し、戦略的に重要な位置にあるドゥルーズ派の二つの村を支配下に置いたのである。その後の戦闘では、ドゥルーズ派はトレードマークとも言える、首をかき切るという戦闘方法を復活させた。後日、ジュンブラートとアルスラーンの顧問は（最終的にウィキリークスで発表された会話のなかで）、「シーア派の海」で暮らすドゥルーズ派はシーア派からの復讐を恐れている、とアメリカ大使に語った。この二〇〇八年の出来事は、レバノンではコミュニティ間の紛争が何の予告もなく再燃しうることを示す例となった。その原因は、レバノンには紛争を解決する力をもつ有効な中央機関がないことである。レバノンの政府自体が、同様の緊張関係に置かれた人質のようなものなのだ。シューフ山地を進む間、「われわれは少数派だから」という言葉が、私の耳に何度も入ってきた。

*

だが、ドゥルーズ派が少数派ではない時代もあった。十七世紀初頭には、ドゥルーズ派の偉大な領主、ファハル・アッ＝ディーンがオスマン帝国から領土を奪って基本的な自治を認めさせ、ドゥルーズ派は現代のレバノンとほぼ同じ国境線に囲まれた領土を占めていた。ファハル・アッ＝ディーンはレバノンにとっても非常に重要な人物である。というのも、彼によってレバノンは地元生まれの建国者をもち、レバノンは一九二六年に創られたフランスの植民地だと言う人々に対抗しうる歴史的正当性のある国となっていたからである。だが、彼の独立小国は、最終的にはオスマントルコ軍の手によって終わりを迎えることになる。私はハッサンに連れられて、シューフ山地南端の高い崖の上の城塞跡を訪れた。今ではわずかな石が残るだけだが、そこにはかつて壮大な城が立ち、下に広がる平野を見下ろしていた。それはファハル・アッ＝ディーンの城だった。ハッサンは言った。「城がトルコ軍に包囲されても、ファハル・アッ＝ディーン王は屈せずに抵抗を続けました。するとトルコ軍は城の唯一の水源である泉に毒を入れたのです。しかし、それでも王は降伏しませんでした。王はどうしたと思います？　馬と自分に目隠しをして、一気にこの崖から飛び降りたのです」。私は崖を見下ろした。三十メートルほどはあるに違いない。私がそうして下を見ている間に、ハッサンは崖を戻って毒を入れられた泉の跡に行っていた。そばに行くと、そこにはただ湿った地面があるだけだった。だが、彼にとっては聖地なのだろう。偉大なドゥルーズ派の英雄が散った、受難の地なのである。私がこの本の題名を言うと、ハッサンは言った。「忘れられた王国ですか？　私たちは王を忘れてはいません」

ファハル・アッ＝ディーン王の話は、ドゥルーズ派の勇気を象徴する伝説である。実際には、王はトルコ軍に捕らえられ、処刑されている。王の死後、ドゥルーズ派内では有力者の一族同士が覇を競い合った。今日の勝者であるジュンブラート家は、十八世紀以来ムクタラの城に暮らしている。一八五三年のこと、英国貴族の第四代カーナヴォン卿がその城を訪れた（ツタンカーメン発掘の資金提供者である第五代カーナヴォン卿の父である）。それに先立つ一八四〇年代に、イギリス政府は少数派集団のドゥルーズ派が資金提供者を求めていることを知り、その役割を担うことにした。イギリスの国家の重臣への道の途上にあったカーナヴォン卿は、イギリスのその新しい同盟者をよく知るために、ここにやって来たのである。イギリスのカーナヴォン家の屋敷は堂々たる城で、近年ではテレビドラマの『ダウントン・アビー』の舞台にもなっている。だがそんな壮大な城をもつ彼も、ムクタラには大いに感銘を受け、数年後に出版した本のなかでそのことを語っている。最高の場面は城の中庭で行われた中世様式の馬上槍試合だ。「初陣の騎士たちは心躍る鮮やかな色の衣をまとい、馬の脇に立つ〝従者〟は騎手に新たな槍を差し出す。突きがみごとに決まると称賛の声が大いに響き、胸壁には見物の貴婦人の姿が並ぶ。そして、武器をもった鼻息荒い大勢の見物人（……）四方を囲み、長い曲線を描く壁からは、四角い塔がそびえるように立っている」

これを書いていたカーナヴォン卿には、自分が見たものははかない中世の遺物だということがよくわかっていた。ムクタラの謝肉祭を思い出しながら、彼はドゥルーズ派の「絵のような封建的な自治は、今ではシリアの山中で、おそらくその運命である絶滅への道をたどっているはずだ」と哀愁を込めて書いている。ドゥルーズ派はその予言よりも長く存続しているが、それはカーナヴォン卿らの支援のおかげでもある。一八六〇年代には、複数のドゥルーズ派のコミュニティが集まって、イギリスへの請願書に「われわれドゥルーズ派は、イギリス政府以外の保護を受けないと神に誓います」と書いている。ドゥルーズ派のなかに、自分たちの起源はイギリスにあるか、もしくは少なくとも共通の祖先がいるというような考えも広まった。二十世紀初頭になってもまだこれを信じる人々もいて、ドゥルーズ派の指導者がイギリスに助けを求める姿もよく見られた。後に、私がドゥルーズ派の最高位のシャイフ、アブー・ムハンマド・ジャワードに面会を求め、彼の簡素な小屋を訪れた時——彼は死の床にあり、訪れる多くの見舞客のために自家製の菓子がカートの上に用意されていた——病床にある彼が苦しそうに口にしたのは、もっぱらこの古く奇妙なイギリスとの同盟関係のことだった。

キリスト教国がドゥルーズ派を支持する政策を採ったと聞いて、驚く人もいるかもしれない。というのも、当時のドゥルーズ派の一番の敵は、マロン派〔マロン派典礼カトリック教会。レバノンで大きな勢力をもち、イスラーム教徒と激しく対立している〕のキリスト教徒だったからである。しかし、イギリス側から見ると、マロン派がキリスト教であることは、マロン派がフランスの支持を受けているという事実と比べると、たいしたことではなかったようだ。イギリスがドゥルーズ派に目をかけていたのには、もう一つ理由があったが、その理由は陰謀論者を喜ばせるようなものだった。ドゥルーズ派の起源についてはさまざまな説がある。なかにはイギリスが祖先であるという説のほか、フランスのドゥルー伯爵という人物の子孫だという説や、ロシアの神智学者ブラヴァツキー夫人の説いた、チベットのラマの子孫だという説などがある。だが、最も面白い説は、一八九一年からロンドン図書館の奥深くに眠る一冊の本のなかにある。その本にはクアチュアー・コロナーティというフリーメイソンの支部の記録があり、その最初の論文に、会士であるハスケット・スミスによってこう記されている。「ドゥルーズ派には古代のフリーメイソンとの緊密で奥深い関係があり、彼らはそれを示す多くの明らかなしるしを現代まで保ち続けている」

フリーメイソンは、ソロモン神殿を建設した石工の伝統を継ぐと自負する秘密結社である。ハスケット・スミスは、ドゥルーズ派が本物、つまりフリーメイソンの現存する子孫だと考え、それを証明しようと決意した。彼は数週間、レバノンのドゥルーズ派のなかで暮らし、それを確かめようとした。フリーメイソンは、自分たちの合言葉はソロモン神殿の建築家たちから伝えられたものだと考えるため、ハスケット・スミスはドゥルーズ派も同じ合言葉を知っているはずだと考えた。しかし、ドゥルーズ派の秘密の壁を破ることは困難を極め――彼らの教義についてたずねるたびに「話自体が巧みにはぐらかされてしまう」とハスケット・スミスは残念そうに語っている――その秘密主義に打ち勝つには、何か策を用いなければならないとハスケット・スミスは考えた。

彼はおそらく生真面目に書いているのだが、それを読んで目に浮かぶのは、魅力的なまでに奇妙な光景だ。「私はドゥルーズ派の信者の注意を引こうと、さまざまなことをやってみた。合言葉を芝居がかったセリフのように投げてみたり、謎めいた調子で囁いたり、厳かな口調で言ってみたりした。彼らが油断している時に、何気なく口にしてみたこともある」。読みながら、その姿が目に浮かんだ。牧師の服を着た、いかにも学者らしい顔をしたイギリス人が、頑強でしわだらけのドゥルーズ派の農夫を驚かせようと、背後から忍び寄って古代へブライ語を叫ぶ姿だ。ドゥルーズ派の信者は、たとえその言葉を知っていたとしても平静を失うことはなく、ハスケット・スミスは自分の説を裏付ける証拠を見つけることはできなかった。

イギリスの戦争画家アンソニー・グロスは、第二次世界大戦中の1942年、英国・ドゥルーズ派騎兵連隊に伴われたドゥルーズ派の宗教指導者たち（中央部の円のなかに座っている）を描いた。ドゥルーズ派は19世紀半ばからイギリス軍と友好関係にあった。実はドゥルーズ派がイギリス側に取り込まれる前には、このドゥルーズ派の騎兵隊は、イギリスに敵対するフランスのヴィシー政権によって配備されていた。画像提供：アンソニー・グロス／帝国戦争博物館

それでも彼は一八九一年の論文に示されているように——仲間のフリーメイソンたちにいぶかるような眼差しを向けられているのに気づきながら——自分の説を発表した。論文を読んだある会士は、自分たちの運動が単なる分派だとみなされ、中東のコミュニティが本流だとされたことに憤り、ドゥルーズ派は単にフリーメイソンの慣習を借用したに違いないと主張した（ちなみに歴史家のフィリップ・ヒッティは、フリーメイソンがその模倣に努めたテンプル騎士団は、ドゥルーズ派の「組織と教え」から影響を受けた可能性があると主張した。無私で禁欲的な修道騎士という概念は、テンプル騎士団とドゥルーズ派に共通のものだ。もっとも、彼らが共通の哲学思想をもっていたことを示す証拠はほとんどない）。

　二つのグループの文化的類似性の理由が何であれ、カーナヴォン卿のようなフリーメイソンならば——カーナヴォン卿はフリーメイソンだった——必ずやその類似性に気づいたことだろう。ドゥルーズ派の信者が宗教上の

高度な秘密を知っていく過程を説明するカーナヴォン卿の描写には、単なる冷静な観察にとどまらないものがある。「少しずつ、ほんの少しずつではあるが、彼は固く守られた秘密を覆うヴェールを脇へ寄せることを許されていった（……）学ぶことは、以前の知識を捨て去ることを意味している。彼は進み、そして今までの自分の信念を踏みつけていった。ゆっくりと、苦しそうに、めまいを感じながら、彼は延々と続く秘伝の伝授の階段を昇っていった（……）そして――なんとかして戻りたいという望みをあざけるかのように――歩むたびに、たった今踏みしめてきた階段の一段一段が、その下の測り知れない深淵に、音を立ててがらがらと崩れ去っていった。このような神秘の高みにまで昇れる者は、実際にほとんどいない」

＊

ジュンブラート城では、どれだけの秘密を学ぶことができるだろうか？　ハッサンの運転する車で城に向かいながら、私は考えた。と、ハッサンが敬意を示すように、そっと車を減速させた。前方を見ると、道路脇に素朴な石が置かれていた。「これはカマール・ベクの追悼の碑です」。そう言うと、ハッサンは車を停めた。カマール・ベクとはワリードの父、カマール・ジュンブラート（「ベク」は敬称である）のことだ。ハッサンはハンドルの前でじっと座ったまま、しばらく石を見つめていた。「カマール・ベクはここで殺されたのです」。事件当時、ハッサンはまだほんの小さな子どもだったはずだ。だが、その口調と態度からは、彼がその光景を確かに目撃したことが伝わってきた。「ボディガードは一人しかいませんでした。カマール・ベクの車は、今、私たちが来た道を走っていました。すると向こうから一台の車がやって来ました」。前方に目をやると、上り坂のヘアピンカーブが見えた。「あそこからです」とハッサンは言った。「車のなかには複数の男たちがいて、銃撃を始め、カマール・ベクを殺害したのです」。首謀者が誰なのかハッサンは言おうとしなかったが、襲撃の黒幕はシリアの大統領ハーフィズ・アル＝アサドだったと広く認められている。シリアは当時、和平協定締結を進めてレバノン内戦終結を図っていた。だが、その条件はジュンブラートにはとうてい受け入れられないもので、ジュンブラートはシリアを激しく非難した。その報復として、シリアがジュンブラートを暗殺したのだと言われている。ハッサンはため息をついた。ドゥルーズ派の英雄がまた一人倒れたのである。

車は再び走り出し、ムクタラの村落まで最後の数百メートルを上っていった。そうして、ついにワリード・ジュンブラートの城が姿を現した。ハチミツ色の石で建てられたその巨大な城は、美容院や雑貨店、そして山の中腹の集落の手入れの行き届いた庭園などを見下ろすようにそびえ立っていた。城に着き、離れにカバンを置くと、私は守衛詰所に進んだ。そこではボディガードが薄汚れたガラス扉のある古い戸棚の前に座り、おしゃべりをしながらコーヒーを飲んでいた。ガラス扉の向こうには、何種類ものライフルとロケットランチャーらしきものが見えた。

しばらくすると、豪快な白髪の見慣れた人物が犬を連れてやって来た。犬は今度も彼のそばで跳びはねていた。ワリード・ジュンブラートが、迎えにきてくれたのだ。私は、しばらくは宗教的な質問は避け、彼の祖先の建てた城を見て回った。城は実に素晴らしかった。その様式は、レバノン古典様式とでも呼ばれるようなものなのだろう。屋根には赤いタイルが張られ、壁にはところどころに赤とオレンジ色が塗られている。細い柱の間には先の尖ったアーチがあり、その先端からはカンテラが吊されていた。中庭には――カーナヴォン卿が馬上槍試合を見ていたのはおそらくここだろう――噴水があり、窓の上にはペディメント〔扉や窓の上部に施された三角形状の装飾〕があった。ブドウを手に踊るバッカスの装飾が施された、ローマの石棺も置かれている。城の内部はさらに豪華だった。天井にはダマスク模様の彫刻が施され、広い床は大理石で、噴水も設置されていた。壁にはレニングラード包囲攻撃を描いた巨大な絵がかけられていた。この絵はソビエト連邦から贈られたもので、イギリスからの支援を失ったドゥルーズ派の方向転換を示すものである。

夕食をとりながら、再びドゥルーズ派の教義についてたずねると、ジュンブラートは聖職者を紹介すると約束してくれた。彼はそれよりも政治について話すほうがよいようだった。当時、シリアは内戦に突き進んでおり、シリア国内のドゥルーズ派もいずれはどの陣営につくかを選ばなければならない状況にあった。「実に困ったことに、アサド大統領支持を望む信者が大勢いるのです」。彼はウォッカと湯気の立つ熱いブラックコーヒーを何杯も飲みながらこう言った。そもそもドゥルーズ派がなぜシリアに行くことになったのかとたずねると、彼らはドゥルーズ派内部のカイシスとイエメニスという二つの部族の抗争によって一七一一年にシリアに逃れた信者だということだった。イエメニスは東方に追いやられ、その地方が後にシリアとなった。彼らの子孫は今では世界最大のドゥルーズ派コミュニティとなり、その大半がドゥルーズ山脈と呼ばれる玄武岩台地に住んでいる。イスラエルにも現在十二万人を超えるドゥルーズ派がいるが、彼らは第二次世界大戦後に居住地域に国境線が引かれ、レバノンの同胞から引き離された信者たちである。

次の日、ジュンブラートは約束を果たし、私を聖職者に会わせるために彼らの集まる昼食会に連れていってくれた。昼食会は、山の中腹からさらに上った庭で開かれることになっていた。驚いたことに、ジュンブラートは自らハンドルを握っていた。自分も父親と同じ目にあうのではないかと、心配ではないのだろうか？　そうたずねると、「それは運命次第です」と彼は言った。運命に定められたことは必ず起こり、避けられないものであるというのは中東に共通する考え方だ（そして、これは古代からある考え方でもある。バビロンの占星術は、人間の問題の結末はあらかじめ決まっているという、この思想に基づいている）。目的地までの道では、変わったことは何も起こらなかった。ただ、ある村を通った時に、村人たちがジュンブラートに手を振っていたのが印象的だった。庭に着くと、目の前には白いトルコ帽と黒いマントの海が広がっていた。百人を超えるシャイフが長いテーブルに着き、ラム肉とライスの大皿を前に、静かに座っていたのである。主催者のシャイフ・アリーが私たちを出迎えてくれた。彼は丸々とした非常に快活な男性だった。幅広のたっぷりした黒いズボンにトルコ帽という十九世紀のドゥルーズ派の衣装を身に着けていて、その姿はまるで東洋を描いた一九三〇年代の映画のパシャ〔オスマン帝国の高官〕のようだった。屋外での昼食は素晴らしく、シャイフ・アリーはその手配が特別うまいのだと聞いて、まったくそのとおりだと感心した。だが、食事のあとで彼の家を見て回るうち、居間の壁に、彼の別の側面を写した写真を見つけることになった。それは一九八〇年代初頭の内戦開始直後のものだった。そこには、士官学校の生徒たちに戦闘の訓練をする、若き日のシャイフ・アリーの姿があった。当時、内戦は最悪の局面を迎え、禁欲を誓うシャイフたちも戦わなければならない状況にあったのである。

そのようなことがいつも行われているわけではない、とシャイフたちは熱心に説明した。彼らは普段はどんな種類の争いも、細心の注意を払って遠ざけていた。シャイフ・アリーは言った。「私たちシャイフは人々に仕える者です。慣習を維持して自分たちの宗派の存続に努め、ドゥルーズ派の面目を保ち、社会悪を避けるのが務めです」。だが、ドゥルーズ派の名誉が危機に瀕している時にはすべてが許される、と彼は言い添えた。「そうです。戦時には全員が立ち上がり、必要ならば木の枝をもって戦わなければなりません」。そう言うと、シャイフ・アリーは、「木の枝」と言ったのは冗談ではない、と説明を始めた。ドゥルーズ派が一九二〇年代にフランス軍と戦った時に、実際にそうしたのだという。その時、彼らはまず、武装したフランス兵たちを、剣や木の枝、石で襲ってぐったりとさせ、それから武器を奪って本格的な暴動を始めたそうだ。事件の発端は、フランス軍が地元のドゥルーズ派の族長の客を捕らえたことだった。ドゥルーズ派はこれを自分たちの名誉を汚すものだと考えたのである。

その話が終わると、今度は片目の見えないシャイフがギリシャの哲学者について話しはじめた。彼は、十一世紀のムスリムの学者ガザーリーについて語った。ガザーリーは哲学の自己矛盾を論じたみごとな論争を行った人物だ。彼によると哲学では神の説明ができず、それゆえに、哲学を学んだ者を懐疑主義に追いやってしまうという。ガザーリーはギリシャ人に対する学問的批判を率先して行い、そのため、正統派のスンニ派イスラーム教は、次第に宗派外の哲学に着想を求めることをやめていった。しかしドゥルーズ派は山中の村に孤立し、すでに完全に異端とされていたため、ガザーリーに攻撃されることはなかった。そしてプラトン、ピタゴラス、アリストテレスを崇拝し続けたのである。

昼食後、ムクタラに戻ると、私は狭い通路を抜け、木から落ちたばかりのオレンジの転がる階段を下って、あたりを散策した。教会の前を通ったが、一つしかない小さな扉は閉まっていた。その近くの小さな食堂に入り、しばらく座って書き物をしていると、隣のテーブルにいた元気の良い若者たちが一緒に飲もうと誘ってくれた。彼らはアラックという蒸留酒のグラスを差し出すと、ヒヨコマメのペースト料理フムスと、カリカリに焼いたピタパン〔中東で食べられている平たくて丸いパン〕をちぎって載せたファトゥーシュというサラダもごちそうしてくれた。「地元の料理をごちそうできればいいんですけど」と彼らは言った。「シーズン中は丘の子豚を撃って赤ワイン煮にするんですが、今はシーズンじゃないんです」。イスラーム教では、ワインで煮込んだ豚肉は、食べてはいけない料理の最たるものだ。彼らはジュッハール、つまり食べ物に関する宗教法に縛られない、一般のドゥルーズ派信者に違いない。そう思いながら、私はおしゃべりに加わった。

しばらくすると「輪廻についてどう考えているか教えてください」と若者たちがきいてきた。私はそれには答えず、「あなた方は輪廻の存在を信じているのですか?」ときいてみた。そつなく返したつもりだったが、彼らはそれでは満足しなかった。「信じているとかじゃなくて、現実なんです」と一人が言った。すると、「証拠があるんです」と別の若者が甲高い声で言った。「私のいとこは子どもの頃、普通の人には話せないような言葉で話し、その年齢ではとうていできないことをして、周りの人を驚かせていました」。また、別の若者はある男性のことを語った。その男性は、前世で自分が結婚式の日に殺されたことを覚えていて、式に出席していた女性たちのドレスの絵も描けるという。彼はその前世の自分を殺した男に会い、許しを与えたということだ。

その日、私は、夢がきっかけで改名したという女性にも会った。アメリカに住む自分の夢を見たその女性は、それについて家族で話し合い、その結果、自分はアメリカに移住して若くして死んだドゥルーズ派の少女の生まれ変わりだという結論に達したという。その少女はカルメンという名前だったため、その前世の自己に敬意を表し、彼女はカリマと改名したそうだ。さらに、後日友人となったドゥルーズ派の信者は、輪廻の思想はドゥルーズ派では非常に広く受け入れられているため、似たような話がよくあるといって、ある男の子の話を聞かせてくれた。その男の子は、ある男性の死亡と同時期に誕生し、その男性の人生についてよく知っているように見えたそうだ。その男の子は男性の魂の生まれ変わりとされ、男性の子どもたちにも信頼されて、遺産を分けてもらえたという。

ドゥルーズ派では、初期のいくつかのムスリム集団の間で広まっていたような、過激な輪廻転生の考え方は認められていない（あるグループでは、新しい身体に生まれ変わる時に、生前の行いの報いを受けると信じられていた。たとえば、羊と性交した者は後の人生で羊に生まれ変わるという具合だ）。アラウィー派は、人間が植物に生まれ変わることもあると信じるが、ドゥルーズ派はこれを認めない。ドゥルーズ派が信じるのは、自分たちのコミュニティのメンバーが常にコミュニティ内で生まれ変わるということだ。この考え方によると、ドゥルーズ派の信者たちはドゥルーズ派という宗教が生まれるはるか昔から、一つの民族的集団として存在していたということだ。彼らは、肉体は若くとも、その魂は何千年も生きており、現代のドゥルーズ派コミュニティの一員である以前に、預言者ムハンマドの教友であり、ピタゴラス教団の弟子だったのである。では、受け皿となる肉体が不足した場合には、魂はどうなるのだろう？　ドゥルーズ派に伝わる伝説には、この古くからの問いに対する答えも用意されていた。それによると、入る肉体がない場合、ドゥルーズ派の魂は中国に行くということだ。

その晩、ムクタラの村を歩きながら、私は輪廻転生の思想がどのようにしてドゥルーズ派のコミュニティを形成したのかについて思いをめぐらせた。最初のうちは、この思想は改宗者の獲得に役立っていたのかもしれない。キリスト教徒に対しては、初期のドゥルーズ派はこう言っていたはずだ。「ムハンマドを預言者として受け入れても、イエスを拒否することにはならない。ムハンマドはイエスの再来だからである」。ギリシャ哲学を崇める異教徒に対しては、ドゥルーズ派の指導者のハムザ・イブン・アリーはピタゴラスの生まれ変わりだといって説得したはずだ。後の時代、武勇の誉れ高いドゥルーズ派の人々は、死ねばすぐに生まれ変われるという信念によって勇気を得ていた。戦場に向かうドゥルーズ派の兵士は「今夜、母の胎内で眠りたいのは誰だ」と叫んでいたことだろう。

この輪廻転生の思想は、コミュニティに対するドゥルーズ派の強い忠誠心の根拠ともなった。彼らは自らを、ハーキムに対する忠誠の誓いである、時の王への誓いを立てた者だと考えている。彼らはこれをもちろん現世で誓ったのではなく、自分たちが初めてドゥルーズ派のコミュニティを作った前世の十一世紀で誓ったのである。

結局のところ、異教徒との結婚を認めないという厳格な規則は、この輪廻転生の思想に支えられたものだと言える。平均的なドゥルーズ派の一般信者や女性に課されるわずかな義務の一つに、同信の者と結婚するというものがある。ドゥルーズ派はコミュニティ内での生まれ変わりを通じて永遠の命を獲得しているため、非ドゥルーズ派の部外者との間に子どもをもつと、現世のその子どもだけでなく、来世の子どもにも影響を及ぼすことになるのだ。だが、この現世で嫌な結果が出ることもある。二〇一三年七月、あるスンニ派ムスリムの男性がドゥルーズ派の女性と出会い、女性の家族には、自分はよその村のドゥルーズ派の信者だと嘘をついて結婚した。だが男性の正体がわかると、家族は男性を捕らえて去勢した。ワリード・ジュンブラートはこの事件を非難した。だが、ドゥルーズ派の著名な一族の子孫であるアマル・アーラムッディーンが、二〇一四年にアメリカの俳優ジョージ・クルーニーと婚約した時には、コミュニティはもう少し穏やかな対応をした。もっとも、アマルの故郷のドゥルーズ派のある年配の女性は、女性ジャーナリストのインタビューを受け、あまり面白くなさそうにこう言った。「ドゥルーズ派には男が残っていないんですかね？　神のご加護あれ」

＊

シューフ山地はレバノンのドゥルーズ派の中心地だが、その南のイスラエルとの国境付近の山にもドゥルーズ派は住んでいる。聖職者との昼食の翌日、私はイギリス大使とラビエとともに、この山のハスバヤという寺院を訪れる機会に恵まれた。ラビエはベイルートの宗派の家でのシャイフ・アル＝アクルとの面会で、輪廻について質問をしてシャイフの不興を買ってしまったあの男性だ。目的の山までは長い道のりだった。私たちは山頂まで上り、それからファハル・アッ＝ディーンが馬と一緒に飛び降りたと言われる崖の下の渓谷まで急角度の道を下っていった。そしてブドウ園に囲まれたキリスト教徒の村を通り、ヒズブ・アッラーのポスターが貼られたシーア派の村を抜け、ようやくハスバヤの寺院に到着した。

寺院だと聞いていたが、実際に着いてみると、ハスバヤというのは古いいくつもの石造りの建物でできた一つの町だった。建物の一つは荒れ果てた城で、その城の石の崩れた一角に、十字軍時代から暮らす家族が今もそのまま住んでいた。その家族の植えた花が、灰色の石造りの中庭の殺風景な景色に柔らかな色を添えていた。住宅にはあまり適さない別の一角は、同じ一族の分家が所有していたもので、現在では政治集会所として使われていた。背の高い石のアーチの内側には、ジュンブラートのライバルであるタラール・アルスラーンの肖像画がかけられ、大使を迎える即席の歓迎会場とするために、プラスチック製の椅子が並べられていた。

歓迎会が終わると、私たちは近くの小さな山の頂にあるアル・バヤダという寺院を訪ねた。それは、ハルワと呼ばれ、ドゥルーズ派の信者が外界との関わりを絶って祈りを捧げる場所だった。西洋でいう隠遁所だ。その中心部は礼拝堂になっていた（窓からのぞいてみた限りではとても簡素な部屋で、立ち入り禁止になっていた）。中心から離れた場所にある建物は、主にドゥルーズ派のシャイフのコミュニティの居住地域となっていた。シャイフたちは修道士のような姿で、一人はサンダルを履いていた。私たちは松の実とハチミツをごちそうになり、話を聞いた。五人のシャイフが座って私たちの質問に辛抱強く答えてくれた。サンダルを履いていたシャイフは、ここに来て四十年になるという。彼らもよそのシャイフと同じく、自分たちで作ったものしか食べないことを慣習としていた。「ここは三百五十年前に敬虔な男性によって建てられました」と一人のシャイフが説明した。「彼はその強い信仰によって、ここにハルワを建てようと決めたのです。以前はもっと低い場所にありましたが、後に山の頂上に移されました。世俗の利益を求めなかった彼のおかげで、この場所は有名になりました。そして信者たちがやって来て、静かに祈れるハルワがいくつも建てられるようになったのです」

ドゥルーズ派の信者たちは、ある時、寺院の隣に奇妙なものを作った。それは円形の石板で、その周りには平たい石が円を描いてずらりと並べられていた。案内してくれたシャイフたちからは何も説明はなかったが、それには何か宗教的な意味があるようだった。というのも、その石の上に乗るのに、靴を脱ぐよう言われたからだ。その石の中央には、色の濃い小さな丸い石が置かれていた。上から全体を見ると、一つの点が円の中心にあった。円の中心にある点のシンボルは、ピタゴラスの聖なるしるしであり、宇宙の中心にある「一者」を表す「回転する世界の静止点」だ。その点の上に立って話をしていると、自分の声が円形に並べられた周辺の石にこだまするのがはっきりと聞こえた。その響きは、ピタゴラスが聞いても気に入ったはずである。ピタゴラスは耳に心地良いハーモニーは、数学の公式に従って生み出されるということに気づき、初めて八度音程について詳しく説明した人物だった（金属棒の長さを半分にすると、たたいた時に出る音が一オクターブ高くなることを発見したのはピタゴラスである）。彼は、惑星は公転しながら音楽を奏でていると考えていた。そして、じっと耳を澄ませ、聞くべきものを理解している人には、その「天球の音楽」が聞こえると信じていたのである。私はこの石のアイデアを思いついたシャイフに会った。彼はこれをハニン・アル＝アフラクとアラビア語で呼んでいた。私は西洋の大学で何年もギリシャ哲学を学んだが、この言葉を人の口から聞くのは初めてだった。

寺院を守るシャイフは、この日は寺院に来る日ではなかったため、私たちは町にある彼の自宅を訪れた。シャイフは長いあごひげを生やした年配の男性で、ユーモアのセンスのある人だった。案内されて居間に入ると、テーブルには料理の載った大皿がいくつも並べられていた。私たちはそれをごちそうになりながら、楽しく語り合った。大使とシャイフはドゥルーズ派の聖職者階級における女性の地位について議論を交わした。シャイフの説明によると、女性もシャイフになることはできるが、その権限には限りがあるのだという。女性の大使としては黙って聞いていられなかったのだろう。大使は冗談を交えながら盛んに意見を述べていた。だが、その後、すぐに形勢は逆転した。シャイフが、大英帝国はどのように終焉を迎えたのかとたずねてきたからだ。「太陽が沈んだからですか？」と彼はいたずらっぽく言った（「太陽の沈まぬ大英帝国」という言葉は、中東ではさまざまな理由から流行り言葉となっていた。私も何度その言葉を言われたか覚えていないほどだ）。

だが、ピタゴラスについてたずねると、シャイフは真剣な表情になった。なぜピタゴラスは信奉者に豆を食べるのを禁じたのかときくと、シャイフは驚いた顔をした。ピタゴラスはそんなことはしていない、とシャイフは言った。そうして、家族が用意してくれた料理を指さしながらこう言った。「豆料理の皿を用意していればよかったのですが。そうすれば、ドゥルーズ派も豆を食べていいことがおわかりいただけますから！」この返事からわかるのは、ピタゴラス教団が何を許し、何を禁じていたかという質問を、シャイフはドゥルーズ派の慣習に関する質問でもあると、即座に判断したということだ（レバノンのドゥルーズ派の雑誌に載った「賢者ピタゴラス」という記事には、ピタゴラスの教えと、その教えが象徴するものの解釈の対照表が載っていた。そのアプローチの仕方はイスラーム教の規則をドゥルーズ派が解釈する方法と同じものである）。

＊

コミュニティとしての現代のドゥルーズ派は、ヤズィード教徒やゾロアスター教徒よりもうまく運営されている。今までのところ、自分たちの土地があり、自治を守れているからだ。この理由の一つには、レバノンには支配力を振るう宗教グループがないことが挙げられる。レバノンでは、ジュンブラートは今日まで暗殺を免れ、政治と関わり続けている。シリアでは、コミュニティの規模の大きさや、主要都市から遠く離れた地の利によって、内戦の最悪の被害からは守られている。イスラエルでは信仰の自由があり、多くがイスラエル軍で兵役に就いている。だが、脅威はいたるところにある。レバノンは不安定で、シリアは血なまぐさい戦場となり、イスラエルではユダヤ人移民の住宅建設のために、ドゥルーズ派の土地の大半は没収されている。ドゥルーズ派の一般信者は教義について無知なため、海外での信仰の維持は難しい。それでもなお、ドゥルーズ派の聖職者と世俗の指導者は、あらゆる場所でコミュニティの結束と独自性を保つことに成功している。カーナヴォン卿がその未来をいかに悲観的に描こうとも、私は同じことはしたくない。そんな思いを胸に、私はムクタラとハスバヤの旅を終えた。

ベイルートに戻ると、私は最後にベイルート・アメリカン大学のドゥルーズ派の教授、サミ・マカレムとの面会を取り付けた。アパートを訪ねると、教授は桑の実ジュースのグラスを差し出しながらこう言った。「われわれの神は、あなた方のアブラハムの神とは違います。セム語族の宗教では、神はその偉業で知られます。しかし、私たちにとって神は内在するものであると同時に、超越的存在でもあるのです」。ドゥルーズ派では、神は新プラトン主義における「一者」のような不変な存在、つまり、宇宙の産出者（原因）ではなく、宇宙の産出者を生み出した始原と考える（「一者」が普遍知性と普遍霊を産出し、普遍知性と普遍霊が宇宙を産出するのである）。それでもドゥルーズ派は神に「宇宙の創造主よ」と呼びかける。神は説明できる存在ではなく、そのため自信をもって使えるほかの呼称がないからである。

流出説の考え方にしたがわず、夢がその夢を見る人の一部だと考えるように、ドゥルーズ派は、世界は神の一部であると考える。マカレム教授は続けた。「自分を神から切り離そうとすること、そして自分は切り離された存在だと考えることは悪いことです。個人は神から別の方法で流出したものであり、エゴはその個人の内に宿るものです。エゴが生じるのは必然的なことです。では、どうやってそれと戦うことができるでしょう？　愛をもって戦うのです。愛と、そして私たちは宇宙の秩序に委ねられた存在だということを受け入れることによって、戦うのです」。この考え方は、私にクレルヴォーのベルナルドゥスの言葉を思い出させた。「一滴の水をワインにたらすと、その水自体は消えてなくなり、ワインの色と香りと一体化する。赤く熱した鉄の棒はその本来の性質を忘れ、熱い火のようになる。太陽の光線できらきらと輝く空気は、照らされているのではなくそれ自体が光を放っている。同様に、聖者の内なる人間的な愛はすべて溶けてなくなり、言葉では言い表すことのできない神のご意思へと変わるのである」

ドゥルーズ派はピタゴラス教団の後継者なのですか、と私は教授にきいてみた。教授は警戒したように微笑むと、これについては返事をしなかった。ドゥルーズ派以外の者には答えないと決めていることは、次の言葉からも明らかだった。「占星術の創始者であるヘルメス・トリスメギストスは言っていますが、受け入れ態勢のできていない人に真実を明かすことは、同時に三つの罪を犯すことになります。つまり、それを聞いた人は真実を信じなくなり、相手に関して誤った考えをもち、真実は無意味だと言うようになるのです」。では、マカレム教授の考えでは、どうすれば真実を受け入れる態勢ができるのだろうか？　私はギリシャ哲学を学んだが、それで真実を知る資格を得たと言えるだろうか？　そうとは思えなかった。教授は言った。「真実になじむには何世代もかかります。それが輪廻転生というものです。真の知識は記憶なのです」。ピタゴラスは、過去に生きたいくつもの生を思い出すことにより、一生をかける価値のある知恵以上のものを蓄積できると信じていた。同様に、ドゥルーズ派は、賢者のコミュニティのなかで生まれ変わる自分たちだけが、真の知恵への到達を望める者だと信じている。これこそが、ピタゴラス教団の考え方だ。

# 第五章　サマリア人

サマリア人とは、古代イスラエル人の子孫で、紀元前八世紀にユダヤ人と分岐したエスニック・グループである。紀元前六世紀のバビロン捕囚後に古代イスラエルの宗教をラビ・ユダヤ教として発展させた形態のユダヤ教を認めず、タルムードも否認し、『サマリア五書』を奉じて「サマリア的ユダヤ教」を信仰している。信仰の中心もエルサレムではなく、ゲリジム山（現在のパレスチナに含まれるナーブルス市近郊の山）に移し、ここをアブラハムがイサクを犠牲に捧げようとした聖地と捉える。無論、彼らの観点からすれば、現在主流となっているラビ・ユダヤ教よりも、「サマリア的ユダヤ教」の方が正統である。

しかし、現実の歴史に照らせば、五～六世紀のパレスチナでの対ビザンティン帝国蜂起にことごとく敗れて以降、サマリア人コミュニティーからはキリスト教やイスラームへの改宗者が相次ぎ、彼らの人口は極度に減少した。しかも、第一次世界大戦後は、彼らの棲むナーブルス市近郊——ヨルダン川西岸地区——はアラブ・イスラエル紛争の舞台になってしまい、これに巻き込まれる形で人口はさらに減少した。彼らが改宗を認めず、四大ファミリーで構成される閉じたコミュニティーを形成してしまった点も、この人口減少を助長した。

本章の登場人物、ヨルダン川西岸地区のベニーに典型的に見られるように、彼らはラビ・ユダヤ教とイスラームの両方に付かず離れずの姿勢を取り、基本的には中立を維持している。しかし、本章中にも言及のあるイスラエルの女優ソフィー・ツェダカ（一九七五年～）のように、サマリア人に生まれつつもラビ・ユダヤ教に改宗してイスラエル社会に妥協する例も見受けられる。サマリア人について日本語で読める著作としては、R・J・コギンズ著『サマリヤ人とユダヤ人』（渡辺省三・土岐健治訳、一九八〇年、教文館）を参照のこと。

（解説・青木 健）

「イスラエルの失われた十部族」〔紀元前八世紀にアッシリア人によりイスラエル王国から連れ去られ、その後行方が知られていない十部族〕は、「失われた」とされる民のなかで、最もよく発見されている者たちだ。まず、九世紀にはアラビアにいたと言われている。そしてその数世紀後には、インド近辺にいたようだ。彼らがそこでゴグとマゴグ〔聖書に登場する神に逆らう勢力〕やアマゾン〔ギリシャ神話に登場する女性だけの部族〕の女王によって守られて、キリスト教の打倒を企てていたと、中世の寓話作家は興奮しながら書いている。新大陸の探検中も、ヨーロッパ人は幽霊の軍隊でも見るように、いたるところで十部族の姿を目にしたものだった。ネイティブアメリカンの出身地はイスラエルだと言う者もいて、トーマス・ジェファーソンは彼らに向かい、故郷のシオンの地に帰りたいかとたずねている。

私もエルサレムに住んでいた時に、失われた部族に会っている。だが、それはまったく予期せぬことだった。一九九八年から二〇〇一年にかけて、私はイギリス総領事館の領事として働いていた。その主な仕事はパレスチナ人に中東の和平プロセスを支持してもらうことだった。当時の私は、何らかの協定に達することは可能だと考えていた。どちらの陣営の希望も完全には叶えられないが、少なくとも、パレスチナで行われている暴動と弾圧の連鎖を断ち切ることはでき、パレスチナ人とイスラエル人の両方に、より平和で尊厳のある暮らしを送ってもらえるようになると思っていたのである。

この希望が誤っていたことはあとでわかることになる。だが、私がエルサレムに赴任していた一九九八年には、そんな希望が抱けるほど楽観的な風潮が広まっていたのである。治安も安定していたので、私は魅力的な地域をあちこち旅行した。イスラエルはどの町も奇跡と言えるほど美しかった。この国では、ホロコーストの悲劇を経た一九四八年の建国から二、三十年で国家や言語が作り上げられ、産業基盤を有していなかった建国当時から大きな経済成長を遂げていた（実際、彼らの話す現代ヘブライ語は一八八〇年代以降に作られている。エリエゼル・ベン・イェフダーによって、聖書に使われたヘブライ語を平易にして考案されたのである。ベン・イェフダーの方針により、彼の息子はヘブライ語しか話さないように育てられた。息子にしてみれば、それはひどい仕打ちだ。それではほかの子どもたちと話が通じないからだ。周囲から懐疑的な目で見られ、敵意すら向けられながらも、最終的にはベン・イェフダーの試みは成功し、現代ヘブライ語は広く受け入れられた）。私は、ヨルダン川西岸地区のパレスチナの町も見にいった。一九六七年の第三次中東戦争でイスラエル軍によって征服された地区である。パレスチナ人の文化はアラブ民族のどの文化よりもエネルギーにあふれている。自由を望む気持ちはアラブ人としてのアイデンティティを強め、彼らはそれを映画や芸術、演劇を通じて表現しているのである。

私はナーブルスを何度も訪れた。ナーブルスはエルサレムから北に五十キロメートルほどのところにある、かつてはその美しさで名をはせた白石灰岩の家の建ち並ぶ都市で、今もそのオリーブオイルは有名である。古代ローマ人によって付けられた「新しい都市」を意味する「ネアポリス」という名称が、その名の由来となっている。旧市街から少し離れたところには、かつてシェケムという名の都市があった。「シェケム」は「鞍」という意味だ。低地の両側には二つの山の背があり、真ん中がへこんだ鞍のような地形になっているためにこの名がついたのである。西側にあるのがゲリジム山、東側はエバル山だ。二つの山は非常に近く、かつてはジャッカルが谷を挟んで遠吠えを交わしていたと言われるほどだ。古代の都市シェケムは、ローマ人によって破壊されたが、その跡地は、現在、国連のバラータ難民キャンプの用地として使われている。領事館がシアタープロジェクト基金を設立した際に、私もそこを訪れた。

第一次中東戦争後、現在のテルアビブ付近の村のパレスチナ人たちは、ここにテントを建てて身を落ち着けた。みな、村から逃れてきたか、もしくは勝者のイスラエル軍に追われた人たちだ。現在ではテントはコンクリートの家にかわり、この地域はナーブルス郊外の貧困地区となっている。だが、人々は当時の自宅の没収を、決して受け入れることはない。と、そんなことを考えていると、シアタープロジェクトに参加しているバラータ難民キャンプの若者たちが声をかけてきた。あたりを案内してくれると言うので、私は彼らとともに出かけていった。ナーブルス市街を歩いて抜けながら、私たちはクナーファを食べた。これはハチミツが滴るチーズの有名な菓子で、オリーブ石鹼とともに地元の名物となっている。

バラータのはずれに、「ヤコブの井戸」という井戸がある。ユダヤ人の父祖であるヤコブが実際にこの井戸を使ったかどうかは知らないが、何千年もの間、聖地とされてきた場所である。キリスト教の福音書にこんな場面がある。旅の途中、この井戸のそばで休んでいたイエスが、通りかかったサマリア人の女性に話しかけ、井戸から水を汲んでくれるように頼む。すると、サマリア人の女性は、イエスから話しかけられたことに対して驚きをあらわにする。というのも「ユダヤ人はサマリア人と付き合いをしなかった」からである。同様のユダヤ人とサマリア人との対立の図は、イエスの「善きサマリア人」の寓話にも現れる。ユダヤ人の男性が追いはぎにあい、半死半生となって道端に横たわっていた。通りかかったユダヤ人の祭司とレビ人《びと》は、その姿を見ると通り過ぎていった（それは彼らが冷淡な人間だったからではなく、祭司が死体に触ることはタブーとされていたからだ。彼らは男性が死んでいた場合にそのタブーを犯すことになるのを恐れたのである）。だが、次に通りかかったサマリア人は、足を止めてこの男性を助ける。イエスは、自分を信奉するユダヤ人が愛すべきなのは、ほかならぬこのサマリア人なのだと説く。けがをしたユダヤ人の男性を助けたのがサマリア人であることもこの話のポイントだ。というのは、サマリア人とユダヤ人は宿敵同士だったからである。彼らは宗教慣習をほぼ同じくしていたが、歴史解釈が異なるために敵対していたのである。

紀元前八世紀、現代のイスラエルにあたる土地に、イスラエル王国とユダ王国という国があった。この二国は敵対関係にあったが、その住民は同じ宗教を信じ、同じ祖先の血を引いていた。彼らはみなヤコブの十二人の息子の血を引く十二部族に属し、もとは統一イスラエル王国という一つの国に住んでいた。だが、ソロモン王の死後、この二国に分裂したのである。北のイスラエル王国にはユダヤ教の聖地があったが、この王国は紀元前八世紀にアッシリア人の侵略を受け、数万の民がイラク北部に連れ去られてしまう。南のユダ王国は存続し、その住民はユダヤ人と呼ばれたが、彼らも捕虜となり、バビロンに移住させられる。そして、帰国した時には新しい思想を携え、伝統を変えていったのである。一方、北のイスラエル王国から連れ去られた人々の消息が再び聞かれることはなく、彼らは

「失われた十部族」と呼ばれるようになった。

だが、十部族のすべてが本当に失われたわけではない、とサマリア人は言う。一部はアッシリア人に無理やり連れ去られたが、残りの者はイスラエル王国に住み続け、それが自分たちなのだというのがサマリア人の解釈である。ほかにも、サマリア人のユダヤ人との主張の違いは多い。サマリア人の聖地はゲリジム山で、この山を崇拝することは彼らの十番目の戒律となっている。サマリア人の信仰では、アダムはゲリジム山の塵から作られ、ノアの方舟が止まったのもアララト山ではなくてこの山だとされている。モーセが十戒を授かったのもシナイ山ではなくこの山だし、アブラハムがイサクを生贄にしようと連れていったのは、エルサレムのモリヤ山ではなくここなのだ。彼らはその山に敬意を払い、十三の異なる名前で呼んだ。たとえば、アル・ゲリジム、「戒律の山」、ガバト・オラム、「世界の山」、アル・アシェキナ、「神の住まう山」などだ。彼らはこの山に神殿を建て、毎年、山頂にテントを張って、『出エジプト記』に書かれた手順に則って過越《すぎこし》の祭り（ペサハ）の生贄の儀式を行った。

彼らは、自分たちをユダヤ人と呼ばず、ヘブライ人あるいはイスラエル人と呼んだ。また、アラム語で「守護者」を意味する「シャマリン」とも呼び、これが「サマリア人」の語源となった。サマリア人は自分たちを「守護者」、つまり南のユダヤ人が捨てた古い伝統を文字どおり守る者だと考えていた。そして、ソロモン王が建てたエルサレムのユダヤ教神殿は、父のダビデ王が考えた、不敬で伝統を破るものだと考えた。ダビデ王は彼らが特に嫌う人物で、今日でも、サマリア人にはダビデという名の者はいない。サマリア人の考えでは、エルサレムは神殿を建てる場所にはふさわしくない異教の都なのである。

一方、ユダヤ人の見解は、十部族が姿を消したところまでは同じだが、その後の話がサマリア人とは異なっている。ユダヤ教の権威は、十部族は本当に姿を消したと判断を下している。そして、サマリア人は、アッシリア人が帝国の別の地域から連れてきた民族の子孫であり、十部族にかわってそこに定住し、ユダヤの慣習を採り入れた者たちだという立場をとる（古代ユダヤの歴史書『列王記』によると、「アッシリアの王は、バビロン、クタ、アワ、ハマト、セファルワイムから人々を連れてきて、イスラエルの子らのかわりにサマリアの町々に住まわせた」とされている）。この定住者たちは、エルサレム神殿から来た背教の祭司を説得し、ついにはゲリジム山に自分たちの神殿を建てたのだ、というのがユダヤ人の見解だ。ユダヤ人にとって、サマリア人は自分たちと同等と考えられはするが――しかしそれは「彼らがゲリジム山を否定し、エルサレムに懺悔する時」だけに限られる、とタルムードは述べている。なぜ彼らを排除するかというと、彼らは「正統でない女性と結婚する」からだそうだが、これはおそらく他民族の女性との結婚を意味していたのだろう。これはあくまでもユダヤ人の立場からの主張だが、サマリア人がこの認めがたい慣習を維持する限り、ユダヤ人とサマリア人の間には交流はあり得ない、ということだ。

このタルムードの判定は両者の間の緊張の原因となったが、それよりも関係を悪化させたのは政治的対立関係だった。古代のイスラエル王国とユダ王国の構図では、地域で権力闘争が起こると、ユダヤ人とイスラエル人はたがいの敵対勢力を支持する傾向にあった。アレクサンダー大王がユダヤ人と敵対すると、サマリア人はアレクサンダー大王に従った。アレクサンダー大王が考えを変えてユダヤ人を支援すると、サマリア人はアレクサンダー大王と戦った。紀元前二世紀のマカバイ戦争〔紀元前一六六年、豪族のユダス＝マカバイオスに率いられ、パレスチナのユダヤ人が起こしたセレウコス朝シリアの支配に対する戦い。この戦争の結果ユダヤ人には自治が認められた〕で、アレクサンダー大王の後継者の一人が築いた王国セレウコス朝に対し、ユダヤ人が反乱を起こすと、サマリア人はセレウコス朝側についた。その報復として、ユダヤ人はサマリア人の神殿に火を放った。この戦争でユダヤ人は独立を獲得するが、その後の歴史の流れのなかで実質的なローマの支配下で抑圧を受け、それとは対照的に、サマリア人は繁栄していった。

イエスの時代までには、サマリア人の数は五十万ほどになっていた。だが、ユダヤ人との関係はかつてないほど悪化していた。九年には、サマリア人の暴力団がエルサレムに入り、人骨をばらまいてユダヤ教の神殿を汚した。五〇年には、ガリラヤからエルサレムの神殿にやって来たユダヤ人が、現在のジェニン付近の村でサマリア人に殺害された。この二つの事件はイエスが説教をしていた時代にあたり、これが原因か、あるいは安全面の不安からか、イエスは当初、説教に行く時にはサマリア人の町に入らないように弟子たちに命じていた。しかし、後にイエスはこれを後悔し、エルサレムに行く際には、自らサマリア人の土地を通っていった。ヤコブの井戸でのサマリア人女性との話や、善きサマリア人の寓話は、イエスのサマリア人に対する友好的な態度を示している。実際に、イエスは一時、サマリア人だという非難を受けたこともある。キリスト教が早くからサマリア人の改宗者を獲得したのは、これが原因だと思われる。

では、その後、サマリア人はどうなったのだろうか？　あとでわかったのだが、バラータ難民キャンプの若者たちに案内されてこの地を歩いていた私は、それについて驚くべき発見をすることになる。彼らとともに、私はゲリジム山腹の曲がりくねった小道を上り、頂上の小さな村を訪れた。村の建物には、古代ヘブライ語の細かい文字が刻まれていた。道には、白い法衣を身に着け、祭司の被る赤と白のトルコ帽を被った男性が歩いていた。そして、村の小さな博物館を訪れた時、私はその男性や村の住人たちが何者であるかを知ったのである。彼らはサマリア人だったのだ。現在、世界には七百五十人のサマリア人がいるが、彼らはアッ・ロズ（「アーモンドの木」の意味）と呼ばれる山頂の村と、イスラエルの首都テルアビブ郊外にある一地区の二カ所に集まって住んでいる。私はまさにそのアッ・ロズの村に来ていたのである。

ローマに対するユダヤ人の反乱に端を発したユダヤ戦争〔一世紀、パレスチナのユダヤ人がローマ帝国に対して起こした解放戦争。この鎮圧からユダヤ人の離散が始まる〕は、ローマ軍の圧倒的な勝利に終わった。この戦いのなか、七〇年にエルサレムを陥落させたローマ軍は、この街のみならず、エルサレム神殿をも徹底的に破壊した。その後も、ユダヤ人にはさらに恐ろしい運命が待っていた。一三〇年代に起こした次の反乱では、五十万ものユダヤ人が殺害され、生き残った者は祖国から完全に追放された。だが、サマリア人がこのような目にあうことはなかった。実際には、古くからの敵がいなくなり、かえって繁栄していったのである。当時の指導者バーバー・ラバは改革者として、また、奇跡の担い手として、その伝説が後世に伝えられている。だが、六世紀になると、サマリア人もキリスト教への改宗を迫られるようになり、これに反発して頻繁に暴動を起こした。その後、ローマ皇帝ユスティニアヌスはサマリア人のシナゴーグをすべて破壊してサマリア人を公職や帝国軍から追放し、法廷でキリスト教徒に不利な証言を行うことを禁止した。子孫に財産を渡すことすら許さなかった。驚くことではないが、こうしてサマリア人は外部の人間に敵意を抱くようになっていった。エルサレムに巡礼したキリスト教徒、ピアチェンツァのアントニヌスは、サマリア人の町を訪れた時にこう記している。サマリア人は「私たちがキリスト教徒でもユダヤ人でも、麦わらで私たちの足跡を焼き払った。彼らはそれほど両者を恐れていたのである」。このような状況では、サマリア人が六三七年のアラブ・ムスリムの到来を歓迎したことは当然のことだったのである。

アラブとイスラエルの対立の構図がムスリムとユダヤ人との関係を定義している現在、その関係がかつては親しく敬意に満ちたものであったと聞くと、奇妙に思えるかもしれない。ムスリムが礼拝時に向かう方向をメッカに変更する以前、ユダヤ人とムスリムは同じ方向、つまりエルサレムに向かって祈っていた時期があった。初期のムスリムはアラビア半島のユダヤの部族と戦ったが、それでも、クルアーンの数節はユダヤ人に対する敬意と寛容を説いている。ムスリムとユダヤ人は、おおむねたがいをキリスト教徒より完全な一神教だとみなしていた。というのも、双方とも、イエスは神が人間の姿をとった者であるという考えをはねつけ、神のいかなる像も描くことを禁じていたからだ。著名なユダヤ教の学者イブン・マイムーン（マイモニデス）は（彼は宗教学者の家系に生まれたユダヤ人で、イスラーム世界に精通し、迫害を逃れるため一時期はムスリムとして振る舞うことを余儀なくされたが、その後ユダヤ教に戻ることができた）、ムスリムが「神は唯一であるとした点で、彼らはまったく間違いを犯してはいない」と主張した。ムスリムの学者たちは、初期のイスラーム法の考案にユダヤの学問を活用し、罪に対するクルアーンの罰が軽いと思われた場合には、タルムードの罰を盛り込むこともあった（たとえば、姦通罪にはユダヤの慣習の石打ちの刑を採用した）。それでも、イスラーム教への改宗をかたくなに拒むユダヤ人の待遇が良くなることはなかった。ムスリムによる征服後は、ユダヤ人は法的差別を受け、常に迫害される弱者となった。だが、第一回十字軍では、ユダヤ人はムスリムが「フランク」と呼んだキリスト教徒からエルサレムを守るため、ムスリムの支配者に従って、ムスリムとともに戦った。

一方、サマリア人も、ユダヤ人やキリスト教徒と同じ啓典の民とされたが、初期のムスリムの支配者たちはこれを疑問視し、サマリア人にはキリスト教徒やユダヤ人より高い税金を課した。それでも、ムスリムによる征服によって、サマリア人はユダヤ人よりも大きな恩恵を受けていた。「アラブ人による征服は、内地のサマリア人コミュニティにはかえって救いとなるものだった」とイスラエルの歴史家ナタン・シューアは書いている。「サマリア人は何世紀も経験したことのない信仰の自由を与えられ、宗教と文学は中世の全盛期を迎えた」。サマリア人は、アラム語を捨ててアラビア語を話すようになり、独特の固有名詞を生み出した（たとえば、「神のしもべ」を表すムスリムの固有名詞「アブドゥッラー」のかわりに、「アブドゥヤハウェ」を作り出した。ちなみに、ユダヤ教の十戒とは異なり、サマリア人の十戒には「主の名をみだりに唱えてはならない」というタブーは存在しない）。

迫害にあわなくても、サマリア人のイスラーム教への改宗は進んでいった。経済的な利益や社会進出のため、または神学上の理由などが原因である。そのため、コミュニティは縮小し続け、厚遇は続かなかった。強硬な姿勢のイスラーム教の支配者たちは、時には聖職者の圧力により、サマリア人の改宗を進める懲罰的で屈辱的な法律を定めた。自由主義的あるいは友好的な支配者も、これを一時的に緩和させることしかできなかった。カイロやガザ、アレッポ、ダマスカスのサマリア人コミュニティは縮小し、一つまた一つと消えていき、現在ではナーブルスに残るのみとなった。現代のサマリア人が初めて西洋の記録に現れたのは、十六世紀のことである。当時、彼らは世界中に離散した仲間を必死になって探していた。フランス人の学者ジョゼフ・スカリジェールは、彼らのそんな気持ちを利用し、自分は長い間失われていたヨーロッパのサマリア人コミュニティの一員だと偽って、彼らと連絡をとった。それを信じたサマリア人たちは、希望をもって彼にこう書いている。「神にかけ、聖なる名にかけておうかがいします。あなた方のなかには、レビ、アロン、ピネハスの子孫の祭司がいるのでしょうか。それとも、あなた方には祭司はいないのでしょうか。どうか、この質問に必ずお答えください」(アロンはレビの孫、ピネハスはアロンの孫。ユダヤ教の祭司はすべてアロンの家系の世襲である)。これが彼らの十部族の神話の解釈なのである。

数は減ってはいたものの、サマリア人は自分たちを誇り高き古代の歴史の後継者だと考えていた。スカリジェールへの手紙のなかで、サマリア人は、自分たちには今もピネハスの血を引く大祭司がいることを誇らしげに書いている(「ユダヤ人にはピネハスの血を引く祭司はいない」と、手紙の筆者は対抗意識をもって書いている)。たいていのユダヤ人は自分の属する部族を覚えていないが、サマリア人はしっかり覚えている。ヘブライ語でコーヘンと呼ばれるユダヤ教の祭司同様、サマリア人の祭司はアロンの血を引くレビ族の出身であり、サマリア人は一般の信者もヨセフまでその血筋をたどることができる。宣教師のジョゼフ・ウルフは、一八二〇年代にイスラエル・エル゠シャラビーというサマリア人から、サマリア人は自分たちがヨセフの子孫であることを忘れていないと言われたという。ヨセフは兄弟に裏切られて奴隷に売られた人物で、サマリア人はその嘆きを受け継いで、ユダヤ人を恨んでいる。「ヨセフの子であるわれわれは、父なるヨセフが兄弟から受けたひどい仕打ちを、決して忘れることはできないのです」とサマリア人は言う。

一七七二年、ナーブルスでは、サマリア人に公共の場所で鈴を身に着けることを義務とし、馬に乗ることを禁止（緊急時にはラバには乗れた）する法律が定められた。当時、ナーブルスの政治情勢は、危険な方向に激しく動いていた。煽動政治家たちが、サマリア人を攻撃すれば自分の敬虔なムスリムとしての経歴を宣伝できると考えて、締め付けを強めてきたのである。一八五〇年代に、そのような煽動政治家によって引き起こされた暴動の最中、ある男たちが、サマリア人にイスラーム教への改宗か死を選ばせろと叫びはじめた。だが、すんでのところでユダヤ教のチーフ・ラビが到着し、サマリア人は純粋な一神教徒だと証明し、惨事を回避した（ユダヤ人とサマリア人の伝統的に険悪な関係を考えると、これは歴史的な動きである）。

アメリカ人宣教師のプリニー・フィスク師の死後の一八二八年に出版された回想録のなかには、サマリア人と会った時のことが記されている。「イギリスにはサマリア人がいるかという質問に私が『いない』と答えると、彼らは大いに不満げな顔をした。そして、私がアメリカ人だと知ると、今度はアメリカにはサマリア人がいるかときいてきた。再び『いない』と答えると、彼らは自信をもって、『いや、いるだろう』と主張し、インドにはサマリア人が大勢いるとも言った」。独学でヘブライ語、ラテン語、ギリシャ語を学習し、一八五〇年代にナーブルスへと向かったジョン・ミルズというウェールズ人宣教師は、サマリア人は魅力的な人たちだと言って、こう述べた。「彼らと肩を並べられるコミュニティは、パレスチナにはない（……）彼らは背が高く、気品のある物腰の人たちだ」。そして、このコミュニティのメンバーはたがいに「よく似ている。それはまさに血族的な類似である」と言い添えていた。これは私も思ったことだが、独特な大きな耳たぶを含め、現代でも彼らにはよく似ているところがある。サマリア人コミュニティから、あなたの国にはヘブライ人がいるのかときかれたミルズは、それがユダヤ人のことだと思って、「いる」と答えた。すると、彼らは再び非常に興奮した様子を見せたという。自分たちの仲間の失われたコミュニティが見つかるかもしれないという希望を抱いたためだ。だが、現実には、彼らのコミュニティが、世界にたった一つのサマリア人コミュニティとなっていたのである。

サマリア人はターエブと呼ばれる救世主を望んでいた。ジョン・ミルズによると、彼らは救世主が「血を流すためではなく国を癒やすために、そして戦争を起こすのではなく平和をもたらすため」に到来すると信じていたという。ミルズはその根拠を説明していないが、彼らは、救世主は一九一〇年に現れると予言していたそうだ。だが、それは実際には起こらなかった。一方、一九二〇年のイギリス委任統治領パレスチナの創設は、サマリア人にとって一つの転機となった。というのも、聖書の「善きサマリア人」の寓話のおかげで、イギリスのキリスト教徒がサマリア人に好意的な態度をとったからである。彼らの後押しによって、コミュニティはもち直した。当時、過去最少の百四十六人にまで減少していた彼らは、すんでのところで救われたのである。

サマリア人は何世紀もの間、羊皮紙に古代の聖書を写し続けてきた。彼らの考えでは、その聖書は、ゲリジム山が神の聖なる山だという主張を証明するものである。また、彼らは、古代のイスラエル王国とユダ王国の争いについても記憶していた。一九四〇年代にユダヤの新国家建設が提唱された時、サマリア人の祭司はイギリスの役人に向かい、イスラエルの家系の最後の後継者の威厳を示してこう言った。「私はユダヤ人の敵ではないし、彼らが再び王国をもつことに反対しているわけではありません。ただ、イスラエルの民のものである土地に、彼らが国を建設しようとしていることに腹を立てているのです。ここが彼らの土地だったことなど、一度もないのですから!」当時のユダヤ人は千百万人、サマリア人はたった二百人だったが、彼はそんなことはものともしなかった。イギリス人の旅行作家H・V・モートンがほぼ同時期に述べているように「サマリア人は、六三八年に移住してきたばかりのアラブ人を侵入者だと考えていた」のである。

＊

二〇一二年にこの本のための調査を行っていた私は、エルサレムの領事時代から保管していたものに再び目を通した。そこには思い出の数々が詰まっていた。まず目がとまったのは、聖墳墓教会の復活祭《イースター》のミサの入場券だ。私は教会のドームに上り、正教会の総主教が、キリストの墓があるという場所から、奇跡の火を運ぶ姿をじっと見つめていた。嘆きの壁の写真もあった。ここにはユダヤ人が今も訪れ、七〇年のローマ軍によるエルサレム神殿の破壊を嘆いている。ローマの統治に対するユダヤ人の強い抵抗を目にしたローマ軍は、ユダヤ教を根絶することを決め、徹底的な破壊を行ったのである(嘆きの壁は実際には神殿の一部ではなく、神殿を囲む外壁である)。ムスリムによる征服後にエルサレム神殿の跡地に建てられた、金色の岩のドームの写真もあった。

それらの品のなかにはサマリア人に関する記念の品もあった。それは四つの言葉——アラビア語、英語、ヘブライ語、そして一九九八年に彼らの村の建物に書かれていたのと同じ細長い筆記体の文字——で印刷された広報の小冊子だった。この文字は古代サマリア語の筆記体で、古ヘブライ語から派生したものだ。小冊子の各ページの下には、「A・B・ザ・サマリタンニュース」と書かれていた。この小冊子には、二〇〇一年に、パレスチナの対イスラエル抵抗運動、インティファーダの真っただなかにありながら、平和のうちに行われた過越の祭りの記事があった。パレスチナ側がこの期間はイスラエル軍といかなる衝突も起こさないことに同意したのである。私はこれに関わっていた。サマリア人から依頼され、祭りの間は戦闘を中止するようにパレスチナ側に働きかけたのである。こうして、祭りはつつがなく行われ、私はサマリア人に感謝してもらうことができた。これを依頼された時を含め、私は最初の訪問から何度かサマリア人のもとを訪れていた。

彼らが自力でパレスチナ側と交渉できなかったわけではない。そのニュースレターにもこう書かれている。「祭りの食料品の買い出しをするために、サマリア人が山を下ってナーブルスに行くと、住民から温かい歓迎を受けた（……）ナーブルスの住民は、見慣れない顔を見て、疑いを抱いたはずだ。（……）だが、客が自分はサマリア人だと明かすと、疑いの眼差しはすぐに大きな笑顔に変わり、握手が交わされた」。これを読んだ時、私はサマリア人の存在意義は、イスラエルの失われた十部族であることよりもはるかに大きなものではないかと考えた。彼らはパレスチナ人とイスラエル人の架け橋となるかもしれない存在なのだ。

そこで私は考えた。この本で彼らのことを取り上げれば、素晴らしい章になるのではないだろうか、と。彼らのユダヤ人によく似た思想と慣習は、多くの読者には、特に目新しいものではないかもしれない。少なくとも、他の章に書かれた宗教よりもよく知られている。けれども、イスラエルの学者ナタン・シューアによって「数世紀にわたって民族意識を維持してきたおそらく最小の集団」だと言われるこのコミュニティの存在は、ある集団が自分たちを一つの民族と考える際、そこにはどんな理由があるのかを解明する助けになるはずだ。私たちと彼らとの間に見えない線を引く、その根拠とはいったい何なのだろうか？

私が初めてサマリア人を訪ねた当時は、まだ多くの人々が恒久平和は可能だという希望をもっていた。十年以上が経った今、この希望は消えかけている。今、あそこに戻ったら、いったいどんなものを目にすることになるのだろう。そう考えると、不安な気持ちになった。だが、私は行くと決めていた。「過越の祭りに行く」とすでに返事をしていたからである。この本のために、私は少し前から「A・B・ザ・サマリタンニュース」の編集者であるベンヤミン・ツェダカ（ベンヤミンはベンジャミンのサマリア語）に連絡をとっていた。彼とはサマリア人の村で会ったことがあり、私を覚えているかもしれないと思って手紙を書いてみたのである。しばらくは返事がもらえなかったが、何週間かして、彼から奇妙なEメールが届いた。「今年の過越の祭りの生贄の儀式は、二〇一二年五月四日金曜日に開催されます」というものだ。最後に「ベニー」と署名があった。そのメールは、関心がありそうな人の長いリストに一斉に送信されたもののようだった。次に、『レビ記』の朗読すべき章や節のリストと、それをいつ読むべきかという説明が送られてきた。それから、サマリア人の過越の祭りについての説明もあった。「種なしパンの祭り」の期間には、ユダヤ教の戒律・慣習に従って適切に調理された「マツァ」（発酵していないパン）が供され、発酵したパンのほかパスタも禁止されている。信者は東の方角に向かって礼拝をするが、インドやロシアにいる場合は、南西の方角に向かう。「過越の祭りの生贄の儀式」と「種なしパンの祭り」がユダヤ人の過越の祭りと同じなのは疑いがないが、サマリア人とユダヤ人ではその日程が異なっている（この二つのグループの暦は若干異なっていて、サマリア人の過越の祭りはユダヤ人のものと比べ、その差は最大で二日早いこともあれば最大一カ月遅いこともある）。

これはベニーとサマリア人を訪ねるのにちょうど良い機会だ。そう思った私は、その五月四日に訪問することに決めて、ベニーに連絡をした。だが、問題がいくつかあった。最初の問題は、イスラエルの入国審査を通過できるかどうかということだった。私には、それが難しいと思うだけの理由があった。というのも、私のパスポートには、イラク、イラン、サウジアラビア、アフガニスタン、そしてパキスタンといった、彼らに不信の念を抱かれそうなあらゆる国のスタンプが押されていたからだ。そのせいで、シカゴやロンドンの空港に到着した際に、何度か拘束されたこともあった。セキュリティに厳しいテルアビブ空港でどんなことが起こるかは、想像に難くなかった。だが、一つだけ救いがあった。かなり前のことだが、エルサレムに駐在していた時に、私は数週間へブライ語を学んでいたのだ。その時に覚えた言葉を話せば、当局との緊張をわずかでもほぐすことができるかもしれない。だが、そう思ったのも束の間、自分が覚えているのはラブソング一曲だけだったことを思い出した。それで誰かを口説き落とせるかどうかはまったく疑わしかった。

イスラエルのベン・グリオン空港に着いて、旅の目的を説明すると、入国審査官はとまどったような顔をした。「過越の祭りを見にきたのですか？　でも、祭りはもう終わっていますよ」と彼女は言った。私は事情を説明しようとした。ヨルダン川西岸地区の小さな村にサマリア人と呼ばれる人たちがいて、彼らが祝う別の過越の祭りがあるのだ、と。だが、彼女はそれを聞いたことはないようだった。結局、私は到着ホールの隅にある特別な待合室に連れていかれてしまった。そこは、詳しい取り調べが必要な疑わしい人間が連れていかれるところのようだった。なかに入ると、私はベンチに腰を下ろした。反対側のベンチには十人ほどのパレスチナ人女性が座っていた。私の隣にいるのは、編んだペヨット（長いもみあげ）を生やし、ユダヤ教正統派のキッパ（円形の被り物でヤムルカとも呼ばれる）を着けた浅黒い肌の少年だった。アラビア語のラベルの貼られた生活用品が入った大きな袋を手にしている。自分はイエメンの出身だ、と少年は言った。現在はイスラエルに住んでいて、イエメンの首都サナアの近くの故郷の村に家族を訪ね、今、戻ってきたところなのだという。二、三カ月前までは、彼はイエメンに今も残る四百人のユダヤ人の一人だったのだ。彼は今、イスラエルの市民権をもらえるのを待っているのだという。

ありがたいことに、取り調べは長くはかからなかった。サマリア人のことを聞いたことのある空港のスタッフが、私を助けにきてくれたからだ。おかげで、二、三時間後には私はエルサレム行きのバスに乗っていて、徐々に戻ってきた記憶を頼りに、乗り合わせたスカンディナビアの女性旅行者を相手に車窓から名所案内をしていた。後方には二十世紀にユダヤ人移民が建設した海沿いの都市テルアビブがあり、左側にはアブー・ゴーシュというアラブ人の村がある。そして、前方にあるのはエルサレムだ。一九六〇年代のイスラエルのヒット曲、「黄金のエルサレム」が歌ったその都市である。この都市で最も黄金に輝いているのは、エルサレムのシンボルであるイスラーム教寺院のドームだ。だが、その寺院の白い石が太陽の光を反射して虹色の光を放つように、エルサレムは見る角度によってさまざまに姿を変える街である。まず、イスラエルの政治の中心であるだけでなく、宗教的な意味でも世俗的な意味でも、重要な旅人たちの目的地である。今も目立つ数キロメートル四方にわたる城壁に囲まれた、建築物の宝庫という顔ももつ。同時に、宗教上でも実生活でも、ユダヤ人とアラブ人が土地をめぐり、また、恐怖からの解放を求め、不幸な争いを繰り返してきた境界の都市でもあるのだ。

その晩、ホテルに着くと、私はベニーに電話をかけて、ゲリジム山にあるアッ・ロズの村に行くにはどのルートをとるのが一番よいかきいてみた。簡単ですよ、と彼は答えた。エルサレム旧市街のダマスカス門で、パレスチナのミニバスに乗るだけだとのことだった。そうすればバスは北に向かい、ヨルダン川西岸地区にあるパレスチナ自治区の都市ラマラに着く。そこでパレスチナのプレートの付いたバスに乗り換えればナーブルスに着き、ナーブルスからはタクシーに乗ればよいとのことだった。それなら私にもできそうだ。パレスチナのバスなら以前にも乗ったことがある。だが、出発する前に、もう一つ確認したいことがあった。ヨルダン川西岸地区では、パレスチナの車両に移動規制が行われることがある。私はパレスチナのナーブルス県知事に、自分が村にたどり着けるのかどうか確認の電話を入れてみた。すると、知事はうろたえたような声を出した。「サマリア人の過越の祭りの期間は、すべての道路が閉鎖されます。絶対に来られません。来週また来てください」と知事は言った。その過越の祭りに来たのだと言おうとしたが、電話は切れてしまった。私は途方に暮れた。だが、ほかの方法を探していた時に、私はふとサマリア人の村に行くもう一つの手段に思い当たった。

第三次中東戦争で、一九六七年にイスラエルが東エルサレムを含むヨルダン川までの地域を占領した時は、イスラエル政府も含め、多くのユダヤ人が早期撤退を望んでいた。だが、残りの人々は領土拡大の意向をもち、占領地の維持を望んだ。彼らの主張は、それまでのイスラエルの境界線は正当でないというものだった。そこには宗教的な感情が働いていた。それは古代の神殿遺跡を含むエルサレムの古都が、七〇年のローマ軍によるエルサレム陥落以来、初めてユダヤ人の手に戻ったというものである。イスラエルはこの考えにしがみつき、それ以降、東エルサレムをイスラエルから不可分なものとする明確な意図をもった手段が次々ととられていった。

敬虔なイスラエル人の間で、イスラエルの旧東側国境とヨルダン川に挟まれた土地、つまり「ヨルダン川西岸地区」も恒久的にイスラエルの領土とすべきだとの意見が高まっていった。そして、彼らは軍事目的で占領していたその土地に、せっせと入植地を建設した。この動きは占領地への民間人の入植を禁じるジュネーブ条約に違反していたため、即座に議論の的となった。これにより、イスラエルは入植地付近のパレスチナ住民との絶え間のない対立に身を投じることとなり、さらに、移住者はテロリスト攻撃の格好の標的となった。それにもかかわらず、宗教的な動機をもつ入植者だけでなく、経済的な利益に引き寄せられた入植者もそれに続いた。この戦略的な位置に置かれた新しい土地の多くは貴重な水源の上にあり、ユダヤ系イスラエル人はここに少ない費用で住むことができた。入植者の車やバスにはイスラエルのナンバープレートが付けられ、道路の閉鎖やパレスチナ人に課せられた移動制限を免れることができた。つまり、道路がパレスチナ人に対して閉鎖されている時でも、入植者なら通過できるということだ。それなら、私のすべきことははっきりしている。彼らのなかに入れてもらえばよいのだ。私はサマリア人の村の近くまで行くバスを見つけるために、エルサレムの中央バスステーションに向かった。

バスステーションは混雑していたが、多くの人たちはテルアビブやネタニヤ、エイラートなどのお決まりの場所に向かっていた。バスの案内係員にきいてみると、ヨルダン川西岸地区行きのバスは、駅の一番端の特別に仕切られた場所から出ているとのことだった。乗車する時に気づいたのだが、そのバスには装甲板がついていて、同乗者は機関銃をもった兵士ばかりだった。この入植運動のイデオロギーの信奉者たちは、自分たちがそこにコミュニティを作ることは、聖書で約束されたユダヤ人の土地に戻ることであり、また、テロリズムに対する積極的な抵抗運動だと考えていた。一方、パレスチナ人にとっては、それは、イスラエル軍に侵略されたヨルダン川西岸地区に対する人種差別的な搾取であり、さらに、自分たちをじわじわと土地から追い立て、自治への熱望を阻止しようとするものだった。年を経るにつれ、入植者とパレスチナ人の衝突はその頻度を増し、血なまぐさいものとなっていった。

私の乗ったバスは北に向かい、「分離壁」を通過していった。一部はフェンスで一部は高い壁になっているこの境界は、イスラエル人に対するテロ攻撃を減らすために建設されたものである。これによりパレスチナ人はエルサレムから閉め出され、さらに、キリスト教徒もムスリムも聖地に行くことを制限されるようになったため、大いに議論の的となっている。「分離壁」を越えた私は、イスラエルの内と外とに同時に存在していた。つまり、私はイスラエルのバスのなかにいて、イスラエル人が建設した道を進み、イスラエルの町とよく似た町を目指していたが、公式にはイスラエルの外にいたのである。そこで生まれた非ユダヤ人の子どもにはイスラエルの市民権が与えられず、選挙で選ばれた民間人ではなく、軍政長官に統治される場所である。そんなことを考えながら、私は、穴ぼこだらけの道をバスに揺られ、パレスチナに向かっていった。いくつかの地点で、イスラエルの道路が並行して走るのが見えたかと思うと、また消えていった。と、その時、携帯電話にメッセージが届いた。私の携帯電話はネットワークを自動的に切り替えるようになっていて、それが働いたのだ。私はメッセージを読んだ。「パレスチナにようこそ。ジャスミンの香りをかいで、オリーブを味わってください」。外の匂いはバスのガラス窓で遮断されていたが、電波は思い出や罪悪感のように、簡単にはブロックできないものだ。パレスチナとイスラエルでは、携帯電話のネットワークでさえ、重なり合い、競い合っているようだった。

長年にわたるイスラエルとパレスチナの和平プロセスの焦点は、両者の間の境界線をどこに引くかということだった。地図上の境界線は二次元の線にすぎないが、二〇〇〇年のキャンプ・デービッドでの地位交渉中、三次元の境界線の必要性が提案された。この提案では、イスラーム教の聖地神殿の丘《ハラム・アッシャリーフ》はパレスチナに属し、その下に眠る古代ユダヤ教の神殿遺跡はイスラエルに属すものとされた。だが、三次元でも十分ではないだろう。イスラエルとパレスチナの複雑さを理解するには、第四の次元が必要だ——目には見えないが、そこに住む者がみな知っているもの——つまり歴史の視点が必要なのである。イスラエル、ヨルダン川西岸地区、ガザ地区、そこにあるどの場所にもアラビア語の地名とヘブライ語の地名の両方があるように、どの場所にもユダヤ人とパレスチナ人との関連があり、歴史がある。「イスラエル」と「パレスチナ」は、実際にはまだ二つの別個の国を表現するために地元住民が使う呼び名ではない。これはヨルダン川と地中海に挟まれた同じ土地のことだ。イスラエル国民の五分の一を占めるアラブ系住民は、次第に自らをパレスチナ人と呼ぶようになり、一方、ヨルダン川西岸地区一帯に広がっていくイスラエル人入植地は、「二国家解決案」――つまり、パレスチナ独立国家を建設し、イスラエルとパレスチナが平和に共存するという理想――を、年々実現不可能なものにしていっている。

私の向かうナーブルス市は、イスラエル人にはかつてこの市内にあった都、シェケムという旧約聖書の名で知られている。歴史的なイスラーム教寺院のある都市であると同時に、ヨセフの墓などのユダヤ教の聖跡のある場所でもある。同様に、テルアビブの郊外には、歴史的なパレスチナの町ヤッファがある。ナーブルスの郊外に住む難民の多くは、このヤッファに起源をもつ人々だ。二つの民族がからみ合っているのは、地理の上だけではない。言語もそうだ。現代ヘブライ語を考案したベン・イェフダーは、必要な言葉が聖書に見つからない時にはアラビア語から借用した。それ以来、そのプロセスは現在も続いている。イスラエル人は「さあ行こう」と言うのに「ヤッラ」というアラビア語の俗語を使うし、パレスチナ人は「検問所」を意味するのに「マフソム」というヘブライ語を使う。この二つの民族はDNAにもつながりがある。二〇一〇年に発表された研究結果によると、南ヨーロッパ人の改宗者がユダヤ人のDNAに及ぼした影響を除けば、「大半のユダヤ人と最も遺伝的に近いのは、パレスチナ人、ベドウィン、ドゥルーズ派の人々だ」ということだ。

ユダヤ人とパレスチナ人がたとえ共通の祖先の血を引いていたとしても、彼らの宗教の違いは同族関係に勝るものである。結局、ともに祈り、信仰を分かち合うことにより得られる信頼感は、家系や部族を同じくすることから得られる信頼に勝るものなのである。ユダヤ人とサマリア人の間にも、似たようなことがあった。二〇〇四年の遺伝学研究で、ユダヤ人のコーヘン（祭司）とサマリア人は近い関係にあるという結果が出たのである。これは、サマリア人が、アッシリア人に追放されず、イスラエル王国に残ったイスラエル人の部族の子孫であるというサマリア人の主張を裏付けるものである。

サマリア人の村に行くのは簡単ではなかった。バスの同乗者によると、アッ・ロズの村に最も近いイスラエル入植地はハル・ブラカということだった。小規模で特に信仰心の篤い入植者の町だ。とにかく、そこに行くには三台のバスを乗り継がなければならないということだった。私は一台目のバスをアリエルで降りた。アリエルは大規模で気候の穏やかな大学都市だ。ヨルダン川西岸地区の中央部に位置するため、パレスチナ国家成立の阻止を目的とする入植運動のイデオロギーの信奉者によって、一九七〇年代に建設された都市である。建設以来、人口は増大したが、その多くは安価な住宅を求めて移住してきた人々だった。私は空腹を感じ、町の中心部を目指して歩いたが、静かな並木道をいくら歩いても、町の姿は見えてこなかった。食べ物を買うのをあきらめて、私は次のバスを待つことにした。やって来たバスは、最初のバスより空いていた。そのバスで進んでいくにしたがって、道沿いにはブドウ園などの果樹園が目につくようになってきた。旧約聖書時代の生活を送ろうとして、ユダヤ人入植者たちが耕したものである。もし彼らがパレスチナ人と友好な関係を築き、平和に暮らしていたら、オリーブの収穫期には、パレスチナ人の村で、あるいは、日中にテントの入り口にシャイフが座るベドウィンの野営地で、聖書と同じ光景を目にすることができるはずだ。だが、実際には、その生活はあらゆる意味で国境紛争地帯の生活となっていた。

私はナーブルス市の外のバス待合所で二台目のバスを降りた。道路沿いのその待合所は、ブラスト加工されたコンクリート壁で守られるようにして立ち、すぐ近くにはガソリンスタンドがあった。そこはゲリジム山のふもとで、ハル・ブラカはその山頂にある。大勢の子どもたちが私のそばに立ち、次のバスを待っていた。とても殺風景な場所で、子どもたちがいなかったら、そこに歴史や神聖さを見出すには大変な想像力が必要だったと思う。その子たちは、私が空港で知り合ったイエメン人の少年のように、厳格で敬虔なユダヤ人のペヨットを生やし、興味津々という眼差しをこちらに向けていた。こんなところに外国人が来ることはめったにないのだろう。しばらくするとバスが到着し、私たちはバスに乗り込んだ。騒々しい少年たちが前方の座席に、おとなしい少女たちは後部座席に座った。バスは山を上り、ハル・ブラカの集落に向かっていった。ハル・ブラカの町のはずれから、三、四百メートルほど離れたところに、サマリア人の村が見えた。そこに通じる道の片側には木々が茂り、反対側には広い野原が広がっていた。私はバスを降りると、その道を歩きはじめた。

イスラエル人はそのサマリア人の村をキリヤット・ルザと呼び、パレスチナ人はアッ・トールと呼ぶ。サマリア人にももちろん固有の呼び名があって、それがアッ・ロズだ。他の多くの場所と同様、この村でもサマリア人はイスラエル人とパレスチナ人の間で中立を保つ努力をしていた。アッ・ロズの住民は、パレスチナとイスラエルの両政府の発行する身分証明書をもち、希望すれば隣国のヨルダンのパスポートを発給してもらうこともできる。彼らはどう見てもムスリムではないが、ユダヤ人でもない。たいていの場合、彼らは努力して両陣営と良好な関係にあった。一九九八年にこの村を初めて訪れた時には、私はパレスチナ難民のグループと一緒だった。今回はユダヤ人の男性と一緒だ。歩

## 新　刊

### 落語―哲学

**中村昇 著**　四六判／272P

笑える哲学書にして目眩へと誘う落語論、誕生！　ウィトゲンシュタインからニーチェ、西田幾太郎にいたるまで、古今の思想を駆使しつつ、落語を哲学する。水道橋博士推薦！

1,800円＋税

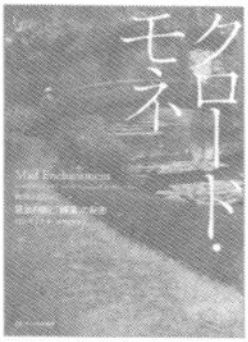


### クロード・モネ　狂気の眼と「睡蓮」の秘密

**ロス・キング 著／長井那智子 訳**　A5判／428P

晩年の代表作「睡蓮」大装飾画はいかにして描かれたのか？　様々な困難に見舞われながら描かれ続けた大装飾画の創作背景と、晩年の画家の知られざる生活に、豊富な資料を用いて迫った傑作ノンフィクション！

3,800円＋税

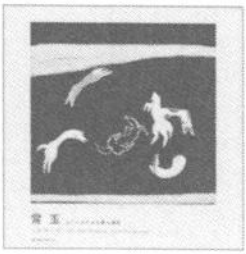

### 常玉 SANYU 1895-1966　モンパルナスの華人画家

**二村淳子 編**　B5判変型／160P

現在、アジア近代美術において最も有名な画家のひとりに位置づけられている中国人画家、常玉（サンユー）。中国で生まれ1920年代に20代でフランスへと渡り、パリのモンパルナスで活躍した常玉。日本ではまだ「知る人ぞ知る」存在である彼の作品と人生を紹介する、初めての作品集。奈良美智、小野正嗣推薦。

3,700円＋税

### この空のかなた

**須藤靖 著**　四六判／184P

「われわれは何も知らなかった」。宇宙について知れば知るほど、その思いが強くなる。美しく壮大なカラー写真を入り口に、宇宙物理学者がそこに潜む不思議を語る。高知新聞の同名連載、待望の書籍化！

1,700円＋税

### 真実について

**ハリー・G・フランクファート 著／山形浩生 訳・解説**　四六判変型／144P

世にあふれる屁理屈、その場しのぎの言説が持つ「真実」への軽視を痛烈に批判した、『ウンコな議論』の著者による「真実」の復権とその「使いみち」について。「ポスト真実」の時代に、立ちどまってきちんと考えてみよう。

1,400円＋税

いていると後ろからバンに乗った彼がやって来て、車に乗せてくれたのである。彼は助手席に散らかった書類を押しのけながら「私と神様以外に誰かが乗ることはめったにないんですよ」と冗談を言いながら、自己紹介をした。彼は入植地やパレスチナの町を回る移動販売のセールスマンで、「それほど危険ではありませんよ。今は情勢も落ち着いていています」と説明してくれた。

その村は、まるでサマリア人の多様性を展示するために作られたかのように、驚くほどさまざまな人々が集まっていた。村の十代の若者の交流の場はもっぱら大通りだ。アラビア語を話す大勢の少年や、友人と会うナーブルスの大学の学生たち、そして、地元住民の集まる店のテーブルに着き、ヘブライ語で話すミニスカートの少女たち。彼らはテルアビブ郊外から来たサマリア人だが、ここの村人たちよりイスラエル社会にうまく溶け込んでいるように見えた（それは彼らの服装からもよくわかった。村人たちはもっと保守的な格好をしていた）。サマリア人、特にサマリア人の女性は、他宗教の男性との結婚を許されていないため、このような訪問は彼女たちにとって夫を見つける良い機会となるのだ。

私には現実的な問題がいくつかあった。寝る場所と食べ物だ。私は宿泊場所を確保せずに村にやって来た。ナーブルスのホテルに泊まればよいと思っていたのだ。だが、安全保障上の規則からそれはできないようだった。そんなわけで寝る場所も決まっていなかったが、村にある二軒の店で少なくとも食べ物くらいは買えると思っていた。だが、今は過越の祭りの準備期間にあたり、ここ数日は村で普通のパンを食べたり買ったりできるところはない。せいぜい手に入る簡単な食事は、パックされたチーズや缶詰のオリーブだけだった。店に入り、それをもって買い物の列に並んでいると、「善きサマリア人」と書かれたマグカップやTシャツが、店の天井から下がっているのが目に入った。そういえば、その日は閉まっていたが、村の案内所の名前も「善きサマリア人」だった。

私は村で一番高い場所にある、サマリア人の神殿遺跡に向かった。遺跡の周囲には約百メートル四方の広大なフェンスが張り巡らされていて、ここでは現在も考古学者による発掘が行われていて、すでに素晴らしい発見がいくつかなされていた。有料のガイドの少年が入り口の鍵を開け、私はフェンスのなかに入った。そこには、かつて確かに壮麗な神殿の一部を成していた岩の礎があった。考古学者によると、この巨大なサマリア人の神殿は二千五百年前に建設されたもので、一度に数千人が祈ることができたという。生贄にされた動物の数も多く、四十万個の骨のかけらがこの遺跡で発見されている。碑文には「神の家」だと記されている。遺跡の主任考古学者は、このサマリア人の神殿はユダヤ人の最初の神殿より古い時代に建設されたという結論を出し、大いに議論を呼んでいる。

囲いの端から、私たちはふもとに広がるナーブルスの町を見下ろした。と、「ヤコブの井戸教会」が目に入った。ヤコブには十二人の息子がいて、それぞれが部族の基礎を作った。それがイスラエルの十二部族である。私はガイドの少年にどの部族の出身かときいてみた。「マナセ」と少年は言った。マナセは、ヤコブの子であるヨセフの子だ。ナーブルスにはヨセフの墓があるが、その墓の主がこの少年の祖先なのである。ヨセフを祖先とする民には、もちろん、今はサマリア人ではない者も大勢いる。つまり、ナーブルスや周辺の村のムスリムの住民の多くは、サマリア人の子孫なのである。そのなかには、ごく最近イスラーム教に改宗したとして知られる家族もある。そうした家族のメンバーの一人、アドゥリー・ヤイーシュは、七十六パーセントの得票差をつけてナーブルスの市長に選ばれた

――ハマスの候補者として。あとになってベニーに聞いたことだが、パレスチナ人の九十パーセント以上はサマリア人やユダヤ人の子孫だという。ベニーはそう私に断言すると、さらに言った。「敬虔なパレスチナ人に、どちらの血筋かたずねても、ナンセンスだと言われるでしょう。だけど、本当なんですよ！」（ベニー自身、故郷の地と自らを結び付ける長い歴史を意識していた。後日、ベニーとイギリスで会った時に、こんなことがあった。ユダヤ人の男性が、ベニーに家族は何年イスラエルに住んでいるのかときいてきたのだ。ベニーは返事をしたが、男性はそれを聞き間違えてこう言った。「百二十七年ですって？　ずいぶん長いんですね！」。「いや」とベニーは言った。「百二十七世代です」

＊

それから私はベニーの家に向かった。神殿の遺跡からベニーの家までは、歩いてすぐの距離だった。ベニーはサマリア人の広報担当の役を果たしていて、その快適な夏の家は地域新聞の拠点となっていた。家は未加工のクリーム色の石で覆われていた。その石で覆うのは、灰色のコンクリート造りの家を上品に仕上げるために、イスラエル人にもパレスチナ人にもよく使われる方法だ。ベニーは上階に住んでいて、そこからは丘の斜面がよく見えた。その部屋で、彼は私のほかにもラビや福音派キリスト教徒の夫婦、映画スタッフなど、続々と入ってくる訪問客の相手をし、すべての質問に答えていた。私はサマリア人の信仰について話を聞いた。サマリア人はユダヤ人の聖書のうちの『ダニエル書』や『イザヤ書』などを認めず、「モーセ五書」（旧約聖書の最初の五書で「トーラー」とも呼ばれる）を重要視する。また、サマリア人のトーラーは、ユダヤ教のトーラーとは少々異なっている。前にも書いたように、サマリア人の十戒には「主の名をみだりに唱えてはならない」という戒律はなく、「ゲリジム山に祭壇を建てよ」という戒律がある。ベニーはサマリア人のトーラーが正統だと主張する。彼の意見では、サマリア人は離散せずに一カ所にとどまり、細心の注意を払って古い巻物から新しい巻物へと書き写すことができたため、何世紀もの間、聖書を変えることなく守ってきたからだということだ。

だが、サマリア人とユダヤ人の慣習の最大の違いは、トーラーが書かれたあとに生まれたユダヤ教の伝統を、サマリア人が認めないことに由来するものである。たとえば、トーラーでは、男性に常に頭を覆えという明確な指示はない。そのため、男性は一般的に、正統派ユダヤ教徒のようにいつでもキッパを被るわけではない。サマリア人の女性がかつらやヴェールを被って髪を隠すこともない。トーラーでは、過越の祭りで羊を生贄に捧げ、その血を家の二つの柱と鴨居に塗るように定められているため、彼らはその言葉どおりに儀式を行っている。私は翌日以降、それをこの目で見ることができた。サマリア人は、トーラー誕生以降に生まれたユダヤ教の春の祭り《プーリーム》や光の祭り《ハヌカー》などを祝うことはない。

また、サマリア人は、トーラーの規則を放棄したり緩めたりするユダヤ教のやり方を認めず、祭司職についても厳格に古代の伝統を遵守する。エルサレム神殿がまだ存在していた当時、神殿には、大祭司に率いられたユダヤ教の祭司たちが仕えていた。ユダヤ教には、現在でも、レビ族の世襲の祭司コーヘンの担う役割がある。コーヘンは正統派ユダヤ教の礼拝の儀式で祭司として祝福を与える役割を担い、自らは離婚経験者や改宗者の女性との結婚を禁じるユダヤ法に従う。しかし、現在では、彼らは生贄を捧げることはなく、また、ユダヤ人コミュニティの指導者の役割は主にラビが担っている。一方、サマリア人における祭司の役割は、二、三千年前とまったく変わらない。ベニーによると、現在は二十八人の祭司がいて、いずれもレビの子孫とされる家庭の成人男性だそうだ。彼らは割礼やトーラーの朗読、婚約、結婚、離婚に立ち会い、礼拝時における祈禱の先導をする（「離婚はほとんどなく、あるとしても百年に五件くらいです」とベニーは言った）。年に一度、過越の祭りで動物を生贄に捧げるのも彼らの務めだ。また、大祭司は宗教問題について最高裁のような役割を果たすという。

サマリア人男性は、月経期の妻には触れてはならない。これは正統派ユダヤ教徒の男性も同様だ。だが、サマリア人の規則はもっと厳しい。月経期の女性が触れたものは不浄だとみなされるため、月経期の女性は完全な隔離を要求される。ベニーは言った。「月経期の女性は特別な部屋を与えられ、七日間そこで寝起きをします。出産後も生まれたのが男子なら四十日間、女子なら八十日間そこで過ごします。接触は一切禁じられていますが、話をすることはできます――食卓を別にしてね。だけど、すごくいいこともありますよ。その間は、家事はすべて夫がやってくれるんです！　だから女性は家族に助けられ、ストレスのあるこの期間を楽に過ごすことができるんです」。月経が終わると女性はしきたりに従って入浴し、身を清めるという。

サマリア人の安息日は金曜の日没から土曜の日没までで、これはユダヤ人と同じだが、サマリア人にはより厳しい規則がある。エッセネ派――安息日には排便もすべきでないという規則を自らに課す厳格なユダヤ教の一派――ほど極端ではないが、かなり厳しいものである。たとえば、安息日には火を灯してはならないため、ろうそくと提灯の時代には、それは暗闇にじっと座っていることを意味していた。ユダヤ人とは異なり、サマリア人はほかの宗教の信者にろうそくに火を灯してくれと頼むことはできない。サマリア人が十六世紀にスカリジェールに宛てた手紙には、自分たちは安息日には妻と寝ないと書かれている。また、安息日に家を離れるのは、祈りにいく時に限られた。今日でも、サマリア人は安息日には村の外を歩こうとしないし、喫煙もしない。安息日に着用するのは、旧約聖書に描かれたエジプト脱出の時にユダヤ人が着ていた衣服を模したものだ。ベニーもヘブライ大学の学生時代、安息日にはそのような服を着ていたそうだ。

サマリア人はイスラエルの地に住むべきだ、とベニーは言った。その「イスラエル」の解釈にはエジプトも含まれる（サマリア人は紀元前二世紀にはギリシャの島々に住んでいたが、後年、規則が厳しくなった）。海外渡航は許されているので、ベニーはコミュニティから出て会議に出席することがあるが、そこでは肉を食べることはできない。肉は『申命記』の指示に厳格に従って、サマリア人の手で屠殺される必要があり、『申命記』では、屠殺した動物の前足を祭司に捧げなければならないとされている。そうでないものはサマリア人にとってはコシェル（適正食品）ではないのだ。このように、肉は食べられないが、ハラールあるいはコシェルのレストランでベジタリアン料理を食べることができるので、ベニーはいつもそうしているとのことだった。

ベニーの話を聞いて、私は現代のサマリア人について新たな知識を得ることができた。彼の家族には、詩人として、また開拓者としての長い歴史がある。ベニーの曾祖父は一九〇五年にナーブルスを離れ、ヤッファに第二のサマリア人コミュニティを建設した。人里離れた保守的なナーブルスと比べると、ヤッファは大規模なユダヤ人コミュニティのある国際的な港町で、さまざまな仕事のチャンスがあった。また、大勢のユダヤ人が暮らすこの都市には、若い女性も多かった。サマリア人は、花嫁となる若い女性の減少という問題を抱えていた——確かな理由はわからないが、サマリア人コミュニティでは何世代にもわたり、女児の出生が減少していたのだ——そのため、彼の息子、つまりベニーの祖父のイェフェットは、古代からのタブーを破る決心をした。ユダヤ人女性と結婚することにしたのである（イェフェットにそうさせたのは、のちにイスラエルの大統領となったイツハク・ベンツビだ。イツハクはイェフェットの父親に古代へブライ語で話しかけられたのをきっかけに、サマリア人に興味をもつようになった）。

周囲の反対は受けたが、イェフェットはミリアムというロシア出身のユダヤ人女性と結婚した。リビングのカウチに座り、妻の作る夕食を待っていたベニーは、誇らしげに自分の頭を指さした。ロシア人から受け継いだ、アインシュタインのように荒々しく白い巻き毛がふさふさと生えている。「言わせてもらえば、私が普通のサマリア人よりクールなのも、そのロシアの血のおかげだと思いますよ」とベニーは言った。クールというのは、忍耐強いという意味で言ったようだ。だが、なぜサマリア人には、自分のコミュニティ以外の人との結婚を禁じる規則があるのだろうか？　その理由の一つは、異教徒との結婚によって、自分たちよりも強いコミュニティに取り込まれることを防ぐためである。イスラーム法では（およびサマリアの伝統でも）、子どもが生まれると父親の宗教を受け継ぐ決まりになっている。異教徒と結婚した女性は、子どもと一緒にコミュニティから締め出される。その結果、コミュニティは次世代の結婚相手の候補を失うことになるため、中東のコミュニティでは――時には暴力を用いてでも――コミュニティの女性が異教徒の男性と結婚するのを阻止しようとしたのである（今もできればそうしようとしている）。近年まで、地域一弱く小さいサマリア人コミュニティの男性にとって、他の宗教の女性と結婚してそのコミュニティを怒らせることは、サマリア人全員を危険にさらすことを意味していたのである。サマリア人女性が外部の男性と結婚することは、そのまま将来のコミュニティの縮小につながる。したがって、異教徒との結婚の禁止は、サマリア人の文化と血統を存続させ、周辺の大きな文化に吸収されないためのものなのだ。だが、それだけではない。サマリア人は、自分たちの血統を、聖書時代の祖先との深い絆として大切にしているのである。

私はベニーに、祖母はその後どうなったのかときいてみた。慣例を破ることはやはり大いに物議を呼んだと言ったあと、ベニーは「祖母は年配の人たちからなかなか認めてもらえませんでした。だけど」と言ってクスクス笑った。「娘を六人産んだところで、ようやく認めてもらえたんです」。サマリア人が最も必要としていたのは、この「娘」だからである。結婚相手となる若い女性の不足は著しく、特にヤッファのサマリア人の間では、非サマリア人との結婚はより一般的になっていった。ベニーの妻もルーマニア系のユダヤ人だ。結婚する時には、彼女はすでにサマリア人独特の慣習を受け入れていた。「出身をきくのは、人種差別ととらえられるかもしれないが、きいてもよろしいですか？ラッセルさんはユダヤ人ですか？　それともキリスト教徒ですか？」とベニーは私にたずねたあとにこう言った。「妻は私たちのコミュニティの一員となるために変わりました。私たちのようにイスラエル人になったのです」。ベニーによると、近頃のサマリア人コミュニティでは、新たに生まれる夫婦の四分の一は、サマリア人男性と非サマリア人女性、主にユダヤ人女性との組み合わせで、なかには東欧出身者もいるし、また、中央アジアのムスリムの家庭から来た女性も二人いるそうだ。

その後、私はサマリア人に関するドキュメンタリーを見せてもらった。サマリア人男性と結婚したウクライナ人女性のインタビューを見ると、その女性は新しいコミュニティにうまく順応しているようだった。一方、番組ではこの新しい傾向を嫌う祭司にもインタビューをしていた。「外国人女性を受け入れる様子を見ていると、未来に対して不安を感じます。いつか、彼女たちを制御できなくなるのではないかと思うのです。私たちの民族は三千六百四十二年間、独自の伝統と慣習を守ってきました。それは将来も守り続けなければなりません。さもないと混沌に陥ってしまうでしょう」と祭司は言った。

一方で、サマリア人女性と非サマリア人男性との結婚は、厳しいタブーとされている。次に見た二〇〇八年製作のドキュメンタリーは、規則を破ってユダヤ人男性と結婚し、コミュニティを追放されたサマリア人女性ソフィー・ツァドゥカの苦悩に焦点を当てたものだった（ソフィーはイスラエルのテレビ界で有名な女優である）。インタビューを受けたサマリア人男性たちは、彼女に一片の同情も示していなかった。自分の妹が異教徒の男性と結婚して信仰を捨てると言ったらどうするかときかれ、ある男性はこう言った。「いいよ、と言います……。でも、夜、妹が眠りについたら、命はなくなるでしょう。生贄の羊のようにね」。このような理由で実際にサマリア人の女性が殺されたことがあるかどうかはわからない。だが、こうした厳しい態度が、何世紀にもわたり、コミュニティを自分たちより大きな社会への同化から守ってきたことは事実である。これはサマリア人が示す温かさや共同体意識の裏にある影の面であり、このドキュメンタリーのソフィーが気づいていないものだった。

サマリア人は厳格な伝統主義者だ。さもなければ、彼らは今頃存在していないはずである。だがベニーは、自らの宗教の伝統を解釈する新たな方法を見出していた。彼の革新の一つは、広くサマリア人のメッセージと暮らし方を伝え、非サマリア人にも模倣できるようにすることだった。一八五〇年代にサマリア人と暮らしたジョン・ミルズは、一八六四年の自著のなかで、その数十年前にサマリア人の祭司からイギリスのコミュニティに送られたリストを発表した。それはサマリア人の暦で安息日や新月の祭りなどの祭りをいつ行うかを、イギリスのコミュニティに指示するものだった。イギリスにはすでにサマリア人はいなかったので、ミルズは「ここに示されているように、十中八九、これはサマリア人の祭司が書いたこの種の文書で最後のものとなる」という歴史的興味から、そのリストを載せたのだという。だがそのミルズの見込みは間違っていた。現在、ベニーは同じようなリストを作り、それをサマリア人の生活様式を知りたいと願う世界中の人々に送っている。「人々が何らかの共同体への帰属を望むという新しい現象が起こっているのです——独身者や家族、部族などのね。私はこの何千人もの人々と、インターネットを介して連絡を取り合っています。何千もの人を一度に受け入れることが良いことだとは思いませんし、そんなことはできません。一家族ずつ順番に受け入れます。彼らはトーラーに従って生きたいのです。送られてくる多くの質問に対しては、本を送って答えます。彼らはサマリア人の生活を刺激的だと思っているんですよ。問い合わせは世界中から来ています。インド、旧ソ連、ヨーロッパ、アメリカ、オーストラリア、ブラジルからね。なかにはユダヤ人もいます」

私がここに来るきっかけとなった、ベニーから大勢に一斉送信されたEメールは、サマリア人の生活様式を採り入れたいと考える人たちへのアドバイスだったのだ。そのEメールは、サマリア人のトーラーのどの章やどの節が、暦のどの安息日に対応するか、そして、サマリア暦年の七つの祭りをいつ祝うべきかを教えている。祭りには七週節《シャブオット》、大贖罪日《ヨム・キプール》、仮庵の祭り《スコット》などがある。サマリア人は七週節《シャブオット》にはゲリジム山の聖地（アダム、イサク、ノアが神に生贄を捧げたと考えられている場所）に巡礼し、大贖罪日《ヨム・キプール》の断食日には二十四時間途切れることなく礼拝を行う。仮庵の祭り《スコット》は収穫祭で、サマリア人は家を果物で飾って祝う（屋外に仮小屋を建てるユダヤ人とは異なり、サマリア人は家のなかで仮庵の祭り《スコット》を祝う）。祭りに積極的なサマリア人の家庭は、特大のザクロやリンゴ、レモンなどをヤシの葉や柳の枝に編み込んで居間を飾る。こうしておそらく最も多い場合は半トンにも上る果物が天井から垂れ下がる部屋で、サマリア人はこの豊かさの象徴の下に座り、自家製ビールを飲んだり、ケーキや水に浸けたアーモンドを食べたりして、祭りを祝うのである。

ベニーのオンライン上の信奉者が実際に村に来ることはほとんどなかった。「実際にここに来る必要はありません。自分の家でもサマリア人の生活をすることはできますから。代表者が送られてきたら歓迎します。人間というのは、常に退屈を紛らわせるものを求めるものです。ですが、人々が私たちのなかに真実の人間を見出しているという事実は、私たちの自信になります」。私が見ていた限りでも、ベニーはわずか七百五十人のコミュニティのなかで独特な位置を占めていた。だが、彼が亡くなったら、誰が新聞を発行したり、会議に出席したり、サマリア人の歴史を研究したりするのだろう？　そうきくと、ベニーは微笑んでこう言った。「サマリア人には、神はすべての世代に後継者を作るということわざがあります。私は、どの世代にも私のような変わり者がいるはずだと思っています」

ベニーと連絡を取り合っていた人々のなかで、これまでにアッ・ロズに住むようになった家族は一家族ある。元キリスト教徒のアメリカ人一家だ。私がベニーのところにいる間に、その家族の一人であるマシューがベニーを訪ねてきた。「母が旧約聖書にのめり込んだのがきっかけです」とマシューは言った。彼の母親のシャロンは、キリスト教徒がユダヤ法を守らないことに疑問を感じ、ユダヤ法の理解を深めるためにインターネットで情報を検索していた時に、偶然ベニーの名前を見つけたそうだ。「七、八年ほど前にベニーが訪れてきて、私たちはサマリア人の慣習を一つずつゆっくりと実践していったのです。不浄な女性を隔離すること、安息日に近所の家に泊まることなどです。年配の大祭司がコミュニティに加わるよう母を誘ってくれたので、母は宗教研究プログラムを探し、ヘブライ大学に入学を許可されたのです」

サマリア人との最初の出会いから八年後のこの時、マシューはベニーの家で過越の祭りの生贄を準備していた。だが彼の家族のほかのメンバーは最後までやり遂げることはなかった。マシューの兄弟はシナゴーグでの定期的な礼拝の義務にうんざりしてすでにここを去っていたし、母親のシャロンはエルサレムに引っ越していた。だがマシューは私の訪問の二年前にここに招かれ、コミュニティの過越の祭りの儀式で生贄の羊の肉を食べていた。それは、コミュニティへの受け入れを示す最終的なしるしだ。「家族が一緒に暮らすことがこのコミュニティの好きなところです」とマシューは言った。実際問題としては、サマリア人の村に家をもつには、ヘブライ語とアラビア語の両方を学ばなければならない。彼はまだどちらも身に着けてはいないが、今後はそれを習得してビジネスを学び、テルアビブにあるもう一つのサマリア人コミュニティに、初のアメリカ人として永住したいと考えていた（だが翌年、私は彼がこの計画を捨て、アメリカに戻ったと聞いた。それ以来、外部の人間で、彼に倣って村に住もうとした人は一人もいない）。

その日の午後、私はベニーの案内で、村のサマリア人家庭の過越の祭りの準備の様子を見て回った。ベニーは村人たちの家に黙ってぶらぶらと入っていった。どの家でも、ベルを鳴らしたり、なかに入る許可を求めたりする必要はないようだった。私たちは、一軒の家の地下の物置に入っていった。見ると、ベビーベッドやベビーカーが壁際に積み重ねられ、そうしてできたスペースで、ガイスという男性（彼にはモシェというヘブライ語の名前もあった）がタブーンと呼ばれる反った金属板に、小麦粉と水だけで作った生地を広げて焼いていた。この種なしパンは大量に作る必要がある。というのも、もうすぐ始まる過越の祭りの七日の間は、ユダヤ教同様、サマリア人の伝統でも、パンはこの種なしパンしか食べられないからである。焼いたそのパンをベニーからもらって食べたが、熱くパリッとして、味がなかった。過越の祭りの準備期間と開催中は、男たちが調理などの家事をすることになっている。近くに座っていたガイスの妻は、少々不機嫌そうな顔をしてアラビア語でこう言った。「私は一年中、この時期以外は毎日料理をしています。だけど、それを写真に撮ろうとする人なんて誰もいません。夫は毎年この一日しかしないのに、みんながそれをすごいと思うなんて、おかしいですよ」

サマリア人の義務のうち、もう一つ、私がまだ見ていないものがあった。だが、翌朝、忘れがたい形でそれを見せてもらうことになる。私は宿の心配をしていたが、結局、村のゲストホールに泊めてもらえることになった。翌朝、がらんとしたその部屋でまどろんでいると、この世のものとも思えな

サマリア人は何世代にもわたって古代の巻物を大切に保存してきた。そこに記録されたトーラーは、ユダヤ教のものとは少々異なっている。この写真は1905年にサマリア人祭司が訪問者に巻物を見せているところである。Views of Palestine[1905], Getty Research Institute

い音が聞こえてきた。部屋の向こうから、囁くような、だが力強い低い声が響いてきたのだ。会話や議論ではないのは明らかだった。というのは、聞こえてくるのは三十人ほどが絶え間なく話す声だったが、何か無秩序な印象があったのだ。その声がどこから聞こえてくるのか、見当もつかなかった。私はすっかり目が覚めてしまった。けれども、しばらく耳を澄ませているうちに私はようやく思い出した。ゲストホールは、サマリア人のシナゴーグであるキンシャの隣にあったのである。

私は早速、何が行われているのか、見にいくことにした。キンシャの入り口では、靴を脱ぎ、外側の下足入れにしまった。ちょうどモーセがシナイ山で（サマリア人の信仰ではゲリジム山で）十戒を授かる時に靴を脱いだように、サマリア人はトーラーのある場所では靴を脱ぐのである。

礼拝所は東向きで、端にある壁龕《へきがん》の前には黄色いカーテンがかかり、その前には白い法衣を着た大祭司とその兄弟が座っていた。白く塗られた側面の壁には小さな時計とメノーラーと呼ばれる七本の枝付き燭台があり、天井にはシャンデリアとシーリングファンが取り付けられていた。建物は一九八〇年代に建設されたものだが、その壁龕に納められているのは、何百年、ひょっとすると何千年も前の古い羊皮紙の巻物だ。ジョン・ミルズが言うには、それは「ヨーロッパの学者にとって見たくてたまらないもの」で、それを見にいこうというミルズの決意は「ほぼ熱病のようなもの」にまでなっていた。念願叶ってついにそれを目にした時、ミルズはその巻物の一つに、旧約聖書時代の書だと書かれたものを見つけたそうだ。それはありそうにもない――というのも、上質皮紙でもそれほどの耐久性はないからだ――おそらく、オリジナルがその時代に書かれ、それを写したものなのだろう。大英図書館には、十九世紀にサマリア人から購入した七百年前の巻物がある。私はそれを見たことがあるが、祭司が朗唱する際によく触れる、巻物の祈りの言葉が書かれた部分は、羊皮紙が黒ずみ、すり減っていた。

　朝方聞こえた大きなつぶやきは、村中のサマリア人男性が集まって発したものだった。彼らはかかとまで届く薄い綿のフード付きの長衣《ジュラバ》を着て、この部屋で祈っていた。その祈りは斉唱ではなく、各自が異なる祈りの言葉を自由なリズムでばらばらに唱えるというものだ。無秩序な印象を受けたのは、そのためだったのである。彼らはしばしば祈りを中断し、両手両膝をつき、額を床に付けた。サマリア人は祈りの際にはキッパで頭を覆うが、それは敬虔なユダヤ人が常に被っているのと同じものである。サマリア人の被り物には三種類ある。ムスリムが被るような礼拝用の白い帽子、赤いトルコ帽、黒いベレーである。黒いベレーは流行を気にするテルアビブのサマリア人に好まれている。帽子の効果は絶大で、面白いほど姿が変わって見える。フード付きの長衣《ジュラバ》の上から毛織のジャケットを羽織り、赤いトルコ帽を被った男性は、まるで本から抜け出したオスマン帝国のトルコ人のようだった。その隣の、レインコートを着てベレー帽を被った男性は、フランスの画家のように見えた。

過越の祭りの前の一週間は、サマリア人は毎日朝晩祈りを捧げる。通常の土曜日には家やシナゴーグで祈る。その祈りはサマリア人のトーラーからの抜粋と、サマリア人が数世紀をかけて書いてきた宗教詩とが混ざったものだ。たいていの人はこれを暗記していたが、眼鏡をかけた十代の少年は本を見ながら唱えていた。後方にいるもう少し若い少年たちはあまり熱心ではなく、隅で居眠りをしている少年もいた。トルコ帽が一方側にずり落ちた姿で眠るその少年を目で示し、学校の友だちがクスクス笑いながら私に写真を撮れと言った。言ってみれば、それは十代の反抗というものだ。彼らにとって、祈りに出席しないことは論外だ。だから、せいぜいこうやってサボっているのである。十代の少年の一人は、おしゃべりがしたいようで、祈りの言葉の合間にしきりに私に話しかけてきた。話題は主に自分の家族のことだった。少年には甥がいて、その甥は祭司の家系の長男だったため、その日は伝統に則って生贄の血を額に塗られたそうだ。また別の甥はコンピュータサイエンスを学んでいて、イスラエル軍に入隊したいと言っているということだ。少年はそんな話を時折中断し、周りの人に合わせて床にひれ伏していた。

礼拝が終わると、私は村の本通りをぶらぶらと歩いてみた。まだ午前中の早い時間だ。通りの突き当たりまで行くと、ビールとウィスキーを販売している店があったので、私はなかに入った。経営しているのはジャミールというサマリア人男性で、私は彼と一緒に座ってコーヒーを飲み、しばらく話をした。そこに村のほかの男性も加わって、私が撮った写真をみなで見た。「眠っている少年の写真をなぜ撮ったのか？　サマリア人を笑いものにするためか？」と彼らがけげんな顔できいてくるので、私は事情を説明して誤解を解いた。その間にも店には電話が何度もかかり、話はたびたび中断された。

ナーブルスのパレスチナ人からの発注の電話だ。そのため、ジャミールは後ほど配送か何かの手配のために出かけるようだった。

「昨日は疲れ切りましたよ。家族の食べる種なしパンを焼いたんですが、うちはまったく大所帯で！」ジャミールはそう言うと、父親がかつて祭司だったことを話しはじめた。店の壁には、過越の祭りの儀式を写した大きな写真が誇らしげに飾られていた。私はサマリア人を取り巻く状況についてジャミールにたずねた。「少し不安を感じています」と彼は言った。差し当たりナーブルスは平穏で、それは喜ばしいことだが、長くは続かないだろうというのである。「現状を維持すべきです。インティファーダはパレスチナ人とイスラエル人の双方に悪い結果をもたらしました。今は静かで安全です。私たちにはナーブルスが必要です。食べ物はすべてそこから運ばれてくるからです」。今も数人のサマリア人がナーブルスに店を維持し、土地を所有している。彼らは一九八〇年代後半まではナーブルスに住んでいたが、インティファーダに恐怖を感じ、この離れた山頂の村へと移ってきたのである。

ヤーセル・アラファトは、パレスチナ支配下でサマリア人が良い待遇を受けていたことをしばしば吹聴し、それはヨルダン川西岸地区全体に対するパレスチナの支配権の前例となるものであり、同時にその地域はユダヤ人にも開かれたものになるとほのめかした。アラファトはパレスチナ議会にサマリア人の議席を一議席用意した。それに続く選挙では、ジャミールの父親が当選したが、彼に票を入れたのは主にムスリムだった。ジャミールの父親はナーブルスでよく知られ、このビールとウィスキーの店のおかげで大勢の友人がいたのである。

サマリア人にはムスリムの支配者の助言者となるという長い伝統があるが、ジャミールの父親もその伝統に倣っていた。過去数世紀にわたり、全体としてのサマリア人コミュニティは弱く恵まれない存在だったが、コミュニティのなかの個人はしばしば厚遇されて慎重を要する官職に就けられた。というのも、彼らは地元のムスリムを分裂させる憎悪に満ちた部族間対立の外にいたからだ。もっとも、その対立によって、助言者であるサマリア人が危険に陥ることもあった。イギリスを旅したヤコブ・エシュ・シャラビーというサマリア人は（そのためにはサマリア人の規則を破ったものと思われる）一八五五年に書いた回想録のなかで、ナーブルスの知事の出納係を務めた大叔父について述べている。最初はその知事の党派が権力を握っていたが、次に別の党派がそれに取って代わった。すると大叔父は、殺すと脅され、監獄に入れられ、死刑を宣告されたが――逃亡したか解放されたか、もしくは刑の執行を猶予され――とにかく助かった。そしてたがいの一族を敵として戦う人々に順番に仕えた。彼はその後も生き延びたが、髪は若くして真っ白になっていたという。

この話よりも穏やかな結末だが、ナーブルスの政治における、アラファトのサマリア人に対する厚遇は終わりを迎えた。彼らに用意された議席は廃止され、パレスチナ議会に専用議席のある少数派集団は、サマリア人よりも少し規模の大きいキリスト教徒のコミュニティだけとなった。私は一緒にいた村人たちに、これをサマリア人に対する侮辱だと感じるかとたずねてみた。すると全員が一斉に否定した。実際、彼らはほっとしたのだという。コミュニティが政治に巻き込まれたことはトラブルを招いただけで、中立の立場が良いというのが彼らの一致した意見だった。

特に弱い少数派のコミュニティが中立を保つことは難しい。だが、今までのところ、サマリア人はみごとな手腕で中間路線を守っている。店を出ると、私はそんなことを考えながら、村はずれまで歩いていった。村と外部との境界には門があった。それは安息日に外部の人間を村に入れないために設置されたもののようだった。門を出ると、ジャガイモ畑と木がまばらに生えた斜面が続いていた。一八五五年の夜、この同じ斜面を歩いていたジョン・ミルズは、ジャッカルが「交互に下手な歌を競うかのように」吠え交わす声を聞いている。当時は山中に住む人はなく、サマリア人は過越の祭りの生贄の儀式を行うためにここにやって来て、テントを張って一晩泊まったものだった。ここにはもうジャッカルはいないようだった。いたるところに住宅が建てられ、なかにはパレスチナ人の富豪、ムニーブ・アル＝マスリーの目を見張るような豪邸もあった。その建設作業のため、地元の人たちが何人か、忙しそうに働いていた。彼らは私の姿を見るとけげんな顔をしたが、私がアラビア語で話しかけると嬉しそうに答えてくれた。現在は、状況は落ち着いている、と彼らは言った。それは良い知らせだった。この家のあたりもサマリア人の村なのかときくと、一人の男性が「いや。ここに住んでいるのはパレスチナ人ですよ」と答えた。「サマリア人はパレスチナ人じゃないのですか？」ときくと「そうだと思いますが」と彼はとまどうように言い、こう続けた。「特に年配の人はそうだと思います。若い世代についてはわかりません。とにかく、このあたりの家はアラブ人のものだと言ったらいいんじゃないですかね。サマリア人かパレスチナ人かよくわかりませんが、たぶん、どちらもアラブ人ですから」

この男性のとまどいも無理はない。サマリア人の置かれた立場はこんな風にあいまいなものなのだ。二十世紀半ばまで、サマリア人とムスリムは百年前よりもうまく共存していた。一九五〇年代にエドモンド・ド・ロスチャイルド男爵によって派遣された特使は、サマリア人は「ムスリムと良好な関係を築いている」と報告している。ナーブルス出身のアーラムというムスリムの女性は、仮庵の祭り《スコット》の祝いにサマリア人の家を訪れた時のことを覚えていると話してくれた。一九六〇年代初期のことだ。「祭りの時にはよくサマリア人の家に行きましたが、家を果物で飾る特別な祭りのことが印象に残っています。サマリア人は近隣の住民と友好関係を築こうと、多大な努力をしていました。実際、キリスト教徒より熱心だったと思います。サマリア人にはユダヤ人のように、食餌規定《カシュルート》という、特定の方法で調理したものしか食べてはいけないという規則があるので、私たちが食事に招いても受けようとしませんでした。それでも、私たちにごちそうしてくれたのです」。だが、後日アーラムも気づくのだが、この親しさにも一定の限度があった。アーラムは放課後、サマリア人の学校教師から個人授業を受けていた。その男性教師は同僚のムスリムの女性にひそかに恋をしていて、生徒にはそれを話していたが、相手の女性には決して打ち明けなかったのだ。アーラムにはその理由がわからなかった。当時のアーラムはまだ幼く、サマリア人をムスリムや外部の人間と隔てる厳格な掟について理解できなかったのである。

イスラエルがヨルダン川西岸地区を占領した一九六七年以降、サマリア人の地位は向上していった。サマリア人を半官の行政職に就けることは、イスラエルにとって何かと都合がよかったからである。同時に、サマリア人はパレスチナ人とも良好な関係を維持できていた。だが、インティファーダ発生後には、暴力から逃れることは困難になっていった。そんな状況のなか、サマリア人の祭司が車の運転中、一晩に二度銃撃されるという不運な事件が起こった。まず、彼をイスラエルの入植者と勘違いしたパレスチナの銃撃兵に打たれ、ハンドル操作ができなくなって車がふらついたところを、ふらふらと自分たちに向かって来た自爆テロ犯だと勘違いしたイスラエル兵によってまた撃たれたのである。現在、あたりは平和に包まれ、サマリア人は過去のどの時代よりも良い暮らしをしている。だが、彼らはこの状態が当たり前のことだと思ってはいないのである。

日も傾いてきて、過越の祭りの儀式の時間が近づいてきた。ベニーの家に戻ると、二人の女性が聖歌の録音事業についてベニーと話し合っていた（現在、コミュニティのメンバーによるサマリア人音楽のCDが何種類も発売されている）。私は話が終わるのを待って、ベニーに政治についてきいてみた。「私たちはパレスチナ人とイスラエル人の架け橋になろうとしています。もちろん、実際にそんな力があるわけではありません。けれども、そうやって必死に生き残ろうとしているんです。もし、片方の陣営について、反対の陣営が勝ったら、私たちは行き場を失ってしまいます。敵の協力者だと呼ばれてね」。かといって、サマリア人は自分たちの領土が欲しいわけではなかった。「私たちには領土は必要ありません。『ここはもともと祖先の住んでいた土地だから、私たちのものだ』なんてことは、絶対に言いません。そうやって、この地域全体にどれほどの不幸がもたらされてきたか、身に染みてわかっていますから。私自身、ある程度の覚悟はありましたが、思ったよりつらい経験をしてきましたからね」

ベニーが生贄の儀式の身支度をすると言うので、私はベニーの家を出た。生贄の儀式は安息日の開始までに、つまり通常の夜の儀式よりも早く、午後のうちに完了していなければならなかった。旧約聖書時代の祖先がエジプトを脱出する時に着ていた衣服と同じものを着るという伝統に従って、サマリア人は二十四個のボタンの付いた長衣を身に着けた（それぞれのボタンはサマリア人のアルファベットの二十四文字を表している）。祭司は赤、白、青という特別な色の服を身に着けていた。赤は子羊の血、青は空、白は心の純潔を表すものだ。この行事を見るために大勢の観光客がやって来たが、それはサマリア人にとって良くもあり悪くもあることだった。「私はほかでは見られない珍しい存在だとは思われたくありません。だけど、実際にはそうなんですよね。伝統を守る人間というのは、みな、珍しい存在なんです」。ベニーはこう言って、伝統を守ることがサマリア人のアイデンティティの中心にあるのだと教えてくれた。

通りで待っていると、大勢の訪問者がやって来るのが見えた。キリスト教徒や大勢のユダヤ人が、ここでしか見られない過越の祭りの子羊の生贄の儀式を見にきたのだ。この儀式は、およそ二千年前にユダヤ教神殿が破壊されるまでユダヤ教で行われていた儀式と、まったく同じ儀式である。通りは次第に駐車された車でいっぱいになっていった。映画スタッフがカメラをセットし、早く到着した人たちは、よく見える場所を確保していた。私は生贄の儀式の前に行われるレセプションに招かれていた。そのレセプションは私が泊まったホールで開催された。

レセプションはスピーチに次ぐスピーチで、退屈しそうになったが、聴衆席には普段は絶対に見られない面白い顔合わせを見ることができた。ヨルダン川西岸地区のイスラエル軍の長官が、パレスチナ人のナーブルス県知事の向かい側に座り、冗談半分本気半分で悪態をつき合っていた。ホールの反対側の端ではもっと奇妙な光景が見られた。植民地運動の代表者が、パレスチナ人の隣に座っているのだ。おまけにそのパレスチナ人はそのあとのスピーチで、イスラエル政府による不当な仕打ちについて熱く語っていた（イスラエルによるパレスチナ人の移動制限により、ナーブルスの経済活動は麻痺していた）。

知事、長官、そしてこの行事のスポンサーであるパレスチナ人の富豪、ムニーブ・アル＝マスリーなど、講演者はみな口をそろえてサマリア人に対する敬意を表明していた。それを聞いて、私はベニーが言っていたことを思い出した。サマリア人の問題は、パレスチナ人とイスラエル人が唯一意見を一致させることのできる問題なのである。最後に、一人のサマリア人が立ち上がってスピーチをした。独特の顔をした背の低いその男性は、父親を亡くしたばかりだという。「私たちサマリア人は絶滅の危機にあります。私たちはこの地に退き、コミュニティを建設しました。もう、私たちはどこにも行きません。ここにいるのです」

この行事には、サマリア人がいかに慎重にパレスチナやイスラエルとの関係のバランスをとっているかがよく表れていた。もちろん、コミュニティ内には異なる政治的見解がある。テルアビブに住むサマリア人はヘブライ語を話し、イスラエルへの忠誠心を率直に語る。一方、ゲリジム山に住むサマリア人には、パレスチナ人と親しい関係にある者もいる。それでも、全員が、双方と良好な関係を維持する必要性をよく理解していた。イスラエルには仕事もあり、良い教育を受けられるし、サマリア人に対する政府の支援も厚い。イスラエルの首相ベンヤミン・ネタニヤフはサマリア人の大祭司と一緒に撮った写真をもっていたと言われ、実際に、何人かが彼のもとを訪れた時にそれを見ている。聞いたところによると、その大祭司はネタニヤフが政権の座に就くことを予言したということである。一方で、サマリア人はイスラエルの保守的な宗教階層とはあまりうまくいっていない。「ユダ

過越の祭りの生贄の儀式に集まったサマリア人の祭司
©Hanan Issachar/Getty Image

ヤ教のラビには近づきたくありません」と、サマリア人の一人は私に言った。パレスチナの法律では、サマリア人は独立した宗教コミュニティとみなされている。つまり、（たとえば）サマリア人の祭司によって執り行われた結婚は、法的に認められたものとなる。一方、イスラエルの法律では彼らの地位はもっとあいまいなものだ。

レセプションが終わり、人々がぞろぞろとホールを出ていった。生贄の儀式が始まる時間だ。何十年も前には、サマリア人は山にテントを建てて集まったものだが、現在では、このために特別に作られたワイヤーフェンスで囲まれた場所がある。何百人もの見物客がフェンスに体を押し付け、なかにはフェンスをよじ登ろうとする者もいて、体格のよい警備員から大声で制止されていた。なかに入ろうとする群衆にもみくちゃにされながら、サマリア人が囲いのなかに集まった。祭司は色とりどりの伝統的な法衣に身を包み、男性はこれから行う血に染まる作業のために、白いエプロンを着け、野球帽を被っていた。女性は小さな子どもたちと一緒にかなり後ろに下がって立っていた。『出エジプト記』に記された過越の祭りの規則に従って、ある程度の規模の家庭が生贄にする羊を各家庭一匹ずつ運んできた。そして小さな羊の群れがサマリア人たちの中央に集められ、その間に――羊にとっては不吉なことに――囲いの隅に掘られた大きな穴いっぱいに薪が入れられ、穴の近くに土が積み上げられた。

上級祭司が詠唱するなか、生贄を捧げる場所に羊が運ばれた。そこには金属製のフレームが立てられていた。と、サマリア人から大きな叫び声が上がった。羊たちの喉が切られたのである。エプロンを着けた男たちが、フレームに羊を吊り下げた。これから羊の皮をはぐのだ。彼らは喜びに満ちてたがいを指さしながら、古代ヘブライ語で「神は唯一なり」と歌い、「主はファラオの戦車と軍勢を海に投げ込んだ」と、エジプトから解放されたイスラエルの民が歌った祝賀の歌、「海の歌」の一節を詠唱した。それから羊の血が集められた。後ほど、この血を村の家の二つの柱と鴨居にヒソプの枝で塗るのである。最後に、生贄の羊たちが串に刺された。穴のなかの薪が燃えて炭になると、羊の上に土が何層にも被せられ、蒸し焼きにされる。それはベニーが言っていたように、まさに遠い過去から来た光景だった。

サマリア人は数世紀にわたって衰退の一途をたどり、彼らを訪れた人々はその絶滅を予言した。それでもサマリア人はそんな予言をものともせず、何百年も生き続けてきた。一七一四年にイギリスの著述家が述べたように、「サマリア人の宗派はこの世界に二千四百年間続き、彼らは現在も最初に現れた時とほぼ同じ場所にいる。それに比べれば、一つの素晴らしい儀式がやじ馬たちを興奮させるからといって、驚くべきことではない」のである。しかし彼はこう結ぶ。「まもなく、彼らが住み続けてきた場所からその姿は消え、それからすぐに、彼らの名は歴史のなかだけに見られるものとなるだろう」。一八五〇年代に彼らを訪れた宣教師のミルズも、その未来について同じように悲観的な意

過越の祭りの生贄の儀式を終えてくつろぐサマリア人の祭司。額に羊の血がついているのが見える。著者撮影

見をもっていた。ミルズは「何十年も経たないうちに、この民族はほぼ確実に絶滅するだろう」とため息をついた。だが、彼らはみな、間違っていたのである。

この聖なる山では、百三十二代目の大祭司が（一代目はモーセの兄アロンだ）まばゆいばかりの法衣を着用し、過越の祭りの生贄の儀式を終えて、仲間たちと休息をとっている。コミュニティの女性たちが、その手にキスをしにやって来る。長男たちの額に見えるのは、羊の血で付けられた印だ。この一見ユダヤ的な場面の上に張られているのは、この行事のスポンサーがパレスチナの電気通信会社であることを示すポスターだ。昔も今も、サマリア人の境遇は制約が多く不安定で、イスラエルやパレスチナの上層部の善意によるところが大きい。そのような彼らの存在が、この紛争地域のさまざまなコミュニティ間に共存の基礎を与えていると想像するのはあまりにも安易すぎるだろう。だが、少なくとも、その想像は私たちに確かな希望の光を与えてくれる。

# 第六章　コプト教徒

コプト教とは、西欧のローマ・カトリック教会、ロシア・東欧の東方正教会と並ぶ西アジアの東方諸教会の中の一派である。歴史的には、四五一年のカルケドン公会議の決議を拒否した非カルケドン派（他称では単性論派）がエジプトに土着し、コプト語（中世エジプト語）を典礼用語に採用して独自の教会組織を形成した集団である。このコプト教会は、使徒マルコが建てたとされるアレクサンドリア教会に総主教座を構え、古代エジプトの宗教が絶滅した後は、カルケドン派のキリスト教徒に優越する教徒人口を抱えて、エジプトの国教的地位を占めた。第三章で扱われたイランとは対照的に、中世エジプトはかなり急速にコプト語を捨ててアラブ化していったにもかかわらず、イスラームの受容は相当遅れ、十四世紀にようやくイスラーム教徒が社会の多数派になったとされる。即ち、イランとは対照的に、アラブ化はしたがイスラーム化は遅れたのがエジプトの特徴である。なお、総主教座は、十一世紀のカイロ建設と共にアレクサンドリアから移転し、現在に至る。二十一世紀初頭の段階では、エジプトの人口八千万人のうちの五〜十パーセントがコプト教徒と見積もられている。

このコプト教会は、十九世紀末以降にエジプトのアイデンティティーが揺らぐ中で、エジプト社会の中での立ち位置に大きな振幅を経験した。当時のエジプト・アイデンティティーとしては、①エジプト領域主義、②アラブ民族主義、③イスラーム主義の三つがあり得たとされる。このうち、①のエジプトというナイル渓谷の土地にこだわるエジプト領域主義を採った場合には、「エジプト国民」という枠組みの中で、イスラーム教徒とコプト教徒の共存が可能である。②のアラブ民族主義を採るならば、アラビア語ではなくコプト語を典礼用語として用いるコプト教徒のエジプト国内での立場は微妙になる。また、西はモロッコから東はイラクに至るアラブ諸国の中で、エジプトという国家自体が溶解する。③のイスラーム主義を採るならば、異教徒であるコプト教徒はエジプト社会で完全に浮き上がる。

しかして、現実に照らせば、十九世紀末〜二十世紀初頭の立憲革命期には①の立場が優勢で、ワフド党が指導する立憲王政の指導的イデオロギーになった。しかし、一九五二年のエジプト革命後はナーセルが②の立場を採り、一九七〇年以降のサーダート期は③に接近した。筆者の分析にあるように、コプト教徒はこの百年間で、加速度的に周辺的な立場に追い込まれ、同じキリスト教が優勢な欧米への脱出が相次いでいる。

（解説・青木 健）

殉教紀元一七二七年の聖金曜日（復活祭直前の金曜日）。殉教紀元はコプト教徒と呼ばれるエジプトのキリスト教徒の用いる紀元である。小麦の収穫期であるこの時期には、ナイル河谷《かこく》に砂嵐が吹き荒れて、灼熱の季節の始まりを告げる。ナイル川の氾濫がなければエジプトは地上で最も乾いた場所となる。そのため、数千年にわたり、人々はこの季節になるとナイル川に向かい、肥沃な沖積土を含んだ水位を上げて、田畑を潤すよう祈りを捧げてきた。私の周りでも、エジプト人たちが「川の水位を上げたまえ」と一心に祈りを捧げていた。一瞬、目を閉じれば、古代エジプトにいるのかと思ったことだろう。だが、現実の私がいたのは、西暦二〇一一年のロンドンのケンジントンにある聖マルコ教会だった。近くを流れるのはナイル川ではなくテムズ川だ。目を開けると、ステンドグラスの窓の向こうにロンドンの建物の美しい壁が見えた。

ケンジントンの聖マルコ教会は、キリスト教をエジプトにもたらしたと言われる一世紀の福音伝道師と宣教師を記念して建てられたものである。エジプトのキリスト教徒はコプト教徒と呼ばれ、その数は統計機関によって大きく数字が異なり、四百万人から千二百万人と言われている。そのほかに国を出て、スーダン、リビア、西洋に渡った信者もいる。キリストの神性・人性をめぐる五世紀のキリスト教会の分裂により、アレクサンドリア総主教のもと、独自のキリスト教会が誕生した。それがコプト正教会である。コプト正教会はエジプトからエリトリア、エチオピアにまで広がり、一時は北部にも伝わったと言われている。コプト教の指導者である第百十七代アレクサンドリア総主教（「教皇」とも呼ばれる）シェヌーダ三世が一九七九年にこのケンジントンの聖マルコ教会を祝別し、聖マルコ教会は当時のヨーロッパで唯一のコプト教会となった。だが、それはコプト教の到来ではなくむしろ帰還と言ったほうが正しいだろう。というのも、アイルランドに移住したコプト教の修道士が、初期のアイルランドの教会――コプト教会と同じく修道生活と禁欲に重きを置いた――の設立にも何らかの役割を果たしていた可能性があるからである。それは、八世紀のアイルランドの殉教者の本の「アルスターの荒野に眠る七人の聖なるエジプト修道士」という記述からうかがえる。

エジプトとヨーロッパのキリスト教徒のもう一つの違いは、ヨーロッパのキリスト教徒が緩和してきた多くの規則をコプト教徒が厳守し、また厳格化していった点にある。聖マルコ教会では、信者は五十日以上に及ぶ厳しいコプト教の四旬節《レント》の断食を行い、その間は魚や肉だけでなく、ミルクやチーズなどの動物性食品は一切口にしない。また、聖金曜日には、信者は日没まで何も口にせず、一日中祈り続けるのである。聖マルコ教会の礼拝は夜明けに始まる。教会の側廊に配された十字架は、ろうそくやバラの花で飾られる。祈禱のなかには四百回の礼拝を行うものもある（もっとも、そのやり方は人によって違い、頭を垂れるだけの信徒もいれば、床に身をかがめてひれ伏す男性もいる）。故郷から何千キロメートル離れて住んでいても、コプト教徒の篤い信仰が衰えることはない。

祭壇と信徒を隔てる手の込んだ細工のついたてや、聖マルコと聖母マリアのイコンなど、この教会にあるものは、古代エジプトの多神教がキリスト教に取って代わられた紀元後の数百年に起源をもつものが多い。だが、この教会で使われている暦は西暦ではない。アラブ世界で見かけるイスラーム暦でもない。教会の通路に置かれた礼拝の手引書に書かれた暦は、「精霊が集まる月」という意味の「キーハク」という月や、ヒヒの頭をした神トゥートにちなんだ「トゥート」といった月のある、ファラオたちも使った古代エジプト暦に基づくコプト暦というものだ。コプト暦は、ローマ皇帝ディオクレティアヌスがキリスト教徒を迫害し、多くの信者が殉教したことを記憶にとどめるために、ディオクレティアヌス帝が即位した西暦二八四年を紀元として用いている。

ギリシャの政治家で学者であるファレロンのデメトリウスが、聖マルコ教会のこの日の聖歌を聴いたとしたら、きっとそのスタイルを懐かしく思ったことだろう。紀元前三世紀にエジプトの沿岸都市アレクサンドリアに住んでいた彼はこう記している。「聖歌を歌う際、エジプトの祭司は七つの母音を特定の順序で用いて歌う。文字で奏でられるこの音楽はとても美しく、人々からはフルートや竪琴よりも好まれている」。この方法は今も続けられている。司祭と助祭が「オ」や「エ」、「ア」の母音に節をつけ、声を震わせて歌う。子音はほとんど聞こえない。「ペクエスロノス」というこの聖歌は、キリストの死を悼みつつ、復活の予感に悲しみが歓喜に変わっていくもので、それはファラオの死を悼みながら同時に次代のファラオの即位を祝う古代エジプトの歌とまさに同じものである。こうして私はロンドンの緑に覆われた通りの教会で、ファラオの葬送の音楽を聴いていた。それがどうやってロンドンに来たのか、そして、エジプトのキリスト教会にとってそれがどんな意味をもつのか、それがこの章の主題である。

＊

カイロは私の初めての海外赴任地だ。あれは一九九七年のことだった。新人外交官だった私は、少人数の仲間とともにロンドンから語学研修に送られたのである。大使はこんな言葉で私たちを迎えてくれた。「大使館へようこそ。ここではもう会わないことを願います。と言っても誤解しないでくださいよ。私が望むのは、あなたたちがここにこもらず外に出ることなのです。そして、エジプト人とともに過ごしてほしいのです」。それ以上の説明はいらなかった。カイロは膨大な人口が密集した都市で、千八百万人ほどの住民に加え、毎日多くの人がやって来る。彼らはナイル川沿いの村の暮らしをあとにして、電車やバス、徒歩や荷馬車で、富と貧困が共存するこの首都に流れ込み、街はずれに無計画に広がる混沌としたスラム街に住みつくのである。私はナイフ使いの曲芸師や露天商を見るためによくスラム街に行ったものだが、彼らはいつも汚い路地をちょろちょろ流れる汚水のなかに立っていた。

カイロはまた無秩序で圧倒されるほどの騒音にあふれた都市だった。私はモハンデシーンという緑の多いモダンな郊外にある並木通りのアパートに住んでいた。そこでも窓の外からは朝の五時から荷馬車に乗ったミント売りの声が聞こえたし、正午にはモスクの拡声器から大音量の放送が流れ、深夜には車の警笛が鳴り響いていた。私はナイルのほとりにあるブリティッシュカウンシルで学び、川を見下ろすバルコニーでよく昼食をとった。だが、近くの火葬場から漂う煙でバルコニーはいつも灰だらけになり、ナイルのほとりと言ってもロマンを感じるどころではなかった。それでも私は我慢できた。公害のひどさにも、混雑した街のせいで生じるさまざまな不快なことにも耐えることができた。というのも、私は恋をしていたからだ。だが、その相手は人間ではなかった。私はアラビア語に恋をしていたのである。私にとってアラビア語は、目に見える景色のなかに隠れた世界に通じる鍵だった。アラビア語によって、私は行くことのできない場所に行き、千年以上も昔の本や詩を読むことができた。というのも、千年以上もの間、アラビア語はほとんど変化せず、クルアーンの聖句もこの言葉で書かれていたからだ。そして、地元の人たちと話ができ、本音を聞くことができた。これは、アラビア語ができなければ、決してできなかったことだろう。また、アラビア語の構造は優れた体系をもっていた。たとえば、アラビア語の単語は三つの子音の組み合わせで語幹を成し、その語幹から音楽のモチーフのように、微妙に意味の異なるいくつもの言葉が派生する。そうして、バッハのモテットのように快い数学的な言葉が生まれるのである。

西洋人のほとんどは、アラビア語はイスラーム世界の言葉だと考える。だが当時、私は、アラビア語の話されているエジプトで、日曜に教会に通う人はイギリスよりも多いことに気がついた。そして私もその一人となった。私は毎週、タクシーや、清潔で走りも滑らかな日本製の地下鉄に乗って、少々殺風景で平凡なシューブラの郊外を訪れた。同国人同士で固まりがちな海外駐在者の生活から逃れるのに、これほど良い場所はなかった。そこは道路が舗装され、小さな店や有名レストランのある中流階級の生活の場で、その意味でエジプトの活気を生み出す中心地だったのである。都心を離れたこの場所でも騒音やほこりはひどく、あたりには大気汚染による刺激臭が漂っていたが、エジプト人には私ほど気にならないようだった。環境のよい閑静な住宅街という概念はないらしい。良いアパートは（私の友人に言わせると）やかましい本通りにあるもので、静かな裏通りの砂利道にあるものではないそうだ。後日、ロンドンの私の家に遊びにきた友人のエジプト人は、静かすぎて眠れないと文句を言っていたほどだ。

当時も今も、シューブラを訪れる観光客はいない。だが、だからと言ってそこに見るべきものがないと考えるのは間違いだ。少なくとも、そこには中東のほかの地域にはないものが一つある。それはヨーロッパの聖人にちなんだ駅の名だ。カイロの中心部から地下鉄に乗り、ナーセル、サーダート、ムバーラクといったエジプトの大統領の名を冠した駅のあと、ファラオの名前のラムセス駅を通過すると、「聖テレーズ」という駅に到着する。

フランスの聖女、リジューの聖テレーズの名が、どうしてカイロの地図に載っているのだろうか？その答えは、シューブラの本通りから少し入ったところにある教会にあった。フランスのカルメル会が建て、同会の聖女、聖テレーズにちなんで名付けた聖テレーズ教会である。この教会は地元の人々によく知られ、その教会前の柱廊は英語やフランス語、ヘブライ語やアラビア語の飾り板でびっしりと覆われていた。キリスト教徒だけでなく、地元のユダヤ人やムスリムも願をかけて飾りにくるのだという。今でもその教会にはムスリムがろうそくを灯しにやって来るし、何年も前にこの教会がイスラーム過激派の襲撃を受けた時にも、十字架は傷つけられたが、聖人像は手を触れられることはなかった。

ある日のこと、教会に行くと、アスファルトで舗装された小さな前庭に、何人かの信者が集まっていた。最初に会ったのは司祭志望のマグディとアシュラフだった。アシュラフは非常に体格がよく、見かけは警備員のようだった。そして熱心に建築の勉強をしている女性マギー、自信に満ちた技術者のサミーフ。一年後には私もそのコミュニティの一員となっていた。私は信者のなかに、ラムセス二世〔エジプト新王国第十九王朝のファラオ〕やネフェルティティ〔エジプト新王国時代第十八王朝のイクナートンの妃〕などのファラオの時代の痕跡を認めた。モデル志望のワーイルという若者はファラオの生き写しだと自称していた。また、教会のポール神父は、まるでファラオが統治するかのように、威厳をもって信徒をまとめていた〔カトリック教会は十九世紀にエジプトに東方典礼カトリック教会を設立した。そこでは、コプト教徒はローマ教皇に帰属する司教を受け入れながら、自分の伝統を守ることができる。この東方典礼カトリック教会には現在十六万人以上の信者がいる〕。ポール神父は、エジプトの礼儀作法を学ぶ私の手本となった。エジプトの礼儀作法は、控えめでよそよそしいイギリス人の礼儀とは対極にあるものだ。私はいつのまにか、仰々しいお世辞や口だけの招待、大げさなお愛想の言葉という難しい世界をうまく渡れるようになっていった。ある時のポール神父と花屋とのやりとりは、その最たるものだった。長い値段交渉のあと、ついに花屋は降参し、花をただで神父に渡すことになった。「もちろん、無料で差し上げます」と花屋は言った。すると、神父は考えられないほどの素早さで、そらぞらしいセリフを返していた。「いやいや、そんなにしていただくとは実に申し訳ない。私はあなたに会いたくてここに来ただけなのに」

神父は時間を惜しまず、親切にカイロをあちこち案内してくれた。それに対して私がお返しをしようとすると、神父はいつにもましてとらえどころがなくなった。神父が私のアパートに来た時に、水を一杯出したあと、ゆっくりしていってくれと言うと、神父はこう言った。「いいえ、もうおいとましますよ。あなたの評価はすでにこれ以上高くならないほど高いので、これ以上のことをしてもらっても困りますからね」。私は引き止めたらいいのか、食事を出したらいいのか、途方に暮れたものだった。友人となったコプト教徒たちの私への親切も、決して尽きることはなかった。教会は単なる教会にとどまらなかった。信者たちは教会の前庭で何時間もおしゃべりをした。そしてともに休暇を過ごし、教会に来ない平日にも頻繁に会っていた。彼らはエジプトのダンスを私に教え、またある時はカイロの貧困地区への慈善訪問に誘ってくれた。そこの人たちは、高層アパートの屋根にその場しのぎの粗末な小屋を建てて住んでいた。ほかのコプト教徒同様、私の友人たちもイギリスのキリスト教徒の規律の甘さに対して批判的だった。それも不思議なことではない。敬虔なコプト教徒は一日七回祈りを捧げ、飲酒をせず、たばこも絶対に吸わない。コプト教徒は四旬節だけではなく、降臨節やそれ以外の時期にも断食を行い、合計するとそれは年間二百十日にもなる。この期間には肉や乳製品を断つが（四旬節の間は魚も断つ）、さらに厳しい禁欲を行って、果物だけを食べたり、エジプト人がフールと呼ぶ豆の水煮しか食べない信者もいる。また、四旬節の間は午前零時から日没まで何も口にしない信者もいる。これは、ラマダーンのムスリムの断食よりきついものだ。私は思わずヘロドトスの言葉を繰り返したくなった。「エジプト人ほど信心深い民は世界のどこを探してもいない」。二千五百年前にエジプトを訪れたヘロドトスは、その壮大な神殿を見て畏敬の念に打たれている。当時、神殿は信者たちの寄付によって莫大な富を蓄えており、エジプトの肥沃な土地の三分の一は神殿領となっていたのである（最近の世論調査によると、エジプト人はヘロドトスと同意見で、自分たちは世界で最も信心深い民族だと考えている）。

エジプト人の信心深さはコプト教徒に限ったことではない。毎週金曜日に地元のモスクの拡声器から大音響の説教が流れた時も、私は同じように感心した。どの宗教の信者も、日常生活のなかに信心深さが表れていた。タクシー運転手はみなカセットプレイヤーでクルアーンを聞き、時には専門家のようにその暗唱者の良し悪しについて意見を述べていた。イスラーム神秘主義のスーフィー音楽のコンサートでは、人々は黒いサングラスのリードシンガーに熱狂的な喝采を送り、聴衆のなかにはトランス状態に陥る人たちもいた。このような状態では、異なる宗教間の意見の対立があるのも当たり前だった。そのためか、みな、人の宗教を知りたがった。カイロの街を歩いていると、どのサッカーチームのファンかときかれることが何度もあった。かわりに、ムスリムなのかキリスト教徒なのかときかれることも二、三度あったが、サッカーのことをきく時も宗教のことをきく時も、その関心の強さは同じようだった。私のアラビア語の女性の先生は、自分も同じ質問をされるが、直接きかれることはないと言っていた。彼らは彼女に名前をきき、次に父親の名前をきくのだそうだ（彼女はリベラルなムスリムで、人は自分の宗教についてプライバシーを守る権利をもつべきだと考え、基本的には答えるのを避けていた）。コプト教徒には宗教を確認し合う独特な方法があった。ある時、地元のスーパーマーケットで、レジ係が自分の手首の内側にある十字架の入れ墨をそっと見せてきた。コプト教徒のしるしである。

宗教間の意見の対立は、私のエジプト滞在中にも暴力的な形で表に出てくることがあった。当時、私は大使館から、エジプト南部、とりわけミニヤには行かないようにきつく言われていた。というのは、ミニヤでは、イスラーム教のテロリスト集団が、治安部隊や地元のキリスト教徒を襲撃する事件が起こっていたからだ。一九九七年九月、聖テレーズ教会の友人たちとアレクサンドリアを訪れていた時、私はテレビのニュースで、カイロ中心部のタハリール広場でドイツ人観光客が銃撃された事件を知った。それが、私の初めてのテロとの出会いだった。「ジェラード、恐がるな。私たちは定められた日に死ぬ運命なのだ」とサミーフは言った。だが、それを聞いても慰めにはならなかった。そして二カ月後、ルクソール事件が起こった。銃とナイフで武装したテロリストによって、六十二人が虐殺された。犠牲者には、五歳の子どもも含まれていた。後日、内臓をえぐられた犠牲者の遺体から、イスラーム教を称えるメモが見つかった。

このような恐ろしい事件も起こったが、それでも、エジプトには、より人間味のある共存の形があることを思い出させられる出来事があった。この恐ろしいタハリール広場の事件の周辺にさえ、そんな話があった。事件のあと、実行犯たちはブーラク・アブー・ラアという近隣の地域に逃亡し、地域の人々は犯人たちをかくまった。そこは私が好んで散策した、なじみのある地区の一つだった。でこぼこした道路の片側に優美なコロニアル様式の古びた建物が並び、反対側で作業をする溶接工のマグネシウムの炎が、その古びた建物や、道路に舞う砂ぼこりをまぶしく照らしていた。大きなイタリア風の教会もあって、その神父は「地域のムスリムは自分の同胞だ。彼らに問題を起こされたことはない」と大きな体を揺らしながら私に言った。この教会に通うコプト教徒も、ムスリムから一度も嫌がらせを受けたことはなかった。その地域から家に帰る途中には、衣料品の露天市場があった。そこにはあらゆる種類の人々が集まっていた。ターバンを巻いた男性やスーツ姿の男性、ジーンズ姿もあれば作業着姿の人もいる。女性はヴェールを被った人もいれば被らない人もいた。また、貧しくてヴェールが買えないのか、ダンボールをうまく頭の形に合わせ、太陽から身を守っている女性もいた。おさげを長く垂らした少女が、小さな弟に十字の切り方を教える姿もあった。

私は一九九八年にエジプトを去り、それからはエジプトには短期間、たまに戻るだけとなった。だが、二〇一一年、タハリール広場が再びニュースに現れた。「一月二十五日革命」だ（二〇一一年エジプト革命とも呼ばれる）。画面のなかでは、エジプトの民衆が大統領退陣を求め、広場に集まっていた。キリスト教徒とイスラーム原理主義者が肩を寄せ合い、ともに立っていた。そのデモの参加者に、政府に金で雇われた殺し屋たちが攻撃を加えていた。ホスニー・ムバーラク大統領は辞任して、エジプト軍最高評議会が権力を掌握し、一方で、キリスト教徒とムスリムの間にも衝突が発生した。教会が襲撃を受け、キリスト教徒が殺された。私はこの本を書くために、すでにエジプト行きの計画を立てていたが、その旅はこれまでになく必要なものに思えた。

＊

二〇一一年三月。カイロに着陸する飛行機のなかから、私は懐かしい街を見下ろした。北部に目をやると、ヘリオポリスの閑静な郊外の富裕層の住宅地が見えた。カイロの最貧困層の住む、ナイルに浮かぶ屋根のない小舟も見えた。ほかに住むところもない彼らの船は、毎夜、豪華なクルーズ船が通るたび、波にゆらゆら揺れていた。空港をあとにすると、車は大きな兵舎の前を走っていった。そして巨大な陸橋を通ると、砂にまみれた政府の建造物や官庁や、鉄道の主要駅などの前を素早く通過していった。コプト教の大聖堂のドームを過ぎると、隣にはモスクがあった。関係を強めるために、こうして隣り合わせて建てたのだろうか？　それともたがいに競い合っているのだろうか？　そんな思いが頭をよぎった。

そうして私はナイル川の中州のザマーレク地区のホテルに着いた。カイロの優雅な時代を思い出させてくれる、古びてはいるが居心地の良いホテルだ。ロビーの色あせた椅子には、引退した建築家が妙な姿勢で座り、ホテルのスタッフに手紙を口述筆記させていた。手紙は何通もあり、ほとんどが苦情の手紙のようだったが、スタッフは愛想良く対応していた。私はロビーを出て、外に出かけていった。ヒジャーブを着用した若い女性のグループが、民衆の力を表現した壁画を描いていた。通りを歩くと、店や壁にかけられた看板に目を引かれた。英語で書かれたある看板には、欧米諸国とアラブ連盟によるリビア政府への武力行使の兆候により、一段と下がった通貨の交換レートが表示されていた。「リビア・ディナール　買：二、売：三・六五」。また、別の看板にはアラビア語で「神の名にかけて、素晴らしきわが国の警察を祝福しよう」と書かれていた。三つ目に目を引かれたのは、店のドアに下げられたそっけない看板で、そこには鮮やかな色で「バイアグラ」とだけ書かれていた。

ザマーレク地区のあるゲジーラ島がここに現れたのは、百年ほど前のことである。この島は、ナイル川の上流から運ばれて、ナイル河谷に豊かさを育んできた土が堆積してできたものである（一九七〇年のナイル川のダム建設以降は、沈泥は流れなくなった。そして、ナイル川が定期的に氾濫することもなくなった）。ザマーレクには上流階級が集い、豪華な建物や公園が造られたが、それも今では色あせて数も少なくなっている。私はタクシーに乗り、ナイル川の東岸にあるカイロ旧市街に向かった。川にかかる橋を渡りながら、タクシーの運転手は川べりの焼け落ちた建物の骨組みを、誇らしげに指さした。それは、かつて政府与党の本部となっていた建物だ。ちょうどその時、カーラジオから司会者の声が流れた。「社会にはびこる腐敗について、今こそ自由に語りましょう！」

私の目的地は、多層構造のコンクリート陸橋とタハリール広場の間にはまりこんだように立つ、くすんだピンクの漆喰の建物だった。エジプト考古学博物館だ。この博物館には毎日何千人もの人々が、六万五千もの像や石棺、そしてミイラを見にやって来る。観光業はエジプトに雇用の機会を生み出し、二〇〇九年には、観光産業従事者は労働人口の十二パーセントに達していた。だが、エジプト人にとって、この博物館はいつの時代も金儲けの手段以上の意味があった。ここはエジプト人のアイデンティティの記念碑なのである。正面の壁にはもう一つそれを象徴するものがあった。代々エジプトを支配してきた王朝のリストである。その長いリストはまるで「この国の民は常に王に支配されてきた」と言っているかのようだった。二〇一一年のエジプト革命の最中でも、ここではミイラとなったファラオという独裁者が、まだ人気を博していた。

侵入者を防ぐ精巧な罠や呪いのかわりに、ここには生きた人間の番人がいた。館長のターリク・エル・アワディーである。私は彼に会うために、地下の事務所を訪れた。館長のデスクは金色の派手な置き時計のコレクションに囲まれていて、その一つ一つが違う時間を指していた。私が歴史について質問すると、館長はこう言った。「エジプト人は過去から切り離されています。自分たちと過去との間には共通点が一つもないと思い込まされているのです」。それから館長は説明を始めた。学校のカリキュラムでは、歴史は時代ごとに区切られている。ファラオの時代、コプト教の時代、イスラーム教の時代、という具合だ。そして、最も力を入れて教えられるのがイスラーム教の時代なのだという。だが、エジプト人が一つの国民として団結するのに役立つのは、それ以前の時代を学ぶことだと館長は言う。館長自身はムスリムだが、エジプトの歴史はキリスト教徒とムスリムが共有する遺産だと考える。「宗教こそ一つではありませんが、私たちの国にあるのは結束力のある社会です。すべてのエジプト人が同じ慣習や言語をもっていますし、宗教的な慣習ですら共通のものがあります。そこがアラブ人とは違うのです」。けれども、何十年もの間、エジプト人はアラブ人だと言われ続けてきた。そして、そのために「エジプト人は『自分は誰なのだろう？　アラブ人なのか、それともエジプト人なのか？』と自問している」のだという。

館長と話をしたあと、私は博物館のホールに行って玩具や船の模型、副葬品《ウシャブティ》の小像などを見て歩いた。昨日作られたのかと思うほど保存状態の良いその品々を見ていると、奇妙な感情に襲われた。時を隔てるヴェールが突如薄くなり、ミイラ化したファラオが実際に時を超え、現代によみがえったかのような気がしたのだ。確かに、古代エジプト人は肉体のよみがえりを信じていた。この考え方は他の古代文明の民にはほとんど見られないものだ。たとえば、イラクの叙事詩に描かれたギルガメシュ王は、死んだ友のエンキドゥを探しに冥界に下りるが、そこで出会うのは肉体をもった人間ではなく影である。その神話では、ギルガメシュ王が「エンキドゥは粘土になってしまった！」と言うように、人間は死に、決して生き返らない。

この考え方の違いは、自然の環境によるものだろう。同じ砂漠でも、ナイル河谷の人々を取り囲む砂漠の砂は、イラクの砂漠の砂よりもはるかに乾燥したものだった。非常に乾燥しているため、二千年間その砂に埋められていた紙が出土した時、そこに書かれた文字が読める状態にあったほどだ。古代エジプト人はこの砂に死者を埋めたのである。後の時代には遺体の臓器を除去してナトロンという炭酸塩鉱物を詰めるという保存方法が考案されたが、そんな処置を施さなくても、遺体はたいてい砂の乾燥と熱によって自然にミイラ化し、数年後に掘り出した時にも、誰の遺体か見分けることができたのである。そのため、魂《カー》が再びその身体に入って死者をよみがえらせると想像したのもうなずける。紀元前二十四世紀のエジプトの碑文はこう歌っている。「墓にいる者をよみがえらせ、その包帯を解け。そなたの顔から砂を払いのけよ（ここは死者自身に呼びかけているようだ）。そして左に起き上がり、右手で自らを支えよ」

もし、ファラオが実際に黄金の張られた石棺から立ち上がり、現代の世界に生き返ったとしたら、そのあまりにも変わり果てた姿に自分の国だとは気づかないだろう。見慣れた風景が残るのは田舎だけである。田舎ではまだ、ナイル川で水浴びをしたり鍋を洗ったりする家族の姿や、緑のヤシの木、畑に点在する脱穀された麦の山、水辺を歩く水牛などを見ることができる。だがそのほかはすっかり変わっている。アパートが立ち並び、息が詰まるような排気ガスの臭いが立ち込める、今や世界最大の都市の一つとなったカイロの様子に彼らは驚くはずである。さらに、大昔と比べて二十倍以上となったエジプトの人口や、かつてはローマ帝国の穀倉地帯だったこの国が今では食糧の四十パーセントを輸入しているという事実に、肝をつぶすに違いない。そして、かつてエジプト社会を強力に支配していた、動物の頭部をもつ神々を祀る宗教が、消えてしまったことに気づくことだろう。

だがそれは、少なくとも完全に消えたわけではなかった。オシリス（古代エジプトの神）崇拝者を自称する夫婦がまだいたのである。タハリール広場の近くのホテルで、私はその夫婦と話をした。夫のハムディ（仮名）は古代エジプトの書記官の像にそっくりで、がっしりした体格の陽気な男性だった。インド更紗のソファとガラス窓の向こうには、茶色のナイル川がゆったりと流れていた。最古のピラミッドと言われるサッカーラ遺跡の名をとったサッカーラ・ビールを飲みながら、夫婦は話しはじめた。古代エジプト神話の生産の神であり、エジプト王でもあったオシリスは、邪悪な弟セトに騙されて、棺に入れられ、ナイル川に流された。その後、妻であり妹でもあるイシスに助けられたが、再びセトに見つけられて身体をバラバラに切断された。イシスはオシリスの身体の男根を除くすべての部位を見つけ、男根を金で作り、その他の部分をつなぎ合わせて魔法によって生き返らせた。オシリスは復活の神となり、死と再生の象徴であるナイルの満ち引きを支配すると考えられるようになった。

オシリス、イシス、セトは――そしてアメン（アモンともいう）などのほかのエジプトの神々も――ただ一つの神なのだ、とオシリス崇拝者のその夫婦は言った。そして、ムスリムは古代エジプト人を多神教徒だとか不信仰者《カーフィル》だとか言うが、それは間違いだと付け加えた。また、現在、世界で信じられている宗教思想の大半は古代エジプト人が生み出したものであり、「アーメン」という言葉もその一つだと言った。

「みんなが『アーメン』と唱える時、私は『アメン』と唱えます」とハムディは力を込めて言った。「安息日を考え出したのもエジプト人です」と彼の妻は付け加えた。「ダビデの詩篇もそうです。あれを書いたのはファラオのイクナートンです。彼がアテン神を讃えて書いた讃歌を見れば、詩篇と同じものであることがわかるはずです」

彼女は古代に起源をもつと考えられる現代のエジプトの祭りについて話しはじめた。二千年前の「オシリスの月詣《つきもう》で」の祭りは、シャム・エル・ネッシムという名になって今日では春分に行われている。「現在でもこの日はすべての活動が止まる唯一の日として、特別神聖な日とされています」。現代のエジプトには、キリスト教徒とムスリムの両方が祝う祭りはこの祭りのほかにはない。「人々はレタスなどの葉物野菜や魚などを食べ、草の上に座って、自分たちが食べる卵に色を塗ります」（エジプトにはシャム・エル・ネッシムに食べるフィシークという特別なごちそうがある。これは一種の魚の保存食で、学者たちによると千年前からあるという。私も食べたことがあるが、驚くほど塩辛かった。だが、これが好きなエジプト人にはたまらないほどおいしいらしい）。この古いエジプトの祭りが復活祭《イースター》の起源なのだと彼女は主張した。

自国に対する極端なほどの誇りを示しながら、彼女は広く普及している宗教慣習や宗教思想のなかから、古代エジプトに起源をもつものを次々と数え上げた。巡礼や礼拝や断食の慣習、救世主の概念、クリスマスツリーを飾ること、そしてクリスマスという名称、教会でろうそくを灯すこと、そのほかにもたくさんあるという。すると、今度はハムディが言った。「エジプトの国旗には千四百年の歴史があります。赤、白、黒はいつの時代も愛国の誇りの象徴でした。それから、中央に描かれた鷲はホルス神のシンボルです」。私には、この夫婦もエジプト国民の財産となるアイデンティティを探していることがよくわかった。多くの人が彼らのようにオシリス崇拝者になるとは想像しがたかったが、この夫婦は大胆にもこう言ってのけた。「エジプトの宗教が復活しつつあるのです！」。けれども一年後、「ムスリム同胞団」がエジプトで力を強めていた時期にこの夫婦に再び会うと、その話しぶりはすっかり変わっていた。二人は警戒するようにこう言った。「私たちが興味をもっているのは古代エジプトの文化であり、宗教ではありません」と。

それでも、彼らの言うとおり、古代エジプト人がその後生まれた諸宗教に影響を与えたことは確かである。死者の復活の思想もそうだが、ツタンカーメンの父であるファラオのイクナートンは、史上初の一神教徒として知られている。彼は熱愛する太陽神アテン以外のすべての神を廃し、男女の融合の象徴である両性具有の小像を刻んだ。今も残る「アテン讃歌」は、ファラオ自身が書いたものだと言われている。「あなたが東の地平線に上り、アテンとして輝く昼の間、大地は明るく輝く。(……)その御業《みわざ》のなんと多様なることよ！　人間の目からは隠された御業よ。おお、唯一の神よ、ほかにはなき神よ」。エジプトに住むユダヤ人にも、ファラオと同じ慣習がある。豚肉やナマズを食べないことや男子の割礼は、現代でもユダヤ人とエジプト人に共通の慣習となっている。しかし、現代のイラクで行われている古代からの慣習のようなものは、エジプトではほとんど見られない。というのも、この国には、キリスト教発祥以前の伝統を現代も守るマンダ教徒やゾロアスター教徒のようなコミュニティがないからだ。エジプトには多種多様な慣習があるが、そのほとんどは中世のものである。ファラオの時代に紀元をもつものは三つしかない。

一つは、死者を悼むエジプト人独特の慣習である。カイロのアズハル・モスク付近にある中世の墓地では、人気《ひとけ》のない未舗装の直線道路沿いに、小規模アパートが数多く並んでいる。現在では不法占拠者が住みついているが、このアパートは、もとはエジプト人の特別な慣習のために建てられたものである。それは、死者の死後四十日間、およびその死者の毎年の命日に、親類がこの小さなアパートに集まって食事をするという慣習だ。かつて彼らの祖先も、同じように愛する者の墓のそばに来て、その霊に食べ物を供え、食事をとったものだった。私が話を聞いた医師は、エジプトの南部では今も葬式に泣き女を雇うことや、死後一週間、遺族が訪問客を泊めて食事を出すことなどを教えてくれた。この医師は、外科手術中に急に泣き女に歌い出されたことがあるという。黒い喪服を着た泣き女たちが手術台の周りに立ち、葬送歌を即興で歌ったそうだ。手術を見た彼らは、患者が命を取りとめることができるとは思いもせず、こう歌ったという。「おお、哀れな女よ。生きて体を切られるとは!」

もう一つ、魅力には欠けるが、確かにファラオの時代からの慣習がある。それは割礼である。エジプト人には「清潔を目的とする割礼の慣習がある」とヘロドトスは伝え、また、紀元前二世紀のパピルスには、これが少年だけでなく少女にも行われていたことが記されている。二〇〇八年の国連による調査では、比較的教養のある層では女子の割礼は一般的なものではないにもかかわらず、調査対象のエジプト人女性の九十パーセントがこの処置を受けていたという衝撃的な結果が明らかになった。女性の性器切除とも言われるこの慣習では、ナイフで陰核や時には陰唇も切除する。処置中の少女の死亡事故が明らかになったあと、ムバーラク政権はこれを禁止した。これはイスラーム教起源のものではなく(ムスリム同様キリスト教徒の間でも行われている)、古代エジプトの慣習だ。そのなかで最も醜悪なこの慣習は、ほかのどの慣習よりも長く続き、また——ほかの慣習とは違って——イスラーム原理主義者から敵意ではなく、支持を受けている。

最後は青い「ファーティマの手」だ。これは真ん中に眼が描かれた手の形をしたお守りで、カイロを走る多くの車のミラーにはこの青い手がぶら下がり、その眼が見る者の顔をじっと見返してくる。今日では邪視、つまり幸運が引き寄せる妬みから人々を守るとされるお守りだ。古代で同じ役割を果たしていたものに「ホラスの手」がある。これはたいてい青いラピスラズリで作られ、やはり人々を邪視から守ると信じられていたものである。十九世紀のエジプト人は、邪視を避けるため、あらゆる手段を講じた。少年に少女のような格好をさせたり、少女の美しさを隠すために顔を汚したり、また「醜い子」とか「小鳥」あるいは「ロバ」などの不快な印象の名を付けて、子どもを守ったのである。

だが、これらの慣習に深い意味を読みとるエジプト人はほとんどいない。幸運を求めて木に触れる時、たいていのイギリス人がその迷信の由来など考えないのと同じである。それでもエジプトでは、キリスト教でもイスラーム教でも、聖職者たちは信者にこの慣習を捨ててほしいと考えている。特に、サラフィー主義者と呼ばれるイスラーム教の厳格派は、この禁止を求めている。また、二〇一二年には、イスラーム原理主義者の政治家モーガン・ゴハリがスフィンクスとピラミッドは破壊すべきだと主張している。エジプトのサラフィー主義者集団は、シャム・エル・ネッシムの祭りの廃止を要求し、現在も排斥運動を繰り広げている。ファラオという言葉も、イスラーム主義者にとっては昔から忌むべきものとなっている。二〇一一年に新憲法制定を目指したムスリム同胞団がその是非を問う国民投票を行った際、彼らはこんなスローガンを考えた。「反対に投票すれば、ファラオをいただくことになる」

＊

紀元前四世紀より、エジプトではペルシア、ギリシャ、ローマなどの外国による支配が何百年も続き、古来の宗教は力を失っていった。クレオパトラの一族はエジプトの伝統を守る努力を続けていたが（そのなかで最も悪しき伝統がファラオの姉妹との結婚だ。クレオパトラは数世代にも及ぶ近親相姦の結婚により生まれたのである)、そのクレオパトラですらギリシャ人とペルシア人の子孫である。エジプトではギリシャ移民が土地の大半を所有し、管理していたが、彼らと区別するために地元生まれのエジプト人には特別な呼び名がついた。彼らは「アイギュプトス」と呼ばれ、ここから「エジプト」と「コプト」という二つの言葉が生まれた。そうして三世紀には、キリスト教の説教師によって、古い宗教の信者の大半はギリシャ人で、コプト、つまり地元のエジプト人の宗教はキリスト教だと言われるようになっていた。

クレオパトラの死後、エジプトを支配したローマがギリシャ人を追い出すことはなかったが、ファラオ制は廃止に追い込まれた。これを受け、ファラオからの経済的支援に依存し、古代文化の継承に重要な役割を果たしていた神殿の神官団も弱体化していった。そして、二世紀にはその伝統は死に絶えようとしていた。オクシリンコスという都市のヒエログリフの彫師の組合の報告書は、それをよく伝えている。その報告書によると、組合員はわずか五人となり、その職業を継ぐ弟子はいなかったという。

ローマの支配下で神殿は次第に力を失いはしたものの、それからも数世紀は存続した。しかし、四世紀にはローマ帝国がキリスト教を国教化し、古代エジプトの宗教に激しい弾圧を加えた。エジプト人の多くも熱心にこれに手を貸して、その魔力をなくすために神殿の壁に描かれた神の顔をせっせと消していった。ムスリムがエジプトを征服した当時、ナイル河谷にキリスト教以外のコミュニティが残っていたことを示す記録はない。エジプトがアラブ化される以前のエジプト語にも、キリスト教がもたらした多くの新語を見ることができる。たとえば、「魂」を表す古代エジプトの「カー」という言葉は、キリスト教がもたらしたギリシャ語起源の「プシュケ」という言葉に取って代わられている。

私がケンジントンの聖マルコ教会で見たように、いくつかの慣習は今も生き残っている。それらは新しいキリスト教の儀式に採り入れる価値があると考えられたからである。エジプトの初期のキリスト教の司祭は、キリスト教に改宗した神殿の元祭司か、あるいはその子どもだという記録が今も数多く残されている。私が聖マルコ教会で聞いた「ペクエスロノス」などの聖歌は、彼らの耳によくなじんでいたものだろう。古代の神々への呼びかけを、イエス・キリストへの呼びかけとするために、ほんの少し修正を加えるだけでよかったはずだ。シンバルも、古代の神々への祈禱に使われていたものだ。これはキリスト教会によってしばらくは禁止されたが、後に禁止が緩和され、現在でもコプト教の典礼で使用されている。

五世紀にキリストの単性説〔受肉後のキリストには唯一の本性たる神性のみが存在するという説〕をめぐって開かれたカルケドン公会議において、コプト教会、アルメニア教会、シリアのヤコブ教会は、東方正教会やカトリック教会とは意見を異にした。コプト教徒は、この会議で採択された宣言が、イエスの神性と人性の区別を主張する一派に対して厳しい反対の立場を表明していないことに不満をもったのである。コプト教徒は、イエスは神としての単一の本性からなると強調する立場をとった。その結果、コプト教のアレクサンドリア総主教は異端宣告を受け、独立してコプト正教会を設立した。当時エジプトはビザンツ帝国の一部だったが、エジプトを真に支配していたのは皇帝ではなく総主教だったため、コプト教徒とビザンチウムの関係は悪化した。この不和はほかのいくつもの緊張を反映するものでもあった。そのなかには、ビザンツ帝国の支配に対するコプト教徒の長年の反感もあったはずだ。言うまでもなく、教会の分裂によってこの反感はいっそう強まることとなり、七世紀にムスリムのアラブ帝国がエジプトに侵攻してきた時も、コプト教徒はほとんど抵抗しなかった。もっとも、ムスリムの新政府が非ムスリムに重税を課すと関係は悪化し、その後各地で反乱が起こった。それでも十世紀までは、エジプト人の大半は改宗せずにキリスト教を信仰し続け、次第にアラビア語が強制されるようになっても、十三世紀まではコプト語はエジプトの共通語の地位を守り続けた。十四世紀になって十字軍とモンゴルが侵入してくると、キリスト教徒排斥を訴える暴動が頻発し、また当局によってコプト教徒の影響力や地位を制限する法律が定められた。ヨハン・ファンスレーブというドイツ人修道士が一六七二年にエジプトを旅した時の記録によると、当時のコプト教徒は際限のない暴虐行為に恐れおののき、騒がしい音が聞こえただけで木の葉のように震えたということだ。

ファラオ崇拝はコプト教徒の間でもムスリムの間でも、比較的新しい現象である。クルアーンでは、モーセとユダヤ人のエジプト脱出をファラオが阻む逸話が書かれ、ファラオは自らを神と考える思い上がった存在で、貧者をさげすみ「人々を腐敗させる者」とされている。したがって、ハッラーンのサービア教徒とは異なり、ファラオはいつの時代も偶像崇拝者と考えられ、その宗教遺跡は疑いの目を向けられた。初期のムスリムの支配者はピラミッドの破壊を考えたという説もある。中世の歴史家マクリーズィーは、十四世紀のイスラーム神秘主義者であるスーフィーが、地元の農夫がスフィンクスを神と崇めて供物を捧げていることに腹を立て（これは古代の神々がまだひそかに崇拝されていた可能性を示す珍しい資料である）、スフィンクスの鼻を打ち砕いたと書き残している。また、エジプトの住民に「エジプト人」としての自覚が必ずしもあったわけではない。十八世紀にカイロに観光にきたイギリス人、ウィリアム・ブラウンによると、地元の商人たちは自分のことを単にアラブ人と言っていたそうだ。元来、土着のエジプト人を指していた「コプト」という言葉は、この時にはすでにエジプトのキリスト教徒を指すものとなっていた。

しかし十九世紀になると、この考えは変化しはじめた。きっかけは、西洋の考古学者による古代エジプトの優れた技術や芸術の発見をはじめとする、相次ぐ古代遺跡の発見である。一八一三年、高さ二十メートルのラムセス二世の巨像に守られたアブ・シンベル神殿が発見され、一八一七年には、王家の谷でセティ一世の墓が発見された。部屋には、死後の世界におけるファラオの魂の変遷が鮮やかな青と金で描かれ、その床には絵師の絵筆がそのまま置かれていたという。この墓や他の遺跡の発見により、ヨーロッパやアメリカでは古代エジプト建築を模倣するスタイルが流行し、「エジプトマニア」と呼ばれた。

世界がこのように熱狂したのは、エジプト国内で文化的、政治的変化が起こったのと同じ時期のことだった。十九世紀のエジプトとスーダンは、正式にはイスタンブールを首都とするオスマン帝国に属していたが、実際には独立した存在としてムハンマド・アリー朝により統治されていた。この王朝の創始者ムハンマド・アリーは手段を選ばぬやり手のアルバニア人で、敵を招いて宴を催し、帰途に就いたその敵を襲って殺害することで権力基盤を構築した。血塗られたその始まりにもかかわらず、この王朝はエジプトの改革と近代化の促進に大きな力を尽くした。

ムハンマド・アリーの孫で、王朝の五代目を継いだイスマーイールは特に野心的な人物だった。一八六二年から一八七九年までのその治世に、イスマーイールは奴隷貿易の抑制に尽力し、アフリカ最大の鉄道の敷設やスエズ運河の建設を開始した。また、一八六三年にはエジプト考古学博物館の前身となる、最初のエジプト博物館を開館した。その建物は古代エジプト様式だ。だが、敬虔なムスリムは、多神教徒であるファラオたちに倣うことをためらった。そこで、宗教学者のタフターウィーは、ファラオたちは実は啓典の民である「サービア教徒」で、彼らの崇拝した神は多様な姿をもつ唯一神なのだと言って彼らを安心させた。そのタフターウィー門下のアブール・スードは、一八六四年に古代エジプト史を著して、祖先に倣って「エジプトを再生させるため、真のエジプト人として、真の愛国者としてともに働こう」と同時代の国民に呼びかけた。一八六七年には、エジプトの切手にピラミッドが登場した。

これは単なる懐古趣味のロマンチックな運動ではなかった。世界におけるエジプトの地位と深く関わるものだったのである。イスマーイールがヨーロッパの君主たちの顔を正視できたのは、エジプトに輝かしい歴史が存在したからだ。また、この輝かしい歴史の存在は、イスマーイールがエジプトを単なるオスマン帝国の州ではなく、自分の理想の独立国家として考えるよりどころとなっていた。こうしてエジプトの独自のアイデンティティを強調することによって、イスマーイール自身の宗教に対する態度も変わっていった。ある時、ムスリムの首相がある公務員のことを侮蔑的に「このコプト教徒の役人が」と言うのを耳にしたイスマーイールは、「みな同じエジプト人だ」と即座に首相をたしなめた。キリスト教徒とムスリムの平等を説くこの主張は、（国民的帰属意識の形成同様）大きな意義をもつものだった。というのも、非ムスリムに課せられる人頭税を、キリスト教徒が免除されるようになったのは、ほんの数年前の一八五五年のことだからである。イスマーイールはコプト教徒の学校に土地を提供し、自らが開設した議会にコプト教徒を加えた。そして、代表諮問協議会を招集し、コプト教徒の一人を政府の首席報道官に、もう一人を財務管理機関の長官に据えた。その治世の末期には、イスマーイールはアルメニア人キリスト教徒、ヌバル・パシャを首相に任命した。宗教的差別をなくそうというこの風潮は国内のユダヤ人にも恩恵をもたらした。イスマーイールは、自国のユダヤ人劇作家ヤクーブ・サノーアを「エジプトのモリエール」と称えて支援した。こうして、宗教的差別からの解放、エジプトの古代遺産に対する称賛、エジプト国家の建設計画の三つが、たがいに密接に関連し合いながら前進していった。

そうなると、教育を受けたコプト教徒が古代エジプトを喜んで受け入れたのも不思議ではない。キリスト教の聖書は古代エジプトに対してクルアーンよりも手厳しかったが、それはこの妨げにはならなかったようだ。コプト教徒は「ラムセス」という社交クラブを設立し、「ファラオ」という新聞を発行した。コプト語を復活させ、日常語にしようとする動きも見られた。一六七〇年代にファンスレーブがコプト語を話す老人に会い、「その老人が死んだら、ともにコプト語も死に絶えてしまうだろう。私はその老人に会うことができて満足した」と書いているように、コプト語は日常語としては何百年も前から使われていなかった言葉である。それでも、二十世紀初頭の当時、コプト教徒の間でこの復活の動きは高まり、エジプト学者のクラディウス・ラビブは自分の子どもたちに家でコプト語を使わせた。一九〇八年には、古代エジプト時代以降の文化的業績を世に知らせるために、コプト教博物館が開館した。

一九一九年までには、コプト教徒は少なくとも国内のムスリムと同じ水準の暮らしができるように

三日月と十字架のシンボル。アズハル・モスク周辺のムスリム色の強い地区に描かれたこのシンボルは、たがいの相違を克服し、自由のために一丸となって取り組もうというキリスト教徒とムスリムの願いを象徴するものである。2011 年、著者撮影

なっていた。イギリスの推定によると、コプト教徒はエジプトの農地の二十パーセントを所有しており、これはエジプト人口に占めるコプト教徒の割合を上回っていた。その年、首相を務めたのはコプト教徒のユーセフ・ワハバである（キリスト教徒としては歴代三人目の首相である）。だが、当時の政治環境は、イスマーイールの時代とはまったく違うものになっていた。政府は、裏でイギリスに完全に支配されていたのである。イスマーイールの野心的な支出計画により、エジプトは多大な債務を抱える結果となった。そして、イギリスはその最大の債権者となり、次に事実上の管理者となったのである。

コプト教徒は次第に政府で主要な役割を演じるようになると同時に、急激に高まりゆくイギリスからの独立運動においても、ムスリムとともに積極的な役割を果たしていった。そして一九一九年、市民たちは、三日月と十字架がともに描かれた旗を掲げ、タハリール広場に集まってデモを行った。「一九一九年エジプト革命」である。明確なヴィジョンをもった指導者サアド・ザグルールに率いられ、エジプト国民主義を掲げるワフド党は、七人のエジプト代表団を結成し、独立を要求してイギリ

ス大使館に赴いた。ザグルールは、その代表団にコプト教徒も含める細やかさを見せた。エジプトで最高の権威を有するアズハル・モスクの祭壇で、キリスト教の司祭が説教するという史上初めての画期的な出来事が起こったのもこの年のことである。「もし、イギリスがコプト教徒の保護を口実にしてエジプトに居座るならば、いっそわれらコプト教徒のすべてに死を、そしてムスリムに自由な生を与えたまえ」とサルギウス神父は言った。

私がカイロを訪れた二〇一一年にも、その時代を彷彿とさせるものを目にすることができた。タハリール広場付近の、外壁に血の染みついた古本屋の反対側で、「銃が殺すのではない。政府が殺すのだ」と書かれたシャツを着た男性が、三日月と十字架の描かれたTシャツを売っていたのである。町中の壁に、そのシンボルが描かれていた。これを描いた人々は、キリスト教徒とムスリムの争いを煽ろうとする勢力に対し、一九一九年の精神を呼び覚ますことによって、国の統一の重要性を強く主張しようとしたのである。

一九二〇年代と三〇年代に独立運動を起こしたエジプトの政治家が、みなザグルールのように柔軟な精神の持ち主だったわけではない。ムスリムの立場からイスラーム国家樹立を目指し、独立運動を展開した勢力もあった。「ムスリム同胞団」である。その始まりは一九二八年のことだった。港湾都市イスマーイーリーヤのイギリス軍キャンプの労働者たちが、バンナーのもとを訪れた。バンナーは立派な教育を受けた教師で、世俗主義に反対し、ムスリムとして慈善活動などを行っていた。「アラブ人やムスリムは社会的な地位もなく、威厳もない生活を送っています。私たちは生活のために外国人に従うだけの存在ではありません」。労働者たちは彼にこう訴えると、イスラーム共同体のための兵士となる誓いを立てた。だが、バンナーは「ムスリム同胞団」という害のない団体を名乗ることにした。ムスリム同胞団がエジプト政府に対して行った最初の要求は、アルコールの禁止と売春の厳しい取り締りだった。これは第一次世界大戦中、外国人兵士がエジプトに駐留していた時期に蔓延したものである。次に同胞団はエジプトからのイギリスの撤退を要求した。だが、彼らにはもっと大きな野心があった。それは、ムスリムのすべての土地を、厳格なイスラーム法を課すカリフのもとに統一することだった。

コプト教徒の政治家ウィリアム・マクラム・エベイドは、努めて同胞団との共通点を見出そうとした。後の話になるが、彼はエジプト政府が一九四八年にムスリム同胞団を解散させた際に抗議した唯一の政治家であり、その翌年に政府の工作員によって殺害されたバンナーの葬式に列席した唯一の政治家でもあった。その返礼として、同胞団はコプト教徒とは争わないよう団員に求めた。だが、実際のところ、この新たなイスラーム主義運動の当面の目標は、敵である世俗主義政府を弱体化させることだった。コプト教徒には、宗教とは無関係の政党で重要な役割を担う者も多かったため、そんな彼らを攻撃することは、その使命遂行の一助となっていた。一九四〇年代には、異常な熱気の高まりにより、イスラーム主義者はコプト教の教会を燃やし、司祭に暴力を振るい、儀式を妨害した。また、同じ時期にバンナーがキリスト教徒である外国人に対する闘争を説いたことが、必然的にムスリム同胞団のキリスト教徒に対する一般的な立場を誤って伝えることとなってしまった。そもそも、同胞団には、すべての国民が平等なエジプト国家の建設を目指すという、イスマーイールのような熱意はなかったのである。そのような理想のかわりにバンナーが抱いていたのは、主にイスラーム社会を十字軍から守るという歴史的役割を果たしたエジプトに対する誇りであり、そのような歴史観はコプト教徒に真の威厳を与えるものではなかった。そのため、同胞団の運動によってコプト教徒に与えられたのは、可もなく不可もない低い地位であり、それはかつて世俗主義を推進しようとしていた国民主義者から与えられた平等とは違うものだったのである。

一九五二年にエジプトは真の独立を果たした。だが、その時に権力を握ったのは、ザグルール風の改革主義者でもなければ、イスラーム主義者でもなかった。ムハンマド・アリーの玄孫であるファルーク一世を退陣に追い込んだのは軍の将校たちだった。そして、その一人、ムハンマド・ナギーブが大統領に就任した。その四年後、ナギーブを解任して大統領に就任したガマール・アブドゥン＝ナーセルは、イギリス軍を国土から撤退させ、一九五六年から一九七〇年までエジプトを統治した。ナーセルはエジプトをすべての外国勢力の支配から解放したが、その伝記の表題は「最初のエジプト人」ではなく「最後のアラブ人」というものだった。この伝記作者が焦点を当てたのは、ナーセルが自分をエジプト人ではなくアラブ人だと考えていた事実である。ナーセルは、マラケシュからバグダードに広がる複数の国のアラビア語を話す人々が団結し、植民地時代の封建的な権力者に対して敢然と立ち上がり、一つの国家を形成することを目指していたのである。

ナーセルの理想はそのようなものだったため、彼のエジプトに対する関心は薄かった。実際、ナーセルがシリアとの統一を求めて国名を「アラブ連合共和国」に変更したせいで、「エジプト」という国名は十年以上もの間地図の上から消えてしまった。彼はまた、農地改革による国土の再配分によって、旧来の封建的な支配者層の権力基盤の切り崩しを図ったが、これはムスリムとコプト教徒の両方の地主に影響を及ぼした。旧君主制のもとで良い暮らしをしていたコプト教徒の一般のエリート層にとっては、特に大きな打撃となり、コプト教徒は財産の七十五パーセントを失ったと言われている。この改革で財産を失った上流階級のコプト教の平信徒の多くはコミュニティの政治的指導者でもあったため、コミュニティは貧困化しただけではなく、影響力も失った。革命後のエジプトを統治した革命指導評議会の十八人のメンバーには、キリスト教徒は一人もいなかった。それでもナーセルの存命中には、コプト教徒が暴力を受けたという話を耳にすることはめったになかった。その理由の一部は、ナーセルがイスラーム主義運動を厳しく弾圧するために設置したセキュリティサービスと、ナーセルの強い人気によるものだった。ナーセルが宗教的な偏見を表明したことは一度もない。アラブ民族主義は、ムスリム同様にキリスト教徒を受け入れる余裕のあるものだったのである（実際、アラブ民族主義の初期の主唱者にはキリスト教徒のシリア人もいた）。ナーセルはコプト正教会の総主教と密接な関係にあり、カイロの新大聖堂の落成式にも出席していた。

だが、ユダヤ人コミュニティにとっては、ナーセルの出現は終末の始まりとなった。一九五六年、イギリスとフランスがエジプトに揺さぶりをかけ、スエズ運河の奪取をもくろんだ。その陰謀に加担したイスラエルがエジプトに侵攻してくると、ナーセルは大勢のユダヤ系の国民から市民権を剥奪した。その後もナーセルは何千人ものユダヤ人をエジプトから追放し、その事業を没収して国有化した。ユダヤ教はエジプト最古の宗教であり、ユダヤ人は少なくとも紀元前七世紀からこの国に住んでいた。「子どもの頃、近所にはユダヤ人が住んでいました」とエジプト人医師のアミーン・マクラム・エベイドは言った。キリスト教徒の彼は、ナイル川を見下ろす自宅アパートで、当時の様子を話してくれた。「たとえばショヘイトさん一家です。ショヘイトさんは私の姉に良い結婚相手を見つけたと父に話していたんですよ。けれども、それから二、三カ月もしないうちに、姿を消してしまいました。家族全員、いなくなったのです。あの人たちに何が起こったのか、私たちにはうすうすわかっていました。きっと国外退去させられたのです。けれども、それを確かめる勇気はありませんでした。そんなことをしたら、キリスト教徒の私たちも巻き込まれてしまうからです」と、エベイド医師はため息をついた。「信仰というのは、本来、個人の内面的な問題であるはずです。なのに、それによって社会に受け入れられるか否かが決定されるなどということがあっていいのでしょうか?」。彼は、人々が偏見から目を覚ますよう願い、部屋に入って最初に目につく場所に、ユダヤ教の祈禱用の肩掛けをかけた男性の絵を飾っていた。カイロには現在でもシナゴーグが一つあるが、ユダヤ人は全国に十人しか残っていない。

ナーセルの死後、コプト教徒は新たな課題に直面した。教会への放火はナーセルの権力掌握以前もめったにないことだったが、彼の政権中はまったく耳にすることもなかった。しかし、アンワル・アッ＝サーダートが一九七〇年に大統領に就任すると、状況は一変した。サーダートは「敬虔な大統領」を自認し、自分に批判的な左翼を封じ込めるため、イスラーム主義者と手を結んだ。過激派集団はエジプトの大学での多方面な運動の許可を得て、学内でサーダートを批判する左翼に対する攻撃を繰り広げ、また独自のシャリーア（イスラーム法）の解釈を押し付けた。一九七二年には、コプト教会への放火事件が発生し、これが宗派間の暴力的な争いの新たな時代の幕開けとなった。

そうしている間に、教育に関する政府の姿勢も一変していた。コプト正教会の新聞「ワタニー（わが国）」の編集者ユーセフ・シドムは、カイロの下町にある事務所で、当時のことをこう語った。「一九七〇年代後半のエジプトのイスラーム化のあと、キリスト教史は時間割から削除されました。新たな教育担当の役人から圧力がかかったためです。コプト教の歴史は、エジプトの歴史から奪われてしまったのです」。二百四十ページある新しい教科書のうち、エジプトのキリスト教史に割かれたページはわずか四ページとなった。アラビア語の授業ではクルアーンが世俗詩に取って代わり、キリスト教徒とムスリムが共有すべき文化遺産は故意に無視された。国営テレビ局では、イスラーム教の宗教番組を週三十時間放送したが、キリスト教の番組は年に一度（クリスマスの時）放送されるだけだった。私は二〇一三年五月のエジプトの新聞「アフラーム」の紙面に、教育の専門家のカマール・ムギースの思慮に富んだ記事を見つけた。それによると、一九八〇年代の彼の学校教科書には聖書はねつ造されたものだと書かれ、また、キリスト教徒の学友は強制的にクルアーンを暗唱させられていたという。

エジプト軍事政権に反対の立場をとる、老練の政治家ジョージ・イスハークは、サーダート政権時代が一つの時代の節目になったと指摘する。イスハークは十年前、ホスニー・ムバーラク政権に対し、歯に衣着せぬ抗議の声を上げた六十代の男性として一躍有名になった人物だ。私はグロッピーという老舗カフェで、イスハークから話を聞いた。彼は地元で非常に人気があり、私たちが話している間も、ひっきりなしに誰かが来ては彼に握手を求めていた。また、彼が立ち上がって別のテーブルにあいさつをしたりすることもあり、二分と話を続けられないほどだった。

そんな風に中断されながらも、イスハークは語りはじめた。「エジプトの派閥主義はサーダートによって始まった。サーダートが『自分はムスリムであり、エジプトはイスラーム教国だ』と言った瞬間、国民はその文字どおりの意味にとどまらない、強い恐怖を感じたものだ。幸か不幸か、当時のコプト教会の長であるシェヌーダという男（シェヌーダ三世のことだ）は、カリスマ的な人物だった。シェヌーダは人々を教会のなかに引き入れ、その結果、彼らは人生のすべてを教会のなかで送ることになったのだ」。私はうなずいた。シューブラの教会で、実際にこの目でその影響を見てきたからだ。そこは単なる祈りの場所ではなかった。シェヌーダ三世はコプト教会を改革し、教育を受けた活動的な新世代の聖職者に力を与えた。聖職者をはじめとする当時の人々によって教会は活発化した。

「だが、ほどなく緊張関係が生まれた。きっかけは、教会建設を禁止された司祭たちが、デモを行ったことだ」。エジプトの以前の法律では、コプト教徒が新教会を建設したり、既存の教会を改修したりする場合には、事前に許可を得る必要があった。サーダート政府はこの許可の発行をわざと遅らせていたため、コプト教徒の間には大きな不満が広がっていた。そして一九八一年、カイロ郊外の貧しい人口密集地で、コプト教の教会建設計画に関する争いが、とうとう流血を伴う衝突へと発展した。それはコプト教徒とムスリム間の過去最悪の暴力事件となり、十七人が死亡した。総主教シェヌーダ三世は、これを政府によるコプト教徒保護の失敗と考え、政府に対する非暴力の抗議活動を行った。一方、イスラーム主義者はシェヌーダ三世がコプト教国家の樹立を求めていると非難して、コプト教徒の攻撃を止められるのはイスラーム主義国だけだと述べて、新教会建設の全面禁止を要求した。これに対し、サーダート大統領はシェヌーダ三世と大勢のムスリム聖職者を自宅軟禁下に置いた。一方、イスラエルとの和平協定を結んだサーダート大統領は、同年、それに不満を抱いたイスラーム過激派に暗殺された（サーダートに致命傷を与えた男は、銃撃しながら「ファラオを殺した！」と叫んだと言われている）。サーダートの後任となったホスニー・ムバーラクは、教会建設の許可証を与え、コプト教のクリスマスを祝日とするなど、表向きはコプト教会と良好な関係を築いた。しかし、イスハークの見方はこれとは異なっている。「この問題を利用すれば、政府への不満から国民の注意をそらすことができるとムバーラクにはわかっていた。その一方で、治安部隊はサラフィー主義者と一時的な同盟を結んでいたのだ」。サラフィー主義者は同胞団と同じイスラーム主義者だが、それまで政治からは距離を置いてきたグループだ。

テロリストの脅威に直面し、治安部隊は巨大化していった。一九七四年から二〇〇四年にかけて、コプト教徒と警察への攻撃の深刻化に伴い、エジプト警察は十五万人から百七十万人へと人員を増加した。だがコプト教徒に対する不平等な扱いは以前と変わらず、コプト教徒が大学総長や公営企業の社長の地位に就くことはなかった。あるムスリムのエジプト人銀行家は、政府によるコプト教徒の扱いは「弟、というより、腹違いの弟に対するような態度だ。つまり、いるとわかってはいるのだが、本当はいなければいいと思っている存在に対する態度である」と表現した。ムバーラク政府もコプト教徒をしっかり保護しているわけではなかった。たとえば、二〇〇〇年一月に十六人のキリスト教徒がエル・コシェ村で殺害された事件では、殺害者の男性の一人に銃器の無許可所持で十年の付加刑が科されたものの、殺害自体に下された判決は、最長でも二年の刑というものだった。

それでもコプト教会は、一時期サーダートに対して行ったような抗議活動をムバーラクに対して行うことは決してなかったし、エジプトに民主主義を要求することもなかった。つまり、二〇一一年の革命では、信者にはタハリール広場のデモへの参加を認めなかったのである〔総主教はデモに参加しないように信者に訴えた。それでも参加した信者もいた。多くの信者はこのデモに参加するのではなくタハリール広場から一キロメートル離れた場所で、コプト教徒への不平等撤廃を求めてデモを行った〕。というのも、不満はあっても、ムバーラク大統領は、その反対勢力のムスリム同胞団よりずっとましだったからである。ムスリム同胞団は、一九九〇年代に軍の上級職からのコプト教徒の排除を要求したり、二〇〇七年には大統領職に就けるのはムスリムのみとするエジプト憲法の制定を求めたりして、コプト教徒の不安を煽ってきたのである。新聞によると、二〇〇六年、同胞団の最高指導者メフディー・アケフは「エジプトとともに地獄へ行け」というようなことを言ったそうである。イスラーム主義者のメフディー・アケフは、イスラーム帝国の復興を支持する立場から、国民国家を拒絶する姿勢を示すためにこう言ったのだと思われる。

この脅威に対して一部のコプト教徒がとった解決策は、海外への移住である。概して高い教育水準にあり、また、西洋の政府から好意的な目を向けられている彼らにとって、これはそれほど難しくないことだった。一九九三年から一九九七年の間に、永住を目的としてアメリカ、カナダ、オーストラリア、ニュージーランドなどへ移住したエジプト人の七十六パーセントはコプト教徒である。その他のコプト教徒は教会にこもり、教会を実生活の面でも有用で多機能なコミュニティにするために力を注いだ。私は教会への放火に対する抗議活動中に足にけがを負ったという男性に話を聞いた。コプト教徒の投石に対し、治安部隊が発砲してきたのだという。彼はその足をまだかばうようにしながら、こう言った。「他人に身を脅かされていると感じると、強いアイデンティティをもつようになります」。宗教に無関係な組織よりも宗教組織に近づくようになったのは、キリスト教徒だけではない。二〇一三年のギャラップ社の調査によると、ムスリムでもキリスト教徒でも、全エジプト人の九十二パーセントが自分の属する宗教組織を信頼すると答えている。これほどの支持を得ている組織はほかにはない。端的に言うと、総主教シェヌーダ三世や、彼と同じ立場にあるムスリムの指導者たちは、その鋭い洞察力と献身により、多大な影響力をもつようになったということだ。強硬派の聖職者のなかには、これを悪用する者もいた。全体的に見ると、ムスリムとキリスト教徒を一体化させるものが、ますます減少したということになる。

ここまでのことを、私はすべてカイロで学んだ。だが、エジプト、特にエジプトのキリスト教徒を理解し、彼らが同胞であるムスリムとどのように共存しているかを理解したいなら、エジプトに住む大半のコプト教徒の祖先の故郷、サイードを訪れる必要があることはわかっていた。サイードは上《かみ》エジプトとも呼ばれ（古代からこう呼ばれている）、果てしなく広がる砂漠をナイル川が蛇行する、エジプト南部の地域だ。サイードの人々はイスラーム教への改宗が遅く、一九二〇年代にはエジプトのキリスト教徒の八十パーセントはこの地域に住んでいたという。

その後、大勢のコプト教徒が北方に移住したが――ある学者によると、コプト教徒の半数以上は現在カイロやほかの北部の都市に住んでいるそうだ――それでもサイードは、今でもコプト教徒の中心地だと言える。たとえば、カイロの二百三十キロメートルほど南のミニヤ市では、少なくとも住民の四分の一がコプト教徒であり、エジプトのほかのどの都市よりもコプト教徒の比率が高い。ミニヤ市を中心とするミニヤ県は貧しく、八十パーセント以上の人々が無職で、非識字率は三十パーセントを超える（都市部の非識字率はこれほど悪くない）。この県はキリスト教徒とムスリムの衝突が最も多く発生している地域でもあり、エジプト国内における宗教がらみの暴力事件の六十五パーセントはここで起こっているのではないかと言われている。コプト教徒を――その歴史、信仰、未来を――理解するためには、どうしてもこの土地について理解しなければならない。そう思った私は、ミニヤを訪れることにした。そうして、二〇一二年、再びエジプトを訪れた。エジプト初の民主的選挙である大統領選挙が決選投票に向かっていた時期のことである。私がこの国を訪れた直後に二人の候補者から大統領が選ばれた。候補者の一人は、イエズス会の教育を受けたムスリムで、旧ムバーラク政権の幹部アフマド・シャフィーク。もう一人は、ムスリム同胞団のムハンマド・ムルシーである（決選投票では、立場の異なる諸勢力もムバーラク政権の遺物とされたシャフィーク打倒のために結束した。ミニヤはエジプトで最もムルシーの支持率が高い地区の一つで、ムルシーの得票率は六十四パーセント、シャフィークは三十六パーセントだった）。

カイロの主要鉄道駅である「ラムセス」駅――かつてラムセス二世像がここに置かれていたためにその名が付けられた――はイスマーイールによって一八五〇年代に建設された。当時需要が急増していたエジプト産綿花をカイロからアレクサンドリアの港に運び、海路で輸出するために、アフリカ初の鉄道が敷設されたのである。ここはまた、一九二三年にヨーロッパでの会議から戻ってきたエジプト人フェミニスト、ホダー・シャーラーウィーが、出迎えにきた群衆の前でヴェールを脱ぎ、世間を驚かせた場所でもあった。これは後世のアラブ・フェミニズム運動を刺激する一つのステップとなった。私はムーア式のアーチをくぐり、ファイアンス陶器のタイルの張られた通路を通って、切符を買いにいった。サイード方面に向かう電車のプラットフォームには、電車を待つ乗客の姿があちこちに見えた。プラットフォームにある小さな書店に陳列された本のなかには、ぞっとするような絵で内容を宣伝しているものもあった。たとえば、黒魔術師の操る技やそれと戦う方法などだ。それを見て、私は、放火された教会の地下室で、呪いの道具を見つけたというサラフィー主義者の少年たちの言葉を思い出した。

電車はやがてカイロ郊外のレンガ造りの安アパートを抜け、ゆっくりと南へ進んでいった。郊外の貧困地区の駅では、少年たちが乗り込んできて、香りつきのティッシュペーパーや安いキャンディなどを売りはじめた。三十分ほどすると、電車は水の枯れた細い運河と並行して走りはじめた。こうして電車は都会を離れ、時折小さな町で停車しながら、ナイル川流域の緑豊かな田園地帯へと向かっていった。運河はずっと鉄道と並行して走っていた。しばらく行ったところでは、運河にはたっぷりと水が流れ、人々はそこで皿や衣服を洗っていた。電車は夕刻ミニヤ駅に到着した。プラットフォームに降りると、年老いたポーターが私のカバンをぐっとつかみ、私がやめてくれと言うのをものともせず、厳しい顔を崩さぬまま、カバンを鉄橋の向こうへ運んでいった。

その町には主だったホテルが一軒あった。巨大なコンクリート造りのイクナートンという名のそのホテルに、私はその晩泊まることにした。部屋にはおそらくかつては――一九七〇年代には――エレガントだったと思しき家具が備え付けられていた。宿泊する観光客はなく、ロビーにいるのはスタッフだけで、しゃべりながらたばこを吸っていた。話しかけると、彼らはほかの地域の人間と比べてミニヤの人々がいかに優れているかを話しはじめた。「カイロの人間は信用できないし、私たちみたいに気さくじゃありません。冷たい人間ばかりですよ」と、一人が言った。「反対に、ここから南に下ってアシュートまで行くと、今度はすぐに熱くなる短気な人間ばかりです。ミニヤの人間はその真ん中くらいです。だからいいんですよ」

それから、私は外に出て町を散策することにした。歩いてみると、確かにミニヤはカイロよりもずっと親しみやすい町だった。古き時代から変わらずナイルに面し、対岸に低い砂の崖のあるこの都市には、独特の穏やかな美しさがあった。川辺の小さな公園には家族連れがあふれ、人々はサッカーに興じたり、水たばこを楽しんだりしていた。川辺に停泊する船の上では結婚披露宴が行われ、花婿と花嫁がエジプトの流行歌に合わせて踊り、大いに盛り上がっていた。町の広場には夜風を楽しむ人々があふれ、男女が一緒に座っていた。大半の女性はヴェールを被っていなかったが、これは――この保守的な町では――キリスト教徒だというほぼ確実なしるしだ（カイロではヴェールを被らないムスリムの女性もいたが、そういう女性はミニヤには一人もいなかった）。この日は日曜だったので、夫婦たちは、おそらく近隣の教会やキリスト教徒のコミュニティセンターからの帰りなのだろう。道端の屋台にグラス入りのオレンジジュースを買いにいくと、前に並んだ尼僧が茎を搾ったサトウキビジュースを注文していた。

私はホテルのスタッフたちと親しくなり、彼らのおかげで地元の運転手に田舎の村や修道院を案内してもらえることになった。翌朝、運転手を待ちながら、私は再び公園を散歩した。川の向こうに、畑で鍬を引く雄牛が見えた。のどかな夜の酒宴はすでに終わり、公園に残されたゴミを集めるピック

コプト教の修道院。現在のエジプトにおけるその繁栄の一部は、コプト教徒が自分たちのコミュニティに引きこもった結果だとも言える。4世紀に創設されたこのアブー・ファナ修道院は、2012年現在も急速な成長を遂げている。著者撮影

アップトラックがやって来た。ヴェールを被った少女——おそらく近くの村から来たのだろう——が、ゴミの入った袋をトラックの荷台に投げ入れると、自分もそこに乗り込んだ。ゴミ袋の上に立って歌い、笑う少女を乗せ、トラックは走り去っていった。

やって来た運転手に、地元のコプト教の修道院に連れていってくれと言うと、運転手はたいそう喜んだ。彼もコプト教徒だったのだ。名前はジョージといった（コプト教会の創設者は聖マルコだと言われているが、子どもたちは聖ゲオルギオスにちなんでジョージと名付けられるほうが多かった。竜を槍で突いている聖ゲオルギオス像は教会でも家庭でも人気があるのだ。ちょうど、カバに槍を突き刺すホルス神の姿を、古代エジプト人がよく描いたように）。「観光客はコプト教の遺跡にはまったく興味をもちません」とジョージは不満を漏らした。「彼らは、ただ古代エジプト時代のものを見たいだけなんです。私たちの教会のことを話しても、訪ねてみたいとは思いもしないようです」。それでも、修道院は、古代の神殿を何らかの形で現代に移したようなものだといえた。キリスト教初期の時代、修道生活は一人で送るものだった。男たちは人里離れた場

所――だいたいのところ、それは砂漠だ――に祈りにいった。三二〇年頃に聖パコミウスがキリスト教の修道士の最初のコミュニティを作ったのは、このエジプトでのことだった。独居の厳しさに耐えられない人々のために、修道院を建設したのである。だが、ただそれだけでなく、修道院にはエジプト人になじみのある構図があった。つまり、敬虔な信者たちはコミュニティに入ると壁に囲まれて暮らし、近くの畑を耕して敷地内の教会で祈りを捧げ、その教会を巡礼者が訪れるというものだ。それはエジプトの神殿で常に行われていたことだった。初期の修道院には、内側に傾斜した高い壁や入り口の彫刻など、神殿との多くの共通点があった。

ジョージは地元の修道院の写真を見せてくれた。私の目はそのなかの一枚に釘づけになった。それはいくつものガラスケースに入った一部ミイラ化した遺体の写真で、ケースにはディオクレアヌス帝の迫害によるキリスト教徒の殉教者であることを示すラベルが貼られていた。苦しみもだえる身体から歯をのぞかせているいくつもの黒い遺体は、その犠牲によって勝ち取った永遠の幸せを象徴する衣装――金糸銀糸の使われた衣装や婚礼衣装――で神妙に飾られていた。最初、私はその写真に不快感を覚え、グロテスクだとさえ思った。だが、それは深く断固とした信仰の表現なのだとすぐに気がついた。コプト教徒は殉教の意義を信じ、それによって苦難の日々を耐え忍ぶことができたのである。

そのあと、ジョージと私は車に乗り込み、刈り取った小麦の積まれた畑や、背の高いサトウキビが一面に広がる畑を通り過ぎていった。と、ジョージがサトウキビ畑を指さして言った。「ほら、あそこです。ここで紛争が起こった時、武装集団が隠れていたのはあのあたりです。あいつらは、あそこで待ち伏せして、私の友人の警察官を銃撃したんです」。一九九二年から一九九八年にかけて、「アル＝

ガマーア・アル＝イスラーミーヤ（イスラーム集団）」と呼ばれるイスラーム主義過激派組織が、ミニヤなどエジプト南部の町で武装闘争を繰り広げ、治安部隊と地元のキリスト教徒の市民に対する攻撃を行った。だが、二〇一一年現在、アル＝ガマーア・アル＝イスラーミーヤは政党を結成し、五人のコプト教徒を党に迎え入れ、また、市場経済の導入を主張するなどして、自分たちの変化を示すための努力をしている。その結果、ミニヤの選挙で十六議席を獲得した。

私たちは延々と田舎道を進んだが、道を通る人や車はほとんどなかった。と、ロバに乗った男性が一人、アルファルファを山積みにした荷馬車を引きながら、私たちのそばを通っていった。次にやって来たのは一台のバスで、なかでは結婚パーティが行われ、陽気な音楽がカーステレオから流れていた。「あの人たちは修道院に行ってきたんです。結婚式の前に、修道士からバラカを受けるためにね」とジョージは言った。その修道院こそ、私たちの最初の目的地、アブー・ファァナ修道院である。「バラカ」とはアラビア語で「祝福」を意味し、私自身、その後のミニヤ訪問中に何度も使うことになった言葉である。そのあとすぐにわかったのだが、司祭や修道士に会うことも祝福《バラカ》を受けることなのである。修道院に着いて車を停めると、若者たちが修道士たちのもとへ行き、あいさつをしているところだった。黒い法衣を引きずり、金の十字架の付いたぴったりした黒い帽子を被った修道士たちに向かい、若者たちはこう言っていた。「あなた方に会うためにここに来たのです。あなた方から祝福《バラカ》を受けるために」。修道院には若い男性の訪問客が大勢いて、なかにはとても礼儀正しい若者もいた。と、そのうちの一人が、誰にも見られていないと思ったのか、礼拝堂にある大修道院長の玉座の前に行き、玉座に腰を下ろした。その肘掛けには、聖マルコのシンボルであるライオンの彫刻が施されていた。おそらくこのライオンに引き寄せられたのだろう。

正面に高い壁と門のあるこの修道院は、ナイル河谷が砂漠に接するちょうどその端に位置している。近くの町ホルは、ホルス神にちなんで名付けられていることから、ここに古代の神殿があったと考える人もいる。この修道院の起源は四世紀にさかのぼる。全財産を放棄して隠者となったエジプト人アブー・ファナがここで旅を終え、その墓地のそばに建てられたのがこの修道院である。彼は禁欲主義で知られ（三十七日間食事をしないという奇跡を成し遂げたという伝統もある）、死者をよみがえらせ、人の心を読み、柱の上で十八年間過ごしたという。だが、中世にはこの修道院はすでに人々から忘れ去られ、十五世紀のアラブ人歴史家マクリーズィーによると、わずか二人の修道士しか残っていなかったという。

コプト教会の復興運動のおかげで、現在ではここには二十人以上の修道士がいて、その多くは若者である。修道院内の売店――そこでは十字架や宗教画のポスターが販売されている――で店番をする若者は、修道院に入る前は医学を学んでいたそうだ。彼は私に聖なるシンボルの図柄とコプト文字が細かい穴で刻まれた丸いパンをくれた。これにより、祝福《バラカ》を与えてくれたのである（古代エジプト時代の墓所の壁画からもわかるように、古代のエジプト人はパンに細かい穴で装飾を施していた）。コプト教の修道士は、毎日数時間にわたる共同の祈り――それには午前三時の祈りもある――や、単独で行う祈りのほかに、このような骨の折れる手仕事などをして暮らしているのである。

私はジョージから大修道院長を紹介してもらい、ソファが詰め込まれた暑くてほこりっぽい部屋で、お茶やサッカリン入りのソフトドリンクをいただきながら、話を聞いた。そのあと、外に出て明るい

コプト文字が刻まれたパン。このパンは修道士が祝福として訪問者に与えるものである。古代エジプトの壁画にはこのように装飾されたパンが描かれており、この慣習が何千年も前にさかのぼることを示している。著者撮影

日差しの下を歩いていると、大修道院長が塔を指してこう言った。「ご覧ください。強盗が来ると修道士たちはいつもあの塔に隠れたのです」。現在でも、同じような事件が頻繁に起こっているのだという。と、そこに、一人の修道士が通りがかり、大修道院長はその修道士に向かって袖をまくるように言った。修道士は気が進まない様子だったが、大修道院長に命じられたら仕方がない。しぶしぶ袖を上げ、腕を見せてくれた。上腕には骨折の跡があり、縮んでしわが寄っていた。それは数年前、近くに住むベドウィン族に誘拐された時に負った傷だった。その誘拐事件は、もとは土地をめぐる争いから起こったものだった。新たに修道院を建設しようとしていた場所が、ベドウィン族の放牧地だったことがその原因である。だが、それは、次第に宗派間の争いに変わっていった。その修道士によると、彼を捕らえた男たちは、十字架につばを吐きかけろと言い、それを拒否すると腕の骨を折ったのだという。「私たちが見つけた時、彼は長い間食事も水も与えられず、身動きもできないほど弱っていました」と大修道院長は言った。この修道士は才能ある芸術家で、修道院の壁画の多くは彼の手によるものだった。

彼が再び絵を描けるようになったのは、数カ月後のことだった。

＊

その夜、ミニヤに戻ると、私はホテルを出てナイル川に浮かぶ宿泊施設付きのボートに乗り込んだ。乗ってからわかったことだが、そのボートを管理しているのはミニヤのコプト教徒のプロテスタントのグループだった（コプト教徒には、カトリックの東方典礼カトリック教会に属する信者もいれば、この百五十年の間に生まれたさまざまなプロテスタントの宗派に属する信者もいる。ミニヤ周辺の多くの村には、コプト正教会のほか、プロテスタントやカトリックの教会がある）。ベッドに横になると、頭からほんの数センチしか離れていないボートの側面に、波の打ち寄せる音が響いた。私はその音を聞きながら眠りについた。翌年、そのボートはムハンマド・ムルシー大統領の解任に抗議するイスラーム主義集団によって燃やされた。また、隣のボートでは二人の男性——キリスト教徒とムスリム——が生きたまま火をつけられて殺された。ムスリムが手をつなぎ、「人間の鎖」を作ってミニヤ市のキリスト教会を守ったためだった。この忌まわしい凶暴な事件によって、五百二十九名に死刑が宣告されたが、それは教会を燃やしたことではなく、暴動中に警察官を殺害したことを罰するものだった。

ボートに泊まった翌日、私はジョージの運転で、教区の案内を頼んでいたコプト教の司祭、ヨアニス神父に会いにいった。ヨアニス神父はミニヤから数キロメートル離れたクファダという村の教会の神父で、教会から道を一本越えた、簡素なアパートの最上階に住んでいた。アパートに入ると、私たちはキッチンに通されて、食卓の椅子に座った。神父は私たちのために買っておいたというクリームケーキを出してくれた。私はその少し硬くなった恐ろしく甘いケーキをちびちびと食べながら、神父の話を聞いた。父親も祖父も教会の司祭だったというヨアニス神父には、人と心を通わせる生まれつきの才能があった。さらに、エジプト人らしく、人をおだてるのもうまかった。神父に出身地をきかれたジョージがミニヤだと答えると、神父は「ミニヤですか？　あそこの人たちはエジプトで〝一番良い人たち〟ですね」と、それから何度も聞くことになる、お決まりのほめ言葉を言った。

クファダの人口は四万人で、九十パーセント以上がムスリムだが、その村長（エジプトの言葉でオムダ）はキリスト教徒だった。オムダの一族はかつては村に地所を所有していたが、ナーセル政権によってその地所はほとんど没収されて再配分された。だが、財産を失った今でもその一家は村人たちから尊敬されているのだという。「一九四〇年のことです。政府から兵士が送られてきて、税金を滞納している村人たちを罰するようオムダに命令しました。しかしオムダは彼らを罰したりせず、その税金をかわりに払ったのです」。村人たちはこの出来事を決して忘れず、たとえオムダの一家がキリスト教徒で、ほとんど村の外で暮らしていても、一家にずっとオムダでいてほしいと思っているのだという。

「オムダの家族はここにはほとんどいません」と、車で村の中心部を案内しながら、神父は言った。「オムダの住んでいた古い家は空き家も同然です。現在のオムダは都市部で歯科医を営んでいて、もとの家に住んでいるのはその妹だけなのです。若い世代は土地を売ってしまいます。コミュニティとしての私たちの問題は、若者が村を離れて戻ってこないということです」。神父は知り合いを見つけ、クラクションを鳴らすとこう続けた。「ムスリムは仕事を求めて村を離れても、家を手放すことはありません。キリスト教徒は高等教育を受けるために都市部へ引っ越すと、そのままそこに定着し、村には戻ってこないのです。引っ越していった教区民に私が会えるのは、今では年に一度になってしまいました。それも、カイロでの結婚式のような時にね」

オムダの古い家は、本通りから奥まった小さな未舗装の中庭に立っていた。その白い壁の家の隣にあるのがヨアニス神父の教会だ。教会に入り、ヨアニス神父が地元の信者の子どもたちに話をしている間、私は会衆席の後ろのほうに座って、その様子を見ていた。子どもたちは男女別々に座り、信心深さゆえに空を飛ぶことができたという、はるか昔のエジプトの修道士たちの話にじっと聞き入っていた。そのあと、ヨアニス神父は子どもたちに教会での作法を教えた。「いいですか、みなさん、教会は神聖な場所です。ここではみなさんは天使に見守られているのです。ですから敬意を払って、行儀良くするのですよ」

教会を出ると、ヨアニス神父は友人の家に連れていってくれた。神父の友人、シャイフ・ハッサンはムスリムの結婚契約の記録係――それは宗教的にも社会的にも権威ある高い地位だ――を務める村の有力者で、村人たちの尊敬を受け、シャイフと呼ばれていた。オムダと違い、シャイフ・ハッサンはいつも村にいて、村人たちと毎日顔を合わせているという。と、ヨアニス神父は立派な私道に入り、高級セダンの隣に自分のぼろぼろの小型車を駐車した。すると大きな家からシャイフ・ハッサンの奥さんが現れて、ヨアニス神父を温かく迎え、私たちをその設備の整った家の小さなサンルームのような部屋に通してくれた。村ではそれまで異なる宗教や宗派間の暴力事件が起こったことはないということだが、シャイフ・ハッサンに会って私はその理由の一つを理解した。シャイフ・ハッサンはヨアニス神父と仲が良く、今までもさまざまな方法で神父の手助けをしてきた。最近では、ムバーラク政権崩壊後、治安の悪化や秩序の乱れに乗じて犯罪者集団が略奪にやって来るが、二人は協力して強盗から教会を守ったこともあるそうだ。

このヨアニス神父とシャイフ・ハッサンという、キリスト教の神父とムスリムの役人の良好な関係は、村の平和の維持に大きな力を発揮していた。ナーセルの土地改革に起因するキリスト教徒の上流階級の貧困化と都市部への流出により、法律上の権利や正義よりも力と権力がものをいうエジプトという国において、コプト教会はコミュニティを代表してもめごとを仲裁できる、ただ一つの機関となっていた。また、ヨアニス神父のユーモアや質素な生活、教区民との関係を見ていると、彼が人々から信頼される理由がよくわかった。しかし、人々が自分たちを代表する宗教組織にお金と時間を注《つ》ぎ込《こ》めば注ぎ込むほど、信仰の異なる人々の間で共有される政党、労働組合、あるいは宗教とは無関係の社会集団などの機関に費やす時間やお金は減っていった。一方、警察は、紛争が起こっても、自分たちの人気が落ちることを恐れて介入を嫌い、暴力的な事件も見て見ぬふりをしていた。そのような状況で、宗教間の争いを避けることができたのは、宗教指導者たちが話し合い、ムスリムとキリスト教徒の問題を解決してきたからである。そうでなければ、どちらのコミュニティも、紛争が流血事件に発展するのを阻止することはできなかっただろう。

シャイフ・ハッサンの家を出て、ヨアニス神父の車に再び乗り込むと、ジョージはこう言った。

「私たちサイードの人間は、気性の激しい者ばかりです。愛想の良い人間も、いきなり暴力的になることがあります。ほんの些細なことで一瞬にして変わってしまうんです」。すると、その話の例として、ヨアニス神父が一年ほど前に近くの村で起こった事件について話してくれた。それはこんな話だ。

地元のキリスト教徒の夫婦が、良い縁談だと思って娘をコプト教徒の男性に嫁がせた。両親には黙っていたが、実は娘にはほかに好きな人がいた。ムスリムの男性に恋をしていたのだ。おまけに娘とその相手は麻薬の常習者だった。何も知らない両親の留守中に、二人は両親の家で逢引を重ねた。ある晩のこと、両親が予定より早く帰宅すると、麻薬で意識がもうろうとした娘がベッドで不倫相手と一緒に寝ている姿があった。ためらうことなく、母親は二人を絞め殺した。

母親はその晩、男の死体を台所で切り刻み、それをビニール袋に入れると、砂漠に捨ててくるようにと夫に言った。夫は言われたとおりにしたが、選んだ場所が悪かった。あとでわかったことだが、そこは考古学遺跡だったのである。夫の車のライトに気づき、ガードマンが調べにやって来た。夫は逃げたが、袋からは男性のバラバラ死体が発見された。

二人の犯行だと突き止められるのは時間の問題だった。殺された男性の家族は捜索願を出していたし、娘も行方不明ということになっていたからだ。何が起こったのかはすぐにわかってしまうだろう。そう思った二人は、急いで逃げ出した。だが、殺された男性の家族は真相を突き止めて、昔ながらの「血の復讐」を行った。夫婦の身内を次々と殺していったのである。こうして、罪を犯した夫婦が戻ってくるまでに、七人の命が奪われた。神父は続けた。「娘の不倫相手のムスリムの男性の母親が、夫婦の身内の通夜の席に現れて、夫婦に向かってこう言いました。『あなた方のしたことを話してくれていたら、息子を殺したことに感謝したでしょう。二人のことを知っていたら、私たちがこの手で息子を殺したはずですから』」。しかし、死体の遺棄は侮辱とみなされる行為で、それに対して必ず報復しなければならなかったのである。

古代よりエジプトでは愛と死は密接な関係にあった。ミニヤの近くにはプトレマイオス朝時代の異教の祭司の娘、イシドラの墓がある。イシドラには恋人がいたが、父親の反対にあい、人目を忍んで会っていた。そして、夜のナイル川を泳いで彼に会いにいく途中でイシドラは溺れて死んだのである。それ以来、その墓は若い恋人たちの巡礼の地となっている。愛し合う若者たちの行く手を阻む障害は、現在ではさらに大きなものとなっている。キリスト教徒とムスリムの恋愛は、しばしば二つのコミュニティ間の暴力事件の原因となる。エジプトでは結婚相手をあまり自由に選ぶことができないし、イスラーム法やエジプトの法律でも結婚には不平等がついてまわる。イスラーム法では、キリスト教徒の男性とムスリムの女性との結婚は許可されないし、エジプトの法律では、夫婦の子どもは父親の宗教を受け継ぎ、母親の宗教を受け継ぐことはできない。つまり、ムスリムの男性と結婚したキリスト教徒の女性は、自分の子どもをキリスト教徒として育てることはできないのである。そのため、ムスリムと結婚するキリスト教徒の女性の大半は家族から追われ、多くがイスラーム教に改宗することとなる。コプト教の司教による二〇〇七年の推定では、五千人から一万人のコプト教徒が毎年イスラーム教に改宗し、コプト教のほかの司祭たちの見解でも、これらの改宗者の大多数は二十五歳未満の女性だということだ。さらに、ムスリムの求婚者に娘を奪われることを恐れる気持ちから、コプト教徒はますます同じ宗教内で固まった社会的ネットワークの構築に力を入れるようになっている。

そのほかに、コプト教会では離婚がほぼ認められないため、離婚を求めて改宗する者もいる。シェヌーダ三世は離婚の条件を厳しくし、結婚を終わらせるのは姦通のみとした。そのため、夫や妻から離れることを望むコプト教徒は、その理由が何であれ、まず教会を離れなければならないのである。ある者はキリスト教のほかの宗派に改宗し、また、イスラーム教に改宗する者もいる。イスラーム教への改宗者のなかには、あとになってコプト教会に戻ろうとする者もいるが、それは激しい衝突を引き起こすことになる。というのはイスラームから離脱しようとする信者は死刑に処すべきだとシャリーア（イスラーム法）で定められているからだ。そうなると、当事者の夫や妻をめぐり、より広範なコミュニティが宗教のもとに結束し、争うことになるのである。

コプト教の司祭。現代のコミュニティでも彼らは重要な役割を果たしている。この教会の規則では司祭は全員結婚すべきとされている。この写真の何人かは司祭の子どもである。著者撮影

たとえば、ミニヤに住むコプト教徒の女性アビール・ファクリはムスリムの男性と恋に落ち、二〇一一年に夫のもとを離れた。だが、その後、家族に見つけられたアビールは、コプト教会によって監禁され、夫のもとへ戻るよう執拗に説得された。アビールはすでにイスラーム教に改宗したと噂されたため（のちにこの噂は本人によって肯定された）、彼女の監禁に対してイスラーム原理主義者が暴動を起こし、教会に放火した。また、その銃撃戦により、十二人が死亡した。カイロ

郊外のアトフィーでも、コプト教徒の男性とムスリムの少女との恋愛がきっかけとなって暴動が発生し、教会が放火されている。

このような対立は、外部の要因によって引き起こされることもある。ヨアニス神父によると、数カ月前、キプロスのテレビ放送局から流れる番組で、ザカリア・ボトロスというコプト教の司祭がイスラーム教に対する攻撃を繰り広げ、世間の注目を浴びたという。その放送に対する悪評がエジプトで高まっていた時期には、コプト教の司祭たちも地元のムスリムから強い敵意を向けられたそうだ。たとえば、ヨアニス神父はムスリムの女性たちからぴしゃりとたたかれたという。「イスラーム教に対する憎しみを放送する人、クルアーンを侮辱し、クルアーンを燃やす人。彼らによって、私たちには極めて深刻な苦い結末がもたらされるのです」とヨアニス神父は言った。

＊

ところで、コプト教徒だけの村はあるのだろうか？ 私はヨアニス神父にきいてみた。それはあまりない、と神父は答えた。エジプトで農業に従事するキリスト教徒はほとんどいないからだそうだ。それでも自分の知る限り、完全なコプト教徒の村は二つある、と言って、神父は私たちをその一つ、デイル・アル・ジャルヌースに案内する約束をした。ジョージは信じられない、という顔をした。デイル・アル・ジャルヌースは〝危険〟な場所なのだという。「みんな、あの村の人とは絶対にもめたくないと思っています。実際、あの村は、周りのすべての村から恐れられています。彼らが集団で村から出てくると、みんな走って逃げるくらいですから」。だが、ヨアニス神父は、そんな彼らとも付き合う術を知っていた。村に入ると、神父は車の窓を開け、相手が男性、女性、子どもを問わず、「やあ、元気ですか?」とか「なんてかわいいんだろう!」と、会う人すべてに愛情のこもった言葉をかけた。その口調は大げさなほどだった。おそらく、わざと村人たちの注意を引いて、外国人の乗った車が珍しいこの村で、自分の身に着けた法衣やバックミラーから下がる十字架が、多くの村人の目にとまるようにしていたのだろう。

この村には、国家というものの存在を感じさせるものは何もなかった。その点でデイル・アル・ジャルヌースは、警察も決して足を踏み入れない、南エジプトの好戦的なムスリムの町によく似ていた。そういう町は（カイロの郊外にある場合でも）首都カイロの決めたことは無視して独自の規則を定めることができる。そのため、デイル・アル・ジャルヌースもそうやって、巨大な教会を建設しているところだった。大きなその教会を見ていると、周囲にひしめく質素な家々がいっそう小さく見えた。教会の屋根には、ドームと塔が建設中だ。完成すれば、きっと地平線から高くそびえるドームとなるだろう。私たちは、その作業をしている灰色のフード付きの長衣《ジュラバ》を着た男たちに話を聞くために、屋根に上っていった。ヨアニス神父に出身地をきかれると、彼らはアシュートだと言って、村から南に一時間ほどの都市の名前を挙げた。「ああ、アシュートですか。あそこの人たちはエジプトで〝一番良い人たち〟ですね」と神父は言った。私たちは屋根から下りると、隣の古い石造りの教会を見にいった。教会の戸をくぐると、井戸があった。村人の一人が木の蓋を上げ、ロープに吊した金属製のカップを井戸に下ろすと、水を飲みませんかと声をかけてきた。そうして、これは聖なる井戸なのです、と説明してくれた。その井戸は、赤ん坊のイエスをエジプトに連れてきた時に、イエスの家族が水を飲んだ井戸なのだという。村人は井戸からカップを引き上げ、こちらに差し出した。私は水をすすった。冷たく、おいしい水だった。

＊

翌日、ヨアニス神父の好意によって、私は神父とジョージとともに、コプト教の司祭のグループに会うために、ミニヤからそう遠くない村の教会の付属の建物を訪れた。黒いあごひげを生やしたムーサー神父という司祭が主人役を務め、その友人の司祭のユーヌス神父も一緒に座って私たちの相手をしてくれた。ユーヌス神父は言った。「旧世代のムスリムはキリスト教徒と兄弟のように付き合います。私の友人のほとんどはムスリムで、彼らはコプト教の祭りに来て、教会で祈りを捧げます。ここには悪魔祓いをする神父がいますが、彼はキリスト教徒だけでなく、ムスリムにも大変人気があります。しかし、サラフィー主義者が大学からやって来て、状況は変わりました。現在、キリスト教徒に不当な仕打ちをしているのはサラフィー主義者とムスリム同胞団です。彼らはキリスト教徒に通りで会ってもあいさつはするなとムスリムに命じます。それから、十八歳から二十七歳までの若い世代は良くないですね。悪質な教師による偏った教育のせいです。それを始めたのはサーダートです」。この世代が教育を受けていた時代に、学期末にムスリムの少年がキリスト教徒を殴る習慣が生まれたそうだ。「見たところ、教師がそうさせていたわけではないようです。けれども騒ぎを鎮めるために兵士がよく学校に来ていました。でも、すべての場所に来られるわけでもありませんしね。政権崩壊後には、完全な無法状態になりました。彼らは兵士を恐れることがなくなり、警備員も、そして神も恐れなくなってしまったのです」

教育に問題があるのだ、とムーサー神父も同意した。それから、三十年ほど前に自分が兵役に就いていた時のことを話しはじめた。軍隊で、ムーサー神父は北エジプトの出身者と一緒になった。エジプトでは、ほとんどのムスリムとキリスト教徒は宗教による区別のない公立学校に通っていたが（十九世紀に西洋の宣教師によって設立された、キリスト教徒の経営する学校もあったが、裕福でないコプト教徒には学費が高すぎたため、もっぱら中流の上の階級のコプト教徒やムスリムを相手にしていた）、キリスト教徒は南部に集中していたため、この北エジプト出身の男性は、キリスト教徒に一度も会ったことがなかった。ムーサー神父の身に着けている十字架を目にすると、彼はあとずさりして、こう言った。「その十字架はなんだ？　十字架は悪魔のシンボルだろう？　おれはずっとそう聞かされてきたんだ」。ピュー・リサーチ・センターの二〇一一年から二〇一二年にかけての世論調査によると、エジプトで、キリスト教の信仰や慣習について多少とも知識のあるムスリムは、わずか二十二パーセントだということだ。というのも、学校のカリキュラムは、イスラーム教以外の宗教について、生徒に正しい理解を与えていないからである。そのため、九十六パーセントの人たちが、キリスト教徒は地獄に行くと考えている。

彼らはこのように不満や不安を語ったが、それでも今も強い愛国心をもっていた。部屋の隅に目をやると、ムーサー神父の九歳の娘が、座ってさまざまな色のペンで紙に何かを書いていた。のぞいてみると、紙には英語でこう書かれていた。「エジプトは私のお母さんです。エジプトは私の血です。私はエジプトが大好きです」。だが、こうしている間にも、コプト教徒はエジプトを去っていく。最後に再びミニヤに戻る車のなかで私がこう言うと、ジョージは言った。「機会があれば誰でもそうすると思いますよ。ムスリムはサウジアラビアで働けるので、キリスト教徒よりも多少裕福です。エジプトのキリスト教徒は、今やみな身の安全を脅かされています。私には良い住まいと満足のいく仕事があります。だけど、たとえばアメリカに行って、息子に安全で素晴らしい未来が与えられるのなら、今すぐそれを手放しても惜しくありません。たとえそこに食堂の仕事しかなくてもね」。西洋への移住は、コプト教徒の好む解決法だ。アメリカには二百以上のコプト教会があり、推定七十五万人のコプト教徒が暮らしている。

翌日、私は普通電車に乗ってカイロに行った。エジプトを去る前に、もう一つすることがあったのだ。カイロに着くと地下鉄に乗り、前回の訪問から十四年の時を経て、私は聖テレーズ教会に舞い戻った。なかに入ると、ミサが半分終わったところだった。ポール神父がミサを執り行い、懐かしい二人の男性、アシュラフとマグディが助祭を務めていた。二人は何千年もの間先祖が行ってきたように、聖なる瞬間にシンバルを打っていた。礼拝が終わると、私は司祭館に向かう三人のあとを追った。ポール神父は少し腰が曲がり、アシュラフは白髪になっていたが、私のことを覚えていてくれた。サミーフはどこにいるのかときくと、アメリカに行ったとのことだった。留学し、結局そこにとどまることになったのだという。マギーはどうしているかときくと、フランス人の男性と結婚してパリに住んでいるとのことだった。そして、ワーイルはベイルートでファッションモデルになる夢を追っている。これらの才能の流出により、将来損害を被ることになるのはコプト教徒ではない。エジプトなのである。

私は司祭館から教会に戻った。と、ミサが終わるのを待っていたムスリムの女性が後方の座席から前のほうにやって来た。目以外をすっぽり覆う黒いニカーブを身に着けている。彼女は柱の脇の砂の入ったトレーに立てられた細いろうそくに火を灯し、聖テレーズの彫像が眠る地下礼拝堂に続く階段をゆっくりと下りていった。私も聖テレーズに別れを告げるため、彼女のあとに続いた。私が追いついて並んだその時、ムスリムの女性は身をかがめ、聖テレーズの脇腹に触れた。

# 第七章　カラーシャ族

二十世紀に活躍したノルウェーのイラン言語学者ゲオルグ・モルゲンシュティルネ（一八九二〜一九七八年）の現地調査によれば、現在のアフガニスタンからパキスタンにかけての山岳地帯には、印欧語の中のインド・イラン語系の古い言語が生き残っている。代表例が、ダルド語（インド・アーリア語）、バルーチー語（西イラン語）、パシュトー語とワヒー語（東イラン語）、ブルシャスキー語（孤立語）である。本章で扱われるカラーシャ族が話すカラーシャ語は、このうちのダルド語派に属する。即ち、言語的に見れば、カラーシャ族は古代インド・アーリア系の言語を用い続けている集団である。

地理的には、カラーシャ族はパキスタン西北部の部族エリアの中のチトラール川の西部山岳地帯に住み着いている。しかし、文化的な区分から言えば、カラーシャ族は、アフガニスタンのヒンドゥークシュ山脈東麓一帯、ヌーリスターンに住む部族との近縁性が深い。嘗てアイルランドのインド言語学者ジョージ・グリアソン（一八五一〜一九四一年）は、カラーシャ語とヌーリスターン語をひとまとめにして、インド・イラン語派の中の独立語派と分類していたほどである。現在では、カラーシャ語だけは上述のダルド語派に属することが確認されている。

そのヌーリスターンの人々は、十九世紀末に至るまで、イスラームに改宗せずに土着の古いインド・イラン系の宗教——おそらく、ゾロアスター教以前の土着的な宗教——を信じていたらしく、イスラーム期以降、彼らの土地はカーフィリスターン（不信仰者たちの土地）と呼ばれていた。しかし、アフガニスタン王国の第三代国王アブドゥッラフマーン・ハーン（一九〇一年没）が軍隊を遣わし、一八九六年に住民の大半をイスラームに強制改宗させた。これを記念して、地名上もカーフィリスターンという（イスラーム的に）不名誉な名称を捨て、「光の土地」を意味するヌーリスターンに改称されている。

だが、カラーシャ族だけは、アフガニスタン王国側ではなく英領インド側に組み入れられていたために、この強制改宗を免れた。アブドゥッラフマーンがヌーリスターンの「異教」の文化遺産を——イスラーム的な善意に従って——あらかた破壊してしまったので、今では英領インド転じてパキスタンに住まうカラーシャ族だけが、イスラーム以前にこの地方に普及していたインド・イラン系の古い文化を保存する結果になっている。

　この最終章では、筆者は厳寒期にイスラマバードからチトラールまで航空機で飛び、そこからは車で道なき道を踏破してカラーシャ族の地に到達している。筆者が現地で何を見聞したかは本文にお任せしたいが、一点だけ注を加えておくと、文中「アキコ」として言及されている日本人は、佐賀県出身の女性カメラマン和田晶子さんのことである。

（解説・青木 健）

二〇〇七年夏、私はパキスタンのイスラマバードからアフガニスタンのカーブルに向かう飛行機に乗っていた。イスラマバードの出発ターミナルで、自分のカバンに座って数時間待たされたあとのことである。カーブルに向かう外国人の見分け方は簡単だ。彼らはたいてい筋肉質のがっしりした体格をして、ノースフェイス〔ブランド名〕のバックパックを背負っている。私はその例外だった――筋肉とは無縁の外交官で、英国大使館の政府職員チームの運営管理のために、一年間の任務に向かうところだったのである。飛行機の窓の外の風景は、何世紀も変わっていないように見えた。あるイギリス人旅行者はその山を「嗅ぎたばこのような茶色」と呼んだ。「うねうねとした道の果てしなく続く、三千メートルの土の山だ」と。飛行機が高度を下げてからよく見ると、山と山の間に緑の筋が見えた。緑深い渓谷だ。そこには人間の住まいのようなものは何も見えなかった。

東には、緑の谷や茶色い山から垂直にそびえ立つ高い峰が見えた。ヒンドゥークシュ山脈だ。標高七千七百メートルの最高峰をもつこの大きな山脈は、周辺の山脈とともに広義のヒマラヤ山脈の一部を成して、タジキスタンやアフガニスタン、パキスタンの東を通り、これらの国々と中国とを隔てている。ヒマラヤ山脈は「世界の屋根」と呼ばれるが、屋根というより、壁や城壁だと考えられることが多い。というのは、西から東に向かった人々がこの山脈に突き当たり、それ以上東に行くのを断念した例が数多くあるからだ。この山々と人間の文化との関係は、サンゴ礁と海洋生物との関係のようなものだ。つまり、この山々は人間の文化に豊かさと多様性をもたらしているのである。たとえば、アフガニスタンのヒンドゥークシュ山脈の山岳地帯には、ニュージャージーほどの面積の土地に、二十の先住民族が暮らし、その土地固有の言語が使用されている。

アレクサンダー大王もここまで来たが、この山脈を越えようとはしなかった。おそらくこの山脈が世界の東の境界を形成するものだと考えたのだろう。この山脈の民はアレクサンダー大王がペルシアの征服者で世界最大の帝国の支配者だという事実をものともせず、難攻不落の自分たちの土地を攻めるには、「羽の生えた兵士」が必要だと言って彼を愚弄した。この戦いでアレクサンダー大王は肩に矢を受けて負傷した。年代記編者によると、アレクサンダー大王は故郷のギリシャ北部を離れてから八年間、一度も負けを喫したことのない名将だったが、この地の兵士たちにはインド遠征のなかで最も手を焼いたとのことだ。その勇猛さに感心したアレクサンダー大王は、その地の娘、ロクサーネを妻とした（兵士たちはこの娘を「ペルシアの王妃以外でアジアで最も美しい女性」だと思ったそうだ）。

ヒンドゥークシュ山脈の住民の抵抗を受けた征服者は、アレクサンダー大王だけではない。七世紀以降、アラブ軍はアフガニスタンとインド北部にイスラーム教をもたらしたが、彼らも豊かな低地の都市を征服することに甘んじ、あえて山岳地帯に踏み込むことはなかった。十四世紀になると、今度はティムールの軍がやって来た。この中央アジアの残虐な征服者は、最も高い城塞まで軍を進め、ほぼ征服にまで至った。だが、ティムールが支配力を維持することはできず、住民がイスラーム教に改宗することもなかった。この険しい山腹に住む村人たちは、不安定な場所に木で祭壇を組み、創造の神イムラ（アムラ神とも）と戦争の神ギシュに生贄を捧げ、ワインを飲み、男も女も一緒になって踊りを踊った。後年、その祭りの様子を見てぎょっとした近隣のムスリムたちは、彼らをカーフィル（不信仰心者）と呼んだ。村人たちはこの呼び名を喜んで受け入れたようで、彼らの住むこの地域はカーフィリスターンと呼ばれるようになった。

マルコ・ポーロも十三世紀にこの村を通ったが、村人たちにはあまり関心を示さなかった。「彼らは偶像崇拝者の野蛮な民である。もっぱら狩りで生計を立て、獣の皮を身に着けて暮らしている。とにかく煮ても焼いても食えぬ、まったくもってひどいやつらである」。なんともひどい言い草だが、これは完全な間違いというわけではなかった。カーフィルは実際に動物の毛皮を着ていたし、農業を営むこともなかった。だが、マルコ・ポーロが彼らのそばに行ったことがあるかどうかは疑わしい。アレクサンダー大王のあと、西洋人がヒンドゥークシュ山脈を目にするのは、長い年月のあとのことである。

＊

後年、住民が訪問者に語った話では、十八世紀末に二人のカトリックの宣教師がカーフィリスターンに入り、その一人は悪霊と間違われてカーフィルに殺されたということだ。だが、記録がまったく残っていないため、真相はわかっていない。一八二〇年代には、アレクサンダー・ガードナーというイリノイ州生まれの男性が、中央アジアを訪れている。彼はスペイン人の血を引き、アイルランド訛りを話す、イエズス会の教育を受けたユニテリアン〔プロテスタントの一派〕で、刺激的な仕事を求めてこの地を回っていた（追いはぎをしていた時期もあるそうだ）。彼の伝記作家はガードナーを称賛しながら、ガードナーが過ごした当時のカーフィリスターンは、「待ち伏せ攻撃やすさまじい報復行為、村人の間一髪の命拾いの場面を目にすることも日常茶飯事で、時には想像を絶するほどの残酷な行為に満ち、そうかと思えば、心からの思いやりや命をかけた忠誠に彩られた出来事もある場所だった」と記している。ガードナーは地元の人々からは、ゴルダナ・ハーンという名で呼ばれていたそうだ。

ガードナーはカーフィリスターンに二回入ったと主張したが、ガードナーの手になる当時の記録は残っていない。カーブルに赴いたイギリス人使節、サー・アレクサンダー・バーンズがその唯一の写しをもっていたが、アフガン戦争勃発時に暴徒によって殺されたため、それも失われてしまった（当時の人の話によると、この暴徒は好色なバーンズに妻を寝取られた複数のアフガニスタンの男性によってけしかけられたものだという）。だが、ペルシア語に堪能なバーンズは、カーブルのカーフィルから聞いた話を記録に残したため、そこから彼らの慣習を知ることができる。彼らには、死者を棺に入れて埋めずに地面に置いたり、自分の娘を体の大きさに応じた価格で売り飛ばしたり、たがいの乳首を吸って血の復讐の和解をしたりする慣習があったそうである。

バーンズの死後は長い間カーフィリスターンを訪れる人はなく、そこは「アジアの地図の黒点」と呼ばれるようになった。イギリス領インド帝国政府は、地図の作成を目的として国境付近の隔絶した地域にスパイを送っていたが、そのスパイたちにもこの秘境に入ることはできなかったのである。また十九世紀末、イギリスはインド国境の全地域の地名のリストを作成していた。しかし、カーフィリスターンについては、結局断念することとなり、カーフィリスターンはそのリストに入らない〝唯一〟の地域となった。

それでもなお、イギリス当局は、自国の北の国境に接するカーフィリスターンなどの地域の情報収集に強い関心をもっていた。十九世紀後半のイギリス領インド帝国に外在する最大の脅威はロシアであり、そのロシアは中央アジアをのみ込みながら、急速なペースで南に侵攻していた。イギリスとロシアの間のカーフィリスターンのような地域に関する調査は、同盟国とするか、所有地に組み入れるかのいずれかを目指していた。これは「グレート・ゲーム」と呼ばれる抗争として、何十年も続くこととなる。このような動きのなか、第二次アフガン戦争の退役軍人であるマクネア大尉は、休暇中の一八八三年に、クルミの搾り汁で皮膚を黒くし、薬を入れたと見せかけたカバンに測量機器を詰め、カーフィリスターンに赴いた。彼は「サーヒブ・グル・マクネア・フサイン・シャー」と名乗り、地元の二名のパシュトゥン人とともにカーフィリスターンに入った。目的地に至る石塚沿いの道には、かつてそこを通った旅行者たちの死体が転がっていた。外部の人間の侵入を阻止するためなら残虐行為もいとわないカーフィルたちに殺されたのである。マクネアは何度も立ち止まり、その道を走って戻りたい衝動に駆られたに違いない。「カーフィルが偉業とすることのなかで最も評価が高いのは、〝ムスリム〟を殺害することだ」とマクネアは書き記している。殺害される者たちのリーダー格の人物は、高い木の空洞に閉じ込められた。幸運なことに、同行していた二名のパシュトゥン人が、カーフィルの迷信で恐れられている部族に属していたため、彼らはほとんど危害を加えられることなく通過することができたのである。

マクネアがカーフィルのもとに滞在した期間は非常に短く、得られた情報はほとんどなかった。マクネアの推定ではカーフィルは二十万人ほどだった。そのほか、マクネアはこう記している。「彼らの祀る偶像は実に多く、どの谷や沼地にも、その地域でしか知られていないものがある。偶像は過去に実際に村に住んでいた英雄を表すもので、自分たちを代表して神との仲介をする霊だと考えられている」。彼らのワインは薄く、マクネアが贈り物として持参したウィスキーに驚いたそうである。「最も注目すべきことは、彼らがイギリス人にことのほか好意を抱いていることだった。必要があれば、意のままに、彼らをわれらに奉仕させることができるだろう」。マクネアはこれをすべて「極秘」ファイルに記録し、英国陸軍省の諜報部に提出した。そして、その書類に、その地域を訪れる人に役立つと思われる言葉のリストを添付した。そこには「道が険しく、落下の恐れがあります」とか「ヤギの生贄を捧げます」というような文章も含まれていた。

だが、マクネアのカーフィリスターンに対する理解は浅く、ジョージ・スコット・ロバートソンが到着するまでは、その実態は謎に包まれていた。ロバートソンは元軍医で、イギリス本土から遠く離れたオークニー諸島の出身だった。インド帝国の北東端に行政官として赴いたロバートソンは、この山頂の「真に魅惑的な国」に、荒涼とした故郷の面影を見たのだろう。「はるか遠くまで広がり、その向こうにはただ無だけがある」と、ロバートソンはカーフィリスターンの景色を描写している。後年、本に書いたように、この景色を目にした瞬間からロバートソンはカーフィリスターンのとりこになったのである。当初、イギリスの行政官としてギルギット付近に赴任していたロバートソンは、そこで見かけるカーフィル全員に警戒の目を向けていた。だが、ある日のこと、自分を訪ねてきたカーフィルと直接会うことになったのである。最初は彼らの外見を不快だと思ったが、「かかとまで引きずっている不潔な茶色の長衣の下には、活発でたくましい肉体が隠れている」ことに気がついた。また「平凡で面白味のない顔は、よく見ると整っていて、目は鋭く、時には大胆にこちらを凝視したり、あるいは鷹のように素早く鋭い眼差しを向けたりすることもあった。男たちは腰の低い乞食のようなふりをしているが（……）実は、いつでもその謙遜の仮面をはずし、本来の性格を表すことができる」ことも見抜いた。その後、ロバートソンはカーフィリスターンを訪問するだけではなく、そこで生活する許可を得て、結局丸一年いることになる。そうして自分の洞察がいかに正しかったか、身をもって知ったのである。

彼はカーフィルと呼ばれる人々が、言語も慣習も異なる多くの部族に分かれていることに気がついた。さらに、カーフィルの宗教が、当時ムスリムの支配下にあった近隣住民がかつて信仰していた宗教と同じものだということを知る。このカーフィルの数ある部族の一つにカラーシャ族がある。高山に住んで自由を守ることができたカーフィルとは異なり、比較的低地にあるカラーシャ族の居住地はチトラールのメヘタル〔土着の支配者。藩王〕に征服され、税として労働を強いられていた。兵士を探していたロバートソンの目にはカラーシャ族は役立たずとして映り、「奴隷にふさわしい堕落し切った部族だ」とばかにした。それとは対照的に、彼が一緒に暮らしたカム族はカーフィル全体のなかでも最も戦闘的な部族だった。ある時、ロバートソンは、太っている人とはどんなものかをカム族に説明しようとしたが、理解させるのに非常に苦労した。彼らのほとんどが太っている人を見たことがなかったからである。だが、やっとその意味を理解する人物に出会った。地元の祭司である。ロバートソンはこう書いている。「祭司は長らくとまどったような顔をしていたが、私の言った意味がわかりはじめると、声を上げてこう言った。『思い出しました。あなたが説明したような人をアスマール付近で殺したことがあります。それを表す言葉はスキオルです』」

その祭司だけが殺人者なのではない。血の復讐は、カム族の間では珍しいことではなかった。日常茶飯事だったのだ。彼らは最寄りのムスリムの村人たちを狙って、殺人を伴う奇襲攻撃を繰り返した。それは、略奪（このように貧しい村では単に衣服を奪う目的で殺人を犯すこともあるのかもしれない）や、ムスリムの部族がカム族の土地に侵入したことに対する報復を目的として行われた。ロバートソンは、カム族のなかで高く評価される美点をリストに書き出した。その一番上にあるのは、人を殺す能力だった。ほかには「善い山岳の民であること、いつでも戦えること、好色なこと」などが挙げられる。カム族内でも血の復讐が頻繁に行われたが、これを逃れるための素晴らしい慣習もあった。それは、復讐される側の人間が、復讐する側の人間から隠れるふりをするというもので、そうすると、相手もその人間を見て見ぬふりをするという決まりだった。

ムスリムを殺し損ねたカム族のメンバーは、仲間から灰をかけられた。悪ふざけの標的にされることもあれば、村での宴会では、料理を出す自分の妻から顔を背けられたりするような目にもあった。ガル、つまり恥は、カム族の間ではさまざまな行動の強力な動機づけの要因となった。カーストもまたそうだ。社会の梯子から滑り落ちた人々は、中世の奴隷のように売買される、ブロジャンという低いカーストに落ちることもあった。一方で、五人のムスリムを殺した若者は、死んだムスリムの着ていた青い衣服から作った青いスカーフを身に着けることを許された。カム族を訪問中、ロバートソンはこのような大勢の人間に会っている。その一人に、ビクトリア朝の冒険小説から抜け出してきたような人物、トラグ・メラクがいる。メラクは「カーフィリスターンで最も裕福な男性」で、真っ赤な長衣を身にまとい、ブロンズの盾をもってロバートソンに会いにやって来た。「彼の顔にはセム人の強い特徴があり、その派手な長衣を着た肩には、からみ合ってネズミの尾のようになった長い髪が下がっていた。彼は、外国人である私に自分の威厳がしっかり理解されているかを確認するように、何度もこちらに誇らしげな目を向けてきた」

メラクは百人以上を殺したという。その犠牲者の多くは女性と子どもだが、彼は百人を殺したという事実の記念として、小さな鈴をステッキの端に結び付けていた。「その暗い目は哀愁に満ちているようだったが、それは彼自身と完全に矛盾していた。本質的にひどく野蛮な人間でありながら、穏やかな時のその顔は、問題を抱えた世界の苦しみを見つめて悲しみに包まれているかのようだった」とロバートソンは述べている。幸運にも、キリスト教徒であるロバートソンは、非ムスリムの仲間で、カーフィルのようなものだとみなされた。イギリス人であるロバートソンの評判はカム族の間ですでに高まっていたが、それにはかなりおかしな理由があった。彼らの戦争の神ギシュはロンドンに行き、イギリスに住んでいるからというものである。

いずれにしても、カム族において、死はとうてい無視できないものだった。カーフィルはみな、死ぬと棺に入れられて地面に置かれた。おそらくこれは凍った地面に穴を掘るのが困難だったからだろう。風が村に向かって吹くと、腐敗した死体の臭気が村中に漂ったとロバートソンは書いている。葬儀では椅子に遺体を立てかけて、その周りで踊りが踊られた。

何百年も前のマルコ・ポーロ同様、彼らを描写するロバートソンの筆も辛辣だ。カム族は決して体を洗わず、絶えず彼からものを盗み、「呼吸でもするかのように簡単に嘘をつく」と彼は書いている。しかし、大英帝国軍の伝統に染まったロバートソンにとっては、彼らの「素晴らしい勇気、家庭での愛情、圧倒されるような自由への愛」がこうした性質を補って余りあるものだったのである。また、ロバートソンが言うには、環境が彼らをそうさせてきた面もある。「彼らにとって、世界は時とともに平穏になるものではなかった（……）こうしてこなかったら、彼らははるか昔に奴隷化されていたはずだ」

自由を愛するカム族を称賛の目で見ていたにもかかわらず、ロバートソンは意図せずして彼らを隷属への道に導いていた。彼の旅にはひそかな目的があった。当時、イギリス当局は、カーフィルの部族が大英帝国に取り込む価値のあるものかどうかについての判断を下そうとしていた。したがって、インド省の秘密文書に記されているように、ロバートソンの使命は「その部族の組織を検証し、友好的だが中立的な同盟者、もしくは活躍可能な戦闘員となりうるかどうかを見極めること」というものだったのである。ロバートソンの意見は彼らをそのままにしておくべきだというもので、彼は上司にこのように報告した。「カーフィルには戦略的あるいは政治的な重要性はなく（……）いかなる方法による干渉も行うべきではありません」。これはおそらく彼らを守ろうとする立派な動機に基づくものだし、賢明なやり方だ。だが、結局、これがカーフィリスターンに終わりを告げるものとなる。というのも、イギリスの干渉を受けないカーフィリスターンは、その後、アフガニスタンの侵攻を受けることになるからである。

カーフィリスターンに領土を接するアフガニスタンは、当時イギリス人から「鉄のアミール（王）」

と呼ばれたアブドゥッラフマーン・ハーンに統治されていた。後年、老齢になったこの王は、回想録のなかでカーフィリスターンに侵攻した理由を述べている。王は彼らを滅ぼそうとしたのではなく、自分の軍隊に入れたかったのだという。というのも、「彼らは極めて勇敢な部族で、私の支配下に置けばやがて非常に有用な兵士になると考えた」からである（やがて彼らは期待どおりにアフガン軍のエリートとなった）。また王は、カーフィリスターンを征服することにより、ティムールをしのぐ存在になろうともくろんでいた。王は狂信的なムスリムではなかったが――王がヒンドゥー教の秘書を雇っていたことからもそれがわかる――不信仰者カーフィルに対するジハードを呼びかけた。一八九五年の冬、王に忠実な軍の三部隊がカーフィリスターンに進み、カーフィルを取り囲んだ。激しい寒さのなか、見動きできなくなったカーフィルは、逃れられないことを悟った。どれほど勇敢で残忍でも、ライフルの扱いは知らず、弓矢で戦っていた彼らに対し、アブドゥッラフマーン・ハーンの勝利は保証されたも同然だった。カーフィルは、イスラーム教への改宗か死かという選択を迫られた。一九五〇年代にこの地を訪れたイギリスの旅行作家エリック・ニュービーは、死刑を選んだカーフィルの血に赤く染まった石を見せられたという。こうしてカーフィルは征服され、強制的に改宗させられたわけだが、イスラーム側から見ると、これによってこの地はイスラーム教の光に照らされたとされ、アブドゥッラフマーン・ハーンはズィアーウル・ミッラト・ワッディーンすなわち「国家と信仰の光」という称号を得、カーフィリスターンは「光の土地」を意味する「ヌーリスターン」という名に変更された。

＊

ヌーリスターン人は今でも残忍で扱いにくい。二〇〇八年七月十三日の明け方のことだ。ヌーリスターン州ワナットの前哨基地で目を覚ました四十九人のアメリカ人兵士は、不吉な光景を目にした。薄明りのなか、遠くの尾根に人影が浮かび上がっていたのである。よく見ると、それはロケットランチャーをもったタリバンだった。人影は続々と増え、とうとう二百人余りとなった。彼らは一斉に攻撃を開始し、数分でアメリカ軍の重火器を無力化した。その後数時間、流血を伴う戦闘による混乱状態が続いた。襲撃者は基地の防御を打ち破り、戦闘はさらに激化した。ようやく敵が引き上げた時には、アメリカ兵の死者は九名、負傷者は二十七名に上っていた。「ワナットの戦闘」と呼ばれるようになったこの戦闘は、二〇〇一年以降のアメリカのアフガニスタンへの関与において、最多の犠牲者を出したものとなった。この戦闘に関するアメリカの新聞の報道は、ヌーリスターンが「地上で最も恐ろしい場所」で「アルカイダとタリバンの中心地」であることを強調するものだった。実際、この地域には、特にムスリムの兵士にとって、戦闘を有利に行うための魅力的な三つの要素が備わっている。それは、険しい地形（州を形成する山は最高で標高六千メートル近くに及ぶ）、パキスタンと国境を接するその位置、住民の宗教的情熱と戦場での勇気（一九七九年にソビエトに対して最初にジハードを宣言したのもこの州だ）である。ヌーリスターン人とそのすぐ南方のクマール州の住民は、アレクサンダー大王の時代同様、このあたりでも最も恐ろしい戦士なのである。

この戦いが行われていたのと同じ頃、直線距離でほんの数キロメートルしか離れていないパキスタンのボンボレットという村には、一人のギリシャ人教師が住んでいた。ギリシャ人ボランティアのアサナシオス・レルーニス博士である。彼は地元住民のような服装をして、茶色の毛織の帽子を被り、そこに花を挿していた。彼は外国人だが、夏至の祭りへの参加が許されていた。その祭りでは多くの神や女神にヤギの生贄を捧げ、自家製ワインや強いブランデーを飲み、みな夜を徹して踊りを踊る。女たちは鮮やかな赤と黄色の衣装に身を包み、コヤスガイをあしらった頭飾りを着けて、男たちの周りに円を作り、詠唱に合わせて上品に体を揺らすのである。イスラーム過激派に囲まれた、地図のほぼ真ん中で、レルーニス博士はパキスタンの最後の異教徒とともに暮らしていたのである。

この異教徒がカラーシャ族である。高山に住むカーフィルが強制的に改宗させられたのに対し、カラーシャ族は、同族のカーフィルのたどった道を免れることができた。というのも、カラーシャ族を征服し、治めていたチトラールのメヘタルはイギリスの保護下にあり、アブドゥッラフマーン・ハーンはその領土に入れなかったからである。カラーシャ族の谷が、一九六九年にチトラールを併合したパキスタンに属するのもそのためだ。チトラール全体が自分たちと同じ宗教を信仰していた時代もあるとカラーシャ族は言う――しかし、今ではチトラールの住民はカラーシャ族を除いた全員がムスリムとなっている。カラーシャ族は四千人いて、その全員がチトラールのヌーリスターンと境を接する三つの渓谷に住んでいる。山中で暮らす彼らには、必要最低限の生活のために農業を行うほかに選択肢はなかった――彼らは今でもパンを焼くために小麦を栽培し、やせたヤギや羊、かなり骨ばった牛を放牧して暮らしている。冬になると地面は凍り、雪にすべてが閉ざされる。だが、ほとんどの侵略者から彼らを守ってきたのもこの山なのである。ほんの数キロメートル先で暴力事件が起こったり、戦闘行為が行われたりしていても、この山のおかげで、彼らの住む渓谷は平和を保っていられるのである。

一八三九年、アフガニスタンの最初のイギリス人駐在官、ウィリアム・マクノートン卿は、「あなた方の親戚です」と、カーフィリスターンの代表団を紹介された。カーフィルは「ヨーロッパ人の貧しい親戚」と呼ばれることがあったが、これは彼らが青白い肌の色やヨーロッパ人特有のさまざまな慣習をもっていることなどに由来する。たとえば、ほとんどのアフガニスタン人は、床に座り、肩をつかんであいさつをするが、彼らはヨーロッパ人のように椅子に座り、握手をする。ある時、ヒンドゥークシュ山脈の人々の起源はヨーロッパだという説に、より具体的な話が加わった。彼らはアレクサンダー大王とその兵士の子孫だというのである。カラーシャ族は失われた古代ギリシャの部族の子孫だという話が、アテネやテッサロニキ、さらにその先の地域にも広まった。それにより、寄付金がどっと流れ込んできた。ある時期には、ギリシャ人の旅行者が、パキスタンの村までやって来て、絵に描かれたアレクサンダー大王の姿とカラーシャ族の姿を比べる光景もよく見られた。実際に、金髪で青い目をしたカラーシャ族もいるのである。自分たちがアレクサンダー大王の子孫だという考えは、カラーシャ族のなかでも流行した。たとえば、十八歳の誕生日にアレクサンドロスと改名した地元の少年もいるほどだ。このような話が話題を呼ぶなか、レルーニス博士は、集まった寄付金で水道設備やトイレ、学校などのほか、カラーシャ族の遺産と宗教を保存し、公開するための博物館を建設した。

ヒンドゥークシュ山脈に孤立するこれらの部族が、ヨーロッパ人のような特徴を備えていることについては、いくつかの説明ができるかもしれない。アフガニスタンに暮らし、その言葉を学んでいた二〇〇七年から二〇〇九年までの間に、私は英語のような響きの言葉をよく耳にした。アフガニスタンの二つの主要言語の一つ、ダリー語では、lip《リップ》（くちびる）、bad《バド》（悪い）、am《アム》（ある・いる）という言葉があり、その意味も英語と同じである。Madar《マーダル》（母）、baradar《バラーダル》（兄弟）、dokhtar《ドホタル》（娘）は、英語のmother《マザー》、brother《ブラザー》、daughter《ドーター》とほぼ同じ意味だ。「あなた」を意味するTu《トゥ》は古英語のthou《ザウ》に近い。完全な文も英語とほぼ同じで、Baradar e-tu am《バラーダレ・トゥ・アム》は「私はあなたの兄弟です」という意味だ。雪に覆われた山中のカーブルという、イギリスとは似ても似つかぬ環境で、私は男たちの口からこれらの言葉が発せられるのをよく耳にした。多色の男性用コート《チャパン》と平たいパコール帽子を身に着けたその男たちは、私には想像もつかないような暴力と殺人から身を守ってきた人たちだ。そのたび、私は、まるで――作家のアラン・ベネットが歴史の人物に共感した時の気持ちを描いた言葉を借りれば――「手が伸びてきて、私の手をつかんで」くれたような気持ちになった。

英語とダリー語に似た言葉があるのには理由がある。それは、三、四千年前、大英帝国やアフガニスタンに帝国が誕生するはるか昔に、ヨーロッパとアフガニスタンに、同じ民族、つまりコーカサスから来た遊牧民が移動してきたことによるものである。彼らは非常に広い範囲にインド・ヨーロッパ語を広めていった。一九八〇年に、ヒンドゥークシュ山脈の東のタクラマカン砂漠で、その一人のミイラ化した遺体が発見された。約三千八百年前のその女性のミイラは、金褐色の髪に高い頬骨と高い鼻をもち、「楼蘭《ローラン》の美女」と呼ばれた。現在の中国西部に彼女がいたことは、移動してきたこのインド・ヨーロッパ語族が、どれほど遠くまで到達したかを示すものである。ヒンドゥークシュ山脈にやって来たアレクサンダー大王が、故郷を思い出し、自分の民族の神話に描かれた場所を探そうとしたのも不思議ではない。大王は、火の秘密を人間に教えた罰として神がプロメテウスを鎖でつないだ山を、ヒンドゥークシュ山脈に探し求めた。インドに向かって南下するにしたがって、大王は自分がディオニソス神の歩んだ道をたどっていると確信していった。というのも、大王はその地方の慣習にディオニソスを祀る儀式と思しきものを見たからである。大王は、神話の発祥地である世界の果てまで来たと思い込んでいたため、ただの偶然の一致を深読みしたのだろう。もしくは、インド・ヨーロッパ語族が移動してきた時代にさかのぼる、よく似た文化を目にしたのかもしれない。

したがって、カラーシャ族に金髪で青い目の人が存在することは、カラーシャ族がアレクサンダー大王の兵士の子孫であることを証明するものではない。だが、その考えがあり得ないことだというわけでもない。アレクサンダー大王の死後、ギリシャの王は二百年以上にわたって、アフガニスタン南部とパキスタンの大部分を統治した。その富で名高い「千の都市をもつ帝国」は、中国と通商を行い、インドの王族と外交関係を結んだ。アレクサンダー大王はイスラーム世界で「シカンダル」と呼ばれたが、これは今でもカシミール地方で人気のある名前である。また、ここから転じたカンダハルというアフガニスタンの都市は、今もその名を保っている。カーフィリスターンのすぐ北にあるバダフシャーン州のイスラーム共同体の支配者は、十五世紀以降、自分たちはアレクサンダー大王の子孫だと主張し続けている。ギリシャの隣国マケドニアも、アレクサンダー大王の伝統の継承者を強く自認する国の一つである。この国は、ギリシャとカラーシャ族の結び付きに負けまいとして、チトラールのすぐ北部に住み、同じくアレクサンダー大王の子孫を自認するフンザの藩王を二〇〇八年に招待し、賓客としてもてなした。カラーシャ族の口承伝承で祖先とされるシャラク・シャーは、アレクサンダー大王の将軍セレウコスだという可能性もある。実際、二〇一四年に行われたカラーシャ族のDNA調査は、この伝承を裏付けているようだ。というのもこの調査によって、紀元前九九〇年から紀元前二〇六年までのある時点で、ヨーロッパ人と思われる外国人の遺伝子が、カラーシャ族の遺伝子プールに入ったことが示されたからである。

*

アフガニスタンの首都カーブルに着くと、私はすぐにヌーリスターンについて調べはじめた。町はガスと煤煙による夏のもやに覆われていて、カーブルの東の雪を頂く山々——これもヒンドゥークシュ山脈の一部だ——は見えなかった。だが、この町に落とされた迫撃砲は、その山から発射されたのだという。それを知ってから、私はその山々を美しいと同時に恐ろしいものだと思うようになった。なんといっても、「クシュ」という言葉はアフガニスタン語で「殺害」を意味する「クシュタン」とよく似ている。それでも、自分には行くことのできない場所がまだあるその山に、私は大きな魅力を感じていた。そうしてヌーリスターンを訪れた人々の書いた本をむさぼるように読んだ。たとえば、ロバートソンや、一九五六年にこの州に到達したイギリスの旅行作家エリック・ニュービーなどの本である。それから何度かヌーリスターンの近くまで行くことはあったが、実際に足を踏み入れる機会はなかった。

二〇〇八年の冬、私は反対側からヒンドゥークシュ山脈に行くことにした。北京から電車に乗ると、陸路で中国の紛争地域の新疆《しんきょう》ウイグル自治区を通過して西へ進み、フンザというパキスタン北部の州に入った。この土地を訪れたロバートソンは、後年、その地の支配者に会った時の苦労話を書き残している。彼は完璧な儀式用の制服を着たまま、剣と真鍮製のヘルメットをもって、木によじ登らなければならなかった。その支配者が、暗殺を避けて木の枝の上に住んでいたからである。この地域は多くの点でアフガニスタンとよく似ていたが、危険な場所ではなかった。私は地元のミニバスに乗り、市場に買い物に行ったり、人々と自由に話をしたりすることができた（ダリー語でも少し話したが、この地域には単一の共通語がないため、英語が広く話されていた）。それはとてもわくわくする経験だった。また、冬という季節のために観光客の姿はなく、地元の人と密に接することができた。ポロの競技場は、シーズン中には、馬に乗った大勢の地元の名士が声を上げ、白いボールを追って競い合っているのだが、今は人気《ひとけ》もなく閑散としていた。夏には観光客を迎える地元のホテルでは、骨ばった牛が芝生を食んでいた。一緒にクリケットの練習をした山の少年は、イギリスのチームの代表選手になりたいと言っていた。その少年の名はサダム・フセインといった。少女たちは校庭に座って本通りを眺め、通りかかる少年たちをからかっていた。だが、私はからかわれることはなく、侮辱を受けるようなことも一度もなかった。私は彼らから歌唱コンクールに誘われ、出場者たちがそれぞれの言語で歌う歌を聞いて楽しんだ。

私は地元の有力者であるフセインという男性の家に泊まっていた。ある日のこと、フセインが、地元のシャーマンの女性を訪ねてみないかと誘ってくれた。私たちは村の小道沿いにある彼女の家に歩いていった。「彼女は山の中腹に住んでいます。シャーマンはみなそうです」とフセインは言った。その伝統的な石造りの家に入ると、暖炉のなかではパンがほぼ焼き上がり、その下で炎を上げずに火が燃えていた。彼女は盆の上に占いに使うピンをばらまくと、その上に身をかがめた。裕福な家の出身で地元の有力者であるフセインは、かなり手厳しいことを言われていた。「あなたは村の一部の人間から嫌われている。それは、あなたが留守ばかりしていて、コミュニティにほとんど注意を払わないからです」。それから彼女は私のためにアラビア語で祈ったあと、幸運が訪れると言ってくれた。「あなたは本を仕上げることができるでしょう」と。私は本を書いていることを誰にも言っていなかった。

シャーマンの家からの帰り道、私はフセインに、山の中腹に大勢の村人たちと一緒に住む人が、どのようにしてシャーマンになったのかときいてみた。シャーマンというのは山頂のような人里離れた場所に住むものだと思っていたのだ。修行は高い山で行う、と彼は言った。まず、修行者はアイベックスのいる高い峰に登り、数カ月間パンとお茶だけで過ごす。そしてアイベックスが子どもを産むと、修行者はその乳を飲んで谷に下り、獲得した予言のパワーを試しにいくのだという。この伝統を裏付けているのは、妖精（地元の言葉で「ペリ」）が高山に住むという信仰である。そして妖精とともにしばらく過ごすと、人は超自然的な力を得ると考えられている（この地方ではペリチャフラ〈妖精の顔〉という言葉をお世辞に使うことがある）。このような伝統と信仰は、かつてこの地域で広く信じられていた――ムスリムの間にも広がっていた――ため、ヒンドゥークシュ山脈、フンザ、ワハン、ヌーリスターン、チトラールを含む地域全体がペリスターン（妖精の土地）と呼ばれているとする本もある。フセインは、そこにはまだ改宗していないカラーシャ族という民族がいるので、彼らのところに連れていこうかと言ってくれた。だが、フンザからチトラールまでは、未舗装の山道をジープで数日走らなければならない。時間がとれずに断念したが、私は必ず戻ってこようと心に決めた。

＊

だが、戻ってくるまでには四年が経ってしまった。また、パキスタンのビザの取得はずっと難しくなっていた。私がロンドンにあるパキスタンの高等弁務官事務所に呼び出されたのは、申請してから何カ月も経ってからのことである。受付で自己紹介をすると、長いあごひげを生やし、気性の激しそうな顔をした男性が言った。「ああ、ラッセルさんですか。あなたのことはみなが知っていますよ。有名なケースですからね」。調査には数週間かかったと彼は言った。私に関するファイルが厚くなっていたのはきっとそのせいだ。かつては洗練されていた大きな事務所に通されると、そのファイルが担当の役人のデスクに広げられていた。「パキスタン人のなかから、あなたの評判に関する指摘があったのです」と、上品だが生気のない様子の役人が言った。「どうしてだと思いますか？」

私がカーブルで働いていたことを告げると、彼の目は一瞬にして理解したようにきらめいた。そして、それ以上は質問をしてこなかった。アフガニスタンとパキスタンがたがいに強い疑念を抱いていることは知っていた。一方の国に住んだ経験があるということが、もう一方の国を訪れる障害となるのは明らかだ。結局、ビザは発給されて、数週間後には、私はパキスタンの近代的な首都イスラマバードの雑然とした空港にいた。だが、最終目的地に着くには、もう一つ、解決しなければならない問題があった。チトラールはイスラマバードの二百四十キロメートルほど北のアフガニスタンとの国境にある。その地域は山に囲まれていて、低い高度からそこに至り、アフガニスタンを通る（イギリスの引いた国境のせいだ、と地元の住民は私に言った）唯一の道が閉鎖中だったのである。そのため、チトラールに行くためには、飛行機に乗らなければならなかった。また、チトラールは、夏には太陽の輝く人気の観光リゾートとなるが、ビザの発給が遅れたために、季節は真冬になっていて、毎日雪や強風に見舞われていた。希望となるのは、うまくカラーシャ族の谷に行ければ、冬至に間に合うかもしれないことだった。冬至にはチョウモスと呼ばれる祭りが行われ、一週間続くのだという。

最初に乗った飛行機はチトラール空港への着陸を試みたが、悪天候のため、隣の谷の上空を何度か大きく旋回するばかりだった。その間、ヒンドゥークシュ山脈の素晴らしい景色を見ていた私には、アレクサンダー大王がこの山々を世界の果てだと思った理由がわかった。飛行機からでも、明るい雲や霧を通して目に入るのは、延々と続く尾根や崖ばかりで、ほかには何も見えないのである。チトラール上空では雲がいっそう暗くなり、厚くなっていた。飛行機は雲の上層を抜けて下降しようとしたが、まもなくあきらめて引き返した。私がようやく雲の下にあるチトラールの谷に着陸できたのは、数日後、何度も空港に足を運んだあとのことである。

空港に行くたびに、「さようなら」を意味する「Allah hafez《アッラー・ハーフィズ》」という看板が目に入った。すると私はいつも、古代のインド・ヨーロッパ語系の入植者の言語的遺産が、現在でも生き残りをかけていかに戦うことを余儀なくされているかを考えさせられた。パキスタンには「さようなら」を意味する「Khoda hafez《ホダー・ハーフィズ》」という古い言葉があり、今もアフガニスタンとイランでも使われている。しかしムスリムのなかには、神を表す古い言葉「Khoda《ホダー》」（英語の God にあたり、g のかわりに kh が使われている）はアラビア語の「allah《アッラー》」と比べて、真にイスラーム的なものではないと考える人もいる。私がイランで見たように、ペルシアの詩では、イスラーム化以前の古代の言語を復活させることにより、ペルシア人とアラブ人との違いを強調しようと努めてきた。だが、パキスタンはその反対に向かっていた。そのため、ここには「Khoda hafez《ホダー・ハーフィズ》」ではなく、「Allah hafez《アッラー・ハーフィズ》」と書かれているのである。このような動きの要因の一部に、アラブ世界との商業的・政治的関係の影響がある。アラブ世界は、大勢のパキスタン人が働く世界であり、また、伝統的にイランやすべてのペルシア的なものに疑わしげな目を向ける世界である。

パキスタンでペルシア語の単語をアラビア語に置き換える動きは、ジアー＝ウル＝ハックの時代に始まった。ジアー＝ウル＝ハックは一九七七年にパキスタンの民主社会主義の大統領、ズルフィカール・アリー・ブットーを退陣させた軍事独裁者である。ブットーはその政治的信条とは裏腹に、イスラーム教への冒瀆行為を罰する法律の可決によってパキスタンをイスラーム保守主義国家へと向かわせていた。その犠牲者の多くは宗教的少数派である。ジアー＝ウル＝ハックはその傾向をさらに推し進め、飲酒には公共の場での鞭打刑を、姦通罪には投石による死刑を課した。一九七八年からのアフガニスタン紛争では、パキスタンは、ソ連に抵抗する反政府勢力のイスラーム集団を支持した。イスラーム主義運動の推進は、一九四八年に宗教以外にほとんど共通点のない複数の州――チトラールもこれに含まれる――を集めて創ったこのパキスタンという国家に、国を一つにする明確な意義を与えた。東の隣国のヒンドゥー教国インドとの絶えぬ緊張もまた、敬虔なムスリムであることは愛国的であることと同義だという感情をパキスタン国内にもたらした。国中に蔓延する腐敗も、敬虔な者だけが誠実な行いをすると考える風潮を生み出していた。そのため、ジアー＝ウル＝ハックの後継者が、彼の行った変革をもとに戻そうとすることはなかった。

とうとう飛行機はチトラールに到着した。平らで緑多い谷底には、建物があちこちに無計画に建てられていた。広い河が南端に向かって流れ、その両側にはむき出しの山腹が切り立っている。私たちは、マクネアが道に転がる旅行者の死体を見ながら上った険しい坂を車で通っていった。谷を覆う薄い霧だけが、厚い嵐雲が通ったことを示していた。マクネアやロバートソンがここを通った時、この谷はメヘタルに統治される独立した藩王国だった。私は現在のメヘタルのいとこの所有するホテルに向かった。ロバートソンの時代にこの谷を治めていた彼の曾祖父は、ロバートソンがカム族のもとに来るのを阻止するためにあらゆる手を尽くし、金を握らせてカム族に彼を殺害させることまで試みたという。それは、イギリスがカーフィリスターンとチトラールの併合の意図をもつのを恐れてのことだった（実際、チトラールは一九六九年にパキスタンに併合されるまで君主国であり続け、藩王は国内の問題をうまく処理していた）。

彼の子孫であり、私の向かったホテルのオーナーであるシャーザーダ・シーラーズィー・ウル・ムルクは、曾祖父とは対照的に、私に惜しみない協力をしてくれた。彼はかつて航空会社でパイロットとして働き、妻のギャザラは飲食産業関連の資格をもっていた。イスラマバードの優雅なサロンで外交官を接待するほかに、彼らは共同経営のホテルで狩猟者やハイカー、作家などの世話をしていた。私がダイニングホールの暖炉の火のそばに座っていると、シーラーズィーが八十年前のものだという一冊の本を渡してくれた。ページが背から離れたその古い本は、レジナルド・ショーンバーグ大佐によって書かれたものだった。六カ国語を話し、王立地理協会の勲章をはじめ、いくつもの勲章をもつショーンバーグは、二十年に及ぶ中央アジア探検の間にチトラールを訪れた（晩年、彼はカトリックの司祭となった）。彼はその旅の間にこの本『異教徒と氷河　チトラール紀行』を書いた。いら立ちながら書かれた注釈には、この本のチトラール人に対するあまり好意的でない観察に、シーラーズィーの父親が異議を唱えたことが記されている。ショーンバーグは、チトラール唯一の非ムスリムであるカラーシャ族の未来について暗い見通しを書いている。「まもなく彼らは優しく穏やかに、しかし断固としてイスラーム教に改宗させられるだろう。そして善い異教徒となるかわりに悪いムスリムになるだろう」

この問題について、自分なりの結論を出すチャンスが私にもすぐに訪れた。というのは、翌日、カラーシャ族の住む最寄りの谷を訪問することになったからである。シーラーズィーと運転手、そして同じホテルに泊まり、私同様カラーシャ族を見たがっているパキスタン人写真家のズルフィカールとともに、私はホテルを出発した。道には「慈愛深き者」「荘厳者」「強化者」などのムスリムの「神」の美称の書かれた看板が並んでいたが、三十万のチトラールの住民のうち、カラーシャ族はわずか四千であることを考えると、これは驚くことではなかった。三十分ほどして、私たちはチトラール川を渡った。川は主要な谷の南側に沿って走ったあと、頁岩《けつがん》の岩壁の峡谷に流れ込んでいた。その岩壁に残された複雑な削痕は、まるで凍った滝のように見えた。十メートルほど下には、チトラール川の支流のカラーシャ川が峡谷の底で轟音を立てていた。それを下に見ながら、車は山道を上っていった。斜面に刻まれスプリングを軋ませながら、車は岩だらけの道路の上を跳ねるように進んでいった。斜面に刻まれ

ルンブール谷のカラーシャ族の住むグロムの村。この村には電気が引かれているが、村人たちは今でも一年の大半は寒さや雪と戦っている。だがその貧しさと不便な場所のおかげで、カラーシャ族はイスラーム教への強制的な改宗から免れてきたのである。著者撮影

た道にはほぼ車一台分の幅しかないところもあり、運転手は左側の崖にドアをこすらないよう、また右側の絶壁の縁に乗り上げないよう、ハンドル操作に神経を集中させて運転しなければならなかった。こんな道を定期的にミニバスが運行していると聞き、私はとても驚いた。道沿いには電線が張られ、延々と何キロメートルも続いていた——これはパキスタンという国がたとえ作業の効率の悪い、弱さを抱えた国だとしても、国民にある程度の公共サービスを提供する能力があることを示すものである。

しばらくすると、峡谷は広い谷となり、道路脇にはちらほらと家が見えはじめた。私たちはその横を通っていった。最初の家にはムスリムが住んでいるようだった。家の外に立っていた少女たちがヴェールを着けていたからである。さらに一時間ほど進むと、道沿いの木の枝に、鮮やかな色の服が干してあるのが見えた。それから、赤や白や黄色の複雑な刺繍を施された、黒く長い貫頭衣を着た女性の姿が見えた。白いコヤスガイや赤い玉房の付いた色鮮やかな毛織の頭飾りを着け、耳にはじゃらじゃらした耳飾りをぶら下げている。とうと

う、私たちは今もカラーシャ族の村のある三つの谷の一つ、ルンブール谷に来たのである。彼らは冬至の祭りの真最中だった。私たちはグロムと呼ばれる小さな村で車を停めた。ルンブール谷は幅が百八十メートルほどで、切り立った岩壁は雪に覆われ、モミの木が点在する一方で、地面はこげ茶色をしていた。午後二時頃だったが、太陽はもうじき山頂に沈もうとしていた。私たちはシーラーズィーに連れられ、一軒の家に向かった。粘土岩と木製の梁を使って建てられた、スイスのシャレーのような家だった。なかからアーゼム・ベグと呼ばれるカラーシャ族の男性が出てきて——「ベグ」というのは姓ではなく敬称のようなものだ。カラーシャ族では通常、姓は使われないのである——シーラーズィーの首に鮮やかな色の花輪をいくつもかけ、あいさつをした（大勢のカラーシャ族が祭りのためにこれを首にかけていた）。それから私たちは建設中の木造の小屋に招き入れられた。窓枠だけの窓から冷たい風が入り込み、私たちはしばらく身を震わせながら立っていた。アーゼム・ベグは寒さがまったく気にならないようだった。と、そこに小さな男の子と女の子がやって来た。アーゼム・ベグの子どもたちだ。二人はまた違う色の花輪とアーモンドをつなぎ合わせたネックレスをもってきて、「イシュパータ」と言った。カラーシャ族の言葉で「こんにちは」という意味だ。

そうしていると、年配の男性が残り火の入った火鉢をもってきてくれた。その火に暖まりながら、私たちは男性が出してくれたお茶とワインを飲んだ。「私はお茶にワインを入れます。風味が良くなりますよ」と彼は言った。この山上の王国に西洋人が足を踏み入れる前の十七世紀、カーフィルのワインは何らかの方法で、ポルトガルのイエズス会のベント・デ・ゴエスのもとに届けられ、彼のお墨付きを得た。飲んでみると驚くほどおいしかったので、私はアーゼム・ベグにも勧めた。アーゼム・

ベグは受け取ろうと手を伸ばしたが、はっとしたようにその手を引っ込めた。「今が祭りの最中だということを忘れていました。この家は不浄です。不浄な家では飲み食いしてはいけないのです」

この規則はカラーシャ族の生活上、非常に重要なものだった。ロバートソンが書いていたように、カーフィルは、慣習はそれぞれに異なるが（たとえばカム族はカラーシャ族よりもはるかに好戦的である）、本質的には同じ宗教を信じる部族の集合体だ。そのカーフィルについて、ロバートソンはこのようなことを書いている。カーフィルには、浄、不浄の概念があり、すべてのカーフィルはこれに則った行動指針に生活を支配されていた。たとえば、右手、男性、高山、奇数、生命は聖なるものとされ、これに対し、左手、女性、低い谷、偶数、死などは不浄なものとされる。したがって、男性は家の右側に座り、女性は左側に座る。同様に、男性がヤギを放牧し、女性が穀物を植える。男性は山に行き、女性は谷に残る。

カラーシャ族は今もこれらの規則の多くを守っている。特に、冬至の祭り《チョウモス》のあとしばらくの間は、山の高い場所には男性しか行ってはいけないという規則がある。また、祭りの前には、西洋ネズの小枝を焚き、一軒の家を清めて聖なるものとする。すると、そのあとは、山腹のそれより高い場所にある家はすべて聖なるものとされるのである。小屋を出てまもなく、私はある家の前を通る時に、家に触って叱られた。というのも、そうやってちょっと触っただけでも家は不浄なものとなり、もとの聖なる状態に戻すには、たくさんの西洋ネズの小枝を焚かなければならないからである。

それでも、カラーシャ族は浄、不浄の問題が関わらない限り、極めて寛容な人々である。私たちを乗せてきた長いあごひげのムスリムの運転手は、小屋のなかで頭を下げ、カラーシャ族の少年から祭りの花輪をかけてもらった。数分後にその運転手が架台式のテーブル――床より聖なる場所だ――に上り、ひれ伏してイスラーム教の祈りを唱えはじめても、カラーシャ族はまったく動じなかった。彼らはムスリムとともに生活することに慣れているのである。というのも、この村のカラーシャ族にもムスリムに改宗した人がいるからだ。女性の改宗者は慎み深い淡い色のワンピースとヘッドスカーフを身に着けているため、一目でわかった。男性は地元のムスリムもカラーシャ族も同じ服装だ。カラーシャ族の村を歩いていた時に、平たいチトラール帽を頭に被り、サルワール・カミーズ〔南アジアの民族衣装。サルワールはズボン、カミーズはシャツを意味し、上下セットで着用される〕と呼ばれるシャツとズボンを身に着けたカラーシャ人の男性の姿を見かけた。その男性は冷気を防ぐために毛布を被った姿で、じっと私を見ていた。その姿はまるで熱烈なムスリムのパシュトゥン人のようでなんだか薄気味悪く感じた。首にかけた鮮やかな色の花輪と帽子に挿した羽根だけが、彼がムスリムではなく、神を崇めるために祭りに向かうカラーシャ族であることを示していた。

　シーラーズィーはホテルに戻っていった。その晩泊まることにしていた写真家のズルフィカールと私は、冬至を祝う踊りの会場である村の中心に向かって歩いていった。行く途中、私たちは村の中央部にある忌み小屋《バシャリ》のそばを通り過ぎた。女性たちは月経や出産の期間をこの忌み小屋《バシャリ》で過ごす決まりである。一九三〇年代にここを訪れたショーンバーグは、忌み小屋《バシャリ》には男性は一切近づいてはならず、ここで過ごす女性を訪ねる必要に迫られた女性は、小屋に入るためには裸になって服を全部外に置かなければならないと書いている。出産の手伝いをする産婆ですら服を脱ぎ、たとえひどい寒さでも裸のままでいなければならなかったとのことだ。だが、七十年の年月によって、この慣習はいく

カラーシャ族の女性は月経中、家から離れて忌み小屋（バシャリ）で暮らさなければならない。完全にこもらなければならない決まりだが、現在ではそれほど厳格には行われていない。この３人の女性は外に出て、通行人と話をしていた。著者撮影

ぶん改善されたようである。小屋も昔はおそらく冷たい風の吹き込む粗末なものだったと思うが、この忌み小屋《バシャリ》はギリシャ人ボランティアのレルーニス博士の集めた資金によって、最近、建て替えられた新しい木造の建物だ。その日は忌み小屋《バシャリ》にこもる三人の女性が入り口のそばに立ち、通る人たちに明るく話しかけていた。

私たちはカラーシャ川にかかる木の橋を渡った。凍った橋から滑り落ちないように、手すりにしっかりつかまりながら進む。向こう側の川の縁には、木の大樽がいくつも並べられていた。どの家庭もなかにワインやナッツを保存していたが、鍵をかける必要はないようで、樽は開け放しになっていた。ここでは二つの宗教がみごとに共存していた。冬至《チョウモス》の祭りに生贄のヤギを連れていく牧夫が「クルアーンの声」というマドラサ（学校）の前を通る姿を見ながら、私はそう思った。モスクの拡声器から流れるイスラーム教の祈りの呼びかけが、雪の積もった山の中腹にこだまするなか、カラーシャ族の祭りの準備は進められていった。

踊りの会場に着くと、ズルフィカールと私は踊り手から少し離れた場所を示された。私たちの前で

は、ムスリムの少女たちが一列におとなしく並び、そっと頭のスカーフを整えたりしながら、かつての同族の人々が陽気に踊るのを見ていた。カラーシャ族の宗教では、祭りの際にはムスリムは不浄なものとされた。というのも、彼らは祭りが始まる前の清めの儀式を経ないからである（男性はヤギを生贄に捧げ、女性は西洋ネズの枝を焚いて香りを身にまとわなければならない）。ムスリムのいる家や触れた皿は不浄なものとなり、また、ムスリムは宗教的な祝賀行事には参加できず、遠くから見なければならない。ショーンバーグは、一九三五年にカラーシャ族の春祭りで見た、同様の差別待遇の例を記録している。「深い憂いに満ちた〝ムスリムの改宗者〟は離れた屋根の上に集まって、かつての同信の仲間たちの陽気な浮かれ騒ぎを憧れの目で見ていた」

と、アーゼムがズルフィカールと私のところにやって来た。「申し訳ありませんが、あなた方は一緒に踊ることはできません。祭りが始まる時にここにいた人だけが踊りに参加できるのです。最初からここにいたのだったら、問題なかったのですが。ムスリムは参加できませんが、外国人はできるのです」。実際、そこには首からカメラをぶら下げたドイツ人がいたし、その妻はカラーシャ族と同じように優美に腕を振ってくるくると回っていた。おそらく、彼はヤギの生贄を見るために、祭りの最初からそこにいたのだろう。そう思いながら見ていると、カラーシャ族の正装をしてコヤスガイも付けているが、ほかのカラーシャ族の女性とは様子の違う女性――彼女は眼鏡もかけていた――がいるのに気がついた。その顔もカラーシャ族とはまったく違っていた。日本人だったのだ。その女性とはあとで話をする機会ができ、その時に聞いたのだが、彼女はアキコという名前で、二十五年間ずっとこの谷に住んでいるという。写真家としてここに来て、地元の男性と恋に落ちたのだそうだ。自分は

日本人女性アキコは二十数年前にカラーシャ族の男性と結婚し、カラーシャ族のコミュニティの一員となった。著者撮影

ここで家族の一員だと感じている、と彼女は言った。たまに日本を訪れると、自分とは縁のない個人主義社会の国だと感じるという。

パキスタン人のズルフィカールはムスリムだったので、自ら気持ちよく遠慮し、アーゼムと握手をしたことも謝罪した（ムスリムと握手したことによってアーゼムはおそらく穢《けが》れてしまったからである）。「この規則があることは彼らにとって良いことです。そうすれば観光客でパンクするのを防げますからね」とズルフィカールは私に言った。それは冬にはあまり起こりそうもない問題だったが、夏の祭りには、カラーシャ族に興味をもった観光客が、ギリシャやさらに遠方の国のほか、パキスタン国内からも続々とやって来る。観光客の多くは友好的だが、なかには良くない動機をもってやって来る者もいる。カラーシャ族の女性がムスリムではなくヴェールも着けないため、性交渉の相手になると勘違いして来るのである。このような考えが広まったのはブドゥハルクと呼ばれるカラーシャ族の慣習がセンセーショナルに伝えられたからだった。それは、年に一度、コミュニティから選ばれた一名の男性が、高い山で過ごして身を清めたあと、できるだけ多くの女性を妊娠させるというものだ。実際には、カラーシャ族は性交渉に関して非常に慎み深く、冬至《チョウモス》の祭りの間は夫婦間の性交も完全に禁止されている。事実はそうでも、パキスタンのほかの地域の娼婦はそんな噂を利用して、異国情緒を盛り上げるためにカラーシャ族のような服を着て商売をする。これを止めるのは、なかなか難しいのである。

祭りが始まってからルンブール谷に来たズルフィカールと私は踊りに参加できなかったが、踊る人々を見て十分に楽しむことができた。まず、大勢の女たちがひしめき合うように動きはじめた。赤や黒、オレンジ、ピンク、黄色など、彼女たちの伝統的な衣装のカラフルな色が虹のように広がった。南アジアの民族衣装であるサルワール・カミーズを着てチトラール帽を被った男たちは、華やかな衣装を身に着けた女たちに比べるとかなり地味だ。一方、少年たちは、西洋の服や野球帽を身に着けていた。輪になって歌ったり歓声を上げたりする見物人のなかにも、大胆に踊りはじめる人がいた。やがて、カラーシャ族の男女はみな次第に真剣に踊りはじめた。

男女はペアになるのではなく、別々のグループになり、手をつないで輪になって踊っていた。踊りながら何かを唱えるように歌っていたので、私はその内容をアーゼム・ベグにたずねた。「神が私たちのもとに戻ってくるという歌です。私たちの伯父の息子と伯母の娘が祭りを祝いに戻ってきたと歌っています」。そして、アーゼム・ベグは、詠唱は二十分ごとに変わると教えてくれた。祭りの進行とともに、歌は祭りの神、バリマインへの長い讃歌へと変わっていった。バリマインは翼の生えた馬に乗って祖先の地からやって来て、カラーシャ族の願いを聞いていくのだという。子どもたちは、踊る大人たちの間で追いかけっこをしていたが、叱られることはなかった。と、腕を組んでグループになった少年が、少女たちに対面し、からかうように歌う場面も見られた。だが、これは失敗だった。

冬至の祭り（チョウモス）のために伝統的な肉入りチャパティを準備するザルマス・グル。著者撮影

というのも、少年たちは腕を組んでいるために、素早く動くことは難しいからだ。それに気づいた少女の一人が真ん中の男の子の股を蹴り、楽しそうに笑いながらさっと逃げていった。

しばらくすると、昼の踊りは終わり、カラーシャ族は夜の踊りの準備をするために帰っていった。私たちもその夜の宿であるゲストハウスに向かった。ゲストハウスを経営するのはアーゼムの親戚のザルマス・グルとその夫だ（繰り返しになるが名前のあとに付いた「グル」は姓ではなく、敬称のようなものである。「グル」は「花」という意味の愛称だ）。部屋は薪ストーブで暖められていた。私は女主人のザルマス・グルがその薪ストーブのそばに座り、羊肉入りのパンを作るところを見ていた。あとでごちそうになったが、それはイギリスのコーニッシュ・パスティに似ているが、新鮮な肉で作られているため、ずっとおいしかった。古いコンピュータからはヒンディ音楽とアメリカのポップスが交互に流れ、凝った刺繍の貫頭衣を着たザルマスはストーブが熱するのを待ちながら、アメリカの歌手、リアーナの曲のリズムに乗ってそっと身体を揺らしていた。彼女の娘が伝統的な刺繍の貫頭衣ではなく、トレーニングウェアを着て近くに座り、時々コンピュータに身を乗り出してゲームで遊んでいた（「おてんば娘ですが、学校ではきちんとカラーシャ族の貫頭衣を着ているんですよ」とアーゼム・ベグはあとで私に言った）。

このように現代的な生活様式が入り込んでいたものの――もちろんそれは、峡谷沿いに張られた電線によって可能になったものだ――カラーシャ族の毎日の生活は、文明の利器の恩恵をあまり受けていなかった。ちょっとした食事をするにも、準備が必要だった。つまり、目玉焼きを作るだけでも、いちいち火をおこさなければならないし、またそのためには、あらかじめ木材を切って集め、保管して乾燥させるという過程を経ているのである。凍てつく冬に洗濯をするのはどんなに大変なことだろうか。それを考えると、外の寒さを身をもって知った私には、ストーブがすぐに部屋を暖かくしてくれることが大きな救いに思われた。

ロバートソンの時代のカム族の生活は、想像を絶するものだったに違いない。というのも、彼らはカラーシャ族よりもさらに標高の高い場所に住み、また、電気もなければ観光収入もなかったからだ。しかし、彼らが「ふさいだ顔をしたのを見たことは一度もない」とロバートソンは言う。それはおそらく、カム族の極めて社交的な性格によるものだろう。たとえば、ロバートソンが、たまには一人になりたいと思っても、彼らにはその気持ちはまったく理解できなかった。静かに書き物をしたいと思ったロバートソンが自分の部屋に閉じこもると、彼らはロバートソンの様子がおかしいと心配した。そうして、わざわざ理由をつけては部屋に来て、元気づけようとするのだと、ロバートソンはいら立ちを隠すことなく記している（だが、言葉を教えてほしいと頼めば、彼らを追い払うことができた。彼らにとって教えることはそうとう退屈であるらしく、いつでもすぐに出ていった）。

カラーシャ族も、谷の生活に満足しているようだった。彼らのなかで、都会へ出てキャリアを築こうとする者はほとんどいない。イスラーム教に改宗した者のなかにもいないのだ。私自身の西洋的な感覚では、彼らの生活は毎日が戦いのように思えた。だが、よく考えてみると、彼らは現代の都市生活者が直面する問題に取り組む必要もなかった。たとえば、見知らぬ大勢の人のなかで独りぼっちになったり、孤独に苦しんだりするようなことは、ここの人たちには無縁なのである。

その日、暗くなると夜の踊りが始まった。ゲストハウスから、谷を下ったところに松明の灯りが見えた。遠くから歌声も聞こえてくる。暗闇から人の群れがゆっくりと姿を現し、近くの畑のほうに進んでいった。よく見ると、それは大勢の若い男女だった。私たちはゲストハウスを出て、そっと彼らのあとについていった。畑に行くと、山の中腹一帯に小さな灯りが広がっていた。山に住むカラーシャ族が、柴の松明を手にして、山の村から下りてくるのだ。と、久しぶりに会った人々があいさつを交わす声が聞こえてきた。なかには数カ月ぶりに会った人々もいるようだった。大きな焚火の炎に照らされて、踊りは一晩中続いた。その間、雪が降り続いていたが、カラーシャ族はまるで気にしていないようだった。焚火の暖かさと松明の灯り、そして人々の活気が闇と寒さを追い払い、はるか先の夏の到来を予感させていた。翌朝、目を覚ますと、アーゼム・ベグの姿があった。彼は早朝、踊りが終わったあとで、前日結婚した大勢の新婚夫婦を祝福しにいってきたのだという。

アーゼムの父親はカラーシャ族の長老の一人だったが、カラーシャ族は決まったリーダーをもたない、伝統的に平等主義の民主的な部族だ。これはカム族も同じだったようだ。ロバートソンによると、カム族のリーダーが重要な決定をする際には、必ず部族のほかのメンバーが意見を述べるのを待ち、それが何であれ、リーダーは過半数の意見を支持したそうだ。深刻な分裂が起こって、過半数を得る意見がない時には、カム族の政治家は、西洋の民主主義的な政治家にはなじみのない行動に頼った。つまり、不和を引き起こすような決定を避けるため、実際に身を隠してしまうのである。カラーシャ族にはガデラカンという長老もいる。その仕事は、コミュニティが儀式を正しく行うための支援をすることだが、彼らは無報酬のボランティアであり、通常の意味の祭司とも違う存在だ。

*

その夜、私は赤々と輝く炭火が残ったストーブで暖められた部屋で眠りについた。朝になり、朝日が谷の夜の寒さをすっかり追い払った頃、私はカラーシャ族のもう一つの谷に出かけた。そこでは昨夜見たルンブール谷の祭りとは違った様式の踊りが見られるという。ビリール谷と呼ばれるその谷は、ルンブール谷からはかなり遠く、車で数時間の距離にあった。そこでは少し異なる冬至の祭りが行われているのだという。ビリール谷出身のザルマス・グルがその祭りのことを教えてくれたが、ルンブール谷のほかのカラーシャ族は、ビリール谷の祭りについては知らないようだった。ビリール谷とルンブール谷では、たがいの情報があまり伝わらないようだ。おそらくそれは、カラーシャ族のほとんどが車をもっていないし、別のコミュニティの人に会うために、谷からわざわざ歩いて大変な道を行くほどの理由がなかったからだろう。私はアーゼムとイスラーム教に改宗したカラーシャ族のワジールという男性と一緒にビリール谷に向かった。

ビリール谷にはほとんど観光客が来ないため、村はルンブール谷よりも貧しく、住民の多くは山の中腹の大きな木造の集合住宅に住んでいた。その数階建ての建物は古いスタイルで、共同のバルコニーにつながる階段を下りたところに各家庭の部屋があった。そして山の中腹の険しい斜面のせいで、下の階のバルコニーよりも上の階のバルコニーが引っ込んだ、段々畑のような構造になっていた。ルンブール谷の新しい建物と比べ、風情があって美しいが、ずっと狭苦しいものだった（ルンブール谷の建物が新しいといっても、ボンボレット谷のなかほどに位置する家ほどではない。ボンボレット谷はさまざまな面で近代化されている）。

谷底にはほかにも多くの家が集まっていた。私たちはさらに谷間を進み、それから山の中腹まで短い坂を上っていった。そこは見晴らしの良い場所で、家庭の女神のジャスタックを祀るジャスタック・ハンと呼ばれる神殿が立っていた。祭りはその神殿で行われるのである。外に立つ警護の警察官が、私のパスポートを調べると、神殿に入ることを許可してくれた。広い一部屋だけの神殿のなかには、木製の柱がずらっと並んでいた。最近建てられたものであるにもかかわらず、神殿には非常に古風な趣があった。それはおそらく室内の柱のせいだろう。ずらっと並んだその柱は、古代ギリシャのイオニア式の柱を異国風にしたもののようだった。柱には何かのシンボルが彫られていたが、蜘蛛の巣か何かがかかっているせいで、その形はあまりよくわからなかった。屋根には四角い開口部があって、そこから入る二本の細い太陽の光が神殿の壁を照らしていたが、窓は氷に覆われた山に面し、部屋のほとんどは暗がりになっていた。屋根の上には大勢の少年少女が座り――おそらく神殿には入れないムスリムだろう――開口部から私たちを見下ろしていた。

神殿のなかにいたのはカラーシャ族だけで、人数は、おそらく八十人、いや、百人ほどだったと思う。後方のベンチに座っている人もいたが、ほとんどの人は立っていた。目を凝らすと、色とりどりの服を着た女たちが、暗がりのなかに並んでいるのが見えた。再会を喜んであいさつを交わし、しばらくおしゃべりをする友人同士の姿もあった。そのほかの人たちは、南アジアの民族衣装サルワール・カミーズを身に着けてチトラール帽を被った三人の男性の歌に静かに耳を傾けていた。歌い手の一人は、真紅と金の鮮やかなマントを身に着けていた。三人が歌っていたのは、二音だけからなるもの悲しい短調の素朴な歌だ。部屋の隅では二人の男性がさまざまな大きさの太鼓をたたいて歌の伴奏をしていた。壁際では、四、五十人の女たちが腕を組んで長い列を成し、歌い手のあとを追って歌っていた。だが、みなが合わせて歌うのではなく、それぞれ勝手なタイミングで歌うため、部屋のなかは憂いに満ちた不協和音で満たされた。

冬至の祭り（チョウモス）で歌った謝礼として輝くマントを与えられたカラーシャ族の歌い手。祭りを祝う踊りの行われる神殿の外で、そのマントを誇らしげに身に着けている。著者撮影

私は男たちの集まった円の真ん中に立ち、ルンブール谷とはまったく趣の違う祭りの様子を見ていた。ルンブール谷の祭りは荒々しく、ビリール谷の祭りは荘厳で神秘的だった。太鼓のゆっくりとしたリズムに合わせ、女たちは壁に沿って反時計回りに動き、男たちは歌い続けた。男たちは時折歌い手のところに駆け寄って、彼らの帽子にしわくちゃのルピー紙幣を

冬至の祭り（チョウモス）を祝い、ジャスタック・ハンと呼ばれる神殿で踊るカラーシャ族の女性たち。カラーシャ族の宗教は多神教であり、ジャスタックは家庭の女神である。2013 年 1 月、著者撮影

入れていた。これは、みごとな歌に褒賞を与える伝統的な方法なのだそうだ。

　アーゼムは私の隣で歌の内容を説明してくれた。それは、歌い手の一人が夢に見たことを歌にしたもので、かつてカラーシャ族が踊って祭りを祝った、この谷のある場所のことを歌ったものだった。「神はたずねている。なぜ谷全体を使って冬至《チョウモス》の祭りを祝わないのかと」とアーゼムは歌詞を訳してくれた。祭りの舞台となる場所は、数十年の間にコミュニティの縮小とともに狭まっていった。かつて祭りが行われていた場所は、今ではムスリムの所有地となり、不浄な場所となってしまったからである。イスラーム教やキリスト教、そして他の宗教が布教にやって来た長い年月の間に、彼らの故郷では、いったい何人がこうして嘆いてきたのだろうか？

　と、突然、リズムが変化した。太鼓がテンポを上げて鳴り響いた。女たちは四人ずつのグループに分かれ、男たちも同じようにグループとなって踊りに加わった。踊りはくだけた調子となって、踊り手たちは時折くるくると回転した。太鼓の音はさらに激しく速くなり、私はワジールとその友だちと

一緒に踊りに加わった。男女別の四人のグループの踊り手たちは、速いスピードで——前と同じく反時計回りに——部屋いっぱいに踊り回り、前にいるグループに追いつくと、わざと「ドン」とぶつかった。グループ同士は向き合って、顔を見合わせると、声を上げて笑った。また、あるグループが、くるくると回って背後のグループと向き合い、体当たりすることもあった。私は踊りからはずれ、しばらく祭りの様子を見ていた。太鼓は休むことなく激しいリズムを刻み、あたりには熱に浮かされたような笑い声が響きわたった。人々は跳び跳ねるように踊り回り、神殿は並々ならぬ熱気に包まれた。しばらくすると、太鼓の音が次第に弱くなり、再び厳かな踊りが始まった。

踊りが終わると、私たちはジャスタック・ハンを出た。と、この谷に来た時に見えた古い木造の家のあたりから、歌声や笑い声が聞こえてきた。「あれは聖なる少年たちです」とアーゼム・ベグは言った。それは童貞という意味だった。童貞の少年は、祭儀では特別な聖なる存在だと考えられる。祭りの際には、コミュニティの先祖を体現する者とされ、家々を回って幸運をもたらし、そのお返しに新しい服などの贈り物をもらうのだという。私たちがジャスタック・ハンから帰っていく間も、少年たちは歌い続けていた。そうして、私たちが通ったアーケードの前を歩いていた。そこではムスリムに改宗したカラーシャ族がケバブを焼いていた。

「私たちには隠し事はありません」。帰り道でアーゼムが言った。「だから外で祈るのです」。ちなみにルンブール谷には石造りの神殿もあるが、みな小さく、カラーシャ族の信仰の中心となるものではない。アーゼムが「外で祈る」と言った、屋外の礼拝所はサジゴールと呼ばれ（サジゴールはそこで崇拝されている神の名でもある）、村の北端を越えた林のなかにあった。祭りの間、私はその林に入ってはいけないと言われていたが、ルンブール谷に戻ってきた時にはすでに祭りは終わっていたため、ワジールに連れていってもらえることになった。だが、そこに行くのはとても大変なことだった。私たちは標高の高い村の北の端まで歩いていって、氷でつるつる滑る小道を進み、橋を渡って川を越え、ようやく開けた野原にある林までたどり着いた（谷の両側には山があったが、ここでは谷底にも大きな傾斜があった）。途中、私は、道で出会った若い男性に、サジゴールを見てもよいが何一つ触ってはいけないと注意を受けた。そのため、私たちは林のはずれに立って、木々の間から五体の木像を眺めた。ワジールは、同族の者たちが偶像崇拝者と非難されないように苦心しながらこう言った。これは神を表すものではなく、亡くなったコミュニティの重要人物の像であり、亡くなって一年後に故人をしのんで家族が作ったものである、と。すぐそばの地面には濃い血の染みが残り、前日に何百匹ものヤギが生贄に捧げられたことをうかがわせていた。また、小枝が山のように積まれた石塚は、ズボンをはく年齢に達した少年のために儀式が催されたことを示していた――その儀式で、少年たちは一人ずつ石塚に小枝を投げるのである。

私は再び木像を見た。すると、ラドヤード・キップリングの『王になろうとした男』の話を思い出した。兵士あがりの大胆な二人の男が、異教徒の王になりすまそうとする話である。「そこはカーフィリスターンと呼ばれるところだ」と一人が相手に言う。「アフガニスタンの右端にあるらしい。ペシャワールからせいぜい五百キロメートルのところだ。で、そこには異教の偶像が三十二体あるそうだ。だから、おれたちは三十三番目の像になるってわけさ」。二人がフリーメイソンのシンボルを知っていたおかげで、キップリングの物語では、像はアレクサンダー大王から子孫のカーフィルに受け継がれたものであることがわかる。結局、一人は殺され、もう一人は発狂して話は終わるのだが、私は木像を見て、キップリングのこの物語と、この作品が書かれたビクトリア朝時代のイギリス社会の人々が抱いていたカーフィリスターンに対する情熱を思い出していた。

＊

私を突き動かしていたのも、自分の血にわずかに流れるその情熱なのだと思う。カラーシャ族の村とアフガニスタンの国境の間にはヌーリスターン人の住む村があるとワジールから聞くと、私はそこに行きたくてたまらなくなってしまったのだ。その村は私のいる林から谷をさらに北上したところにあった。村の住民は、カラーシャ族の子孫ではなく、ロバートソンがともに暮らしたカム族の子孫だ。アブドゥッラフマーン・ハーンの侵略を受けた際、彼らの先祖は強制的な改宗から逃れるために、国境を越えてルンブール谷に逃げ込んだ。だが、数世代後には、結局はイスラーム教を受け入れた。ヌーリスターンに残してきた同族の仲間が全員ムスリムになってしまったあとでは、不浄との接触を避ける規則を守ることは不可能だったからである。ショーンバーグの時代には、彼らは「赤いカーフィル」と呼ばれ、ありとあらゆる悪事をなすといってカラーシャ族から嫌われていた。ワジールに村まで連れていってほしいと頼むと、彼らとは知り合いだから紹介すると言ってくれた。そこで私たちはサジゴールから北に向かって歩き、凍った丸太橋をおそるおそる滑るようにして渡り、斜面をよじ登って本線道路に戻っていった。山の中腹の道路の上には、カラーシャ族の夏の家が何軒か立っていた。冬至《チョウモス》の祭りのあと、この家に女性が入ることは禁忌とされている。と、一軒の家からヤギを抱えた小柄な少年が現れ、険しい斜面に積もった雪に注意深く足を入れながら、道に向かって下りてきた。少年が無事に下り切ると、私たちは拍手した。少年は恥ずかしそうに、ヤギを抱えて村のほうへと走っていった。私たちは再び歩き出した。道すがら、私はワジールと宗教の話をした。

ワジールはイスラーム教に改宗したカラーシャ族だ。だから、彼の話を聞けば、残り少ないメンバーをつなぎ止めようとする際に、コミュニティが直面する問題を理解する助けになるのではないか。私はそう期待した。中学時代、カラーシャ族の少年はクラスには自分一人だった、とワジールは話しはじめた。「先生がカラーシャ族の生徒はいるかときいたので、私は手を挙げました。カラーシャ族は私だけだったんです。だから、よくからかわれましたよ」。学校で自分の宗教についてきかれても、ワジール少年には何も答えられなかった。「カラーシャ族に『なぜこれをするのか』とか『なぜその伝統に従うのか』ときいても、『祖父もこうしていたからだ』と言うだけです。みんなも、どういう意味があるか知らないでやっているんですからね」。考え深い少年だったワジールは、友だちや教師の質問に答えることができず、結局、イスラーム教への改宗を承諾したのだった。ムスリムになるには、ただ一つの文章を唱えるだけでよかったが（「私は神以外に真実の神はなく、そしてムハンマドは神の使徒であると証言します」）、これは事実上、くつがえすことのできないものだ。もし改宗後にムスリムの慣習を守らなければ、ワジールはカラーシャ族のコミュニティ全体を危険にさらすことになったはずである。イスラーム教の棄教は、理論的にはパキスタンの法律に反することではない。だが、二〇一〇年の世論調査では、七十六パーセントのパキスタン人が、棄教は死刑に値するものだと答えている。誰かがイスラーム教から離れたという噂が立っただけでも、集団暴行事件が起こる可能性がある。

このような経験から、カラーシャ族の多くの家庭が、子どもたちを学校にやらないという選択を行ってきた。だが、今ではカラーシャ族を支援するギリシャ人サポーターたちが、ルンブール谷、ビリール谷、ボンボレット谷の三つの谷のすべてに小学校を建設し、ボンボレット谷には中学校も建設して、カラーシャ族とムスリムの両方に開放している。これらの学校では、カラーシャ族の教師が少なくとも数名いるし、少女たちは伝統的な衣服を身に着けることができる。また近年、カラーシャ族のコミュニティでは、独自の伝統の公開を行うようになってきた。私はビリール谷のジャスタック・ハンで、カラーシャ族の男性が大きな旧式の録音機器を運んでいるのを見たし、携帯電話で踊りの様子を録画している人もいた。ボンボレット谷の博物館では、コミュニティの口承文化の記録を始めた。自分たちのアイデンティティにあらためて誇りをもつようになったためか、教育を受けたカラーシャ族が（とワジールは私に言った）、イスラーム教に改宗することはなくなった。だが、自分の宗教について大いに語れるカラーシャ族が現在でもほとんどいないのも事実である。これは大半のムスリムのコミュニティと大きな対照をなしている。ムスリムのコミュニティには、往々にして積極的に発言し、主張する人間が少なくとも一人はいるからである。ちなみにロバートソンも、ワジールとほぼ同じ問題に直面したものだった。「彼らの慣習にとまどった外部の人間が説明を求めても、その答えはいつも同じだった。『それが習わしだからだ』と言うのである」

歴史的に見ると、カラーシャ族を改宗に向かわせた要因はほかにもあった。その一つは、宗教史のなかに繰り返し表れる現象である。つまり、差別された不遇な人々がまず改宗に向かうというものだ。

他のカーフィル同様、カラーシャ族にもバイラと呼ばれる農奴がいて、売買の対象とされ、自分より身分の高いカラーシャ族との結婚を禁じられていた。最初に改宗したのはこの気の毒な人々で、一九三〇年代にルンブール谷を訪れたショーンバーグもそれに気がついた（カーフィリスターンが強制的に改宗させられてからちょうど四十年後のことである）。改宗前と改宗後の彼らの墓の違いにショーンバーグは驚いている。改宗前のバイラの墓はまるで壊れた荷づくり用の箱を積み重ねたようなものだったが、改宗後の墓は整然と建てられていて、そこには、彼らの地位や自尊心の向上が表れていたそうだ（同様に、パキスタンの三百万人ほどのキリスト教徒は、かつては低いカーストに属するヒンドゥー教徒だった。イランでも同様だ。最後までゾロアスター教を手放さなかったのは、祭司のカーストの人々である）。

カラーシャ族の改宗には、出費が減って家計が助かるという側面もあった。通常、祭りのたびに、カラーシャ族の家庭は三、四頭のヤギを生贄に差し出さなければならない。また葬儀は莫大な出費を伴うもので、家計に大きな打撃を与えた。というのも、三日の葬儀の間に、八十頭以上のヤギと四頭の牛を生贄としなければならないからである。イスラーム教では個人的な支出も少なくてすむ。たとえば、カラーシャ族の女性の服飾費は、改宗すれば考える必要すらなくなるものだ。ムスリムの女性は簡素でもっと安い布地の服を着るからである。また、ワジールの言うには、特に最近の改宗者の多数を占める女性にとって、改宗は新たなチャンスを開いてくれるものでもあった。私はその意見に驚いた。比較的自由なカラーシャ族の女性がイスラーム教へ改宗するということは、現在の自由を捨てることになると思っていたからだ。だが、実際のところ、チトラールからやって来たムスリムの役人や警察官と恋に落ちる女性もいて、彼らと結婚すると、結果としてより快適な生活を手に入れることになるのである。

それとは対照的に、ワジールには、改宗して良かったことはほとんどなかった。実際、改宗によってワジールの人生はとても複雑になった。村でただ一人のムスリムとなり、妻を見つけることも難しかったからである。ワジールは自分の選択を後悔したことがあるのだろうか。そう考えながら、私は話を聞いた。ワジールは切なそうな顔をして、カラーシャ族の長所を数え上げた。人々はたがいに信頼し合っていて、ヤギを放っておいても、誰も盗む者などいない。窃盗にはカラーシャ族のなかでも最も厳しい罰が課されるが、それはコミュニティからの追放で、ムスリムの社会の罰に比べるとずっと軽いものだ。婚前の性交渉も罰せられないし、女性が離婚してほかの人と結婚したいと思ったら、夫にはそれを妨げる権利はない（ただし、夫には、花嫁の家に渡した婚礼の贈り物を二倍にして返してもらう権利がある）。イスラーム教では、妻のほうから離婚話をすることはずっと難しい。ワジールは続けた。「カラーシャ族の家を訪れると、その家の家族みんなと同じ部屋で一緒に座って話すことができます。ですが、ムスリムの友人の家では、別の部屋に通されるんです」。厳格なイスラーム教の家庭では、女性と接してもよいのは近い親族だけだと決まっているからである。

一八九〇年代にカーフィルとともに過ごしたロバートソンは、カーフィルの物事に対するくだけた姿勢に気がついた。そして、彼らのいわゆる〝色事〟にショックを受けた。カーフィルは姦通を当たり前の楽しいことだと思っているようだった。男性と既婚女性との性交渉の現場を捕まえると、カーフィルはそれをみんなで見て笑うのだという。もっとも、当事者の男性にとっては面白いことではなかった。というのも、その男性は寝取られた夫に多額の罰金を払わなければならないからだ（女性は罰金を払う必要はない）。性に対するおおらかな態度は木製の「ヌーリスターン様式」の椅子にも表れている。この椅子は、背に彫刻された円形の模様と、高く突き出た角状の先端装飾《フィニアル》が特徴となっていて、カーブルの洗練された趣味の人や海外駐在員の家のサロンによく飾られている。だが、その円形がもともとは外陰部を表し、突き出た先端装飾が交接中の夫婦を表していて、（かつては男性しか使用しなかった）この椅子が豊穣のシンボルであることを知っている所有者はほとんどない。カラーシャ族の考え方はカーフィルよりも慎み深いが、ワジールによると、カラーシャ族にはムスリムより自由主義的な面もあるという。

こうして話をしながら山の中腹を歩いていると、四人の男性に出会った。それはワジールの友人で、みなムスリムだった。ワジールは言った。「このあたりの色々な人が勢ぞろいした感じですよ。紹介します。こちらはチトラール人、それから私と同じカラーシャ族の改宗者、グジャール人、それから彼はヌーリスターン人です」。グジャール人という男性は特に肌の黒い遊牧民のグループの出身だった。ヌーリスターン人の男性は、非常に白い肌に茶色い髪をしていた。カラーシャ族の改宗者は、大きな箱を肩に背負い、のっそりと歩いていた。その箱をヌーリスターンの村の店まで運ぶのだという。一緒に歩きはじめると、途中で箱が破れ、なかから甘いパン《ブリオッシュ》の入った袋が六つ転がり落ちた。私たちはパンを一つずつもらい、箱を運ぶのを手伝った。ヌーリスターンの村への訪問を今まで何度も夢に見てきたが、アフガニスタンの国境付近の雪の降る荒野で、まさか自分が彼らの食べるブリオッシュを運ぶことになるとは思ってもみなかった。もう一つ、思いがけないことがあった。彼らがゴルフをするということだ。カラーシャ川——ここではもう小川のように細くなっている——に削られてできた渓谷で、ヌーリスターン人の若者たちが、ワジールが「ヌーリスターンゴルフ」と呼ぶその遊びに興じているのが見えた。若者たちは渓谷の縁に立ち、ホッケーのスティックのような形の長い棒で木のボールを打っていた。走ってボールを拾いにいくのは小さな子どもたちだ。ボールはただ遠くまで打てばよく、一番遠くに打った者が勝者となる。ちなみに、ワジールはチャンピオン・プレイヤーだそうである。

カラーシャ族のルンブール谷の頂にあるヌーリスターン人の村。この村は、現在ヌーリスターンと呼ばれる地域の人々が、イスラーム教への強制的な改宗を逃れてここに建設したものである。著者撮影

目的地に着くと、ビリール谷で見たのと同じような木造の集合住宅が立っていた。その建物が一つの村なのだという。各家庭が一部屋に住み、部屋はたがいにバルコニーと外付けの木の階段でつながっていた。なかに入ると、通路から尿の臭いが漂ってきた。私たちはその一室に入れてもらった。年配の男性がベッドに横たわり、弱々しく咳きこんでいた。部屋の中央には囲炉裏があり、壁際にベッドが並んでいた。棚にはきらきら光る金属製の食器セットが飾られていた（ロバートソンによると、カーフィルの間では銀食器を飾ることがステータスシンボル

だったそうだ)。部屋にはほかに、男性の妻と孫の二人の少年が座っていた。男性の妻がいれてくれたお茶を飲んでいると、少年たちは興味津々といった様子でこちらをじっと見ていた。少年の一人がカラーシャ族の花輪を貸してくれと言うので、一本あげることにした。すると、もう一人の少年も私のところにやって来て、残りの花輪を強く引っぱった。小さな女の子たちが外からその様子をのぞき込んでいた。私はその子たちの写真を撮ってもいいかと男性の妻にきいてみた。彼女は迷惑そうに、少年の写真は撮ってもいいが少女の写真はだめだと言った。それでも、私たちを部屋に入れてくれたところをみると、その家はほかの家庭ほど厳格なムスリムではないようだった。部屋にはもちろん男性も女性も住んでいるのだから、厳格なムスリムの家庭なら、私たちを入れてはくれなかっただろう。部屋を出ようとして立ち上がると、壁際のベッドの上の寝具の山が動き、なかから女性の声が聞こえた。

部屋を出ると、ワジールと私は下の階へ行った。ワジールは別の家庭のドアをノックして、あいさつをした。二人の小さな女の子が一瞬ドアから顔を出したが、ワジールが外に外国人がいると言うと、女の子たちはすぐに隠れてしまい、頼んでももう顔を出してはくれなかった。しかし、村の男たちは写真を撮られることがとても嬉しいようで、その独特な顔立ちや薄い色の髪を私に向け、村のモスクを誇らしげに指さした。村にある自立型の建築物は、このモスクと先ほどの集合住宅だけだった。

*

カラーシャ族の谷を去る日、私たちはアーゼム・ベグと一緒にチトラールに行く車に乗り込んだ。

アーゼム・ベグは、カラーシャ族の谷のふもとのムスリムだけが住む地域（ワジールの学校と同じ町にある）で、しばらく車を停めてもいいかときいてきた。そこに住む家族にお悔やみを述べに行きたいのだという。彼は私にも一緒に来るよう誘ってくれた。ムスリムと話すアーゼム・ベグの姿を見ながら、私は彼がカラーシャ族の大使のような役割をみごとに果たしていることに気がついた。その秘訣の一部は、自らのカラーシャ族のアイデンティティをうまく抑えてみせることにあった。アーゼムという名前はムスリムの名前としても通用するので（どの子どもにもカラーシャ族の伝統的な名前が付けられるようになったのは二十年前からだという）これもムスリムにうまく溶け込む役に立っている。また、アーゼムは、両手を差し出し、その手で象徴的に顔をぬぐうというムスリムの作法でその家の家族とともに祈っていた。こうした努力でムスリムの敬意を得ることにより、物事がとてもうまくいくことがある。ある時、土地をめぐる争いの最中にカラーシャ族が人質にとられたことがあるが、アーゼムはこの家族と協力して、彼らの解放に力を尽くしたそうだ。

2013年1月の冬至の祭り（チョウモス）でワインを試飲する著者たち。左からワジール・アリー、著者、アーゼム・ベグ。カラーシャ族の自家製ワインとブランデーは有名で、彼らの宗教では飲酒は禁じられていない

弱く攻撃されやすいカラーシャ族には、外交的手腕が必要とされてきた。パキスタン人のムスリムが一九八二年に著した本には、カラーシャ族とムスリムの気の滅入るような関係が描かれている。ムスリムはカラーシャ族の聖地を破壊し、金を渡してカラーシャ族を改宗させ、「学校教師が宣教活動を行い、また、その教師がひっきりなしにカラーシャ族の文化に対する中傷を行った」。カラーシャ族の熱心な擁護者である著者は、古い伝統を破壊したのは「自分たちの文化のほうが優れていると思い込んだ部外者たち」だと述べている。この本の一部は、パキスタン独立直後の一九五〇年代に、カラーシャ族を強制的にイスラーム教へ改宗させたことを振り返って書かれたものである。

だが、ここ二、三十年で事態は改善したとアーゼム・ベグとワジールは言う。パキスタン警察はカラーシャ族の谷への接近を規制し、強引な宣教者たちを締め出した。それにより、カラーシャ族の人口も増加傾向にある。観光客が——減少はしたが、それでも——村に利益をもたらしたことは間違いなく、そのおかげで現在では新しく頑丈な家が何軒も建てられている。それでも、あるカラーシャ族の男性から聞いた話では、ムスリムの訪問者は「なぜ改宗しないのか?」といつも迫ってくるのだそうだ。

だが、彼らの行く手にはそれよりはるかに悪いことが待ち受けているのではないか。私はそれを恐れている。パキスタンは矛盾に満ちた国だ。リベラルなシーア派ムスリムによって建国された国なのに、過去二十年間で四千人のシーア派が殺され、瀆神法によって、国内の少数派集団は過酷な弾圧を受け続けている。また、チトラール近隣のパシュトゥン人の部族地区には、イスラーム過激派の実質上の自治区が作られていて、そこにいる彼らに対抗できるのは、論議を呼ぶアメリカの殺人的な無人機だけだ。多様でやっかいな政治団体と付き合い、彼らを買収せざるを得ないパキスタンの政治家たちは、金のかからない団体と付き合おうとする可能性もある。国民の教育と道徳に関する決定権を握れるならば、イスラーム原理主義者は、ただで政府に力を貸すだろう。だが、そんなことをしてしまえば、彼らに未来を預けることになってしまう。それはとても危険なことだ。

それでもなお、原理主義者がまだ入り込んでいないパキスタンの地域では、いたるところで寛容の水脈を目にすることができる。チトラールはその地形により、また、同じ谷の一部がアフガニスタンの領土になっているような、イギリスによって恣意的に引かれた国境線により、パキスタンのほかの地域から大きく分断されている。チトラールに冬に陸路で来ようとすると、今までは、ロワライ峠を越える非常に険しい道（三百メートル）を上ってくるか、あるいはアフガニスタンの領土を延々と通るかという方法しかなかった。しかし、私が訪問した時は、峠の下にトンネルが掘られていた。開通したら、チトラールをパキスタンのほかの地域と簡単に結ぶルートができることになるだろう。それは、地域経済を活性化させるかもしれないが、望ましくない変化ももたらすことになるはずだ。「トンネルが開通したら」と、今回の旅で私と行動をともにした、パキスタン人の写真家ズルフィカールは暗い表情で言った。「カラーシャ族はあとどのくらいもちこたえることができるだろうか」

# エピローグ　デトロイト

中東にルーツをもつ五十万の人々が暮らす、デトロイト大都市圏。そのとあるスーパーで、白いスモック姿の女性店員が商品補充の手を休めて客と話していた。と、その言葉に聞き覚えがあるような気がして、私は耳を澄ませた。ヘブライ語やアラビア語に似ているが、異なる言語だった。私の知らない単語もある、滑らかだが子音がきつく響く言語だ。それはアラム語だった。バックグラウンドミュージックの流れるアメリカ郊外の店の、無果汁のフルーツジュースの並ぶ棚に挟まれて、私はキリストの使った言葉を聞いていた。

イスラーム教の誕生以前、アラム語は中東の共通語として使われていた。そのさまざまな方言はみな、元来アラム語の同族の言語であるヘブライ語とアラビア語によく似ている（たとえば「あなたに平和あれ」は、アラビア語では salaam aleikum《アッサラーム・アレイクム》、ヘブライ語では shalom aleichem《シャローム・アレーヘム》、イラクのアラム語では shlama lokhum《シャラーム・リク》である）。アラム語は、エルサレムのラビが使うこともある伝統的な言語だ。最も有名なユダヤ人の儀式の一つにカディシュの祈りがあるが、この「カディシュ」という名称はヘブライ語ではなくアラム語である（「カディシュ」はアラム語で「神聖な」という意味である）。中東では、アラム語はアラビア語にほぼ取って代わられた。だが、キリスト教徒が何世紀も生き続けてきたイラク北部の村では、現在でもアラム語が使われている。メル・ギブソン監督の二〇〇四年の映画『パッション』は、イエスの時代のものとされる言語で製作されたが、その村人たちがこの映画を観たら、字幕なしで理解できるはずである。

この村人たちの祖先が属していたのは、バグダードを拠点とする東方教会だ。ヨーロッパではほとんど知られていないが、かつては世界最大を誇った教会である。中世には全世界のキリスト教徒の十パーセントがこの教会に忠誠を誓い、総主教は世界各地の司祭や修道院を傘下に収め、ローマ教皇よりも広い地域に勢力を及ぼしていた。東方教会の宣教師たちにより、六三五年にはキリスト教が中国に伝わった。その事実は「大秦景教流行中国碑」と呼ばれる古碑に記録されている。十三世紀、東方教会は東アジア生まれの主教をもつ唯一のキリスト教会となった（その主教はヤーバッラーハという名で、中国人かモンゴル人だということだ。彼は北京から六千四百キロメートルという途方もない距離を旅してバグダードにやって来た）。モンゴルやチベットには千年以上も前にイラクのキリスト教宣教師によってシリア文字がもたらされ、その文字から生まれたアルファベットは現在も残っている。

東方教会は、ペルシア帝国支配下のキリスト教徒によって発展していった。東方教会は西方教会と信条が異なるため、ペルシア帝国の敵、ビザンツ帝国との結託を疑われることもなかった。信者は、イエス・キリストの神性と人性の区別を主張したネストリウスの名前から、ネストリウス派とも呼ばれた。東方教会はネストリウスの思想をそのまま主張しているものではないが、聖像を使用せず、聖母マリアを「神の母」ではなく「キリストの母」と呼ぶ。イギリス人宣教師は、彼らの非プロテスタント的な聖人崇拝と修道生活をあえて無視し、彼らを「中東のプロテスタント」と呼んだ。

現在のこの教会に、かつての面影はない。その主な原因は、一四〇一年のティムールによるバグダード占領である。ティムールが破壊の限りを尽くしたあと、この都市に残ったものは九千人分の頭蓋骨だけだったという。ティムールは特にキリスト教徒に敵意を向けたため、その時代以降、東方教会の信者たちは、避難先のイラク北部の山中やシリア北東部、トルコ南部に定住し、そこから動くことはなかった。一八三〇年代にも、信者は同様の脅威に見舞われた。近隣のクルド人の首長が民兵組織を送り、二万人のキリスト教徒や子どもを虐殺したのである。これはオスマン帝国政府の命令によるものだと言われている。東方教会は――アッシリア教会と呼ばれることもある――数世紀にわたり、主に教会の指導権をめぐって分裂を繰り返した。アッシリア東方教会の総主教は代々世襲とされ、その職を求める者を失望させてきたのである。教会内の反体制派はローマ教皇に忠誠を誓うことも多く、やがて教皇は彼らのためにカルデア典礼カトリック教会〔カルデアはメソポタミア南部の歴史的呼称〕を作った。これはローマ教皇の承認を受け、だが同時に独自の儀式と慣習をもつ教会である。その結果、今日では、イラクには「アッシリア東方教会」と「カルデア典礼カトリック教会」のキリスト教徒がいて、さらに異なる伝統をもつ少数派の信者もいるという状況になっている。

スーパーマーケットを出ると、私は近くの教会に行ってみた。マール・アダーイ・カルデアン・カトリック教会という名の教会だ。奥まった場所にあるプレハブの建物で、あたりには車がずらりと駐車されていた。それは何の変哲もないアメリカの郊外の風景だ（財政破綻したデトロイト市内のような荒廃した都会の景色はここにはない。デトロイト大都市圏はデトロイト市を含む複数の郡からなる広域都市圏を指し、そこにはより豊かな暮らしがある）。だが、ひとたびなかに入ると、そこは私の知るイラクそのものだった。献金箱にはアラビア語のシールが貼られ、深みのある男性の声による、カルデアの典礼文の詠唱が響いていた。五世紀に生まれ、現在も用いられているキリスト教最古のアラム語の典礼文だ。「カディシャ、カディシャ、カディシャ」と祭司は朗唱した。「カディシャ」は「聖なるかな」という意味だ。後方の小さな書店ではカルデア料理の本が販売されていた。祭壇はカトリック様式で、作りものの果物の房や金色の葉で装飾されている。扉の近くにはこの教会の名の由来となった人物、マール・アダーイ・シェールの写真のモノクロのポスターが貼られていた。「マール」は聖人という意味のアラム語で、アダーイ・シェールは一九一五年にトルコ兵によって処刑されたカルデア教会の司教の名である。その年には、百万人以上のアルメニア人が命を失ったほか、何十万人ものアッシリア人とカルデア教会の信徒が殺され、大勢がイラクに逃れていった。現在は美しいリゾート地として知られるトルコ南部の国境部の都市マルディンには、当時の虐殺の被害者や追放された人々の名が、住んでいた時のまま、家の扉の上部に残っている。

二〇〇三年にイラク戦争が勃発すると、今度はイラク国内のキリスト教徒が西に逃れていった。一九九〇年代、イラクには百四十万人のキリスト教徒が住んでいた。この国は世論調査ができるほど安定していないが、現在、イラクに残っているのはおそらくそのわずか三分の一、もしくはもっと少ないだろう。大勢のキリスト教徒が国外に脱出する理由は、彼らがイラクで身の危険に直面していることだけではない。どこかほかの場所で、より良い人生を送る可能性を求めていることもその理由だろう。とりわけ、あるイラク人キリスト教徒が私に言ったように、イラクで自分たちが望まれていないという感情によるものだろう。

私のバグダード駐在時代のアラビア語の先生だったナディアは、アラム語を第一言語とするキリスト教徒だ。二〇〇六年にイラクで彼女と話した時には、家の外に出るのが怖いと言っていた。自分もいつ誘拐されるかわからないし、あるいは、通りの向こう側に住む一家や、一日中窓辺に立って人の行き来を見ている人が、テロリストに情報を流しているかもしれないからだ（その不安さえなければ、近所のムスリムはみな愛想が良く、住民同士で支え合っている、と彼女は言った）。どこへ行っても、テロの爆風に巻き込まれる恐れがあった。教会に行くのは特に危険なことだった。家に帰ると疲れ切っていて、彼女も両親も話をする元気もなかった。毎晩黙って食事をとり、明日への恐怖を抱えて眠りについた。そうしてナディアは二〇〇七年にイラクを離れ、両親はもう一年間耐えたあと、北部のクルディスタンに引っ越した。両親にはクルド人の知り合いもなく、バグダードにいた時よりも低い生活水準に甘んじなければならなかった。だが、少なくとも、身の危険を感じることはなかったという。一方、無事デトロイトにやって来たナディアには、幸運が待っていた。通いはじめた教会で、幼なじみのラフィと再会したのである。ラフィは戦争の始まる前に移住していたため、二人は何年も会っていなかった。あらためて恋に落ちた二人は、その教会で結婚式を挙げた。式を執り行ったのは、かつてナディアたちが通っていたバグダードの教会の祭司だった。その祭司もデトロイトに移っていたのである。それは、あたかも一つのコミュニティが、丸ごと地球の裏側に移植されたかのようだった。

アッシリア東方教会のキリスト教徒の指導者である、総主教マール・ディンカ四世はシカゴに住んでいる〔二〇一五年三月逝去〕。アラム語を話す人は、今ではバグダードよりもデトロイト大都市圏のほうが多く、この都市と周辺地域には、十万人を超えるイラク人のカルデア教会の信徒が住んでいる。彼らは九つの教会といくつものレストランを建て、「カルデアン・ニュース」という新聞やラジオ局を創設し、年に一度の祭りや億万長者クラブを存続させてきた（この億万長者クラブは彼らが作ったもののなかで最も豪華で最も長く定着しているものだ）。残念なことに、伝統的にカルデア教会の信徒が暮らしてきた、丘の上の家や寺院といったイラクの美しい光景がここにもたらされることはなかった。私が二〇一二年に北イラク周辺をバスで回っていた時には、それぞれの村に、コミュニティの長い歴史の痕跡があった。修道院や聖人の墓、もしくは廃墟となった城塞が、どの村にもあったのだ。だが、それは、移住した国では再び創造することはできないものである。デトロイト大都市圏には、こざっぱりとした典型的なアメリカ郊外の家が立ち並んでいる。そこに隣の家と外見の違う家はほとんどない。この都市圏や近隣には、エジプト人、コプト教徒、イラクのカルデア教会の信徒、レバノンのシーア派、シリアのスンニ派の人々が住んでいるが、彼らは家のなかで厳格に自国の文化を守っているのである。

移民の集団のなかで、カルデア教会の信徒が最も保守的だというのは、他の中東の人々のみなが認めるところである。礼拝への出席率は高く、最近では二人の司祭が叙任されている。確かに、コミュニティの新聞「カルデアン・ニュース」を読んでも、そこには反抗的な若者が騒ぎを起こす兆候は示されていなかった。だが、その新聞に、コミュニティの文化センターで上演された演劇の批評を見つけた時、私は、もしかしたらその演劇にはそれが表れているのではないかと考えた。その演劇は、結婚を急かす両親に抵抗する主人公の姿を描いたものだったからだ。そこには価値観の変化に関する鋭い考察と、世俗化し、現代化したコミュニティの姿があるのではないかと思ったのである。だが、違った。新聞によると、この演劇はハッピーエンドを迎えていた。主人公は同じカルデア教会の申し分ない女性と出会い、その女性と結婚するのである。

この演劇は、真実の姿をそのまま映していた。ナオミ・シェーファー・ライリーの二〇一三年の著書によると、アメリカ全体の異なる宗教間の結婚は四十二パーセントに上り、親は子どもの結婚相手の宗教的アイデンティティよりも、政治的な考え方を気にするとのことである。だが、これは、今でも族外結婚が非常にまれな中東のコミュニティには当てはまらない。シカゴに住むアッシリア人によると、自分たちのコミュニティでは、結婚してコミュニティを出ていく人はわずか十パーセントだという。なかには、家族が子どもの結婚の選択を支配する家もある。デトロイトと同じミシガン州の都市アナーバーで開かれたディナーパーティで、私はイラク人キリスト教徒の女性と出会い、話を聞いた。男性と自由に会うこともできないから家から走って逃げた、と彼女は言った。「十代の時の話ですか?」ときくと、「いえ、二十六歳の時です」と彼女は答えた。

カルデア教会の信徒とアッシリア人にはアラブ人の自覚はない。だが、彼らの歴史は他の中東のムスリムやキリスト教徒のコミュニティとよく似ている。中東からの大規模な移民が始まったのは十九世紀末のことである。レバノンとパレスチナにおける貧困の深刻化と土地不足、そしてオスマン帝国による迫害と紛争がその原因だ。移民の大半はキリスト教徒で、移住先にはラテン・アメリカが選ばれた。ラテン・アメリカでは移民の受け入れが推奨されていたし、ビジネス・チャンスも多かったからである。そのため、アラブ人キリスト教徒がこぞって移住し、ラテン・アメリカの民族構成に劇的な変化をもたらした。たとえば、現在のラテン・アメリカの人口の五パーセントはアラブ民族が占めている。また、パレスチナ人の子孫のキリスト教徒が多いのは、パレスチナではなくチリだ。南アメリカと中央アメリカの国々の大統領のうち、八人は中東の民族の子孫である。そして、世界一の大富豪（メキシコの実業家のカルロス・スリム・エルー）や世界的に有名なコロンビア出身のシンガー（シャキーラ）、メキシコ出身の女優サルマ・ハエックなどはみなレバノン人の子孫である。二〇〇四年のエルサルバドルの大統領選挙では、左右両派の二人の候補者が戦ったが、どちらの家系もベツレヘム近郊の同じ小さな町の出身のパレスチナ人キリスト教徒だったのである。

アラブ系アメリカ人の人口が最も多いのはミシガン州である。彼らの歴史は、人口の二十パーセントをアラブ系が占める都市、ミシガン州ディアボーンにあるアラブ・アメリカ博物館で知ることができる。私がこの博物館を訪ねた時のことだ。博物館の前に、小さな人だかりができていた。彼らは道の反対側のミシガン市庁舎の階段に立つ一人の男性をじっと見ていた。男性は自分の後ろに黒い布を張り、「カーフィル！　異教徒！」と書かれた聖書朗読台の前に立っていた。そうして、ざわめく支持者や抗議者に向かって声を張り上げていた。「ムスリムの移民受け入れに終止符を！　政府高官からムスリムを排除せよ！」と男性は主張した。『イスラーム教は悪魔の宗教』の著者であるテリー・ジョーンズ牧師だった。クルアーンを燃やすイベントを計画して広く報道され、アフガニスタンの暴動を誘発した人物である。今度は、ディアボーンの人々を挑発しにやって来たのだ。

だが、彼が挑発しようと熱弁を振るっていた相手は、ムスリムではなかった。その場にいた大勢のアラブ人の首からは、十字架が下げられていた。中東からの新たな移民の波で人口構造は日々変化しているものの、アラブ系アメリカ人の大半を占めるのは、まだキリスト教徒なのである。だがこの変化を反映し、博物館の青いモザイクタイルの張られたロビーには、この博物館は「曾祖父の時代にシリアから移住してきた第四世代のアラブ系アメリカ人キリスト教徒と、新たにイラクから移住してきたムスリムの双方に、自らの歴史を感じてもらえる施設」だとする掲示があった。ごく最近まで、アメリカに移住してくるアラブ人は、体一つでやって来て、勤勉と幸運により成功を収めたものだった。彼らの多くは一八五〇年代には行商人となり、一九二〇年代にはフォードの自動車工場で日給五ドルの単純労働者、そして一九六〇年代には小売店主となって働いた。特に、一九二八年にディアボーンに完成したフォードの自動車工場には、中東から多くの移民が引き寄せられてきた（当時の移民の大半はイラク人とレバノン人のキリスト教徒である）。このアラブ人たちを中心に、移民が続々とやって来た。というのも彼らのおかげで、ムスリムもキリスト教徒も、文化とコミュニティが定着している場所ならば、自分たちにもチャンスがあるという希望をもつことができたからである。アラブ・アメリカ研究所の調査によると、現在、アラブ世界にルーツをもつアメリカ人は約三百五十万人いるという。その華々しいサクセスストーリーが博物館で紹介されている。それは、ドナ・シャララのような政治家や、プリントサービスを中心とする企業キンコーズを立ち上げたポール・オーファラのようなビジネスマン、そして、ハリール・ジブラーンのような詩人たちである。

ユシフが現れたのは、私がミュージアムショップをぶらぶらしていた時だった。ユシフは友人の紹介で、アラブ関連の地元の名所を案内してくれることになっていた。彼は毛織の帽子を被り、カウボーイブーツをはいて、ジャケットに戦争反対のバッジを付けていた。その一つには「私はすでに次の戦争に反対している」と書かれていた。新しいブーツを探していると言うので、私たちはまずブーツ店に行った。ユシフは正真正銘のパレスチナ人だったが、ともすると、反体制ヒッピーというある種独特のアメリカ人の部類にも見えた。七十代だということだが、その身体は私よりもずっと引き締まっていた。氷のように冷たい湖で毎日水泳をしているおかげだという。

その日はディアボーンのアラブ・アメリカ祭りの初日で、私たちは夜のオープニングの催しに参加するために会場に向かった。会場では、すでにエジプト人のバンドによる大音量の演奏が始まっていて、道路には人があふれていた。大勢の見物人が半円を描くようにして立ち、その円の中心で少人数のグループがダブケを踊っていた。ダブケというのはアラブのダンスで、手をつないだ人々が素早いステップを踏みながら、左右にリズミカルに動いていくものだ。と、ユシフがダンスの輪に一直線に飛び込んでいった。それを見て、私はぎょっとした。私にはリズム感もバランス感覚もなく、それを気にせず踊る度胸もない。私はユシフから離れ、こそこそと隅のほうに行った。見ていると、イエメン人のような若者のカップルがユシフのところにやって来て、ダブケの細かい動きを教わっていた。ヴェールを被った年配の女性の前を通ると、その女性も音楽に合わせて足を動かしていた。

アラブ系アメリカ人のコミュニティの若者たちに、伝統的なアラブのダンス、ダブケの踊り方を教えるユシフ・バラカット。2012 年夏、ミシガン州ディアボーン。著者撮影

踊りを堪能すると、ユシフは周辺地域を車で案内してくれた。私たちはユ

シフが堂役《どうえき》を務め、もう少しで祭司になるところだったという正教会とフォードの工場を訪れた。その工場で、彼は大勢の移民と同じように、家族を養うために働いた。工場のそばには、彼が設立に関わったアラブ文化センターがあった。また、最近までボランティアをしていたという少年犯罪者の更生施設も案内してくれた。そのあたりは緑多い田園地帯となっていて、彼の友人が大勢住んでいた。その何人かはユダヤ人の平和活動家だということだ。

ユシフは難民としてアメリカにやって来て、故郷の旧パレスチナに戻る権利を放棄した。彼はまだイスラエルに対して激しい怒りを感じているという。それでも、アメリカでの彼の生活には、私の出会った数人の中東出身のアメリカ人と同じく、ユダヤ人コミュニティとの密接な関係があるように見えた。アメリカに来てまもなく、ユシフはユダヤ人女性との間に二人の子どもをもうけた。だが、結婚には若すぎると思ったユシフは、相手と相談し、一人をユダヤ人の慈善団体に、もう一人をカトリックの団体に養子に出すことにした。けれども、数十年後、中年期に差し掛かると、ユシフは子どもたちに会いたくなってその行方を追った。そして、正統派ユダヤ教徒に育った娘を見つけることができた。息子のほうはまだ見つかっていないという。

＊

ユシフのような恋愛関係は普通はあり得ないものだが、それは恋人がユダヤ人だからではなく――私がイギリスやアメリカで出会った宗教的少数派の移民にも、アメリカのユダヤ人にすぐに親近感をもったと言う人たちがいた――これらの少数派のコミュニティには、礼拝所の周囲に集まって住み、外部の人間との付き合いを避け、メンバーが異なる宗教のメンバーと性的関係をもつのを阻止しようとする傾向があるからだ。

移民の教会はメンバーのコミュニティに対する帰属意識から恩恵を受け、また、教会がその帰属意識を高めていく。デトロイト大都市圏のリヴォニアで、正教会の壮麗な教会堂を訪ねた際に、私にはそれが強く感じられた。シャルーブ神父は私を迎えると、誇らしげに教会堂を案内してくれた。彼の教会――ギリシャ正教やロシア正教と同じ伝統と教えを守る、アラビア語を話すシリア人とパレスチナ人のキリスト教徒のコミュニティ――は、アンティオキア正教会と呼ばれ、アメリカ国内に五百の教会がある。シャルーブ神父の教会は、五百の教会のなかでも最も美しい教会のようだった。「これはシリアのものです」と彼は美しいイコンを示して言った。それはシリアで丹念に描かれて、運ばれてきたものだった。この教会も、かつてのシリアのアンティオキア〔現在のトルコのアンタキヤ〕近くの聖シメオン教会をモデルにしたものだ。

故郷にあった彼らのコミュニティは、カルデア教会の信徒とは対照的に、それほど敬虔な信徒の集団ではなかった。だが、アメリカへの移住によって、それは一変した。「故郷にいた時と比べ、信徒たちは努めて頻繁に教会に通うようになりました」と神父は言った。「信徒をつなぎ止めるのは教会です。教会が彼らの文化を守り、アラブ人としてのアイデンティティを保たせています。アメリカに移住してきた家族は、最初にこの教会に来て、壇上の私の姿を目にします。そして教会は避難所となり、故郷の思い出となるのです。故郷、つまり中東では、地域の人々が外部の攻撃から守ってくれました。ここでは教会がその役目を果たすのです。人々は教会に来て、自分によく似た姿の人々に会い、アラビア語で話をします。そこにあるのは単なる宗教的な連帯感だけではありません。民族的、文化的な連帯感もあるのです」。神父の部屋には、書物のほか、中東から届いた写真やカードがあふれていた。その一つには、子どもの手でこう書かれていた。「この封筒に〝ぼくの〟五ドルが入っています。困っている人に渡してください」。神父の見解では、この教会の信徒がアメリカ社会への同化に意味を見出すことはないという。カルデア教会やマロン派の信徒とは違い、彼らはローマ教会と同じカトリックの宗派ではないため、地元のカトリック教区民によってアメリカ社会に同化しようという気にさせられることがないのだ。そのため、信徒たちはこの正教会に通うことによって、キリスト教徒であり、また、アラブ人であり続けているのである。

このコミュニティのメンバーの女性も、後日、同じようなことを言っていた。一九七〇年代にレバノンからアメリカに移住した彼女にとっては、教会が故郷と自分とをつなぐ架け橋となっていた。アメリカの生活に容易に適応することができたのも教会のおかげだと話したあと、彼女はきっぱりとこう言った。「教会はもう一つの家族です」。もっとも、彼女の息子は違う考えだという。息子はまずアラブ人であり、次にキリスト教徒でありたいと考えているため、次第に教会から遠ざかっているそうだ。アメリカで信仰をもつことの良い点は、それが政治と関係のないことだと彼女は言う。生計を立てる道が、宗教に左右されるものでないのは当然のことだ。だが、故郷のレバノンでは、正教会のキリスト教徒が政府の職に就くことはめったになかったという。一方、レバノンの暮らしで懐かしいのは、ムスリムやドゥルーズ派など、他のコミュニティの人々と容易に付き合うことができたことだと彼女は言った。アメリカに住むムスリムはレバノンのムスリムよりも敬虔で、ディアボーンのヒジャーブを被った女性たちのなかにいると、自分は完全によそ者だと感じるのだという。「ここでは人々が出身国ではなく宗教を中心に集まっています。その宗教にしがみついていれば、子どもたちも同じ宗教の信者と結婚すると、漠然と思っているのです」

この壮大な正教会から百メートルほどしか離れていないところに、ほぼ同じ規模のシーア派のモスクがあった。面会の約束はしていなかったが、ヒジャーブを被った真面目そうな受付の女性が、私をイラクのイマーム、ハッサン・カズウィーニーに会わせてくれた。イマームはアメリカのコミュニティについて非常に楽観的な見通しをもっていた。「アメリカは多元的な社会ですから、ムスリムが溶け込むのは難しくありません。ここには考えられないほどの自由があります。私たちはここで、経済的な意味だけでなく、宗教的な意味でも繁栄できるはずです」。信者でなくてもこのモスクやコミュニティの一員でいられることを示すため、彼は好んでこのモスクを「モスク」ではなく「イスラミック・コミュニティ・センター」と呼んでいた。たとえば、ここでは宗教儀式を行うように、結婚披露宴を開くこともできるようになっていた。もっとも、大多数の人は敬虔な信者だ。「第二、第三世代では、故郷との関係は希薄になっています。彼らは中東に行きたいとも思っていません。夏休みには、故郷の中東に行くよりも、ここで過ごしたいと思っているのです。しかし、彼らは食餌規定や社会の伝統を守っていますし、多くの人々が神を篤く敬う気持ちをもっています」。現にこうして話をしているうちに、シーア派のイラク人の信者たちが、モスクに続々と集まってきた。彼らは多くの時間を礼拝に充てている。イマームは最後に言った。「宗教は磁石のようなものです。宗教がどんな絆よりも強い力をもつことは、これまでもたびたび証明されてきました。それは民族の絆より強いものなのです」

＊

デトロイトの中東のコミュニティのメンバーは、礼拝所の周辺に集まって暮らす傾向にある。そのなかにあって、ジョージ・フーリーは異例な存在だった。彼はパレスチナ人キリスト教徒だが、ユダヤ人ばかりが暮らす界隈に住み、非アラブ系の女性と結婚していた。だからと言って、ジョージがパレスチナ人としてのアイデンティティを捨てたというわけではない。むしろ強くもっていた。ジョージの家の前で車を降りた私は、すぐにそのことに気がついた。手がかりとなったのは、「PAL4EVR」という彼の車のナンバープレートだ。アメリカでは料金を払えばナンバープレートが選べる。そこにはジョージの主張が表されていた。「PAL4EVR」は「パルフォーエヴァー」と読め、「PAL」はパレスチナ、つまり「パレスチナよ、永遠に」ということだ。だが、はっきりそうとはわからないように、こんな方法を選んだのかもしれない。ここに「仲間」という意味の「PAL」を読みとれば、ただ彼が「良い友人」だと言いたいのだと考えることもできるからだ。そんなことを考えながら、私は家に入ってジョージから話を聞いた。彼の一家は一九四八年に亡命者として国を離れ、アメリカにやって来た。移民の大半は自発的に人種ごとに分かれて暮らしているが、自分はそれに挑戦するために、あえてユダヤ人地区に住んでいる、とジョージは言った。子どもたちのためにも、この地区は良いと言う。「この地域の犯罪発生件数は、ほぼゼロなんです」と、椅子に座ってトルココーヒーを飲みながら、ジョージは言った。カルダモンの香りが立ち上がり、私の脳裏にはエルサレムやベツレヘム、そしてヤッファでこのコーヒーを飲んだ日々のことが浮かんだ。「高校の卒業率が百パーセント、大学進学率が九十パーセント、これこそ子どものための理想の環境です。子どもというのは、仲間と同じことをしなければならないという感情をもち、それが一種の圧力となってがんばるものですからね。それに、うちの子どもにユダヤ人の友だちがいることは喜ばしいことです。それは、ユダヤ人とパレスチナ人の共存が可能なことを示すものですから」。だが、学校の年長の子どもたちの間には、多少のトラブルはあるようだった。また、ある時は、授業中に先生が「パレスチナというものはありません」と言ったため、子どもたちが混乱して帰宅したこともあった。誰の言うことを信じていいのか、わからなくなったというのだ。そこで、彼は日曜日に、子どもにパレスチナ人の歴史を教えることにした。

カルデア教会の信徒とは対照的に、ジョージは政治のレンズを通して自分のアイデンティティを見ていた。彼が子どもたちに教える歴史は、西洋の不当な行為の歴史だった。宗教については、ジョージはアラブのキリスト教はアメリカで長くは続かないと考えていた。「モスクの死はずっと先のことです。だが、私たちの教会の死は始まっています」。アメリカ生活も長くなり、アメリカ人と話をするようになって、ジョージのこの考えはますます強くなっていった。「アメリカ人キリスト教徒は、自分たちはバプチストだとかユニテリアンだと言います。ミサも聖体拝領も断食もしません。それで、私たちアラブ人キリスト教徒は、疑問に思いはじめるんです。もしかしたら、いまだにこんなことをしているのは、自分たちだけなんじゃないんだろうかってね」

ジョージの心は憂いに満ちていた。叙事詩の英雄アブー・ザイドの物語について話をしている時に、彼は途中でため息をつきながらこう言った。「この物語が理解できるのも、私の世代が最後でしょう」。それは彼にとって非常に大きな問題だった。「人間を形成するのは物語です。自分自身より仲間のことを考えろと説き、寛大であれと教えるのは物語です。私はそれを子どもたちに伝えたいと思っています。ですが、アブー・ザイドが戦いに使ったのは剣だけです。アメリカには戦車がありま す！　アブー・ザイドが現代にいたなら、彼には活躍の場はないでしょう」。こう言うジョージの頭には、アブー・ザイドのことだけでなく、子どもたちに伝えるべき文化に関する悩みがあった。「アメリカに来たことは、今まで下した決断のなかで最悪のものでした」と彼は陰鬱な面持ちで述べた。「私は、アメリカへの移住は、一つ一つの材料がたがいの風味を吸収し合うサラダのようなものだと考えていました。けれどもそうではありません。サラダにするというより、ミキサーにかけるようなものだったのです。すべてが特徴を失って混ざり合い、結局は灰色になってしまうんです」。それでも、ジョージの世代はまだ自分たちのアイデンティティにしがみついていた。「アラブ人キリスト教徒にとって、今は生涯をかけて信念を試されている時期です。完全にアメリカ人になる瀬戸際にいながら、私たちはアラブ民族主義に対する忠誠心ももっています」。それでも、アラブ人キリスト教徒とはどのような存在なのか、アメリカ人には決して理解されないことを彼はよくわかっていた。「いつ改宗したのかと、私は何度もきかれてきました。地元の司祭も同じことをきかれていましたよ」

＊

これまでに会った避難民、特にイラクからの避難民と比べ、ユシフやジョージがアメリカでの生活にこれほど不満を感じているのはなぜなのだろう？　それは、二人がパレスチナ人であることと関連があるのではないだろうか。亡命生活を強制されたという思いが、その生活を台無しにしたのだ。また、アメリカでの生活が長くなり、周囲にかなり溶け込んだため、自分たちが完全に同化した事実に直面して苦しんでいるのである。移民のコミュニティにとって、西洋への移住というものは、常にその対価をあとで支払うものにならざるを得ないのだろうか。つまり、先に繁栄の恩恵を受け、あとからアイデンティティの喪失という代償を払う以外の道はないのだろうか？　それとも、長く続く帰属意識やコミュニティを構築できるかどうかは、そのコミュニティ次第なのだろうか？　そのことについて、レバノンのドゥルーズ派移民の経営する店で、私はユシフと話し合った。「私たちは溶けて、消えつつある」とユシフは同意し、パレスチナの詩の一節を引用した。「責めを負うべきはわれわれだ。われらを一つにまとめるものを見つけられなかったのだから」

その店は、まるでアラジンの魔法の洞窟のような、中東の味と香りの宝庫だった。オレガノやアニスシードの袋、ブドウの葉やオリーブの入ったスズの缶、小麦粉をまぶしたレバノンのお菓子などが所狭しと並べられていた。店主のハリムが紅茶のティーバッグの箱の山から姿を現して、会話に加わった。ハリムは物静かな声でこう言った。「この広大な海で迷子になりたくなければ、自分の文化や信仰、伝統にしがみつかなければなりません。だが、私たちドゥルーズ派には教会はないし、モスクもない。教師もいないんです。だから私たちは個々に宗教のしきたりを守っています。レバノンでは私たちはシャイフのもとで一つにまとまっていましたが、アメリカにはシャイフはいません。私たちはここで物質主義的になりすぎてしまったのではないかと思います。それに、ドゥルーズ派でも普遍知性を信じない人が大勢います」。彼らのコミュニティの学校では、子どもたちにアラビア語を教えるが、宗教については教えていない。また、人数も少なく、子どもたちが同じドゥルーズ派の結婚相手を見つけるのは難しい。

宗教に関してオープンなアメリカ文化のなかで、教義を知らない一般のドゥルーズ派がいかに苦労しているか、私にはよくわかった。テキサスのダラスで育ったミリアというドゥルーズ派の女性は、子ども時代に学校で決まり悪い思いをしたという。ある日のこと、クラスの全員が一人ずつ立って自分の宗教の説明をした。たとえば「聖日《せいじつ》は何曜日か」とか、「信条は何か」、「祈りはどのように行うのか」などである。自分の番になるとミリアは言った。「私はドゥルーズ派です。聖日はないし、信条もわかりません。祈りは義務ではありません」。すると教師は言った。「いいかげんなことを言うのはよしなさい！　お母さんに言いますよ」と。教師が母親に言うと、もちろん、ミリアの母親は娘の言うとおりだと受け合った。また、私は、アナーバーに住むドゥルーズ派の女性リンダからも話を聞いた。アナーバーは静かで知的レベルの高い都市で、リンダは長い間ここで大学教授をしていた。「宗教慣習を守って暮らす人たちにとって、ドゥルーズ派は本当に奇妙なものだと思います。それは古代の中国の法のようなものです。伝統はありますが規則はありません」とリンダは言った。このように、ドゥルーズ派は、慣習を守るほかの宗教とははっきり異なっている。それでも、現在、アメリカのドゥルーズ派の若い世代の間では、自分たちの宗教に対する興味が高まっているそうだ。「うちの娘は現在三十歳ですが、ドゥルーズ派の文化についてよく質問をしてきます。レバノンの文化よりもドゥルーズ派の文化に興味をひかれるようです。若い世代はさらにドゥルーズ派としての自覚が強く、熱狂的と言えるほどです」。規則や儀式のない宗教を信仰するのに、どうやって熱狂的になれるのだろう？　私には想像もできなかった。だが、おそらく、アメリカのドゥルーズ派コミュニティの規模の拡大にしたがって、伝統を守る熱意が高まっているということなのだろう。リンダによると、今はカリフォルニアにはドゥルーズ派のシャイフもいるそうだ。

一方、子どもたちがアメリカで享受している自由によって、子育ては難しいものになっている。特に、ドゥルーズ派の故郷に今も住む場合と比べると、親の苦労は多い。リンダもそうだと言っていた。「子育ては大変でした。私たちが教えられた道徳を子どもに押し付けることはできませんでした。子どもたちが十二、三歳の頃、ほかの若者たちが青春を謳歌し、羽目をはずしたりするのを見て、『どうして自分たちはやってはいけないの？』ときいてくるのです」。また、異なる宗教間の結婚の問題もあった。アメリカのドゥルーズ派は、定期的に同信の家族を集めて社交行事を催していた。宗派内の若者同士を結婚させることが目的なのは、暗黙の了解だ。一方で、彼らは異なる宗教間の結婚に対する実際的な取り組みの必要に迫られ、現在では他の宗教の信者と結婚する者を完全に追放することはなくなっている。レバノンからの移住者で、棄教した娘を心配する母親を、ドゥルーズ派のシャイフがこんな風に慰めたという話がある。「お子さんが亡くなったら、ドゥルーズ派としてレバノンによみがえります」

アメリカのドゥルーズ派のコミュニティの信者の絆は強い。彼らはバラバラになることを避け、少なくとも六、七世帯の信者が近所で暮らせるように、同じ町で仕事を探す。他宗教の信者のなかでは、ユダヤ人と親しくなることもある。ユシフやジョージ同様、ミリアの家族もアメリカのユダヤ人に自分たちとの思いがけない共通点を見つけたという。「どこに行っても、知らないうちに、ユダヤ人と会ったり、何かの結び付きができたりしました。きっと文化に類似性があるのです」と彼女は言った。中東からの宗教的少数派の移民のなかで、ユダヤ人との共通点を見出す者は多い。ユダヤ人が自らのアイデンティティとコミュニティを維持して伝統と慣習をひそかに守りながら、外面的には世俗社会に同化していることが、その大きな理由だろう。

ユダヤ人とドゥルーズ派には、明らかな類似点がもう一つある。改宗者を求めないことである。ユダヤ人は改宗者を積極的に受け入れようとはせず、ドゥルーズ派はさらに徹底していて、改宗者を拒絶する。アメリカのドゥルーズ派のなかには、これを変えたいと考える人もいる。同時に、彼らは、自らの宗教について学び、他者への明確な説明を阻止する秘密主義の文化を変えたいとも考えている。私はボストンで、信仰について話し合うアメリカのドゥルーズ派の若者のセミナーに参加した。ドゥルーズ派の言い伝えでは、レバノンで再生しない死者の魂は中国で生まれ変わるとされている。若者たちはセミナーでこの考えについてどう判断するべきかと年長者にたずねていた。

*

二〇一〇年から二〇一一年まで、私はボストンに住んでいた。そこでは、このドゥルーズ派の宗教セミナーだけでなく、マンダ教の洗礼も行われていた。エドモンド・ルピエリという学者の『マンダ教　最後のグノーシス派』の冒頭には、この同じ洗礼の儀式の様子が描かれている。「一九九九年六月十三日、日曜日。白い法衣を身に着け、白いターバンで髪を包んだ男性が、川のなかに立っていた。彼は口を隠す白いスカーフのようなもので長いあごひげを覆い、左手に長い木の杖をもっていた」。その川はチャールズ川で、儀式の最中に一艘のカヤックがそばを通っていった。カヤックを漕いでいた人が振り返ることもなかった、と本には記されている。この儀式を準備したマンダ教の活動家ウィーサム・ブレーギは、カヤックを漕いでいた人のことを覚えているという。ウィーサムは銀細工師でもあり、ボストンの中心部近くに銀細工の店を構えていた。私が店を訪れた時、彼はそれがマサチューセッツ州のいいところだと言った。迷惑がる人は、誰もいないのだ。

この儀式は注目を浴びたはずである。というのも、これはアメリカで最初に行われたマンダ教の洗礼だったからだ。参加者にとって、この儀式は非常に大きな意味のあるものだった。初めての感謝祭が、それをともに祝ったピルグリムファーザーズとネイティブアメリカンにとって大きな意味のあるものだったのと同じように、この洗礼は意義深いものだった。ウィーサムはその後もピルグリムファーザーズのように、マンダ教の信者が移住してきてコミュニティを形成するのに重要な役割を果たしていった。当初、マサチューセッツ州のマンダ教徒はウィーサム一人だった。十二年後の現在、そこには六百五十人のマンダ教徒がいる。ウィーサムは自分の店で、アメリカに着いたばかり信者に伝統的なマンダ教徒の銀細工の技術を教える教室を開いていた。また同じ州の西にあるウースターで、信者のためのコミュニティセンターの設立を企画していた。それはアメリカのユダヤ人のコミュニティをモデルにしていたが、ウィーサムが特に心に描いていたモデルは、ブルックリンにあるシリア系ユダヤ人のコミュニティだった。一九二〇年代に他宗教の信者との結婚を禁じる規則を定めたコミュニティである。そこでは、たとえ相手がユダヤ教に改宗してもその結婚は認められなかった。

と。

ウィーサムも同じ考えだ。そのような結婚はマンダ教徒の血を薄め、しまいには完全に世俗化させて、コミュニティを消失させてしまうものだ、とウィーサムは言った。そんなことは決して許されない、と。

私たちが話している間にも、ウィーサムの携帯電話には、アメリカへの移住のために助力を求めるイラク人から、ひっきりなしに電話がかかってきた。ウィーサムは生まれた時からマンダ教徒として育ってきた。「だが、マンダ教がどういうものなのか、私はまったく知りませんでした」とウィーサムは言った。ドゥルーズ派の多くの移住者が経験したのと同様に、マンダ教の秘密主義のせいで、ウィーサムの国外生活は信仰を守れるかどうかという不安に満ちたものとなった。寺院もなく、祭司もいないところで信仰を維持するのは難しい。だが、ウィーサムはそれに屈することはなかった。そしてアメリカの他の地域のマンダ教徒と親交を深め、グループとしてのアイデンティティを固めることに尽力した。難民収容所はなくてはならないものだが、それは諸刃の剣だった。というのも、マンダ教徒を危機から救うことは、マンダ教徒のイラクからの脱出を加速させることであり、ウィーサムの言葉を借りればそれは「マンダ教徒を救い、マンダ教を殺す」ことなのだ。

＊

では、もう一つの、西洋であまり知られていない宗教は、その後いったいどうなっているのだろうか？　結婚に関する厳格で複雑な規則があり、教義の大部分が秘密に包まれている、ヤズィード教という宗教は？　第二章では、カナダを拠点としてヤズィード教徒の権利を求める活動家ミールザー・

イスマーイールの暮らしを描いてきたが、二〇一一年にそのミールザーに手紙を書くと、ミールザーはその夏、ニューヨーク州バッファローへ一緒に行かないかと誘ってくれた。バッファローはカナダの国境を越えてすぐのところにある都市で、ミールザーはそこに、イラクをともに脱出した旧友のアブー・シハーブに会いにいく予定なのだという。私は喜んで同行させてもらうことにした。アブー・シハーブの家はバッファローの静かな郊外にあった。ミールザーがノックをすると、アブー・シハーブの子どもたちがドアを開け、すぐにひざまずいてミールザーの手にキスをした。これは一家が長い間守ってきた習慣だった。というのも、ミールザーはアブー・シハーブの「来世の兄弟」だからである。「兄弟」というより、キリスト教徒の家族にとっての名付け親のようなものだ、とミールザーは言った。自分の「もう一つの家族」の精神的な導き手となり、彼らに宗教の教養を教えるのがその役割だ。

アブー・シハーブの家の居間に座って話していると、数分ごとに子どもたちが姿を現した。まず髪を驚くようなオレンジ色に染め、派手な十字架を首にかけた（これは信仰の表現ではなく、おそらくおしゃれでやっているのだろう）快活な少年がやって来て、にこやかにあいさつすると、寝室に入っていった。その後、寝室からはコンピュータゲームの大きな音が聞こえてきた。一人の少女は黙って台所を歩き回り、こちらを見ることもなかった。そのあと、二十一年間イラクに取り残されていたという子どもの一人、ファルハンが現れた。アブー・シハーブには十一人の子どもがいる。それはまるで、絶え間ない戦争で大勢が殺された埋め合わせをするために、世界中をヤズィード教徒で埋めつくそうとしているかのようだった。

長男のシハーブは妻とともに現れた。父親と同じ名前だ。〔「アブー」は「父」という意味のアラビア語でもともと長子が生まれた時につける尊称。現在では名前の一部と化していたり、愛称としてつけたり、さまざまである〕シハーブは時給九ドルの新しい仕事に就いたところだった。英語の試験に落ちたため、前の仕事を失ったのだという。シハーブの英語は、特に彼がほかにもアラビア語と北部クルド語《クルマンジー》を話すことを考えると、私には十分上手に思えたが、どうやら類義語につまずいていたらしい。イラクを離れたあと、一家はシリアに避難し、それからアメリカに来たのだが、シリアの難民キャンプが必要な証明書を発行してくれなかったため、シハーブは学校に行くことができなかったのだ。とにかく、今は看護師の資格取得のために奥さんが勉強に専念できるよう、彼が働かなければならなかった。「そのあとは私が働くので、彼も休めます」と彼女はにっこりしながら言った。

アブー・シハーブのアメリカとイギリスの外交政策に対する評価は低い。二国はイラクの問題、特に自分の住んでいたイラク北西部のシンジャール地方の宗教問題の解決に失敗したと考えていた。しかし、彼は渡米してから与えられたアメリカの支援に深く感謝していて、自分がどれほど感謝しているか、私にも知ってほしいと言った。「アメリカに来ていなければ、息子は死んでいたことでしょう」と言いながら、彼は十代の息子の一人を指さした。もっとも、その子はすぐに引っ込んでしまったが。その息子と娘の一人は腎臓を患っていて、治療にはこの家族にはとうてい払えない高額な注射が必要とされた。最初に避難したシリアでは、この種の医療費は払ってもらえなかったし、アブー・シハーブの一家は、中東の基準でも貧困層に属していた。シンジャールにいたら、病気の子どもに適切な治療を受けさせる機会はさらに少なかったはずだ。人口五十万のその地域には、病床数が十床の病院が一軒あるだけだったという。アブー・シハーブは髪を黒く染めた頭に手をやった。そうして「頭が上がりません」と言うと、自分を受け入れてくれた国にどれほどの恩があるかよく理解しているという顔をした。「私たちはアメリカのために外国と戦ったことは一度もありません。この国の出身でもありません。けれども、この国の人々の人類愛のおかげで、無料で治療が受けられたのです。私たちはイラク国民ですが、イラクは何も与えてくれません」

主に白人労働者階級の住むこの郊外で、彼らは近所の人々とも良好な関係を築いているようだった（私がいる間にも隣人がやって来て、イラクのヤズィード教徒を助けるために何かしたいと言っていた。彼らの悲惨な生活をアブー・シハーブから聞いたからである）。だが、アメリカの文化で、この一家が憤慨していることが一つある。それは、ヤズィード教がひどい紹介の仕方をされているということだ。アブー・シハーブによると、ＣＮＮのリポーターがヤズィード教のことを「世界で最も恐ろしい宗教」だと言ったのだという。それを聞いて、私は耳を疑った。だが、アブー・シハーブはそれを自分の耳で確かに聞いたという。そして、私の本が出版されたら、少なくともそんなことは二度と言われなくなるだろう、と言ってくれた。実際、私はこの一家の温かいもてなしや、家の清潔さ（これはイラクのヤズィード教徒とマンダ教徒の家の特徴として有名である）、そして世代間の仲の良さに感銘を受けていた。今回、私は初めてヤズィード教徒の家庭を訪れ、彼らの宗教を示すものが非常に少ないことに驚いた。それはたった二つだけだった。一つはサイドボードの上に立てられた、写真というより手書きとデジタル処理の合成で作られたようなラーリーシュの絵、そして、もう一つはお決まりのクジャクの像だ。

居間にはほかにも写真があった。家族全員の写真である。特に多いのは三歳の末娘ナーリンの写真だ。会話が悲惨な話に及んだ時、ナーリンは私たちに大きな慰めをもたらしてくれた。彼女はたいていソファにひっくり返って足を上げているか、双眼鏡のように手を丸め、そこから私たちを見ていた。ナーリンは特に祖父になついているとミールザーは言った。一家は深い愛情をもって彼女に接していた。彼女のような子が成長し、結婚年齢に達したらどうなるのだろう、と私は考えた。結婚に関するヤズィード教の規則は、複雑で非常に厳格なものだ。ヤズィード教徒の女性の結婚相手はヤズィード教徒の男性であればよいというわけではなく、同じカーストの男性でなければならないのだ。人数の非常に少ないカースト（たとえば中堅聖職者のカーストである〝ピール〟）のイラク人のなかには、結婚相手を外国で探さなければならない人もいる。ヤズィード教徒のイラク人男性が、ロシアのヤズィード教徒のコミュニティで妻を探すこともあるのだ。結婚の規則を守るために、まだ十五、六歳のうちに子どもを強制的に結婚させる家庭もある。アブー・シハーブの家族は最下位のムリードのカーストだ。もしかしたら、アメリカには、ナーリンに適した男性はほんの一握りしかいないかもしれない。結婚の規則以外に特に守るべき規則のないヤズィード教徒にとって、これだけは背くことのできないものなのである。

アブー・シハーブの家族が私に新しい故郷の風景を見せたいと言い、私たちはナイアガラの滝を訪れることになった。そこへ向かう車のカーステレオで、私たちはヤズィード教の音楽のCDを聞いた。歌っているのは、キドゥル・ファキールという歌手だった。彼は突然音楽の才能を授かったという。彼がまだ若い頃、シンジャールの野で眠っていると、ヤズィード教の聖人キドゥル・エリアスが夢に現れて、目が覚めると、ヤズィード教徒の誰よりも歌がうまく、リュート（バーラマというギターに似た楽器である）が弾けるようになっていたそうだ。彼がクルド人の服を着て演奏しなくなってから、アブー・シハーブは彼を高く評価するようになったという。「キドゥル・ファキールはヤズィード教徒の服しか着ないんですよ」と、アブー・シハーブは言った。彼もミールザーも、クルド人とは違う、ヤズィード教徒の独自のアイデンティティをもつことを熱心に主張していた。そして、私がイラクで親クルド派のヤズィード教徒アヤッドとともにラーリーシュに行ったことを話すと、それじゃだめだと私をばかにした。

バッファローに住むヤズィード教徒はこのアブー・シハーブの一家だけだった。近くにヤズィード教徒の家はなく、あるのは最も近いところでも、千六百キロメートルも離れたネブラスカ州リンカーンだった。しかし、アブー・シハーブの一家の、自らの独自性を守り、伝統を固く守るという意志が弱まることはなかった。アメリカに来た当初、一家はキリスト教の教会に通っていたそうだ。当時、来たばかりの自分たちに手を差し伸べてくれた教会の人々に対して、彼らは今も友情の絆を感じていた。「しかし、私たちは自分の信仰を捨てられませんでした」と、彼は強調した。スカイプなどのインターネット電話サービスのおかげで、散り散りになったヤズィード教徒たちは連絡を取り合うことができるようになった。世界中にネットワーク上のグループが生まれ、子どもたちの結婚相手を見つける新たな道が開かれた。それでもなお、アメリカのヤズィード教徒には大きな課題が残っている。ドゥルーズ派と同じく、ヤズィード教徒には自分の宗教の教義を知る者はほとんどいないということである。そんな話をしていると、長男のシハーブが、ネブラスカに、トランプをしたり宗教の基礎を学んだりできるコミュニティセンターを作る計画があると話しはじめた。「問題は、父のような古い世代の考え方が閉鎖的だということです。父は教義を知っているのに、私たちには教えてくれません。私たちに大切なことを教えてくれるのはシャイフ・ミールザーだけです」。彼の妻もこう言った。「ヤズィード教については、たぶん私たちよりラッセルさんのほうがよくご存じだと思います」。自分たちの宗教について誰かに説明したり、神学論議に加わったりしなければならなくなると、ヤズィード教徒は途方に暮れてしまうのである。

また、アメリカ社会には、彼らによく似た仲間のような存在もない。中東のキリスト教徒は、アメリカ人のキリスト教徒とすぐに親密な絆を結ぶことができるし、ムスリムの移民は、現在では実際的な援助や礼拝所を与えてくれるアメリカ人ムスリムのコミュニティを簡単に見つけることができる。だが、ヤズィード教徒には、そのような相手はいないのだ。アブー・シハーブとシャイフ・ミールザーから、先ほど話に出たネブラスカ州のヤズィード教コミュニティが規模の大きいものだと聞くと、私はイラクの秘密に包まれた宗教がどのようにしてアメリカ中部で生き残っているのかこの目で見たくなり、ネブラスカ州の州都リンカーンに飛び立った。リンカーンの小さな空港に到着すると、二十人ほどのヤズィード教徒が並んで私を出迎えてくれた。イラク流のもてなしである。彼らの多くは、アメリカの難民再定住プログラムによって、最近リンカーンにやって来た人たちだった。

私を泊めてくれたバーシムは、数年前からリンカーンに住み、ヤズィード教徒コミュニティのオーガナイザーの役割を果たしていた。彼はリンカーンの下町のカフェで、六人のヤズィード教徒と会えるように手配をしてくれた。そのなかには、中堅聖職者のカーストのピールもいた。ほかの一人はそのピールのことを例に挙げ、自分たちがいかに慣習を変えなければならなかったかを訴えた。「こちらはピールです。故郷なら、ピールに会ったらその手にキスをします。しかし、ここではしないのです」。そう言うと、彼はカフェの板張りの床やシンプルで洗練された内装に目をやった。ほかの客たちは、みなヘッドホンを着け、iPadの画面を見ていた。「故郷の人たちなら、この光景を奇妙に感じると思います」。六人のほとんどは、ここ三年の間に移住してきた人たちだった。ほかのメンバーよりアメリカに長く住み、リンカーンの高校に行った若者は、来てすぐにカルチャーショックを受けたという。「ロッカーのそばで男の子と女の子がキスしているのは、ぼくにはとても受け入れられないことでした。それに、こんなに大きな町も見たことはありませんでした」。最近来たばかりだという男性は、また別のことにショックを受けていた。「ここでは軍事用のライフルが店で公然と売られています。バグダードでは銃が売られているのを見ることなんて絶対にありません」。こう言うと、彼はため息をついた。

彼らは、自分たちのコミュニティでは、ヤズィード教は長く存続できないのではないかという不安を感じていた。「私たちには独自の祭りを行うお金がありません。だから結局、七月四日〔アメリカの独立記念日〕がヤズィード教の新年よりも重要なものになってしまうのです。ほかの人たちがみな、それを祝っているわけですからね。ここではヤズィード教徒はクリスマスを祝いますが、自分たちの祭りであるはずの〝紅の水曜日《チャールセマー・ソール》〟は祝わないのです」。バーシムはそう言ったあと、もっとも、今でも祭りのたびに自宅に三百六十六本のろうそくを灯すシャイフもいるが、と言い添えた。こうして伝統を守ろうとする人もまだいるのである。バーシム自身は折を見ては宗教に関するクイズを出し

ヤズィード教徒のバーシム。ネブラスカ州リンカーンの自宅にて。居間にはクジャクの像と羽が飾られ、マラク・ターウースへの敬意を示している。著者撮影

て、ヤズィード教徒たちの知識を試しているそうだ。だが、知識不足がネックになってあまりうまくいっていないという。「もし自分の子どもにヤズィード教とは何かときかれても、私には答えることができません」と、一人が悲しそうに言った。それから、ピールが、自分は特に難しい問題に直面していると話しはじめた。カーストのなかにはさらに細かく分かれたサブ・カーストがあり、彼は自分のサブ・カースト内で結婚相手を探しているが、そのサブ・カーストの人々はほぼ絶滅しているというのだ。「故郷には一万五千人のヤズィード教徒がいます。ですが、私は誰とも結婚できないのです」と彼は嘆いた。

　私は彼らに、アメリカの人々に自分の宗教を説明する際に、何か困ることはないかときいてみた。だが、返ってきた返事は、そもそも人々にそれを聞く気がないというものだった。「ここの人たちは、イエスかノーかの返事が返ってこない質問はしないのです。彼らはただ『おまえはムスリムか』ときくだけです。アメリカ同時多発テロ事件以降は、ムスリムだと思われて、面倒に巻き込まれることもありました」。それでも、アブー・シハーブ同様、彼らもアメリカに対して感謝の念を抱き、不満は

もっぱら中東にいた時の政府に向けられていた。それから話は中東のさまざまなことに及んだ。たとえば、ヨルダンの税関職員の話だ。ある家族がラーリーシュの聖なる土を飛行機にもち込もうとすると、心ない税関職員がそれを笑い、土を投げ捨てたという。トルコのことも話題に上った。あの国ではヤズィード教徒はまだ自分はムスリムだと言わなければならない、と彼らは言った。トルコでは、一九一七年の大虐殺で改宗を拒否したヤズィード教徒が首を切られた岩が、まだそのままその場所にあるという。また、彼らはクルディスタンのニュースを気にしていた。二、三カ月前に、ヤズィード教徒の所有する酒屋が放火される事件があったのである（彼らはそのビデオを見せてくれた）。だが、彼らには、中東に対する郷愁の念はなかった。「中東の市民にはアメリカの囚人ほどの権利もありません」と、アメリカの高校に行った若者が言った。「アメリカほど移民の待遇の良い国はないと思います。ただ、新しく来る人には、地元の人からあいさつをしてもらえなくても、それはここでは普通のことだと説明しなければなりませんね」。アメリカの小さな町、特に中西部の人々は、とびきり愛想が良いとよく言われる。それでも、田舎から来たヤズィード教徒の目には、冷たくよそよそしく映るのである。

＊

衰退し縮小していく故郷のコミュニティから逃れた移民の大部分は、アメリカで繁栄し、新しい礼拝所を建て、自信をもって暮らしている。シリア国内のキリスト教徒は、イラクで起こったキリスト教徒虐殺の影におびえて暮らしている。だが、デトロイトでは、シャルーブ神父が新しい壮観なイコンに最後の仕上げを施している。バグダードの教会は無人になりつつあるが、ボストンでは、ボストン大学の礼拝堂付き牧師であるイラク人の尼僧が、地域の女性のための新たな修道会を設立したところである。ロンドンでは、イギリス人と結婚したマンダ教徒のナディア・ガッターンが子どもたちにイラクの伝統を教え、ゾロアスター教徒のラアルの娘シャーヒーンが、夏至の祭りの水の用意をしている。夏至を祝い、子どもたちはその水をかけ合ってはしゃぐのだろう。ちょうど、水祭り《ティールガーン》で、ペルシアの祖先が毎年そうしていたように。

＊

私は、なぜ少数派集団が中東を離れるのかに注目しながら、この本を書きはじめた。だが、この四年間、彼らに会って話を聞き、歴史について学んできて、私はますます彼らのことが心配でたまらなくなっている。では、彼らのために、いったい何をすればよいのだろうか？　それには中東の人々自身の働きが欠かせない。ほころびたコミュニティは、自分自身の手で縫い合わせなければならないものだからである。そのためには、自らの歴史を知ることが助けになるだろう。歴史をより深く理解すれば、そこには中東の人々全員が宗教の枠を超え、共通の誇りをもてる何かがあることを知るはずだ。以前、敬虔なムスリムであるイラクの友人がイギリスに来て、一緒に大英博物館を訪れたことがある。その時、博物館を出た彼女が言った言葉に、私は強い感銘を受けたのを覚えている。「バビロンがエジプトよりも優れた歴史をもっていたこと、そして、それが文明のゆりかごであったことがわかりました。これは素晴らしいことです。その意味を、私はこれまでまったく理解していませんでした。ギルガメシュの叙事詩を聞き、イラクの遺産の大部分が大英博物館にあると知って、私はサダムが関わっていた再建事業を見るよりも、ずっと多くのものを得ることができました」。とりわけ素晴らしいのは、歴史を知れば、文明というものは他者やその思想に開かれた場所であればあるほど高度に繁栄するものだという事実が理解できることだ。それはどの文明にも――ローマにもアラブにも、イギリスにもアメリカにも――当てはまるし、私たちがどこにいようとも変わらない真実である。

では、中東の外からは、どのような支援活動ができるだろうか？　外部の人間が少数派集団を支援しようとするのなら、その行為はすべて、その集団だけでなく、地域の全住民に対する善意に基づくものでなければならない。たとえばキリスト教の学校の建設は、イラク、パレスチナ、レバノンのキリスト教徒の支援に関して、素晴らしい成果を上げてきた。その原因は、その学校がキリスト教徒だけでなく、ムスリムの子どもたちにも開かれていたことだ。その結果、キリスト教徒が生計を立てられるようになること、キリスト教徒がムスリムから善意を受けるようになること、地域住民であるキリスト教徒とムスリムの全員に人格教育を提供すること、という三つの目的が果たされたのである（重要なのは、彼らがムスリムの生徒を改宗させようとしなかったことである）。対照的に、西側諸国の軍事介入は、今までそのほとんどが、少数派集団の幸福と利益を増大させるどころか損なってきた。少数派集団の人々に必要なのは、同国人による保護であり、短期間滞在しては去っていく外国人による保護ではない。情勢が不安定になると、動揺するのは、たいていの場合、特に弱さを自覚している（そして実際に弱い存在である）少数派集団だ。最近ではイラク戦争がその良い例だろう。西側による侵攻は急激な速さで内戦へと移行し、その結果、キリスト教徒とマンダ教徒がイラクから大量に脱出することになったのである。

現在、アメリカやイギリス、そして他の国々の政府は、さまざまな方法で中東に関与している。開発資金の提供や軍事支援のほか、住民や支援機関と協働し、間接的な支援を行っている。そのような活動があるからこそ、宗教的憎悪を煽る人々に対していかなる場合も断固とした立場をとることができるのである。また、当然、そうしなければならない（第六章の、コプト教徒の祭司が同信の祭司の行った反ムスリムのプロパガンダ放送を厳しく批判していた箇所を思い出してほしい）。過激思想に対する取り組みは、それが凶暴化した時に初めて行われることが多い。だが、それでは遅い。それでは事態の本質を見落としている。暴力行為というものは、怒りや憎しみを煽ることから始まる、長い急進化の過程の結果なのである。それゆえ、西洋の政府は、宗教的信条に真剣に耳を傾ける必要がある。そして、それを十分に理解し、熱心な信者と「憎悪の説教師」の違いを見分けなければならない。

支援について最後にもう一つ述べよう。アメリカ、カナダ、オーストラリアなどは宗教的少数派に難民収容所を提供しているが、これらは結果として母国から脱出するよう彼らを煽るものである。難民収容所が、イラクのキリスト教徒、ヤズィード教徒、マンダ教徒を差し迫った危険から救っているのは事実である。そして彼らがそれに深く感謝し、新たな故郷に強い忠義を感じているのを、私は確かにこの目で見てきた。だが、それは同時に故郷のコミュニティを衰退させるものである。したがって、この問題には間接的な改善策しかない。つまり、これらの集団が、移住先の国でも伝統を守り、コミュニティを構築できるような支援をすることだ。本書で彼らの伝統と歴史を広く知らせることにより、彼らを元気づけることができれば幸いである。

エジプトやバグダードにおけるキリスト教会への攻撃や、イラクでのヤズィード教徒への暴力は、過去百五十年間で今が一番多い。これはいったいなぜなのだろうか？（これにはイスラーム教内の少数派集団への攻撃も含まれる。イスラーム教の最大多数派であるスンニ派ですら、イランとイラクの圧力下では、自分たちを少数派だと感じることがある。一方、パキスタンではシーア派ムスリムの大量虐殺が頻繁に起こっている）そこにはいくつかの要因がある。

そもそも、中東の宗教の多様性は、政府の力が弱く、宗教的少数派に改宗を強制できなかったことを一因として生まれたものだ。その状況が変わってきたことが、彼らへの攻撃が増えている原因の一つである。現在では政府の力は強くなり、宗教的少数派を立ち退かせたり、あるいは政府が正統派とする宗教を押し付けたりしようと思えば、かつてないほど効果的に行えるようになっている。たとえば、アルメニア人がロシアを支持していることを把握したオスマン帝国は、一九一五年から一九一七年の間に百万人以上ものアルメニア人を虐殺している。在オスマン帝国のアメリカ大使が「人種全体に対する死刑執行令状」と書いたこのような大規模な虐殺を、当時すでに組織的に行うことが可能だったのである。また内戦も、ただ中立を望む宗教集団の居住地に深く入り込み、傷を負わせる――イラク北部のヤズィード教徒が、二〇〇七年に最悪のテロリスト攻撃の犠牲者となってそれに気づいたように。安全な場所は、もはやどこにも存在しないのだ。

中東の宗教グループには、強い団結力がある。外部の人間との結婚には良い顔をしないのが当たり前だし、人を雇う際には同じ集団の一員を雇おうとする。他宗教への改宗というのは思想的な選択にとどまらず、生活全体がすっかり変わることである。というのは、通常、それは自分のコミュニティを捨て、新たなコミュニティに入ることを意味するからだ。一部の宗教グループ（たとえば、ヤズィード教やアッシリア人のグループ）は、何世紀もの間、政府の力の及ばないところで高度な自治を享受し、現在でも少数の人々が独自の言語を話している。中東の宗教グループの団結力の意味するものは、このような集団はメンバーの行動に連帯責任を負うと考える傾向があるということだ。教義の違い、個人同士のいさかいなど、すべてが集団同士の問題になるだけでなく、相手の集団の一部のメンバーが行ったことも集団全体の責任だと考える。過去のアルメニア人やユダヤ人への攻撃や、現在のシーア派やキリスト教徒への攻撃は、そのような考え方によってなされたものである。このこと自体は、目新しいことではない。それでも、複雑で変化の激しい現代の中東の政治情勢では、仕えた相手が実は間違っていたというのもよくあることだ。ヨルダン川西岸地区の山中に住むサマリア人は、イスラエル人とパレスチナ人の両方と良い関係を保とうと懸命の努力を続けている。イラク北部のヤズィード教徒は、現在、アラブ人とクルド人のどちらの陣営につくかの選択を迫られている。エジプトのコプト教会はかつて軍部とイスラーム法のどちらを支持するかの決断を迫られた。どの場合も、どのような選択をしても、選んだ相手の敵の陣営は、指導者たちだけでなくコミュニティ全体の敵となる。

政府は、煩わしい集団を壊滅できるだけの強さを備えてきた。だが、なかにはそのために軍事力を行使することや、行動を起こすことを躊躇する政府もある。問題あるそのような集団の攻撃からより小さなコミュニティを保護するような場合、そんなことをすればかえって対立を拡大させてしまうと考えるのである。エジプト南部では、コプト教徒の一族がムスリムの部族と対立するようなことがあれば、その原因が金銭、土地、あるいは「名誉」（第六章で述べたように、恋愛問題は特に衝突の原因となる）のどれであっても、負けるのはコプト教徒である。コプト教徒のコミュニティのなかには、形勢を逆転できるほど大規模で力のあるものもあるにはあるが、そんな力のないコミュニティは、警察や法廷に保護を求めることになる。だが、これらの機関も道徳的権威に欠けることが多く、好戦的な部族を恐れて彼らに罰を与えたがらない。二十世紀の中東の宗教的少数派は、部族意識を失い、都会化した生活を送る中流階級となった。それが示すのは、彼らが安定と経済成長から利益を受けられるようになったということだ。だが、それは同時に、彼らが自衛できるほど組織化されていないこと、そして、紛争時には特に攻撃されやすい弱者となることを意味しているのである。また、これは、宗教的少数派に限らない。少数民族も同じ問題を抱えて暮らしているのである。

ここ二、三十年間で、中東の一部のムスリムは、他の宗教集団に対する態度、あるいはイスラーム法の解釈をめぐって敵対する宗派に対する態度を変化させてきた。エジプトでは、ここ五十年のコプト教徒に対する暴力事件が、その前の五十年と比べて増加している。パキスタンはシーア派ムスリムによって建国された国だというのに、そのパキスタンではシーア派に対する暴力事件が日常的に起こっている。一九五〇年代にはシーア派とスンニ派の双方の血を引く男性に統治されていたイラクは、現在は、対立住民間の紛争で大混乱に陥っている。弱さが閉鎖性を生み、閉鎖性が社会を後退させる。外部の人間に対する怒りと憎しみにより、メンバーのコミュニティに対する帰属意識は高くなる。おそらく、外部の脅威に直面した時に仲間を求めるというのは人間の本能なのだろう。そして、指導者は、グループの一体感と忠誠心を高める手段として、この怒りと憎しみを助長する。邪悪で強力だが打倒可能な共通の敵に注意を向けることほど、集団の一体感を素早く形成させるものはないからだ。この怒りと憎しみは、時には暴力に発展し、また、ある時には人知れずくすぶり続け、悪意あるプロパガンダに操られて永続化してしまうこともある。だが、中東におけるこの怒りと憎しみは、特殊な状況によって生み出されたものなのだ。ヨーロッパの植民地主義の犠牲となった中東は、その後もアメリカの支配、イスラエルの軍事力などにさらされてきた。二十世紀初頭の中東の人々は、これらの外からの脅威とアラブの政府の弱さと腐敗によって、自分たちが本来もっているはずの威厳と力が奪われてしまったと感じていた。当時生まれてイスラーム主義と対立した共産主義と国家主義は、現在はすでに衰退しているが、全盛期にはこれらのイデオロギーは、中東の人々の目に、自分たちに本来備わるべき威厳と力を取り戻す機会を提供するものに映ったのである。彼らにとって、共産主義は魅力にあふれ、外部からもたらされる資金の源泉だった。だが、それはソビエト連邦の崩壊によって終わりを迎えた。一方、国家主義の人気は、二十世紀初頭の反植民地主義闘争の終焉以来、すっかり衰えていた。だが、いずれの思想や運動も、少数派集団にムスリムと協力する大義を提供した。しかし、植民地主義が終わりを迎え、国家主義運動が衰退するとともに、宗教的少数派は不利益を被りやすくなった。一部のムスリムは、イラクあるいはエジプトが全国民のための国だという考えを捨て、コミュニティのあるべき姿は宗教に基づくものであるという旧来の考えを主張するようになった。スーハ・ラッサムが『イラクのキリスト教』で書いているように、「イラクの国民的アイデンティティの欠如によって、どの少数派集団も攻撃されやすくなった」のである。

世俗化した西洋キリスト教社会による外部からの中東への介入の試みは、宗教間の緊張状態を高める結果となった。特にその介入が中東の人々の利益のためでないことが明白な場合はなおさらである。一九一九年にアーサー・バルフォアは、パレスチナにおけるイギリスのユダヤ人民族郷土建設計画についてこう書いている。「われわれは形式だけでもその国の住民の希望をたずねるという提案すらしない」。思慮に欠ける連合軍のイラク戦後処理（この国の貴重な考古学的遺産の保護の失敗も含め）が二〇〇三年に示したように、その態度は近年も変わっていない。

また、国家機関にも、武力に訴えずに過激派に立ち向かう助けとなるような、道徳的権威のあるものはない。一部のムスリムは、国が支援する宗教組織や僧侶に対して疑いの目を向けている。このような組織や僧侶は、政府の方針に従う見返りに、優遇措置や金銭を受けているかもしれないからだ。過激派はこのような人々の疑念を利用して、彼らに代わる者として、自らの勇敢で清廉潔白なイメージを強調する。政府は、自分たちよりも多くの国民の支持を受ける過激派宗教組織と対決しようとはせず、その組織を買収することを選ぶことが多い。

だが、その代償として国が差し出すのは金ではない。たいていの場合、差し出すのは、教育制度を通じて未来の世代を根本的に改革する機会である。一九七〇年代にイスラーム主義者はこの機会の獲得に成功した。当時、イスラーム主義者は、共産主義と急進的な国家主義に対抗できる貴重な防御手段と考えられたためである（イスラエルと西側からも同じように考えられた）。それ以来、彼らは、石油とガスによって中東の保守層が蓄えた富の恩恵を受けてきた。エジプトでは、イスラーム主義者は過去四十年にわたって影響力を行使し、自国の法律をイスラーム色の強いものに変えてきた。そうして、少数派が疎外感を感じるような環境を生み出してきたのである。それは、私が聞いたエジプト人キリスト教徒の言葉によく表れている。「もし憲法がイスラーム法を法律のよりどころとするのなら、私は社会的に無視されたと感じるでしょう」。イスラーム主義集団のなかには、改宗の強制だけでなく、政治的な目的で暴力を用いるものもある。一九八〇年代には、エジプトのイスラーム主義者はキリスト教徒を標的とし、暴力行為を行った。改宗を強制し、イスラーム教国家樹立の障害を取り除くという目的だけでなく、コプト教徒の政治家を締め出すよう政府に圧力を加えるため、そのような手段をとったのである。二〇一三年のエジプトでは、ムスリム同胞団の政権の崩壊後、崩壊に導かれたことに対する報復として、急進的な若者の集団が数十に及ぶ教会に放火した。

だが、重要なのは、この事実を誇張しないことである。エジプトやレバノンで、ムスリムがキリスト教徒を保護することも多く、例を挙げればば数えきれないほどである。レバノンでは二十年ほど前に激しい内戦が終結したばかりだが、この国の宗教的寛容度は多くのヨーロッパの国よりも高いことが世論調査によって示されている。二十世紀に中東の宗教の平等性にもたらされた進歩は、完全に破壊されたわけではない。アヤトラ・ホメイニですら、非ムスリムを抑圧した十九世紀のイランの古い刑罰を復活させるようなことはしなかった。しかし、少数派は、自分たちは嫌われているという思いを日々募らせている。彼らにとって中東から他国への移住は、昔よりも簡単になっている。というのも、百年かけて教育を身に着け、富を蓄えてきた彼らには、オーストラリア、カナダ、アメリカ、ヨーロッパへの移住が容易なことだとわかってきたからである。したがって、これらの宗教のいくつかが衰退し、あるいは祖国から姿を消すという可能性は高い。これによって最も大きな損失を被るのは、中東のムスリムだ。だからこそ、私は、その中東のムスリムたちにこの本を歓迎してほしいと願っている。彼らの祖先がこの世界にもたらした多様な宗教を、人々の記憶にとどめようとしているこの本を。

最後に、宗教についてもう一つ述べたい。本書で取り上げたコミュニティの人たちは、信仰と慣習を放棄させようとするあらゆる誘惑を退け、また、それを守るために多くの侮辱や暴力を受けてきた人たちだ。彼らが守ってきたその宗教の慣習は、時として、非常に要求の厳しいものである。たとえば、ムスリムはラマダーンには断食をするし、コプト教徒の断食期間はほぼ一年中だ。中東で、ヨーロッパやアメリカよりも宗教紛争が激化する理由の一部は、中東の彼らの生活には宗教がより身近で重要な位置にあることだろう。戦闘はすべきではない。誰もがその気持ちをもっている。だが、一方で、信者たちを戦闘に駆り立てるその宗教心には、きっと、その気持ちに背く苦しさを補って余りあるほどの魅力的な何かを与えるものがあるのだろう。それはいったいなんなのだろうか。本書がそれについて考えるきっかけとなれば幸いである。本書によって、西洋の人々が、中東の人に何かを学んでほしいと思うだけではなく、私たち自身が彼らから学べるのではないかと考えてくれることを切に願うものである。

# 出典および参考文献

まず、本書に登場してくれた方々にお礼を申し上げたい。ナディア・ガッターン、ミールザー・イスマーイールとアブー・シハーブ、シャーヒーン・ベクラドニア、サミ・マカレム、ベニー・ツェダカ、ヨアニス神父と聖テレーズ教会の友人たち、アーゼム・ベグとワジール・アリー、ネブラスカの友人たち、そしてジョージとユシフをはじめとするデトロイトの方々。彼らの助力がなければ、本書執筆は不可能だったはずである。

ハーバード大学ケネディ行政大学院カー人権政策センターには十八カ月間、特別研究員として本書のリサーチの機会を与えてもらった。ローリー・スチュワートは本書の英語版の序文〔邦訳版では省略〕を書いてくれただけでなく、当時のそのセンター長でもある。同じく、ジャーウッド財団に感謝する。二〇一一年にこの基金から受けた補助金を本書執筆のリサーチの旅の費用に使わせていただいた。二〇一〇年から二〇一四年の間に訪問したエジプト、イスラエルとヨルダン川西岸地区のほか、レバノンとイラクのクルディスタンへのそれぞれ二回の訪問がこれにあたる。

ベイシック・ブックス社のララ・ハイマートとダン・ガーストル、サイモン&シュスター社のマイク・ジョーンズ、インクウェル・プロダクションズ社のジョージ・ルーカスは編集にあたり、熱心な意見で辛抱強く私を導いてくれた。ジャック・フェアウェザー、ラナ・アスフース博士、サー・ジョン・ジェンキンス、ブリギッド・ラッセル博士、フィリップ・クライエンブローク教授、ジョルン・バックリー博士、ウイン・マッジ、フェリシティ・デヴォンシャー、ナディーム・シェハーディ博士、アリス・ブラッグ、バーバラ・ジェフリーズ博士、グール・ハーシュバーグ、コルネリス・ハルスマン博士、アミーン・マクラム・エベイド博士。この方々には本書の草稿を読んでいただいた。だが本書に掲載されている意見、また誤りについては、彼らが責任を負うものではない。

本書では過去の記述にも、現在の中東の国名を使用した。したがって、ある出来事が千年前の「レバノン」で起こったと書かれている場合は――当時はそんな国は存在しない――それが、現在のレバノンにある場所で起こったという意味である。これは単に便宜上のことである。また、紀年法には西暦を用いた。その際、英文では「キリスト紀元」のADとBCを用い、中立的表現と言われるCE（共通年代紀元後）とBCE（共通年代紀元前）は用いていない。というのも、どの地域にも独自の紀年法があり、「共通年代」などというものはないからである。たとえば、西暦二〇一四年は、イスラエルの民が約束の地に着いた日から始まるサマリア暦では三六五二年だし、ムハンマドがメッカからメディナに遷都した年を元年とするイスラーム教のヒジュラ暦では一四三五年、そしてゾロアスター教の最後の王が戴冠した年から始まるゾロアスター宗教暦では一三八三年だ。このような多数の暦法を考えれば、二〇一四年はヨーロッパのキリスト紀元の暦の年だと言うのがより正当だからである。

同様に、本書は私個人の非公式な調査によるものだということをはっきり申し上げておきたい。その調査は主観的で選択的なものであり、私が書きたいと思って選んだ人々との出会いや出来事によって彩られた、個人的な興味の色濃いものだ。そこにある私のものの考え方は、アラビア語とペルシア語を話し、イギリスやアメリカで暮らしていたカトリック教徒のものである。本書に描かれた宗教の信者のように、私自身も旧来の慣習や伝統が失われつつある、変化の途中にある文化から生まれた存在だ。ここに描かれたコミュニティを見るにしても、その見方は何通りもある。彼らに別の方向から光を投げかける物語もあるだろうし、彼らの歴史について別の解釈の仕方もあるだろう。これらのコミュニティをもっと徹底的に調べたいと思ったら、今から挙げるいくつかの本は必ず読むべきである。たった四年間研究し、十年間中東へ旅しただけで本書を書こうとした私は、マンダ教の研究に全人生を捧げたE・S・ドローワーのような研究者たちの献身を目の前にして頭が下がる思いである。彼女や、本書執筆のための手助けをしてくれた大勢の専門家の方々の知識には逆立ちしてもとうていかなわない。ここにその方々の名前を挙げ、感謝する。

ドローワーやさらにビールーニーと中世に生きた彼の同時代人について考えると、サー・ウィリアム・ジョーンズに贈られた称賛の言葉を思い出す。サー・ジョーンズは裁判官でもあり、ヨーロッパ語とインド語に共通の起源があると主張した言語学者だ。「調停者たちに幸いあれ」と政治経済学者ジェイムズ・アンダーソンは言った。「彼らが苦労して行う調査により、長きにわたって人間同士を隔て隠してきたヴェールははぎ取られることだろう」。私には自分がそれほどに意義深いことをしていると主張することはできない。だが、少なくとも、本書はそのような偉業を成した人々を思い出させることはできるはずである。

ハーバード大学のアリー・アサーニ教授、オクトール・スクジェルヴ教授、チャールズ・スタング教授の講義と助言には大いに助けられた。また、ウィリアム・ダルリンプルが中東で出会った初期の旅人たちを描いた William Dalrymple, *From the Holy Mountain* からは刺激を受けた。

イスラーム教、キリスト教、ユダヤ教について、その聖典のほかに手引書としてどれか一冊を取り上げることは、不公平でとうていできないことである。だが、世界的な神学者ハンス・キュングのこれらの宗教に関するシリーズは、私が知らなかった多くのことを教えてくれた。そのシリーズには Hans Küng, *Christianity*（Continuum, 1996）, *Judaism*（Bloomsbury, 1995）, *Islam*（Oneworld Publications, 2008）などがある。同様に Albert Hourani, *A History of the Arab Peoples*（Faber & Faber, 1991）（アルバート・ホーラーニー『アラブの人々の歴史』湯川武監訳、阿久津正幸編訳、第三書館、二〇〇三年）、Eugene Rogan, *The Arabs: A History*（Basic Books, 2011）などがあるが、こちらは宗教に無関係な面についても触れている。The *Encyclopaedia Iranica*, the *Oxford History of Islam*, edited by John L. Esposito（Oxford University Press, 1999）と *Shorter Encyclopaedia of Islam*, edited by H. A. R. Gibb and J. H. Kramers（Brill, 1953）はいずれも非常に優れた参考文献だ。

イスラームへの改宗については以下を参考にした。Richard Bulliet, *Conversion to Islam*（Harvard University Press, 1979）; Richard Eaton, *Rise of Islam on the Bengal Frontier*（University of California Press, 1996）; Jonathan Berkey, *The Formation of Islam*（Cambridge University Press, 2002）（ジョナサン・バーキー『イスラームの形成：宗教的アイデンティティーと権威の変遷』野元晋・太田絵里奈訳、慶應義塾大学出版会、二〇一三年）; Michael Morony, "The Age of Conversions: A Reassessment" in *Conversion and Continuity*, edited by M. Gervers and J. Bikhazi（Pontifical Institute of Medieval Studies, 1990）.

複数の章で言及されているものに以下の三冊がある。Michael Morony, *Iraq After the Muslim Conquest*（Princeton

University Press, 1984）; Patricia Crone, *The Nativist Prophets of Early Islamic Iran*（Cambridge University Press, 2012）; Christoph Baumer, *The Church of the East: An Illustrated History of Assyrian Christianity* (I. B. Tauris, 2006).

特にことわりのない限り、聖書の引用には『ジェームズ王欽定訳聖書』を使用し、クルアーンの引用には Saheeh International version を使用した。ヘロドトスからの引用は Herodotus, *The Histories*, translation by Aubrey de Sélincourt（Penguin, 1954）（ヘロドトス『歴史』松平千秋訳、岩波書店、一九七一年）によるものである。

## 第一章　マンダ教徒

シャイフ・サッタールと会ったのは、二〇〇五年から二〇〇六年にかけてイギリス大使館政治部局長としてバグダードに赴任していた時のことだった。その後は、二〇一〇年と二〇一三年にイラク北部のアルビール、そしてアメリカ合衆国とイギリスでマンダ教徒と会って話をした。彼らについて知るには、ここに挙げた本のほかに、Mandaean Associations Union のウェブサイト、〈www.mandaeanunion.org〉をお薦めする。

ナディア・ハムダン・ガッターンと彼女の伯母、シャイフ・サッタール、ウィーサム・ブレーギはじめ、本章執筆に協力してくれた方々は、みな私を信頼し、惜しみなく時間を割いてくれた。人道的な学術研究書、*The Mandaeans: Ancient Texts and Modern People*（Oxford University Press, 2000）の著者であるメイン大学のジョルン・バックリー教授には、数多くの質問に辛抱強くお答えいただき、ボードリアン図書館の職員の方々にはドローワー・コレクションの閲覧を許可していただいた。シリアやマンダ教の写本や書物については、パリ国立図書館の方々にお世話になった。

マンダ教の一般的な入門書として、E・S・ドローワーの著書に勝るものはない。特に、E.S.Drower, *The Mandaeans of Iraq and Iran*（Gorgias Press, 2002）（以下、MII と表示）だけでなく *The Secret Adam*（Oxford University Press, 1960）もお薦めする。マンダ教徒と会ったヨーロッパの宣教師の話の出典は Edmondo Lupieri, *Mandaeans: The Last Gnostics*（Eerdmans, 2001）であり、イーサーとヤフヤーの話と、本章の後半に出てくるマンダ教のまじないで使う薬の話の引用元もこの本である。マンダ教のもう一人の主要な研究者は Edwin Yamauchi で、著書に *Gnostic Ethics and Mandaean Origins*（Harvard University Press, 1970）がある。

　ウーリーの洪水跡の発見の話の出典は Leonard Woolley, *Excavations at Ur*（E. Benn, 1954）である。本章の『ギルガメッシュ叙事詩』からの引用は、娼婦の呪いの話を含め、Andrew George, *The Epic of Gilgamesh: A New Translation*（Penguin, 2003）より行った。「そのために、この街はバベルと名付けられた」は『創世記』第十一章第九節からの引用である。

　バビロンに関しては Samuel Noah Kramer, *The Sumerians*（University of Chicago Press, 1964）と Georges Contenau, *Everyday Life in Babylon and Assyria*（W. W. Norton, 1966）を参照した。近年著されたバビロン伝説の解説書には Paul Kriwaczek, *Babylon: Mesopotamia and the Birth of Civilization*（Atlantic, 2012）がある。サダムのバビロン再建に関する説明は Journeyman Pictures による一九九七年九月のドキュメンタリー *The New Babylon* からまとめたものである。

「エデンの園の川のほとりの僧房から」というキリスト教の長老の言葉は Baumer の *Church of the East* からの引用である。二〇〇三年以降イラクを荒廃させた宗派間の流血行為については以下の書物に鋭い洞察力を示した描写がある。Fanar Haddad, *Sectarianism in Iraq*（Hurst, 2011）, Deborah Amos, *Eclipse of the Sunnis: Power, Exile and Upheaval in the Middle East*（PublicAffairs, 2010）. 本章で触れたバグダードのガイドブックは Karen Dabrowska, *the Bradt Travel Guide Iraq*（Badt Travel Guides, 2002）である。

『ナバテア人の農書』については、注釈付きの翻訳版 Jaakko Hameen-Anttila, *The Last Pagans of Iraq*（Brill, 2006）を参照した（この本を教えてくれたフィリップ・ウッドに感謝する）。

　マスウーディーについては Tarif Khalidi, *Islamic Historiography: The Histories of Al Masudi*（State University of New York Press, 1975）で読むことができる。

　カリフのウマルがアラム人の改宗を嘆いた話は Crone, *Nativist Prophets*, page 10 による。

ビールーニーのマンダ教徒に関する意見は Biruni, *Chronology of Ancient Nations* から引用した。一〇〇〇年の彼の二十七歳の時の八番目の著作である。ビールーニーについて詳しくは *Encyclopaedia Iranica*〈www.iranicaonline.org 等〉を参照。サートンの所見は彼の著作 Sarton, *Introduction to the History of Science*（Williams & Wilkins, 1927）（G・サートン『古代中世科学文化史』平田寛訳、岩波書店、一九八一年）より引用。

『ギンザー・ラバ』はアラビア語版を参照したが、現在は英語版も入手可能である。ウィルフレッド・セシジャーの『湿原のアラブ人』は以下を参照。Wilfrid Thesiger, *The Marsh Arabs*（Longmans, 1964）（ウィルフレッド・セシジャー『湿原のアラブ人』白須英子訳、白水社、二〇〇九年）。『ヨハネの書』は Jürgen Beck 再版の G. R. S. Mead, *Gnostic John the Baptizer*（Altenmunster, 2012）に部分訳がある。

ローマ帝国末期の宗教情勢については Keith Hopkins, *A World Full of Gods: Pagans, Jews and Christians in the Roman Empire*（Weidenfeld and Nicolson, 1999）に描かれている。イスラーム到来以前のユダヤ人の人口統計については Morony, *Iraq After the Muslim Conquest*, page 308 より引用。イラクに生き残った異教についてもこの本から情報を得た。私がマルキオン派やその運動に興味をひかれるようになったのは Henry Chadwick, *The Early Church*（Penguin, 1993）を読んだためである。

マニ教に関する情報は以下の本による。Ibn Nadim, *Fihrist*, translation by Bayard Dodge（Columbia University Press, 1970）; Samuel N. C. Lieu, *Manichaeism in the Later Roman Empire and Medieval China*（Manchester University Press, 1985）; Peter Brown, "Diffusion of Manicheism in the Roman Empire," *Journal of Roman Studies*, 1967. 聖アウグスティヌスの『告白』からの引用は Augustine, *Confessions*, translated by Pine-Coffin（Penguin, 1961）（アウグスティヌス『告白』服部英次郎訳、岩波書店、一九七六年）を使用した。マンダ教の葬儀の祈りは以下のウェブサイトで全文を読むことができる。〈http://gnosis.org/library/tsod.htm〉.

シュメールの詩「学生時代」"Schooldays"は一九四九年に Kramer によって初めて訳された。本書では二〇〇五年の A. R. George の訳を使用した。ウマヌの祈りは Peter Whitfield, *Astrology: A History*（British Library, 2001）より抜粋した。アリストクラテスのホロスコープは Derek and Julia Parker, *A History of Astrology*（London, Deutsch, 1983）より

引用。バビロニア人が体を洗う習慣についてのヘロドトスの記述は Herodotus, *Histories*, I:198（ヘロドトス『歴史』第一巻百九十八）より引用。ドローワーの「メルキ」に関するヘルメズの言葉は *MII* , page 282 より引用。

祭司が憤りを見せたというドローワーの話は、*The Secret Adam*, page x より、クルンの話は *MII*, page270 より引用。ディナヌクートの描写は Eliot Weinberger, *An Elemental Thing*（New Directions, 2007）のなかの *Ginza Rabba* の訳より抜粋。バグダード腫の治療についてのドローワーの話は *By Tigris and Euphrates*（Hurst & Blackett, 1923）, page 228 より引用。リバットへの祈りは *MII*, page 26 より引用。バアルとネブのお守りについては Drower, "A Mandaean Book of Black Magic," *Journal of the Royal Asiatic Society*, vol. 75（October 1943）を参照。サソリのお守りと再建されたバビロンのイシュタル門はベルリンのペルガモン博物館で見ることができる。

マンダ教の人権団体の二〇一一年のレポートは以下で読むことができる。〈www.mandaeanunion.com/images/MAU/MHRG/MHRG_Docs/MHRG%20%20Report%202011.pdf〉.

## 第二章　ヤズィード教徒

私は二〇一一年七月にラーリーシュに旅をした。そして二〇一四年八月にクルディスタンのヤズィード教徒の避難民を訪れ、二〇一二年と二〇一三年にはアメリカのヤズィード教徒を訪問した。話を聞かせてくれた方々、本書に名前を出させてくれた方々にお礼を申し上げたい。特に、惜しみなく時間を割いてくれたミールザー・イスマーイールと、ニューヨーク州バッファローでお世話になったアブー・シハーブ一家に感謝する。また、バーシムにはネブラスカのヤズィード教コミュニティについて詳しく教えてもらった。お礼を申し上げる。

ヤズィード教の聖職者評議会の方々、カイリー・ブーザーニー、アヤッド、ダキールには貴重な時間を割いてもらった。フィリップ・クライエンブローク教授には誤りを訂正していただいた。もちろん、誤りが残っていたとしたら責任は私にある。ヤズィード教の詳細については役立つ情報がウェブサイト、〈www.lalish.de〉に載っている。ヤズィード教に関する一般書としては以下のものをお薦めする。John S. Guest, *Yazidis: A Study in*

*Survival*（Routledge, 1987）, E. S. Drower, *Peacock Angel*（John Murray, 1941）, Philip Kreyenbroek, *Yazidism: Its Background, Observances and Textual Tradition*（Edwin Mullen Press, 1995）.

シンジャール地方の事情についてはNelida Fuccaro, "Aspects of the Social and Political History of the Yazidi Enclave of Jabal Sinjar（Iraq）Under the British Mandate, 1919–1932.", Durham University e-thesis, 1994から多くを学んだ。エデッサとハッラーンの詳しい歴史に関しては主に*Edessa: "The Blessed City,"* J. B. Segal（Clarendon Press, 1970）による。エゲリアの巡礼については以下で読むことができる。*Egeria's Travels*, translation by John Wilkinson（Aris and Phillips, 1999）.

「神はローマ人を助く」は以下から引用。Walter Emil Kaegi, Heraclius, *Emperor of Byzantium*（Cambridge University Press, 2003）. クルアーンのビザンツのくだりは第三十章「ルーム章」からの引用である。ナボニドスの碑文は以下を使用。Paul-Alain Beaulieu's translation of Nabonidus's inscription. 〈www.livius.org〉. シャフラスターニーのサービア教徒に関するコメントは以下から引用。Shahristani, *Al-Milal wa al-Nihal.* ハッラーン人の話はイブン・ナディームの前掲書による。Ibn Nadim, *Fihrist*, ii:14–17. サービト・イブン・クッラの言葉はBerkey, *Formation of Islam*より引用。

Yaron Friedman, *The Nusayri-Alawis*（Brill, 2009）は、中世の出典によるアラウィー派の姿を徹底的に調べた研究書である。宣教師サミュエル・ライドの体験についてはSamuel Lyde, *The Asian Mystery Illustrated in the History, Religion and Present State of the Ansaireeh or Nusairis of Syria*（Longmans, Green,1860）から引用した。『月を求めて』（*After the Moon*）についてはオンライン上にベイルートの出版社Dar al-Shimalの出版情報があるが、本は一冊も見つけられなかった。そのため、二〇〇三年三月のアラビア語のオンラインマガジン*Al-Maaber*のNadra al-Yazijiによる書評を参照した。〈http://maaber.50megs.com/issue_november03/books4.htm〉. ヤコブ・ド・ヴィトリアーコについてはLyde, Asian Mysteryから引用した。

クルド人に関するマルコ・ポーロの記述は以下から引用。Marco Polo, Ronald Latham's translation of *The Travels*（Penguin, 1958）（マルコ・ポーロ『東方見聞録』愛宕松男訳、平凡社、二〇〇〇年）. 本章のヤズィード教の儀式、サンジャク、シャイフ・アディーの祈り等、北イラクでのバッジャーの体験は G. P. Badger, *Nestorians and Their Rituals*,（Joseph Masters, 1852）から引用した。シャバク族に関しては以下を参照した。Matti Moosa, *Extremist Shiites: The Ghulat Sects*（Syracuse University Press, 1987）. 考古学者レイナードの所見については以下による。A. H. Layard, *Nineveh and Its Remains*（John Murray, 1849）.

ハッラージュの生涯については洞察力と共感にあふれた以下の研究書がある。Louis Massignon, *The Passion of al-Hallaj*, English translation by Herbert Mason（Princeton University Press, 1982）. この本の翻訳者ハーバート・メイソンの著作には簡潔で優れたハッラージュの伝記がある。Herbert Mason, *Al Hallaj*（Carson, 1995）.

モンタヌスの言葉は以下から引用した。Crone, *Nativist Prophets.* ユスフ・ブスナヤとシリアの聖イサアクについては Christoph Baumer, *The Church of the East*, pages 134-5 より引用。ラービアについては Margaret Smith, *Rabia the Mystic and Her Fellow-Saints in Islam*（Cambridge University Press, 1928）を参照した。

プルタルコスによるハオマ酒の供物の描写は以下を参照。Plutarch, *Isis and Osiris*, chapter 46（プルタルコス『エジプト神イシスとオシリスの伝説について』柳沼重剛訳、岩波書店、一九九六年、第四十六章）. ペンカイェーの言葉は Berkey, *Formation of Islam* より引用。

## 第三章　ゾロアスター教徒

私は二〇〇六年夏にイランを、二〇〇八年春にバルフ〔現在のアフガニスタン北部の都市。ザラシュストラが埋葬されている〕を訪れた。世界ゾロアスター教協会とその前会長シャーヒーン・ベクラドニア、および欧州ゾロアスター教信託基金の惜しみない協力に感謝する。何度か訪れたロンドンのレイナーズ・レインのゾロアスター教の火の寺院では、温かい歓迎を受けた。お礼を申し上げる。

メアリー・ボイスはゾロアスター教の専門家で、信者以外でその写真がロンドンの火の寺院に飾られている人物である。本章執筆にあたっては、以下に挙げる彼女の著作が大いに役立った。Mary Boyce, *Zoroastrians: Their*

*Religious Beliefs and Practices* (Routledge and Kegan Paul, 1979)（メアリー・ボイス『ゾロアスター教：三五〇〇年の歴史』山本由美子訳、講談社、二〇一〇年）, Mary Boyce, *A Persian Stronghold of Zoroastrianism* (Clarendon Press, 1977). 少し昔の本だが、重要で示唆に富む宗教本に以下のものがある。R.C. Zaehner, *Dawn and Twilight of Zoroastrianism* (Weidenfeld and Nicolson, 1961). Paul Kriwaczek, *In Search of Zarathustra* (Knopf, 2003) は現代にいたるゾロアスター教の影響を調査したものである。

ゾロアスター教徒の自らの宗教認識は信者によって少々異なるため、それを一冊で説明できる本というものはない。自らの宗教を説明した信者の本には I. J. S. Taporewala, *The Religion of Zarathushtra*, (Sazman-e-Fravahar, 1980) と Dadabhai Naoroji, "The Parsee Religion" がある。"The Parsee Religion" はダーダーバーイ・ナオロジーの一八六一年にリバプール文学・哲学協会における講演を記録したものである。

イランを広く理解するための概説書は多い。私は特に Roy Mottahedeh, *Mantle of the Prophet: Religion and Politics in Iran* (Oneworld, 2008) を楽しんで読んだ。また、Said Amir Arjomand, *The Turban for the Crown: The Islamic Revolution in Iran*, (Oxford University Press, 2009) もお薦めする。

シャープール帝のキリスト教に対する非難は以下から引用。Richard Foltz, *Religions of the Silk Road* (Palgrave Macmillan, 2010)（リチャード・C・フォルツ『シルクロードの宗教』常塚聴訳、教文館、二〇〇三年）。ヘロドトスのペルシア人の教育についての所見は Herodotus, *Histories*, I:136（ヘロドトス『歴史』第一巻百三十六）より引用。『アヴェスター』は D. J. Irani の翻訳を〈www.zarathushtra.com〉より抜粋（『原典訳 アヴェスター』伊藤義教訳、筑摩書房、二〇一二年）。『ダニエル書』第十二章第二節はウェブサイト、〈netbible.com〉の NET Bible より抜粋した。ニーチェの道徳観は Nietzsche, *Thus Spake Zarathustra*, translated by Thomas Common, Project Gutenberg e-book, 2008（ニーチェ『ツァラトストラかく語りき』竹山道雄訳、新潮社、一九五三年）の序文を参照した。十九世紀後半における エドワード・ブラウンのゾロアスター教徒やバハーイー教徒との交流については Edward Browne, *A Year Amongst the Persians* (Adam and Charles Black, 1893) を参照。ペルセポリスの碑文もここから引用した。シケリアのディオドロスの言葉は以下より引用。Diodorus Siculus, *Histories*, translation by Peter Green（University of Texas Press, 2006).

シャーのイラン建国二千五百年祭の祭典の模様は Spencer Burke, *Harvard Advocate*, Winter 2012 issue の記事による。私の持っている『ナポレオンおじさん』は二〇〇六年に出版されたものである。Iraj Peshehkzad, *My Uncle Napoleon*（Random House, 2006). シャーの発言は当時の教育相の著作から引用。Manouchehr Ganji, *Defying the Iranian Revolution*（Praeger, 2002). アヤトラ・ホメイニの「政権をとる法学者の命令は、神の掟のようなものである」という宣言は一九八八年になされたものである。以下を参照。Arjomand, *Turban for the Crown*, page 34.

ペルシア人の生贄の儀式に関するヘロドトスの記述は Herodotus, *Histories*, page 96（ヘロドトス『歴史』第一巻百三十一、百三十二）.『王書』からの引用は Dick Davis の英訳（Viking, 2006)（フィルドゥスィー『王書（シャー・ナーメ）』黒柳恒男訳、平凡社、一九六九年）を用いた。アラブの詩人アル＝ジャァディーの詩の引用は Crone, *Nativist Prophets* より行った。「ゾロアスター教は、アラブ人を殺すためのペルシア人の宗教だ」はウマイヤ朝の将軍ナスル・イブン・アッ＝サヤールがアブー・ムスリム〔アッバース朝の政治家。反ウマイヤ朝運動を指導〕を信奉するイラン人について言ったことである。メアリー・ボイスの『ゾロアスター教』にはブーハラーにおけるアラブ人征服者のことを書いた著述家 Narshakhi に関する記述がある。

カスラヴィの話は Mottahedeh, *Mantle of the Prophet* に描かれている。ホメイニのプラトンが「健全だ」という意見は以下を参照。Khomeini, *Kashf ul Asrar*. ホメイニはまたここで、アリストテレスは「偉大な人物だ」と述べている。〈www.irdc.ir/en/content/19569/print.aspx〉参照。

ブラウンがゾロアスター教徒やバーブ教徒と過ごした日々については Browne, *Year Amongst the Persians* を参照。

ハーフェズの詩は Hafiz, *Divan*, translation by Gertrude Bell（W. Heinemann, 1897）より抜粋。

ハータリアーの言葉は彼が一八五四年に the Society for the Amelioration of the Conditions of the Zoroastrians of Persia（ペルシアゾロアスター教徒待遇改善協会）に提出した報告書によるものである（Dr. Daryoush Jahanian の講義 "The History of Zoroastrians After Arab Invasion" は Circle of Iranian Studies のウェブサイト、〈www.cais-soas.com/CAIS/History/

Post-Sasanian/zoroastrians_after_arab_invasion.htm〉などで読むことができる）。

「ゾロアスター教からイスラーム教への最後の集団強制改宗」やヤズドのゾロアスター教祭司数の減少を示す統計、屍司の呼びかけなどはBoyce, *Persian Stronghold* によるものである。葬儀の習慣のヘロドトスによる記述はHerodotus, *Histories*, page 99（ヘロドトス『歴史』第一巻百四十）による。ハーメネイーの紅の水曜日（チャハールシャンベイェ・スーリー）に対する意見は二〇一〇年三月十六日のＣＮＮのウェブサイトで読むことができる。〈http://edition.cnn.com/2010/WORLD/meast/03/15/iran.new.year.crackdown〉.

ダーダーバーイ・ナオロジーの生涯についてはThe History of Parliament〈www.historyofparliamentonline.org〉が大いに参考になった。また、新聞記事や以下から得た情報も使っている。Sir Rustom Pestonji Masani, *Dadabhai Naoroji: The Grand Old Man of India*（Allen & Unwin, 1939）.

また、ゾロアスター教徒のクリケットクラブに関する記述は以下から引用した。John Hinnells, *The Zoroastrian Diaspora: Religion and Migration*（Oxford University Press, 2005）.

## 第四章　ドゥルーズ派

私は二〇〇〇年から現在に至るまでレバノンを何度も訪れているが、本章のためのドゥルーズ派の訪問の旅は主に二〇一一年に行われた。イギリス大使フランセス・ガイ、友人のラビエ・カイスの助力がなければ、この訪問から得られるものは少なかっただろう。ロンドンの王立国際問題研究所のナディーム・シェハーディは現代レバノン史について誤りを訂正し、また、一緒に『月を求めて』（*After the Moon*）を探してくれた。

レバノンで会った方々、特にワリード・ジュンブラート、プリンス・タラール・アルスラーン、ベイルート・アメリカン大学のサミ・マカレム教授、シャイフ・アリー・ゼイナディンに感謝する。高徳な人物、故アブー・ムハンマド・ジャワードは二〇一二年に逝去し、ドゥルーズ派の人々から大いに惜しまれた。エイアド・アブー・シャクラからはドゥルーズ派の輪廻思想に関する有益な意見をもらった。アッバース・アル＝ハラビからは著書をいただいた（後掲）。二〇一二年にアラウィー派について論じるために再度レバノンを訪問した時には、リファート・エイド、バドゥル・ワヌス、シャイフ・アフメド・アル＝アッシにお会いいただいた。

ドゥルーズ派に関する書籍は多く、以下の文献解題が出ている。Sami Swayd, *The Druzes: An Annotated Bibliography* (ISES, 1998). ドゥルーズ派に関する一般書には以下のようなものがある。Robert Brenton Betts, *The Druze,* (Yale University Press,1988) ; Sami Makarem ,*The Druze Faith* (Carnarvon Books, 1974) ; Kais Firro, *A History of the Druzes* (Brill, 1992) ; Edited by Kamal Salibi, *The Druze: Realities and Perceptions,* (Druze Heritage Foundation, 2006) ; Philip K. Hitti, *Origins of the Druze People and Religion,* (Columbia University Press, 1928). 私の会ったドゥルーズ派信者たちはこのフィリップ・K・ヒッティの著書の結論部分に嫌悪感を示し、大いに批判していた。しかし、この本は、ドゥルーズ派の謎を「宗教思想史上もっとも解きがたいもの」と主張し、彼らを称賛するものである。

シャイフ・アル＝アクルからはヒジュラ暦一四三一年（西暦二〇一〇年）のドゥルーズ派の公式ガイドブック *The Path to Monotheism,* the Office of Druze Sheikhdom をいただいた。

Abbas al-Halabi, *Les Druzes: Vivre avec l'Avenir* (Dar an- Nahar, 2006) は、ドゥルーズ派の知識人の間に、グローバル化した世界で自らの秘教をいかに存続させていくかと問う風潮を生み出した。

マシュー・アーノルドの言葉はその詩「ドーヴァー海岸」より引用（マシュー・アーノルド『アーノルド詩集』村松眞一訳、北西堂書店、一九七二年）。

二〇〇九年から二〇一一年のギャラップ社の調査によると、レバノンの成人の七十六パーセントは自分と異なる宗教の人の隣に住むことに抵抗がない。これはイギリスの五十七パーセント、イスラエルの二十三パーセントに比べ、はるかに高い数字である。

ジブラーンの『預言者の庭』は英語で広く入手可能である。Gibran, *Garden of the Prophet* (UBS Publishers, 1996). 私はアラビア語版を反映させ、変更を加えている。

「池の周りにいるカエルのように」はプラトンの『パイドン』からのソクラテスの引用である。Plato,

*Phaedo*（プラトン『パイドン』岩田靖夫訳、岩波書店、一九九八年）. ピタゴラスとその業績を知るには以下の四冊をお薦めする。Walter Burkert , *Lore and Science in Ancient Pythagoreanism*（Harvard University Press, 1972）; Leonid Zhmud, *Pythagoras and the Early Pythagoreans*（Oxford University Press, 2012）; Daniel Heller-Roazen, *The Fifth Hammer*（Zone, 2011）は特にピタゴラス学派の音楽への関心に焦点を当てたものである。Christiane Joost-Gaugier, *Measuring Heaven*（Cornell University Press, 2006）は、中世のヨーロッパ人（キリスト教徒など）のピタゴラスに対する関心を論じている。

　私がベイルートで読んだアラビア語の『ピタゴラス』は以下の本である。Hubert Husun, *Pythagoras*（1947）, translation by Shawqi Dawud Tamraz. ピタゴラスに関する記事はベイルートを中心に発刊されている雑誌 *Al-Duha* の二〇一三年秋号である。ユスティニアヌスの政令は以下より引用。John Malalas, *Chronicles*, 18:46, translation by Elizabeth Jeffreys, Michael Jeffreys. その政令の結果については以下に述べられている。Roger Scott（Australian Association for Byzantine Studies, 1986）.「アテネがエルサレムと何の関係があろう?」は議論好きなキリスト教神学者、テルトゥリアヌスが残した反語的な言葉である。Tertullian, *De Prescription Hereticorum*, chapter 7（テルトゥリアヌス『護教論』金井寿男訳、水府出版、一九八四年、第七章）

　秘密結社「純正同胞団」については Godefroid de Callataij, *Ikhwan al-Safa'*（Oneworld, 2005）を参照。「純正同胞団」の書簡集の完全版は二〇〇八年に出版されている。*Epistles of the Brethren of Purity*, edited by Nader el-Bizri（Oxford University Press,2008）. イブン・タイミーヤのファトワーは彼のファトワー集のなかの第三十五、collection of Ibn Taymiyyah's fatwas edited by Ibn Qasim and Ibn Muhammad（Matabi' al-Riyad, 1961-67）より引用した。これは以下のウェブサイトでも見ることができる。〈http://archive.org/stream/mfsiaitmmfsiaitm/mfsiaitm35#page/n159/mode/2up〉. 本章で触れたナジラ・アブー・イッズッディーンの著作は Najla Abu Izzeddin, *The Druzes*（Brill, 1984）である。

　新プラトン主義の理解のために最も読むべき本はプロティノスの『エネアデス』である。Plotinus, *Enneads*, English translation by Stephen MacKenna（John Dillon, 1991）（プロティノス『エネアデス（抄）』田中美知太郎・水地宗明・田之頭安彦訳、中央公論新社、二〇〇七年）. 初期のムスリムが新プラトン主義を受け入れていく過程を論じたものに以下の本がある。*The Cambridge Companion to Arabic Philosophy*, edited by Peter Adamson, Richard C. Taylor（Cambridge University Press, 2005）; Ian Richard Netton, *Muslim Neoplatonists*（George Allen & Unwin, 1982）; また、Dimitri Gutas, *Greek Thought, Arabic Culture*（Routledge, 1998）（ディミトリ・グタス『ギリシア思想とアラビア文化：初期アッバース朝の翻訳運動』山本啓二訳、勁草書房、二〇〇二年）は特に理解に役立つものである。Farhad Daftary, *A Short History of the Ismailis*（Edinburgh University Press, 1998）には、ドゥルーズ派がイスマーイール派から生まれた経緯について詳しく書かれている。Paul E. Walker, *Caliph of Cairo*（American University of Cairo Press, 2010）はハーキムの伝記である。

ウィキリークスで公表された電信内容は〈https://www.wikileaks.org/plusd/cables/09BEIRUT972_a.html〉で見ることができる。

カーナヴォン卿のムクタラ訪問と彼のドゥルーズ派に関する意見は the Earl of Carnarvon, *Recollections of the Druses of the Lebanon*（John Murray, 1860）に記されている。Haskett Smith, "Druses of Syria and Their Relation to Freemasonry," は *Ars Quatuor Coronatorum*（the 1891 edition）で読むことができる。フリーメイソンの歴史に関する広範囲にわたる情報は以下を参照した。*Freemasonry: A Celebration of the Craft*, edited by John Hamill and R. A. Gilbert（Angus Books, 1993）. ヒッティの見解は Hitti, *Origins of the Druze People* から引用した。

二〇一三年七月の事件についてはレバノンの新聞 *Daily Star*, July 23, 2013 を参考にした。ジョージ・クルーニーの結婚に関する女性のコメントは以下のアラビア語の新聞記事による。Zeina Hariz, *Al-Nahar* newspaper, April 29, 2014.

イスラエル人による土地没収についての詳細は Mordechai Nisan, "The Druze in Israel: Questions of Identity, Citizenship, and Patriotism," *Middle East Journal* 64, no. 4（Middle East Institute, Autumn 2010）より引用。クレルヴォーのベルナルドゥスの言葉は St. Bernard of Clairvaux, "On Loving God" Chapter 10 より引用。これは Christian Classics Ethereal Library のウェブサイト、〈www.ccel.org〉で読むことができる。

## 第五章　サマリア人

私は一九九八年から二〇〇一年の三年間イギリス総領事館の領事としてエルサレムで生活し、その間にサマリア人を二度訪問した。本章に描かれた過越の祭りは二〇一二年の訪問時のものである。サマリア人のコミュニティの方々、特にベニー・ツェダカの協力に感謝し、またロンドンの彼らの代理人フェリシティ・デヴォンシャーにもお礼を申し上げる。

サマリア人に関する一般書には Nathan Schur, *History of the Samaritans*（Peter Lang, 1989）および Robert T. Anderson and Terry Giles, *The Keepers: An Introduction to the History and Culture of the Samaritans*（Hendrickson, 2002）がある。Alan David Crown, Reinhard Pummer, and Abraham Tal, *A Companion to Samaritan Studies*（Mohr Siebeck, 1993）は優れた参考資料である。

ヤコブの井戸におけるイエスとサマリア人女性の話は『ヨハネによる福音書』第四章第九節による。本章冒頭の失われた十部族とその中世ヨーロッパへの影響については Tudor Parfitt, *The Lost Tribes of Israel* に詳しく書かれている。『列王記』は第十七章第二十四節から引用。バビロニア・タルムードについてはウェブサイト、〈http://virtualreligion.net/iho/samaria.html〉上の Professor Mahlon H. Smith の訳を参照した。

イエスの時代のサマリア人の人口については Alan David Crown, *The Samaritans*（Mohr, 1989）を参照した。この二〇一ページにギリシャ＝ローマ時代のサマリア人の人口推定が載っている。イエスがサマリア人の町に入らないようにしていた話は『マタイによる福音書』第十章第五節に、また、その初めての訪問については『ルカによる福音書』の第九章第五十二節に書かれている。イエスがサマリア人だと非難される場面は『ヨハネによる福音書』第八章第四十八節、サマリア人の改宗については『使徒行伝』第八章第十四節による。

ピアチェンツァのアントニヌスの話は John Wilkinson, *Jerusalem Pilgrims Before the Crusades*（Aris and Phillips, 2002）より引用した。イブン・マイムーンのイスラーム教に関する見解の出典は Joel Kramer, *Maimonides*（Doubleday,

2010）である。イスラームによるサマリア人の征服の初期の影響に関するシューアの評価についてはSchur, *History of the Samaritans* page 93を参照した。

ジョゼフ・スカリジェールの手紙は *An Account of the Samaritans in a Letter to J—— M—— Esq.*（R. Wilkin, ca. 1714）より引用した。本章最後の部分の引用もこれによる。*Travels and Adventures of the Rev. Joseph Wolff* は二〇一一年にCambridge University Pressより再版された。プリニー・フィスク、ジョン・ミルズに関してはAlvan Bond, *Memoir of the Rev. Pliny Fisk*（Crocker and Brewster, 1828）およびJohn Mills, *Three Months' Residence at Nablus*（John Murray,1864）を参照。

イスラエルの国家建設に対するサマリア人祭司のコメントは一九三〇年代にパレスチナで警官をしていたこともあり、自分の経験を描いた多作なイギリス人著述家ダグラス・V・ダフの以下の著作より引用。Douglas V. Duff, *Palestine Picture*（Hodder and Stoughton, 1936）. H・V・モートンのコメントはH. V. Morton, *In the Steps of the Master*（Rich & Cowan, 1934）から引用。「おそらく最小の集団」というシューアのコメントはSchur, *History of the Samaritans*, page 11による。

二〇一〇年の遺伝子研究結果はGil Atzmon, Li Hao, *American Journal of Human Genetics* 86（June 11, 2010）による。二〇〇四年の遺伝学研究論文Peidong Shen, Tal Lavi, and others, published in *Human Mutation* 24（2004）はウェブサイト、〈http://evolutsioon.ut.ee/publications/Shen2004.pdf〉で読むことができる。

イツハク・メイゲンによるサマリア人の神殿の発掘については"Israel's Other Temple," *Der Spiegel International*, April 2012で取り上げられている。

サマリア人に関するイスラエルのドキュメンタリーは以下の二つである。*New Samaritans*（Journeyman Pictures, 2007）, *Lone Samaritan*（Heymann Brothers Films, 2010）.

ヤコブ・エシュ・シャラビーの生涯についてはE. T. Rogers, *Notices of the Modern Samaritans*（Sampson Low & Son, 1855）参照。

ロスチャイルド男爵の特使によるサマリア人とムスリムの良好な関係についての報告はSchur, *History of the*

*Samaritans*, page 194 から引用した。

「海の歌」は『出エジプト記』第十五章第一-十八節。

## 第六章　コプト教徒

私は一九九七年から一九九八年の一年間エジプトに住み、本章執筆のために二〇一一年四月と二〇一二年五月に再度訪問した。ミニヤで一週間過ごしたのはこの二〇一二年五月のことである。

まず、コルネリス・ハルスマン博士に感謝したい。彼の Arab-West Report からは多くを学び、情報を得た。無償で提供されているこのレポートはエジプト国内のムスリムとキリスト教徒との間の紛争を客観的に分析しようとするもので、ウェブサイト、〈www.arabwestreport.info〉で読むことができる。また本章に登場してくれたターリク・エル・アワディー、ジョージ・イスハーク、ユシフ・シドゥムに感謝する。クファダのヨアニス神父は何日も割いて教区を案内してくれた。残念ながらすべての名前を挙げることはできないが、本章に登場したほかの多くの人々も惜しみなく時間を割き、意見を聞かせてくれた。心より感謝する。

コプト教全般について知るには以下の二冊が役に立つ。Jill Kamil, *Christianity in the Land of the Pharaohs* (Routledge, 2002), Otto Meinardus, *Two Thousand Years of Coptic Christianity* (American University of Cairo Press, 1999). コプト教徒とムスリムの関係については S. S. Hasan, *Christians Versus Muslims in Modern Egypt* (Oxford University Press, 2003) を参照した。これは陰惨なタイトルのついた本だが、内容はタイトルどおりではない。というのも、この著者はコプト教に対し、無批判とは言えないまでも深く共感しているエジプト人ムスリムだからである。そのほかにお薦めするのは以下の三冊である。Saad Eddin Ibrahim and others, *The Copts of Egypt*, a document issued by Minority Rights International, 1996; Kyriakos Mikhail, *Copts and Moslems* (Smith, Elder, 1911); Samuel Tadros, *Motherland Lost* (Hoover Institution Press, 2013).

トラベル・ライターのアンソニー・サッタンの本に、コプト教にはあまり触れていないが、エジプトの古代宗教の生き残りについて書かれているものがある。Anthony Sattin, *In the Pharaoh's Shadow*（Eland, 2012）. Max Rodenbeck, *Cairo: The City Victorious*（Vintage, 2000）は、イスラームによるカイロ建設に始まるこの都市に関する優れた歴史書である。古代エジプト人が精神的にいかに洗練されているかを示す証拠として、本章のオシリス崇拝者の夫婦に薦められたのは James Breasted, *Dawn of Conscience*（Macmillan, 1976）である。また、Winifred Blackman, *Fellahin of Upper Egypt*（Harrap, 1927）は、古代の慣習が現在でも行われていることを示すものとして数人のエジプト人に教えられたものである。

エジプトのコプト教人口については異論が多い。エジプトの公式な調査ではコプト教徒は一九二三年には人口の八・三四パーセント、一九八六年には五・八七パーセント、二〇〇〇年には五・五パーセントとなっている。コプト教徒の多くは、自分たちはエジプトの人口の二十パーセントを上回り、この数字は不当に低く見積もられていると主張するが、コルネリス・ハルスマンは *Mélanges de l'Institut Dominicain d'Etudes Orientales à Caire 29*（Institut dominicain d'études orientales, 2012）で、この意見を退け、この調査結果を正しいとしている。

「アルスターの荒野に眠る七人の聖なるエジプト修道士」は七九九年の Litany of Aengus the Culdee に出てきており、二〇〇九年の Middle East Journal の編集者のブログで取り上げられている。〈http://mideasti.blogspot.co.uk/2009/03/saint-patricks-day-special-patrick-and.html〉七つの母音による聖歌については以下による。Demetrius of Phalerum, *On Style*, chapter 71. コプト・カトリック教の信者数は、ローマ・カトリック教会の機関 CNEWA によると二〇一三年二月には十六万二千である。ヘロドトスのエジプト人の信心深さに関する意見は Herodotus, *The Histories*, page 143（ヘロドトス『歴史』第二巻三十七）参照。Shibley Telhami, "Egypt's Identity Crisis," Brookings Institution paper of August 16, 2013 は、十年間の世論調査の結果「エジプト人は自国民を世界で最も信心深い国民だと考えている」との結論を出している。

『ギルガメッシュ叙事詩』の引用は George の翻訳を使用（第一章参照）。紀元前二十四世紀の碑文については、ピラミッド・テキストのサミュエル・メルサーの英訳を使用した。

古代エジプト人が春分の日を「オシリスの月詣で」と呼ぶというのは、ギリシャの歴史家プルタルコスの以下の著作による。Plutarch, *Isis and Osiris*, translation by Babbitt（Loeb Classical Library, 1936, chapter43）（『エジプト神イシスとオシリスの伝説について』プルタルコス、柳沼重剛訳、岩波書店、一九九六年、第四十三章）。イクナートンの『アテン賛歌』は Cyril Aldred, *Akhenaten, King of Egypt*（Thames and Hudson, 1991）による。外科医であり著述家でもあるアミーン・マクラム・エベイドには以下のようなエジプトの宗教や文化に関する複数の著作がある。Dr. Amin Makram Ebeid, *Egypt at a Crossroads*（El Hadara, 2010）. 女性患者の手術中にコプト教徒の泣き女が葬送歌を歌った話をしてくれたのは彼である。

Tag-Eldin and others, “Prevalence of Female Genital Cutting Among Egyptian girls,” *the Bulletin of the World Health Organization* for April 2008,〈www.who.int/bulletin/volumes/86/4/07-042093/en〉に、エジプトにおける女性性器切除の高い普及率を示す国連はじめ他の諸機関による調査結果のリストがある。モーガン・ゴハリがスフィンクスとピラミッドは破壊すべきだと言ったのは、二〇一二年一一月一〇日のエジプトのドリーム・テレビでのインタヴューでのことである。

紀元前のエジプトの宗教については Max Frankfurter, *Religion in Roman Egypt* を読んだ。オクシリンコスのヒエログリフの彫師たちが、自分たちの職業が絶えようとしていると嘆いたことも、ここで読んだものである。ファンスレーブの旅については以下の本に詳述されている。J.M. Vansleb（aka Wansleben）, *Nouvelle Relations d'un Voyage Fait en Egypte*（an Elibron Classics facsimile of Estienne Michallet's 1677 Paris edition）. スフィンクスの鼻が削られる話はマクリーズィーの著作、Al-Maqrizi, *Kitab al-Mawa'iz wa-al-I'tibar bi-Dhikr al-Khitat wa-al-Athar* を参照。アブー・ファナ修道院に関する彼の記述もこの本による。ウィリアム・ブラウンは William Browne and the others, *The Modern Traveller*（Cawthorn, 1800）で読むことができる。エジプトマニアとそのエジプト国民主義への影響については Donald Malcolm Reid, *Whose Pharaohs? Archeology, Museums and Egyptian National Identity from Napoleon to World War I*（University of California Press, 2002）から学んだ。タフターウィーとイスマーイールの言葉もこの本からの引用である。イスマーイールによるコプト教徒らの政府の役職への任命については以下による。Iris Habib al Masri,

*Story of the Copts*（Saint Anthony's Coptic Monastery, 1982）. 一九一九年の革命については Tadros, *Motherland Lost* に多くを負っている。サルギウス神父の祈りもここからの引用である。

ムスリム同胞団とイスラーム主義諸政党の活動については S. S. Hasan, *Christians Versus Muslims*, chapter 3 と Carrie Rosefsky Wickham, *The Muslim Brotherhood*,（Princeton University Press, 2013）に記されている。

『最後のアラブ人』は以下のナーセルの伝記の表題である。Sa'id Abu Rish, *The Last Arab*（Duckworth, 2005）. ナーセルの民族主義運動によりコプト教徒が財産の七十五パーセントを失ったという数字は Ibrahim et al., *The Copts of Egypt* による。Andre Aciman, *Out of Egypt*（Farrar Strauss Giroux, 1994）は、ユダヤ人のアシマンが育った多様性に満ちたエジプトのコミュニティが消滅していくさまを描いた感情を揺さぶる作品である。

カマール・ムギースの回想は以下の記事による。Yasmine Fathi, "M Is for Mosque," for Ahram Online, May 4, 2013. メフディー・アケフのインタヴューは以下を参照。Rose al-Youssef on April 9, 2006（reported by International Crisis Group, "Egypt's Muslim Brothers," June 18, 2008）. 全エジプト人の九十二パーセントが自分の属する宗教組織を信頼するという数字はギャラップ社の二〇一一年三-四月の調査結果である。〈www.gallup.com/poll/157046/egypt-tahrir-transition.aspx#1〉.

ミニヤの暴動による被害はエジプトの人権保護団体である Egyptian Initiative for Personal Rights のウェブサイト、〈www.eipr.org/en/content/2013/08/25/1796〉上に記載されている（死亡した二人の名前も載っている）。エジプト国内における宗教がらみの暴力事件の六十五パーセントがミニヤ県で起こっているという数字は以下の記事による。Soliman Shafiq in the February 15, 2014, issue of *Watani*, 〈http://wataninet.com/watani_Article_Details.aspx?A=51783〉. ミニヤの貧困や失業率に関する統計は以下を参照。Al Monitor, "Egypt's Minya Province Flash-point for Muslim-Christian Violence," 〈www.al-monitor.com/pulse/originals/2014/04/egypt-sectarian-violence-minya-province.html#〉. ピュー・リサーチ・センターの二〇一一-一二年の世論調査結果は以下より引用。"The World's Muslims: Religion, Politics and Society" 〈www.pewforum.org/2013/04/30/the-worlds-muslims-religion-politics-society-interfaith-relations〉.

エジプトのカリキュラムの詳細については、最近の改正を含み、以下を参照。Dr. Wolfram Reiss, "New Approaches in the Portrayal of Christianity in Egyptian Textbooks," Cairo, November 2006.

## 第七章　カラーシャ族

カラーシャ谷を訪れたのは二〇一二年十二月のことである。それ以前には、二〇〇七年から二〇〇九年の二年間アフガニスタンに駐在し、二〇〇八年にパキスタン北部を訪れている。宿泊したシーラーズィー・ウル＝ムルクのホテルは「ヒンドゥークシュ・ハイツ」と呼ばれている素晴らしいホテルだ。彼とその妻ギャザラ、そして親切に私を迎えてくれたカラーシャ谷の人々、特にアーゼム・ベグとワジール・アリー・シャーに大いに感謝する。フミラ・ノオレスターニは、非常に思いやり深く、ヌーリスターン出身のアフガン・アメリカンであることはどういうことかを教え、また彼女の同胞に対する貧しく狂信的だという認識を改めさせてくれた。

最初の段落のイギリス人の言葉の引用は以下による。Peter Mayne, *The Narrow Smile*（Murray, 1955）. 三段落目のアレクサンダー大王の遠征については以下を参照。Arrian, *Anabasis in Martin Hammond's translation*（Oxford University Press, 2013）（フラウィオス・アッリアノス『アレクサンドロス大王東征記』大牟田章訳、岩波書店、二〇〇一年）. マルコ・ポーロの言葉は Marco Polo, in Latham's translation of Polo's *The Travels*（Penguin, 1958）（マルコ・ポーロ『東方見聞録』前掲書）.

「グレート・ゲーム」の背景やアレクサンダー・バーンズの死に関する詳細については、読み物としても面白い Peter Hopkirk, *The Great Game: On Secret Service in High Asia*（John Murray, 2006）（ピーター・ホップカーク『ザ・グレート・ゲーム：内陸アジアをめぐる英露のスパイ合戦』京谷公雄訳、中央公論社、一九九二年）をお薦めする。バーンズの死の知らせがイギリスに届いたのは死後三カ月も経った一八四二年二月のことで、その時にはいくつもの死亡記事が出た。アレクサンダー・ガードナーの自伝は一八九八年に出版されている。*The Memoirs of Alexander Gardner*, edited by Major Hugh Pearse（William Blackwood & Sons, 1898）.

一八七三年、イギリス人宣教師ダウンズが以下の本を著したが、そのなかで、この場所に対して世俗的な興味を引き起こすことが必要だと考えたためか、大量の埋蔵金と催淫作用のある植物があるとほのめかしている。E. Downes, *Kafiristan: An Account of the Country, Language, Religion and Customs of the Siah Posh Kafirs: Considering Especially Kafiristan as a Suitable Field for Missionary Labour*（W. E. Ball, 1873）.

マクネアのカーフィリスターン滞在により、一般大衆向けにはW. W. McNair, "A Visit to Kafiristan,"（Wm. Clowes & Sons, 1884）, インド政府に対しては "Report on the Explorations in Part of Eastern Afghanistan and in Kafiristan in 1883"（Dehra Dun, 1885）という二冊の出版物が生まれた。マクネアはほどなく死亡し、伝記が書かれた。J. E. Howard, *Memoir of W. W. McNair, the First European Explorer of Kafiristan*（Keymer, 1889）. イギリスのインド国境の地名のリスト作成は、カーフィリスターンを除く二つの地域だけにとどまった。

ロバートソンの以下の著作は一八九六年に出版され、パキスタンのラホールに拠点を置く出版社によって再版された。G. S. Robertson, *Kafirs of the Hindu Kush*（published first in 1896, reprinted in 2001, Sang-e-Meel）. ロバートソンがイギリス政府に宛てた極秘レポートは大英図書館に収蔵されている。"Report on Journey to Kafiristan"（HMSO, 1894）. ロバートソンの伝記 Dorothy Anderson, *The Unlikely Hero*（Spellmount, 2008）は、カーフィルを守るためにもっと努力すべきだったという非難に対し彼を擁護している。アブドゥラフマーン・ハーンの回想録は以下の本である。Abdur Rahman Khan, *The Life of Abdur Rahman, Amir of Afghanistan*（John Murray, 1900）.

マクノートン卿の「あなた方の親戚です」という言葉は一八八四年一月にマクネアが王立地理学会に話したものであり、Howard, *Memoir of W. W. McNair* より引用した。アラン・ベネットの引用は戯曲 Alan Bennett, *The History Boys*（1995）より。二〇一四年のDNA調査は以下を参照。Garrett Hellenthal, George B. J. Busby, and others, "A Genetic Atlas of Human Admixture History," published by Science magazine on February 14, 2014. ウェブサイト、〈http://admixturemap.paintmychromosomes.com〉にはこのデータのインタラクティヴ・マップがある。

ヌーリスターン人の改宗後については以下がある。Max Klimburg, *The Kafirs of the Hindu Kush: Art and Society of the Waigal and Ashkun Kafirs*（Franz Steiner Verlag, 1999）. エリック・ニュービーはその旅行記 Eric Newby, *A Short Walk in the Hindu Kush*（Harper, 2010）のなかでヌーリスターン人に注意を払っている。カーブル駐在の三人の外交官、ニコラス・バリントン、ジョゼフ・T・ケンドリック、ラインハルト・シュラーギントヴァイトはヌーリスターンを訪れ、その印象を以下に書き残している。Nicholas Barrington, Joseph T. Kendrick, and Reinhard Schlagintweit, *A Passage to Nuristan: Exploring the Mysterious Afghan Hinterland*（I. B. Tauris, 2005).

アルベルトとアウグストのカコパルド兄弟はカーフィリスターン、カラーシャ、およびギルギットやフンザの近隣住民の慣習を観察し、以下に記している。Alberto and Augusto Cacopardo, *Gates of Peristan*（IsIAO, 2001). ショーンバーグのカラーシャ族に関する所感は以下を参照。R. C. F. Schomberg, *Kafirs and Glaciers: Travels in Chitral*（London, 1938)（ショーンバーグ『異教徒と氷河：チトラール紀行』雁部貞夫訳、白水社、一九七六年）. 本章で触れた『王になろうとした男』は以下。Rudyard Kipling, *The Man Who Would Be King*, Wordsworth Editions in a 1994 reprint（ハーディ、キップリング『森に住む人々：王様になりたい男』織田正信、鵜飼長壽訳、河出書房、一九四〇年）.

カラーシャ族に関するこのドゥラーニの著書、M.S. Durrani, *Kalash Kafirs—The Urgent Need to Save a Vanishing People* は一九八二年に書かれたが出版されなかった。私はその写しをロンドン大学SOASライブラリーで見つけた。

## エピローグ　デトロイト

エレイン・ルマン博士、ユシフ・バラカット、ジョージ・フーリー、イマーム・アル＝カズウィーニー、ウィーサム・ブレーギ、ミールザー・イスマーイール、アブー・シハーブ、そしてネブラスカのヤズィード教コミュニティの方々に感謝する。

イラクのキリスト教については以下の二冊を参照した。Dr. Suha Rassam, *Christianity in Iraq*（Gracewing, 2010); Dr. Christoph Baumer, *The Church of the East*. ルピエリの著作については第一章の参考文献を参照。本章で触れたナオミ・シェーファー・ライリーの著書は Naomi Schaefer Riley, *Til Faith Do Us Part*（Oxford University Press, 2013）である。

アメリカ大使モーゲンソーのアルメニア人虐殺に対する意見はアルメニア国立研究所のウェブサイト、〈www.armenian-genocide.org/statement_morgenthau.html〉で読むことができる。

スーハ・ラッサムの見解は Suha Rassam, *Christianity in Iraq*, page 196 より。

アーサー・バルフォアの一九一九年八月一一日付の覚書は以下で読むことができる。Woodward and Butter, *Documents on British Foreign Policy, 1919-1939*（HMSO, 1952）.

# 訳者あとがき

本書『Heirs to Forgotten Kingdoms』は、アラビア語とペルシア語を流暢に操り、イギリスおよび国連の外交官を務めた経験をもつ著者ジェラード・ラッセルが、中東の宗教的少数派のコミュニティを訪ねて旅し、現地の言葉で丁寧に話を聞きとって、現代に生きるその姿をまとめあげたものである。

一九九七年、駆け出しの外交官だった著者は、エジプトに配属されてアラビア語を学んでいた。著者はカトリック教徒で、祈る時にもアラビア語を使えば上達するのではないかと思い、エジプトのキリスト教会であるコプト教会に通い始めた。これが著者と宗教的少数派の初めての出会いだったという。聖テレーズ教会というその教会は、キリスト教徒だけでなく、地元のユダヤ人やムスリムからも愛されていた。そこには、イスラーム教と他の宗教との確かな共存の形があった。

中東といえばイスラーム教一色だと思いがちだが、実は中東は多様な宗教の宝庫である。中東はユダヤ教、キリスト教、イスラーム教の誕生の地であるだけでなく、他の数々のマイナーな宗教の生まれた場所でもあるのだ。イラクを例に取れば、南部に広がる湿地帯からはマニ教が生まれ、またここには長らく独自の洗礼の儀式の文化をもつマンダ教徒と呼ばれる人々が住んでいた。イラク北部の山岳地帯では、キリスト教徒や「悪魔崇拝教徒」と呼ばれて迫害されてきたヤズィード教徒が数世紀にわたって生き延びてきた。本書はこうした七つの宗教的少数派に光を当てる。マンダ教徒とヤズィード教徒、古代ペルシアの宗教を信じるゾロアスター教徒、輪廻思想をもつ異色のイスラーム教の一派ドゥルーズ派、古代のユダヤの伝統を厳格に守り続けるサマリア人、エジプトのコプト教徒、そしてアレクサンダー大王の子孫と呼ばれるカラーシャ族。いずれも、わたしたちの知らない、興味深く魅力的な宗教の信者たちである。

外交官として働く著者に、この魅力的な世界の扉が開かれたのは二〇〇六年のことだった。バグダード駐在中の著者をマンダ教の高僧が訪ねてきたのである。世界最古の宗教の信者を自認する彼らとのこの出会いをきっかけに、著者は外交官の仕事の傍ら積極的に中東の少数派宗教について学び、その地を訪れるようになる。まず、すでに出会いのあったゾロアスター教徒の故郷ヤズドを訪問し、現代に残る古代ペルシアの宗教の姿を探す。二〇〇七年にアフガニスタンに赴任すると、少数民族の暮らすヌーリスターンという土地に関する本を読みふけり、翌年にはパキスタン北部を訪れている。そして外交官の職を離れた著者は、二〇一一年に本書のための旅を本格的に開始する。『出エジプト記』の時代と同じ生贄の儀式を見るためにイスラエルのヨルダン川西岸地区の山頂にあるサマリア人の村に行き、また、レバノンに旅をしてドゥルーズ派の長老とギリシャ哲学を語る。革命後の揺れるエジプトではコプト教徒の故郷ミニヤを旅し、厳寒のパキスタンのカラーシャ族の谷では冬至の祭りに参加する。こうしてまとめられた本書を読みながら、読者は著者とともに中東を旅し、歴史を旅することになる。そこに展開される光景に読者は目を瞠るだろう。そこには古代の宗教を生きる現代の信者たちの姿がある。信者自身も理由を知らずに守っている伝統もあれば、深い哲学に裏打ちされた教義もある。その思想や伝統を知るうちに、読者はこれらの中東の宗教が、現代の西洋に与えた影響も知るだろう。善行により天国に入るという考えは、もとはゾロアスター教のものだったし、握手の習慣はミトラ教からローマに伝わった。また、反対に、西洋で生まれたギリシャ思想が中東に深く根付いた事実なども知ることになる。特に西洋では三平方の定理以外にあまり知られていないピタゴラスの思想が中東で開花したことや、東ローマ帝国の皇帝がプラトンのアカデメイアを閉鎖した時に、その教師たちを保護したのはペルシアだったことなどを興味深く読むことだろう。実際に、中東はそうして高度な文化を発展させていったのである。

中東がムスリムに支配されてからも、それは変わらなかった。イスラーム教の黄金期は、ムスリムの支配者が才能ある異教徒たちを存分に活用していた時期だと著者は説く。その後、宗教的少数派は弾圧されたり、厚遇されたりする不安定な存在になっていく。そのなかで彼らが千四百年を生き抜いてきたことは、信者たちの不屈の精神を示すだけでなく、イスラームの寛容の証拠ともなっている。二十世紀に入り、政府が国民主義を掲げていた間は、ムスリムと宗教的少数派との共存はうまくいっていた。だが、その時代も終わりを迎えた。さらに、二〇〇三年のイラク戦争によって引き起こされた内戦で、宗教的少数派は激しい迫害を受け、次々と国外に脱出していった。

彼らを西洋へ受け入れ、避難所を提供することは、彼らの身の安全の確保には欠かせない。だが、一方で、それは彼らの国外への脱出を促すものである。西洋の社会に暮らす彼らは次第に周囲に同化し、アイデンティティを失っていくだろう。そうなってほしくない、と著者は言う。宗教的少数派の信者たちこそが、中東の社会を豊かにしてきた存在なのだから。

ここで冒頭に献辞を捧げられている二人について触れておこう。リンダ・ノルグローヴ氏は世界各地で環境問題の専門家として、また国連職員として人々の生活の改善のために尽くし、アフガニスタンの支援活動中に武装勢力に拉致されて人質となり、二〇一〇年十月に亡くなった。アフガニスタンの人々に深い愛情を抱いていた彼女をしのび、死後、アフガニスタンの女性と子どもを支援するリンダ・ノルグローヴ基金が設立されている。ヴァディム・ナザロフ氏は一九八〇年代にアフガニスタンに駐在していた旧ソ連の元外交官で、二〇〇五年にアフガニスタンに戻り、国連アフガニスタン支援ミッション（ＵＮＡＭＡ）の上級政治担当官としてアフガン政府とタリバンとの和平交渉に尽力していた二〇一四年一月、カーブルのレストランでのテロ攻撃の犠牲となった。二〇〇七年から二〇〇九年にアフガニスタンに駐在していた著者は、二人とともに働いたことがあるのかもしれない。いずれにしても、地元の人々を愛し、現地語を話して人々と真の関係を築いていた二人の姿勢に著者が深く共感し、支援活動中に犠牲となったその死を悼む姿が目に浮かぶ。

本書で扱われているのはみな日本人にはあまりなじみのない宗教だが、ゾロアスター教とイラン・イスラーム思想の専門家である宗教学者の青木健氏が解説をお書きくださったことで、これらの宗教の世界を入りやすい形で読者にお届けすることができたと思う。また青木氏にはご多忙のなか、宗教に関する専門用語のほか、中東の人名、地名などの表記について数々の貴重なご指摘をいただいた。また、本書翻訳の機会を与えてくださった亜紀書房の小原央明氏には、多くの助言をいただき、多岐にわたりお世話になった。大野陽子氏には数々の的確なご指摘をいただいた。みなさまに心からの謝意をお伝えしたい。

ジェラード・ラッセル　Gerard Russell〔著者〕
ロンドン在住。元イギリス外交官および元国連外交官。アラビア語とペルシア語を話す外交官として15年にわたり中東のさまざまな国に勤務した経験をもつ。現在、シンク・タンク「外交政策センター」シニア・アソシエイト、パルマル・コミュニケーションズ取締役。大英帝国勲章MBE受勲。

臼井美子（うすい・よしこ）〔訳者〕
英語・フランス語翻訳家。大阪大学文学部卒。訳書にカトリーヌ・パンコール『月曜日のリスはさびしい』（早川書房）、クリストフ・アンドレ『精神科医がこころの病になったとき』（共訳、紀伊國屋書店）ほか。

青木健（あおき・たけし）〔解説〕
宗教学者。1972年生まれ。東京大学文学部卒業、同大学大学院人文社会系研究科博士課程修了。博士(文学)。現在、慶應義塾大学言語文化研究所兼任所員。専門はゾロアスター教、イラン・イスラーム思想。著書に『ゾロアスター教』『マニ教』(いずれも講談社選書メチエ)、『古代オリエントの宗教』（講談社現代新書）などがある。

Heirs to Forgotten Kingdoms:
Journeys into the Disappearing Religions of the Middle East
by Gerard Russell


亜紀書房翻訳ノンフィクション・シリーズ Ⅱ-14

# 失われた宗教を生きる人々
## 中東の秘教を求めて

著者　ジェラード・ラッセル
訳者　臼井美子
発行　2017年1月9日　第1版第1刷発行
　　　2019年3月22日　第1版第2刷発行
発行者　株式会社　亜紀書房
東京都千代田区神田神保町1-32
TEL 03-5280-0261（代表）　03-5280-0269（編集）
振替　00100-9-144037
装丁　間村俊一
印刷・製本　株式会社トライ
http://www.try-sky.com

ISBN978-4-7505-1444-4　C0014

## 亜紀書房翻訳ノンフィクション・シリーズ　好評既刊

### ハイジャック犯は空の彼方に何を夢見たのか
ブレンダン・I・コーナー著
高月園子訳

### 13歳のホロコースト
――少女が見たアウシュヴィッツ
エヴァ・スローニム著
那波かおり訳

### 黒い司法
――黒人死刑大国アメリカの冤罪と闘う
ブライアン・スティーヴンソン著
宮﨑真紀訳

ミズーラ
——名門大学を揺るがしたレイプ事件と司法制度
ジョン・クラカワー著
菅野楽章訳

兵士は戦場で何を見たのか
デイヴィッド・フィンケル著
古屋美登里訳

帰還兵はなぜ自殺するのか
デイヴィッド・フィンケル著
古屋美登里訳

**亜紀書房翻訳ノンフィクション・シリーズ　好評既刊**

**戦地からのラブレター**
——第一次世界大戦従軍兵から、愛するひとへ
ジャン＝ピエール・ゲノ編著
永田千奈訳

**人質460日**
——なぜ生きることを諦めなかったのか
アマンダ・リンドハウト＋
サラ・コーベット著
鈴木彩織訳

**イスラム過激派二重スパイ**
モーテン・ストーム＋
ポール・クルックシャンク＋
ティム・リスター著
庭田よう子訳